國家出版基金項目
NATIONAL PUBLICATION FOUNDATION

陝西出版資金資助項目

「十二五」國家重點圖書出版規劃項目

關學文庫·關學文獻整理系列

總主編　劉學智　方光華

王恕集

[明]王恕　著
張建輝　黃芸珠　點校整理
張世民　審訂

西北大學出版社

王端毅像

木刻版王恕像

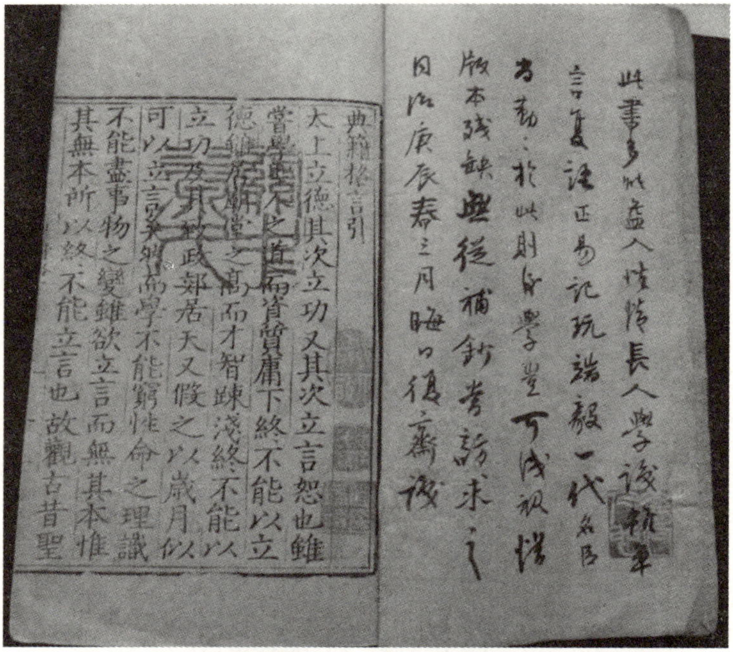

清代著名經學家賀瑞麟(復齋)手書《典籍格言》首頁

總序

張載（一〇二〇—一〇七七），字子厚，宋鳳翔府郿縣（今陝西眉縣）人，祖籍大梁，宋仁宗嘉祐二年（一〇五七）進士。張載出身於官宦之家。祖父張復在宋真宗時官至給事中、集賢院學士，死後贈司空。父親張迪在宋仁宗時官至殿中丞、知涪州事，贈尚書都官郎中。張迪死後，張載與全家遂僑居於鳳翔府郿縣橫渠鎮之南。因他曾在此聚徒講學，世稱「橫渠先生」。他的學術思想在學術史上被稱爲「橫渠之學」，他所代表的學派被後人稱爲「關學」。張載與程顥、程頤同爲北宋理學的創始人。可以說，關學是由張載創立并於宋元明清以至民國初年，一直在關中地區傳衍的地域性理學學派，亦稱「關中理學」。

關學基本文獻整理與相關研究不僅是中國思想學術史的重要課題，也是體現中國思想文化傳承與創新的重要舉措。關學文庫關學文獻整理系列以繼承、弘揚和創新中華文化爲宗旨，以文獻整理的系統性、全面性爲特點，是我國第一部對上起於北宋、下迄於清末民初，綿延八百餘年的關中理學的基本文獻資料進行整理的大型叢書。這項重點文化工程的完成，對於完整呈現關學的歷史面貌、發展脈絡和鮮明特色，彰顯關學精神，推動傳統文化創造性轉化、創新性發展無疑具有重要意義。因爲文庫關學文獻整理系列的各部分均有整理者具體的前言介紹和點校説明，我這裏僅就關學、關學與程朱理學的關係、關學的思想特質、關學文庫關學文獻整理系列的整體構成與學術價值等談幾點意見，以供讀者參考。

一、作爲理學重要構成部分的關學

衆所周知，宋明理學是中國儒學發展的新形態與新階段，一般被稱爲新儒學。但在新儒學中，構成較爲複雜。比較典型的則是程朱理學與陸王心學。南宋學者呂本中較早提到「關學」這一概念。南宋朱熹、呂祖謙編選的近思録較早地梳理了北宋理學發展的統緒，關學是作爲理學的重要一支來作介紹的。朱熹在伊洛淵源録中，將張載的「關學」與周敦頤的「濂學」、二程（程顥、程頤）的「洛學」并列加以考察。明初宋濂、王禕等人纂修元史，將宋代理學概括爲「濂洛關閩」四大派別，其中雖有地域文化的特色，但它們的思想内涵及其影響并不限於某個地域，而成爲中國思想文化史上重要的一頁，即宋代理學。

根據洛學代表人物程顥、程頤以及閩學代表人物朱熹對張載關學思想的理解、評價和吸收，張載創始的關學本質上當是理學，而且是影響全國的思想文化學派。過去，我們在編寫中國思想通史第四卷、宋明理學史上册的時候，在關學學術旨歸和歷史作用上曾作過探討，但是也不能不顧及古代學術史考鏡源流的基本看法。

需要注意的是，張載後學，如藍田吕氏等，在張載去世後多歸二程門下，如果拘泥門戶之見，似乎張載關學發展有所中斷，但學術思想的傳承往往較學者的理解和判斷複雜得多。關學，如同其他學術形態一樣，也是一個源遠流長、不斷推陳出新的形態。關學沒有中斷過，它不斷與程朱理學、陸王心學融合。明清時期以至民初，關學的學術基本是朱子學、陽明學的傳入及與張載關學的融會過程。因此，由宋至清末民初的關學，實際是中國理學的重要組成部分，它是一個動態的且具有包容性和創新性的概念，它開啓了清初王船山學術的先河。

關學文庫關學文獻整理系列所遴選的作品，結合學術史已有研究成果，如宋元學案、明儒學案、關學編及關學續編、關學宗傳等，均是關中理學的典型代表，上起北宋張載，下至晚清的劉光蕡、民國初期的牛兆濂，能够反映關中理學的發展源流及其學術内容的豐富性、深刻性。與歷史上的關中叢書相比，這套文庫文獻整理更加豐富醇純，是對前賢整理文獻思想與實踐的進一步繼承與發展，其學術意義不言而喻。

二、張載關學與程朱理學的關係

佛教傳入中土後，有所謂「三教合一」說，主張儒、道、釋融合滲透，或稱三教「會通」。唐朝初期可以看到三教并舉的文化現象。當歷史演進到北宋時期，由於書院建立，學術思想有了更多自由交流的場所，從而促進了學人的獨立思考，使他們對儒家經學箋注主義提出了懷疑，呼喚新思想的出現，於是理學應時而生。理學主體是儒學，兼采佛、道思想，研究如何將它們融合爲一個整體，這是一個重要的課題。從理學產生時起，不同時代有不同的理學學派。譬如，在「三教融合」過程中，如何理解「氣」與「理」（「理」）的問題是迴避不開的，華嚴宗的「理事説」早在唐代就有很大影響）的關係？理學如何捍衛儒學早期關於人性善惡的基本觀點，又不致只在「善」與「惡」的對立中打圈子？如何理解宇宙？宇宙與社會及個人有何關係？君子、士大夫怎麼做才能維護自身的價值和尊嚴，又能堅持修齊治平的準則？這些都是中國思想史中宇宙觀與人生觀的大問題。對這些問題的研究和認識，不可能一開始就有一個統一的看法，需要在思想文化演進的歷史進程中逐步加以解決。宋代理學的產生及不同學派的存在，就是上述思想文化發展歷史的寫照，因而理學在實質上是中國思想文化的傳承創新，具有重要的歷史意義。

張載關學、二程洛學、南宋時朱熹閩學各有自己的特色。作爲理學的創建者之一，張載胸懷「爲天地立心，爲生民立命，爲往聖繼絶學，爲萬世開太平」的學術抱負，在對儒學學説進行傳承發展中做出了重要的理論貢獻。北宋時期，學者們重視對易的研究。易富於哲理性，張載通過對易的解説，闡述對宇宙和人生的見解，積極發揮禮記、論語、孟子等書中的義理，并融合佛、道，將儒家的思想提升到一個新的高度。

張載與洛學的代表人物程顥、程頤等人曾有過密切的學術交往，彼此或多或少在學術思想上相互産生過一定的影響。宋仁宗嘉祐元年（一〇五六），張載來到京師汴京，講授易學，曾與程顥一起終日切磋學術，探討學問（參見二程集河南程氏遺書卷二上）。張載是二程之父程珦的表弟，爲二程表叔，二程對張載的人品和學術非常敬重。通過與二程的切磋與交流，張載對自成一家之言的學術思想充滿自信：「吾道自足，何事旁求！」（呂大臨橫渠先生行狀）

因爲張載與程顥、程頤之間爲親屬關係，在學術上有密切的交往，關學後傳不拘門户，如呂氏三兄弟呂大忠、呂大鈞、呂大臨，蘇昞、范育、薛昌朝以及种師道、游師雄、潘拯、李復、田腴、邵彦明、張舜民等，在張載去世後一些人投到二程門下，繼續研究學術，也因此關學的學術地位在學術史上常常有意無意地受到貶低甚至質疑（包括程門弟子的貶低和質疑）。事實上，在理學發展史上，張載以其關學卓然成家，具有鮮明的特點和理論建樹，這是不能否定的。反過來，張載的一些觀點和思想也影響了二程的思想體系，對後來的程朱學說及閩學的形成也有重要的啓迪意義，這也是客觀的事實。

張載依據易建立自己的思想體系，但是，在基本點上和易的原有内容并不完全相同。他提出「太虚即氣」的觀點，認爲沒有超越「氣」之上的「太極」或「理」世界，換言之，「氣」不是被人創造出的產物。又由此推論出天下萬物由「氣」聚而成；物毁氣散，復歸於虚空（或「太虚」）。在氣聚、氣散即物成物毁的運行過程中，纔顯示出事物的條理性。張載說：「太虚不能無氣，氣不能不聚而爲萬物，萬物不能不散而爲太虚，循是出入，是皆不得已而然也。」（正蒙卷一）他用這個觀點去看萬物的成毁。這些觀點極大地影響了清初大思想家王船山。

張載在西銘中說：「乾稱父，坤稱母。予茲藐焉，乃混然中處。故天地之塞，吾其體；天地之帥，吾其性。民，吾同胞；物，吾與也。」天地是萬物和人的父母，人是天地間藐小的一物。天、地、人三者共處於宇宙之中。由於三者都是氣聚之物，天地之性就是人之性，所以人類是我的同胞，萬物是我的朋友，歸根到底，萬物與人類的本性是一致的。進而認爲，人們「尊高年，所以長其長；慈孤弱，所以幼其幼。聖，其合德；賢，其秀也。凡天下疲癃殘疾、惸獨鰥寡，皆吾兄弟之顛連而無告者也」。這裏所表述的是一種高尚的人道主義精神境界。

二程思想與張載有别，他們通過對張載氣本論的取捨和改造，又吸收佛教的有關思想，建構了「萬理歸於一理」的理論體系。在人性論方面，二程在張載人性論的基礎上進一步深化了孟子的性善論。二程贊同張載將人性分爲「天地之性」和「氣質之性」。但二程認爲「天地之性」是天理在人性中的體現，未受任何損害和扭曲，因而是至善無瑕的；「氣質之性」是氣化而生的，也叫「才」，它由氣稟決定，稟清氣則爲善，稟濁氣則爲惡，正因爲氣質之性不可避免地受到了「氣」的侵蝕而出現「氣之偏」，因而具有惡的因素。在二程看來，善與惡的對立，實際上是「天理」與「人欲」的對立。

朱熹將張載氣本論進行改造，把有關「氣」的學說納入他的天理論體系中。朱熹接受「氣」生萬物的思想，但與張載的氣本論不同，朱熹不再將「理」看成是「氣」的屬性，而是「氣」的本原。天理與萬事萬物是一種怎樣的關係？朱熹關於「理一分殊」的理論回答了這一問題。他認爲：「太極只是個極好至善的道理。人人有一太極，物物有一太極。」又說：「太極非是別爲一物，即陰陽而在陰陽，即五行而在五行，即萬物而在萬物，只是一個理而已。」（朱子語類卷九四）「理一分殊」理論包括一理攝萬理與萬理歸一理兩個方面，這與張載思想有別。

總之，宋明理學反映出儒、道、釋三者融合所達到的理論高度。這一思想的融合完成於兩宋時期。張載開創的關學爲此做出了重要的學術貢獻。正如清初思想家王船山所說：「張子之學，上承孔孟之志，下救來茲之失，如皎日麗天，無幽不燭，聖人復起，未有能易焉者也。」（張子正蒙注序論）船山之學繼承發揚了張載學說，又有新的創造。

三、關學的特色

關學既有深邃的理論，又重視經世致用。這可以概括爲以下幾個方面：

首先，學風篤實，注重踐履。黃宗羲指出：「關學世有淵源，皆以躬行禮教爲本。」（明儒學案師說）躬行禮教、學風樸質是關學的顯著特徵。受張載的影響，其弟子藍田「三呂」也「務爲實踐之學，取古禮，繹其義，陳其數，而力行之」（宋元學案呂范諸儒學案），特別是呂大臨。明代呂柟其行亦「一準之以禮」（關學編）。清代的關學學者王心敬、李元春、賀瑞麟等人，依然守禮不輟。

其次，崇尚氣節，敦善厚行。關學學者大都注意砥礪操行，敦厚士風，具有不阿權貴、不苟於世的特點。張載曾兩次被薦入京，但當發現自己的政治理想難以實現時，毅然辭官，回歸鄉里，教授弟子。明代楊爵、呂柟、馮從吾等均敢於仗義執言，即使觸犯龍顏，被判入獄，依舊不改初衷，體現了大義凜然的獨立人格和卓異的精神風貌。清代關學大儒李顒，在皇權面前錚錚鐵骨，操志高潔。這些關學學者「窮則獨善其身，達則兼善天下」，體現出「富貴不能淫，貧賤不能移，威武不能屈」的「大丈夫」氣節。

最後，求真求實，開放會通。關學學者大多不主一家，具有比較寬廣的學術胸懷。張載善於吸收新的自然科學成果，不斷充實豐富自己的儒學理論。他注意對物理、氣象、生物等自然現象做客觀的觀察和合理的解釋，具有科學精神。後世關學學者韓邦奇、王徵等都重視自然科學。三原學派的代表人物王恕以治易入仕，晚年精研儒家經典，強調用心求學，用心考證，求疏通之解，形成了有獨立主見的治國理政觀念。關學學者堅持傳統，但并不拘泥於傳統，能够因時而化，不斷地融合會通學術思想，具有鮮明的開放性和包容性特徵。由張載到「三呂」、呂柟、馮從吾、李顒等，這種融會貫通的學術精神得到不斷承傳和弘揚。

四、關學文庫關學文獻整理系列的整體構成與學術價值

關學文獻遺存豐厚，但是長期以來沒有得到應有的保護和整理，除少量著作如正蒙、涇野先生五經說、少墟集、元儒考略等在清代收入四庫全書之外，大量的著作仍以綫裝書或手抄本的形式散存於陝西、北京、上海等地的圖書館或民間，其中有的已成孤本（如韓邦奇的禹貢詳略、李因篤的受祺堂文集家藏抄本），有的已殘缺不全（如南大吉集收入的瑞泉集殘本，現重慶圖書館存有原書，國家圖書館僅存膠片；收入的南大吉詩文，搜自西北大學圖書館藏周雅續）。即使晚近的劉光蕡、牛兆濂等人的著述，其流傳亦稀世罕見。二十世紀七十年代以來，中華書局出版了張載集，并將藍田呂氏遺著輯校、關學編、正蒙合校集釋、涇野子內篇、二曲集等收入理學叢書陸續出版，這些僅是關學文獻的很少一部分。全方位系統梳理關學學術文獻仍係空白。

關學典籍的收集與整理，是關學學術研究的重要基礎。這次關學文庫文獻的整理與編纂者在全國范圍的圖書館和民間廣泛搜集資料，一是搶救性發掘整理了一批關學文獻，二是對一些文獻以新發現的版本進行比對校勘、輯佚補充，從而使關學文庫關學文獻整理系列成爲目前最能反映關學學術史面貌，對關學研究具有基礎性作用的文獻集成。關學文獻整理系列圖書共涉及關學重要學人二十九人，編訂文獻二十六部，計一千八百六十餘萬字。這些文獻分別是：張子全書、

藍田呂氏集、李復集、元代關學三家集、王恕集、薛敬之張舜典集、馬理集、呂柟集涇野子內篇、呂柟集涇野先生文集、韓邦奇集、南大吉集、楊爵集、馮從吾集、王徵集、王建常集、王弘撰集、李顒集、李因篤集、王心敬集、李元春集、賀瑞麟集、劉光蕡集、牛兆濂集以及關學史文獻輯校等。其中的韓邦奇集、南大吉集、李柏集、李因篤集、牛兆濂集屬于搶救性整理；李復、王恕、薛敬之、呂柟、馬理、楊爵、王建常、王弘撰、王心敬、李元春、賀瑞麟等學人文獻屬于首次系統整理出版；張子全書、藍田呂氏集、李顒集、劉光蕡集、關學史文獻輯校是在進一步輯佚完善的基礎上整理出版的。總之，關學文獻整理的系統性和全面性得到了體現。

關學文庫文獻整理力圖突出全面性、系統性和深度整理的特點。就全面性和系統性而言，就是保證關學史上重要學人的文獻資料不被遺漏，這裏所選的二十九位學人，都是關學史上較爲重要的和代表了關學發展某一環節的學人。其中如張載、藍田「三呂」、馬理、呂柟、楊爵、馮從吾、王弘撰、李顒、李柏等人的著作集，是迄今文獻收集最爲齊全的。同時對於有關關學史的文獻也進行了全面系統的搜集和整理，如關學史文獻輯校，不僅重新點校整理了馮從吾的關學編，收録和點校整理了王心敬、李元春、賀瑞麟以及由劉光蕡、柏景偉重加整理校勘的關學續編，還首次點校整理了清末民初張驥的關學宗傳，并從諸多史書中輯録了一些零散的關學史資料，使之成爲目前能全面反映關學史面貌的文獻輯校本。關學文庫關學文獻整理系列，以豐富的關學史文獻，證明了「關學之源流初終，條貫秩然」，關學有其自身發展演變的歷史。就深度整理來說，關學文獻整理系列遵循古籍整理的傳統做法，采用繁體字、竪排版，標點、校勘，并對專用名詞做下劃綫處理。其目的不僅在於使整理與編纂者在文獻整理中提高自身的學術素養，同時也爲以後文獻研究者提供方便，推動關學研究深入開展，這也是關學文庫關學文獻整理系列圖書出版的重要目的。

關學文庫係「十二五」國家重點圖書出版規劃項目，國家出版基金項目、陝西出版資金資助項目，得到了中共陝西省委、陝西省人民政府、國家新聞出版廣電總局以及陝西省新聞出版廣電局的大力支持。文庫的組織、編輯、審定和出版工作在編輯出版委員會領導下進行，日常工作由陝西省人民政府參事室（陝西省文史研究館）和西北大學出版社負責。本文庫歷時五年編纂完成，凝結着全體參與者的智慧和心血。總主編劉學智、方光華教授，項目總負責徐曄、馬來同志統籌全書，精心組織，陝西師範大學、西北大學、西北政法大學、中國人民大學、華東師範大學、鄭州大學等十餘所院校的數十位專家學者協力攻關，精益求精，體現出深沉厚重的歷史使命感和復興民族文化的責任感；他們孜孜矻矻，持之以恒，任勞任怨，樂於奉獻，以古人爲己之學相互勉勵，在整理研究古代文獻的同時，不斷錘煉學識，砥礪德行，努力追求樸實的學風和嚴謹的學術品格。出版社組織專業編輯、外審專家通力合作，希望盡最大可能提高本文庫的學術品質。作爲文庫編輯出版委員會主任，我謹向大家卓有成效的工作表示衷心的感謝。由於時間緊迫、經驗不足等原因，文獻整理中存在的疏漏差錯難以完全避免。希望讀者朋友們在閱讀使用時加以批評指正，以便日後進一步修訂，努力使文庫文獻整理更加完善。

張豈之

二〇一五年一月八日

于西北大學中國思想文化研究所

前言

王恕，字宗貫，號介庵，晚號石渠，西安府三原縣光遠里（今陝西省三原縣北城）人。他生於明成祖永樂十四年（一四一六年），死于武宗正德三年（一五零八年），享壽九十三歲。他一生經歷了八代帝王，主要活動在英、代、憲、孝宗四朝，其政績卓著，德澤閭閻，堪稱中國十五世紀一位傑出的政治家。他於正統十三年（一四四八年）考中進士踏入仕途，歷官十九任，享受朝俸五十餘年，由庶吉士授大理寺左評事，先後擔任左寺副、揚州知府、江西右布政使、河南左布政使、右副都御史、左副都御史、南京刑部左侍郎、戶部左侍郎、左都御史、兵部尚書參贊守備、北京吏部尚書加太子太保等職務，其中具有行政監察性質的活動占去其大約半數以上的時間。在他的仕宦生涯中，始終剛直不阿，直言敢諫，與明初以來大臣們逐漸淪爲皇帝淫威下奴才的政習截然不同。據說唐代皇帝和大臣的關係還比較融洽，而宋太祖開始抽走大臣在朝堂上的坐榻，君臣關係趨於緊張；到了明初，朱元璋、朱棣父子血腥屠戮持不同政見的大臣之後，皇帝同臣子們之間的等級壁壘更加森嚴，連大學士、尚書之類軍國重臣偶爾出言不慎，皆可能斃命於廷杖之下，其他草芥官員更是如履薄冰，如臨深淵。陝西仕子王恕之所以傑出，就在於他敢在衆人皆昏昏的情勢下，以一己之諤諤向皇帝提出自己的政治見解。

王恕所在的十五世紀中後葉，是明王朝由崛起轉向衰落的過渡時代。太祖朱元璋南征北伐，逐鹿中原，創業立國的輝煌時代業已過去，連續太平的升平氣象也在英宗朱祁鎮顢頇的土木之役中喪失殆盡。此時的明王朝因爲對內對外缺乏必要的改革步驟和有效的治國方略，陷入了內憂外困、兵連禍結的社會危機之中。在朝廷，從英宗起，各個皇帝大都深居簡出，很少接見大臣，偶爾臨朝，也不等大臣把事奏完，就匆匆退朝。皇帝們喜歡做甩手掌櫃，把軍國要事交給司禮太監處理；而秉筆的司禮太監又局促於宮掖之内，同朝廷大臣罕得會面，只好請門客出謀劃策。門客忠奸不同，見識迥異，「或得之毀譽之言，或出於好惡之私，以直爲枉，以枉爲直者多」。（四庫全書奏議類王端毅公奏議卷七。下引此書只注卷次）由此朝廷失掉了公允的裁判，無私的賞罰，於是太監專權，排擯忠良，朝政烏煙瘴氣，局勢簸蕩不安。

在邊疆，也同樣腐敗不堪。守邊官軍缺衣少穿，官軍頭目尅扣軍餉，中飽私囊。明初爲守邊官軍劃定的軍墾田地，因爲長期以來軍士遊惰，皆不親自耕種，已逐漸轉入同駐地官軍頭目有密切關係的地方豪強手中去了。正如英宗時内閣大學士商輅所說：「名雖爲守，實則棄之。」（四庫全書奏議類商文毅（輅）疏稿），將無鬥志，士乏勇氣，一遇勁敵，稍觸即潰，邊塞守軍無異於替敵軍看守疆土，譬如雲南、廣西一帶地方，因選拔的鎮守太監不得其人，多次輕啓禍端，因爲激化明中央王朝和周圍邦國之間的矛盾，丢失了不少地方。

在内地，更是「文恬武嬉，事多因循」。一次天災，竟使許多地方百姓流離失所，無家可歸，北京城内也躁動不安，成羣結隊的流民「公然明火執杖，打劫人家財物，或殺死人，致使軍民不安，不敢睡眠，有終夜坐守者。」（四庫全書奏議類商文毅（輅）疏稿）此時明王朝就像一個斷了頭顱的巨人，在懸崖峭壁上蠕蠕而行。

正是在這個時代，來自陝西的布衣之士王恕，剛正清嚴，始終一致，「凡遇事之可行者，不計成敗而行之；可言者，不顧利害而言之。」（王端毅公奏議卷十三）以其敢說敢爲、直言不諱的凜然形象，在明代歷史上寫下了值得驕傲的一頁。他不怕太監的排斥和打擊，堅決捍衛廣大普通百姓的利益；不畏皇帝的獨裁專斷，屢次謂謂直言，反對皇家僭越法權；不顧個人的死生和榮辱，敢於仗義執言，秉公直書。他曾二十一次應詔陳言，三十九次提出建議，「侃侃論列無少避」。每當朝廷行事有不當時，人們都要問「王公胡不言也？」這時王恕的奏摺也會及時出現。（明史卷一八二）時人流行的歌謠中說：「兩京十二部，獨有一王恕。」意思是說北京和南京兩套吏、户、禮、兵、刑、工六部的衆多官員中，只有王恕一人敢講真話。或許因爲王恕敢講真話，不怕殺頭，使他一再獲罪皇帝，衝撞羣臣，被迫于成化、弘治年間先後三十四次上疏求退，僅僅弘治前六年上書請退就達二十次之多。或許，這還是憲宗皇帝效法漢文帝故事的臨終安排：成化末年，憲宗皇帝爲了使兒子順利掌權，便詔退王恕。孝宗皇帝執政後，清理吏治，累詔起用王恕，委任爲吏部尚書加太子太保。在明初廢黜丞相胡惟庸的相位後，吏部尚書加太子太保就是朝廷中最顯赫的一個官職。皇帝待他以「大臣之禮」，他就以「大臣之道自勉」，更堅定不移地推行自己的政治主張。當建言不行，有人參奏他居功自傲時，王恕於弘治六年（一四九三年）最後一次遞上告退奏章，不顧孝宗皇帝稱他「老成持重，不可輕退」的堅意挽留，毅然乘著驛車回到家鄉三原縣，於立德、立功之後，又著書立說，創立了以程朱理學爲宗的「三原學派」，以追求其至善至真的政治人格。這既顯示了这位傑出政治家「達則兼濟天下，窮則獨善其身」的高風亮節，更演繹了「心無芥蒂壽自長」的豁然氣度。退休返鄉後他整理的歷代名臣諫議録，王端毅公奏議和石渠意見、玩易意見等，對我們今天研究王恕及明中葉的政治思潮提供了不可多得的文獻依據。

二

每個有所建樹的政治家都有其卓犖一時的政治思想，而這個政治思想又總是同他的社會實踐密切相關的。由於歷史條件的局限，王恕的政治思想毫無例外地烙有那個時代、那個階級的印記，但縱觀他一生的追求和事業，的確是爲普通百姓辦了許多好事、實事。王恕的政治思想，可以用其奏摺中的一句話來概括：「欲盡大臣之道，必須遵守祖宗之法，以安民爲心，而不爲勢利所奪，可也。」（卷五）這一「立心論」承自關學鼻祖張載，但王恕在實際處理官府同人民群衆的關係問題上，可謂活學活用。

遠在戰國末年，儒家思想家荀況曾用「水可載舟，亦可覆舟」來比喻官府同人民群衆的關係。王恕常常用這一古訓，來提醒最高統治當局注意官民之間的舟水關係。譬如成化初年，他所在的南京管轄區內，河南南陽、湖北襄陽、荊州一帶發生流民起義，致使「官吏不敢科征，里甲不敢差遣」（卷一），官民之間的對立情緒十分強烈。王恕奉命協助白圭一道平叛起義後，軍中有人建議徹底清查起義人員，將境內一切參與起義的山居流民斬盡殺絕，不留後患。在此關鍵時節，王恕毫不動搖地堅持恩威並施的方針，嚴格約束官軍，不許濫殺無辜。同時報請朝廷推行安撫政策，給沒有耕地的人劃分土地，給缺少耕牛的人措辦耕牛，給無衣無食的人散賑救濟，給願意就地入籍的人編排里甲，還把請求返回原籍的人一一送回。當地人民對王恕的寬容政策非常歡迎，江淮流域的社會秩序也迅速穩定了下來。

上述安撫政策值得肯定，但這仍然屬於治表範疇，根本問題還在於解決造成起義的社會矛盾和社會衝突。而在這方面，「軍勞於徵調，民困於轉輸」（卷一），差役過重，軍民不堪應當是一個重要原因。爲此，王恕一再奏請朝廷體恤下情，重視地方，正確處理中央和地方之間的利益關係。當時，「外而邊陲烽煙未靖，軍士暴露；內而郡縣旱荒太甚，民饑而死。」憲宗皇帝卻大造佛寺，廣興土木，搞得財源枯竭，軍民流離。王恕因而批評説：「安土重遷，人之情也。今一旦拆人房屋使之遷於他處，欲人心安，得乎？帑藏銀兩，所以備兵荒也，今乃以爲建寺之資，使民飛挽于道路，轉死於溝壑，欲人心悦，得乎？」（卷六）儘管王恕無法徹底阻止苛政實行，但他重視民疾民瘼的態度，仍然是值得稱讚的。

三

春秋戰國時期，魏文侯作爲一國之君，不肯輕易放棄與虞人的約會；商鞅作爲霸者之佐，有意豎木取信，這都是歷史上有名的守信故事。在王恕的政治生涯中，對這兩件守信掌故始終念念不忘。他認爲：「信者國之寶，民之所依以立者也。詔者，國之號令，敷恩澤，感人心，而示之以必信者也。」（卷二）王恕以此期待皇帝，自己也恪守不渝。

成化年間，順德府知府黎永明因毆打公差被流放，浙江布政使劉福等因織造絲綢不合規格，也被判了重刑。同年皇帝又頒佈了詔書，要求除十惡不赦外，「其餘已發覺未發覺，已結正未結正，罪無大小，咸赦除之。敢有以赦前事相告言者，以其罪罪之。」但卻例外地拒絕赦除黎、劉等人罪行。王恕認爲此舉失信於民，「設或此事傳播四方，使懼罪逃躲、反側不安者聞之，誰肯自首求免乎？」又說：如不重新審理，「求濟一時之急，誰肯復信？不信則不從，不從豈不誤朝廷之大事乎？」由此他推出了一個有名的「賞罰論」，此即：「理之當生殺予奪而生殺予奪之可也，不當生殺予奪而生殺予奪之未可也。若賞一人而千萬人勸則賞之，若罰一人而千萬人懼則罰之，此公天下之賞罰，則所謂理之當生殺予奪而生殺予奪者也。賞一人而千萬人不勸則謂之淫賞，罰一人而千萬人不懼則謂之濫罰，此非天下之賞罰，即所謂理之不當生殺予奪而生殺予奪者也。」儘管王恕這種賞罰思想包涵着濃厚的人治味道，與他素來強調的法治精神似有不侔，但仔細探究，仍可看出這種政治思想的现实合理性。可以說，這正是王恕留給後人的一筆可貴的思想遺產。

針對黎、劉事件，王恕並不就事論事，也不認爲全部責任在於皇帝，而是認爲那些奏報情況、誇飾其辭的司法人員也难辭其咎。他舉證漢文帝時張釋之秉公執法、不阿上意的故事，規勸憲宗皇帝依法辦事。他認爲，「此事雖小，害信爲大」，糾正這件事情，不只是爲黎、劉二人珍惜前途，也是爲天下、爲朝廷珍惜榮譽。因此，他希望憲宗皇帝「自今伊始，凡罪之當罰者，雖貴近必罰；功之當賞者，雖疏遠必賞。發一號令，出一詔旨，亦宜熟思審之，求合人心，然後付之有司，行之天下。如金石之堅，如四時之信，使百姓咸悦，遠近歸心，又何患中國之不安，四夷之不服哉！」（卷二）

王恕敢爲當赦不赦的人鳴冤叫屈，仗義執言，是出自公心；對那些禍國殃民、製造禍端的人，即使貴近寵倖，他堅持果斷制裁，亦非至公之心莫敢爲。其中最典型的，是他奉敕前往雲南同鎮守太監錢能等人鬥爭。原來，雲南、廣西一帶自英宗以來均派有鎮守太監。但不少鎮守太監里通外國，搜刮勒索，致使邊務廢弛，民亂日滋。成化十二年（一四七六年），内閣大學士商輅建議「推選剛直有爲、智識超卓大臣一員，請敕前去，巡撫其地，凡利有當興，弊有當革，悉與鎮守官處置執行，各務要安靖地方，毋事阿徇，有負委任。」（商文毅（輅）疏稿）經過慎重考察，王恕被吏部推舉前去。到雲南後，王恕訪知鎮守太監錢能部下郭景、盧安、蘇本、楊能等人私自索取安南王黎灝金珠寶石，強奪婦女，使當地土司背叛滋事。「流毒遠方，構怨外夷」，「假公濟私，需索攪擾，失夷人心」（明史卷一八二）的罪狀後，立即逮捕嫌疑犯，用鐵證彈劾錢能，斷定其「罪當死」。他主張「將錢能、盧安、蘇本、楊能等拏送法司，明正其罪，以爲後世事君有二心，及生事邊陲，擾害夷方者之戒。」（卷三）錢能等人十分恐懼，被迫離開雲南。從此太監者流對王恕既恨之入骨，又畏之如虎。

四

太監問題伴隨着中國封建專制主義制度的始終，是一個久未根除的社會痼疾。自從周代宮廷出現「寺人」以來，秦二世时宦官趙高專權，成爲秦王朝的徹底顛覆者；東漢宦官集團和外戚集團時而勾搭，時而隙牆，導致了東漢政權的腐化墮落。唐代宦官也是天朝帝國墜向深淵的重要原因。明初，朱元璋總結前代的經驗和教訓，爲了防止太監專權的弊端，據說曾在朝堂上立了一通鐵碑：「內臣不得干預朝政。」（明史卷一九二）但他死後，朱棣靠內廷太監策應、支持奪取了政權，太監重被委以重任。

自英、代、憲宗以下，「內監添置益多，邊塞皆有巡視，四方大征伐皆有監軍，而疆事遂致大壞，明祚不可支矣。」（明史卷七十二）英宗九歲即位，太監王振以周公自居，擅權達十餘年之久。憲宗任用太監汪直，橫行專權，毫無顧忌。武宗時太監劉瑾勢傾朝野，京城傳聞出了站立兩個皇帝。尤其嚴重的是，成化年間憲宗皇帝愛好花木禽獸，玉石器物。「上好是物，下必有甚」，太監王敬遂攜帶採取藥餌、收買書籍的詔敕，到蘇、常一帶搜刮盤剝，「動以朝廷名義，需索銀兩，無有紀極。東南地方爲之騷然，民不堪命。」據王恕奏議統計，此行計掠取甯國府、太平府、池州府、安慶府、九江府等鹽引壹萬伍仟伍佰引，換銀三萬貳仟七百捌拾玖兩玖錢玖分，相當於當地普通人家累代积累之财富。此外還勒索蘇、常等州屬縣一百九十八名大戶現銀貳万肆仟貳佰二兩八錢五分。其他觀音、寶瓶、香爐、畫軸之類物品一百零九件。其中少部分來自官府、軍費和賑災銀兩，大部分來自里甲籌辦或大戶人家。其對大戶人家的勒索，很快就轉嫁到當地普通百姓頭上。上述種種，實質上都是對百姓利益的嚴重侵害。當時常州知府孫仁拒絕奉命，竟被王敬非法逮捕拷打，「暴横生靈，激變地方，莫此爲甚。」對此，王恕交章彈劾，他致奏皇帝說：「臣惟自古人臣之事君，以聲色貨利、珍奇方術爲容悦以寵倖者，未有不壞天下之事，而爲社稷之憂也。」他嚴厲指出：王敬者流「刻剝軍民，舳艫相銜，滿載而歸，以爲自己孝順，自己功德，以覬僥倖，殊不知取之不義，得之不以其道，所以失人心者在此，所以損國體者在此，所以傷和氣而致災沴者亦在此也。」他還說：「若但見其易而不思其難，樂其有而不恤其無，往者過而來者續，用日侈而財日屈，非民之福，亦非國之福也。況各人假公營私，明取暗受者多，使朝廷擔其名，此尤不可之甚者也。」（卷五）這個「取與論」，把問題的實質點得煞是透徹。就取財於民而言，王恕認爲，倘若力士耕作還不能滿足揮霍，織女勞碌還不能滿足奢侈，就會嚴重敗壞官民關係，使載舟之水激蕩爲覆舟之水。面對王恕的彈劾，王敬及其黨羽試圖反戈一擊，終因鐵證如山，悉数被棄市、處決。這次王恕反對太監專權的重大勝利，在有明一代監察史上是罕見的一例。

在憲宗皇帝執政時，除了派遣太監到處掠奪銀兩、充實内帑外，還強迫各地鎮守官員捐獻奇花異卉，珍珠寶貝。那些希圖僥倖升遷的人，總是喜歡「過求奇巧以進之」，作爲謁見皇帝的見面禮。成化初年，憲宗派人到南方各地搜尋異物，致使「一物之進，必十倍其值」，「甚至水路萬里之遥，人夫轉運不勝其擾。」（明经世文编卷三十八）貢獻之物「絡繹不絶，行居騷然」。王恕於痛陳利害之際，提醒皇帝「今後不許進貢奇花異卉，珍禽異獸，珍珠寶石，金銀器物。」加之雲南錢能事件初發，憲宗因此收斂了約十年之久。到成化十八年（一四八二年），地方納貢又漸漸活躍起來，其勢有增無減，阻抗不易。其時「大江南北饑荒殊甚，斗米直七八十錢。民有饑色，野有餓殍。老稚轉於溝壑，壯者散而之爲四方者，不可勝數。」憲宗皇帝卻不肯理會，反而「織造旁午，貢獻絡繹，奢侈之風競起，倖進之門大開」，「爵賞冗濫，名器混淆，徭役繁興，財力日屈」，社會經濟被摧殘得破敗不堪。王恕因此連上數道奏議，請皇帝改弦更張，與民休息。他因此提出了「餘缺論」，成爲那個時代著名的政治論斷。他認爲：「朝廷之上固有不可缺者，亦有可減省者，亦有可缺者。」「且如糧餉、軍需、絲之類，將以養軍馬、備宿衛、給賞四夷使臣，不可缺者也。」而「綵裝奇巧，花樣絲紗羅，十餘人碌亂半年以上，方才織得一件之物，此可減省者也。」「至於禽鳥花木等物，一經重瞳之後，料必置之他所，且非勞民傷財則不可得，得之無益於時，無備於治，此可缺者也。」特别是他提出的「夫物或可缺，而民則不可缺」，「后非衆罔與守邦。」「不作無害有益，功乃成；不貴異物賤用物，民乃足。」（卷五）這種充溢着人民性的「重民」觀點，正是近代民本主義的思想啓蒙。

五

歷史上，官員選拔始終是歷朝歷代第一等軍國重事。隋唐盛季，任官權力收歸中央，唯才是舉，不避親疏；士庶並選，賞罰分明。特别是建立了「分科考試、取士授官」的制度，比較平等地向着廣大寒族知識分子洞開門路，所以通過科舉銓選被認爲是入仕正途。宋代，在加强中央集權的前提下，科舉名目不斷增設，録取名額一再放寬。到了明初，任官制度則體現了極端的獨裁專制性。朱元璋曾經主張破格任官，老少參用，務使賢能者得到重用，但其晚年開例的「八股取士」卻徒具形式，非但不足以延攬有才有識的人才，反而禁錮了士人思想，科舉制度成了獨裁專制主義在思想文化領域的重要延伸。通過科舉考試，將讀書、考試、爲官三者密切聯繫在一起，使廣大士人完全陷入了功名利禄的漩渦，所有國計民生、經世致用的觀念統統銷磨在場屋之中。到了成化、弘治年間，官員選拔方面重視資格、輕蔑才能的流弊尤爲突出。晚年的王恕任吏部尚書期間，充分利用其選官權力，提出了「以資格待尋常之士，不以資格待非常之才」（卷十二）的見解。這個「資格論」，應當説是處理資歷與才幹關係的一個有效模式。據明史記載：王恕「所引薦耿裕、彭韶、何喬新、周經、李敏、張悦、倪嶽、劉大夏、戴珊、章懋等，皆一時名臣。他賢才久廢草澤者，拔擢之恐後。弘治二十年間，衆正盈朝，職業修理，號爲極盛者，恕力也」。弘治六年（一四九三年），王恕推薦劉大夏治理黄河，築長堤，水大治，「孝宗嘉之，賜璽書褒美」，並招爲左副都御史。劉大夏歷任戶部左侍郎。至弘治十五年（一五零二年）拜兵部尚書，幾經推辭才奉詔。孝宗皇帝問他：

「朕數用，卿數引病何也？」劉大夏說：「臣老且病，竊見天下民窮財盡，脱有不虞，責在兵部，自度力不辦，故辭耳。」（明史卷一八二）這種以退爲進的諫諍方法，與王恕如出一轍，無怪乎王恕要引爲同道！

但是，提攜德才兼備的軍政人才是一方面，另一方面，王恕還建議皇帝淘汰那些以種種僥倖理由被提拔的官員。例如對充盈於朝且侍奉皇帝的傳奉官，憲宗皇帝無一例外地予以重用，並非因其有尺土之功或出衆之才，而只是他們「近水樓臺先得月」，能夠就近巴結逢迎皇帝，同太監勾結在一起，左右皇帝的視聽。成化十八年（一四八二年），憲宗皇帝時而提拔一個司務，時而提拔一個領班，時而提拔一個醫官，時而提拔一個千百戶鎮撫。有不少大臣看在眼裏，議在心中，覺得這種僥倖門徑一開，必然流禍無窮，但卻無人敢講真話，所以「傳奉之官，一年多於一年」。在此情況下，王恕勇敢地站了出來，他認爲這是對明初制定的成文法律的破壞，應當給予堅決糾正。他請求皇帝對那些缺乏特殊才能的人，京官五品以下、外官四品以下，凡屬文職人員，遇到缺額，「悉從吏部依照資格，具名請旨選用。」而對掌握重要政務的堂上官和在外封疆的方面官遇有員缺，「亦從吏部每員推舉相應二員，請旨於內，點出一員，俱不必傳奉。」這可稱作封建時代的「差額選拔」。他還提出：「若吏部銓選不公，推舉不當，明正其罪。」（卷五）這就在制度上限制了皇帝選官的範圍，對確保選拔有才有識的官員，杜絕奔競逐鹿之弊，無疑有其積極的意義。

又如成化二十一年（一四八五年）二月初七日，針對當時憲宗皇帝選拔官員過冗過濫，甚至「無功而升，無能而進者，日多一日。他如工藝之人，各尋蹊徑，得美職而服章服者，充滿朝市。」對此，王恕主張：今後文職人員除由進士、監生、吏員出身外，不得授官，武職除由軍功提拔外，不得晉升；至於已經收用的，文職令其全部記名回家，待有缺額，再行舉用，「系醫卜匠藝出身者，悉令各執本藝，每月止支食一石，其餘俸錢、皂隸俱各革去。」他還從制度上限定了工藝之人的晉身途徑：該選官員內樂舞生出身者，止于太常侍官；天文生出身者，止於欽天監官；醫生出身者，止於太醫院官；匠人出身者，止於工部所屬文思院、營繕所等衙門官，敍用俱不可授以六部、都察院、通政司、大理寺等衙門堂上官。」（卷六）從表面上看，這種「出身論」限制了工藝之人的做官途徑，似乎與破格選拔人才的原則有所背離，但在事實上出類拔萃的人才畢竟是少數，這裏對多數工藝之人基本出路作出規範，仍然是值得肯定的。

此外，對於王府、宗室干涉地方官員任命問題，王恕也堅持這一選才原則。明代宗室在朱元璋時，集地方軍、政、人、財四權於一身，顯得權力過重；到朱棣時，則因削藩政策的推行，各地藩王府只剩下了衣食租税的特權。此後，王府、宗室起用寵倖之人，限於良醫、典膳、典樂之類事務性職官的任命，再也不能予奪地方政務官的任職安排。孝宗皇帝偶爾網開一面，允許宗室藩王自行舉薦，對此王恕依法堅決予以抵制。他認爲，無論何時，宗室、王府都必須在國家法律允許的範圍内活動。弘治元年（一四八八年），天下共有二十五處王府，「額設官員不爲不多」，但是「遇有員缺，（藩王仍）往往奏保，或稱妃兄妃弟，或稱儀賓親屬，與凡相熟之人，不論可否，一概奏保任用。」王恕在皇帝面前毫不讓步，一再建議從制度上加以約束：「今後王府官員遇有缺額，可以按法定程式向地方布政司彙報並轉送吏部，『照缺於監生、吏員内相應銓補，不許仍前奏保，僭越仕籍，阻壞選法。』」（卷七）對宗藩的限制，本身也是對專制皇權的一種制約，因而憲宗皇帝並不輕易買賬。有一次，太監蔣琮和御史姜綰互相攻訐，憲宗皇帝判定「各罰俸三個月」，但很快寬恕了蔣琮，而黜降了姜綰。王恕由此提出關於「不可内外異法」的求取公平的奏狀。他引用諸葛亮出師表中關於「宫中府中，俱爲一體。陟罰臧否，不宜異同」的觀點，並稱之爲「公天下之格言，服人心之要道也。雖爲後主告，實所以爲萬世人主告也。」（卷十一）他説：「蔣、姜事件雖小，但關係治體甚大，皇帝應當秉公處事，以服膺天下民心。

應該指出的是，王恕敢於直言限制宗室權力，諫阻皇帝某些決策失當的政治主張，從根本上説有利於明王朝的長治久安。但在獨裁專制主義的威脅下，「事君如事虎」，封駁皇帝的裁斷往往難逃殺身之禍，非出於至公愛民之心，非有過人的膽識，是想爲而不敢爲的。

六

王恕作爲一名出身儒學的傑出政治家，並非墨守成規之徒。他在「成、弘之際」，以其剛直硬朗的政治風格屹立於世，死後謚號「端毅」。這一謚號，是對王恕刚健的政治风骨的充分肯定，也是對他基本思想觀念的精要概括。王恕勇於執政，善於調處各種錯綜復雜的政治關係，最關鍵的仍在於他有堅定的儒家思想觀念和政治立場。王恕於正統十三年（一四四八年）中進士，選爲翰林院庶吉士。但因「不喜爲古文辭，務以明體適用，本之經術，博濟經濟。」（李贄續藏書卷十五太师王端毅公）不久改任大理寺左評事，從此走上了一條讲求經世濟用的政治道路。

王恕因易经中進士，畢生致力於易學研究，所著玩易意見、石渠意見（含拾遺、補缺）等著作，較全面、深入地闡發了他的求學方法和治學理念。他一改科舉考試中拘泥於程朱注解的觀念，堅持將「用心求學」作爲學習儒家經典的出發點。他十分重視學習的自覺性，嘗借孟子之言，强调「學問之道無他，求其放心而已矣。」他說自己晚年「搜集典籍，編集歷代名臣諫議録二百二十四卷，藏之私家，復涉獵經書傳注。」又說：「夫傳注乃釋經之辭，其依文尋義，不背經旨，明白曉暢，可言可行者，恕固尊信之，以探聖賢之道，而施於政事之間矣。間有與經文稍異而體認不通者，乃敢以管見妄議一二，名曰石渠意見。謂之意見者，乃意度之見耳，非真知灼見也。」在學習的基礎上有所臆想，有所體認，正是王恕放心自任的重要学习方法。他說，要做到放心自任，關鍵在於敦誠持重，言求其是，保持一種健康、理性的獨立立場。他主張「君子立言求其是而已，豈可阿其所不是以爲是哉？」這種思想上的自信和践履中的獨立相互印證，相互支持，蔚成其獨具一格的政治風尚。王恕所宣導的「放心論」，或曰「心考論」，其實也成爲他超越前人，用心從政的思想基礎。明清之際大思想家黄宗羲在明儒學案中，有意將王恕作爲明代理学思潮中河东学派的別支「三原學派」的代表人物，爲之設立三原學案，並對王恕所宣導的儒家「中和」觀念給予了充分肯定，其現實依據即在於此。王恕在閱讀原典的同時，堅持「驗之以行，考之以心」，務求事、理、心三者通貫如一，始稱「放心」。王恕毕生不唯權，不唯理，不唯教條，其所代表的承自張載的新關學精神值得重視。

王恕將其治學精神也貫穿於政治生涯的全部過程。他十分強調書院教育的重要性，將書院作爲培養人才、傳播新知的主要途徑。在揚州任職時，他首创資政書院，培養了一批懂經濟的人才；晚年退隱家鄉，又支持少子王承裕創辦弘道書院，堅持不懈學習，研究儒家經籍，「辯難摘疵，或終日不倦」，並與學員一起「商議可否」。早在他做諸生時，即認定「書院乃儒者講學明倫之所，所以化民善俗而成才者也。」（王端毅公文集卷之一復學古書院記）嗣後，在他與王承裕辛勤操勞下，弘道書院不僅影響了當時社會，而且傳脈於清末民初，在西北各省發揮了非常重要的歷史作用。

王恕的親民愛民、廉潔自律政治行爲與他的思想主張相一致。譬如在官民關係上，他強調「爲官者能修其職，仁乎民。爲民者能安其分，不欺於心。雖不求於神，而神自佑之。」這也是其「放心論」的一種外在延伸。擔任吏部尚書時，王恕在家門口的牆上貼了一副對聯，其詞云：「宋人有言曰：凡仕於朝者，以饋遺及門爲恥；受任於外者，以苞苴入都爲羞。今動曰贄儀，贄儀而不羞於入，我寧不自恥哉！」接替他担任吏部尚書的耿裕也是耿介之士，史稱「無爱憎」，但他對王恕十分敬佩，曾講過這樣一件事：王恕在任時，他擔任禮部尚書，「暮自部歸，必經過王三原之門，過必見老蒼頭持秤買油於門首。」他「自念入官至今，初不知買油點也，故每過必面城牆而行」，感到慚愧。（何良俊四友齋叢說卷九十五）王恕曾說：「以錢進身者，豈能以廉律己。」這正是他保持自身操守、律己律人的原因所在。

七

王恕所處的十五世紀曾被認爲是一個極其平庸的歷史時期，於是有人認爲王恕大約就是這個平庸時代的一個平庸的產兒。在研究明清史時，長期以来很少有人深入鑽研過成化、弘治年間的政治走向，包括王恕在內的一大批成、弘政治人物的功過是非，更是鮮爲人知。然而每當人們垂下橫掃歷史的目光，把焦點凝聚在這段寂寞的歷史隧道時，卻驚訝地感到：王恕及其所處的時代還是一片待開墾的處女地，其政治思潮尚有重新評估的必要。

應當毫無愧怍地說，王恕是我國十五世紀一位傑出的政治家。其理由在於：

從王恕所奉行的明代政治——監察制度來說，他所作所爲的時代乃是一個不可忽視的重要歷史時段。因爲明初確定的政治——監察體制，已經出現了嚴重的弊端，皇帝對臣民的監督控制受獨斷專制主義影响尚待進一步完善；成、弘之後，嘉靖、萬曆年間張居正的政治改革，刷新了整整一個歷史紀元，而海瑞不怕殺頭敢於直言，恐怕也有其不可小覷的歷史前奏。正是在上述兩個波譎雲詭的大時代之間，王恕健全和發展了明初以來的政治——監察制度，並在監督範圍法律化、監察人格獨立化、監察意識制度化方面奠定了十分牢固的基礎。不承認這一點，就無法理解兩個大時代之間難耐的低谷及其遞變過程；不承認這一點，就無法解釋王恕何以敢批龍鱗卻未受杖笞。由此可知，王恕所在的整個時代背景是平庸的，但他本人卻表現了傑出的政治才幹和思想深度。

其次，就社會影響來說，王恕並不是一個區域性、斷代性的人物，而是具有廣泛影響的歷史人物。一方面，他的作用在明代中後葉得到了普遍認同，他所提攜的一代英才，對弘治中興產生了重要作用。他在南京署理政務四十餘年，對東南沿海資本主義萌芽形態提出了一系列政治對策，代表了當時有所作爲官員的政治遠見，對後世社會也產生了一定的影響。另一方面，他領銜的儒家三原學派，其所包括的王承裕（王恕第七子）、呂柟（高陵人）、馬理（三原人）、韓邦奇（朝邑人）、楊爵（富平人）、王之士（藍田人）等，亦爲明代理学思潮中的翹楚人物。這個繼張載關學之後的「新關學派」，在中國思想史上佔據着一個不可或缺的席位。

此外，需要引申的一個問題，就是反對或限制封建宗法制度的問題。一般人們都認爲：在封建時代，士大夫階級似乎就是典型的獨裁專制主義支持者。其實這種想當然的觀點有點失之籠統。就封建制度來說，它有百弊：諸如壓抑人的個性，摧殘社會進步等等。但也有一定的積極因素：一個民族的繁衍和壯大，正與其重視人文意識有很大的關係。作爲一個生存時空相當悠遠的社會制度，不能因其有百利而忘其一弊，也不能因其有百弊而忘其一利。畢竟，封建社會的控制力量尚較鬆散，身處其中的人們完全可能形成矛盾的雙重人格：一方面要追求並享有這個社會提供的有利條件，諸如封建特權、等級和宗法意識等；另一方面又将不斷改革这一制度，逐漸消除來自血緣、親緣、地緣、屬緣環境對於當時社會產生的消極作用。歷來對宗室、外戚、太監、大臣的政治關係限定嚴格恰當與否，是同当时最高統治階層的基本政治素質密切相關的。到了成、弘年間，儘管一批批大臣仍然享有特權待遇，可以封賞祖宗、恩蔭子孫，竭力保護自家的聲譽和地位；同時也有敢於批駁皇帝非法專斷的有識之士，有敢於限制皇權過度膨脹的有膽之人。王恕曾在此兩者之間猶豫、徘徊過。他曾積極要求封賞祖先並妻子，讓兒子代行若干事務；同時又用政治制度化、監察法律化來限制皇權，強調依法治國的理念。這種政治思想，立足于對封建宗法制度在法律上內在限制，亦堪稱爲我國近代民主主義的先聲。

凡此種種，都使我們不能不注意到，王恕其人及其所處時代不可抹煞，也不可熟視無睹。我們應當把這位傑出的政治家從歷史遺忘的角落中重新喚醒，使其成爲今日人們觀照歷史的一面鏡子。

張世民

二〇一四年農曆季秋

點校說明

一、點校任務

有關王恕著作的整理和研究，也是關學文獻整理系列的一項重要任務。西北大學出版社承擔的二零一零年國家出版基金資助項目【立項編號：六九】和國家十二五重點圖書規劃項目【立項編號：新出字二零一一至四零七；申報編號：二零一零零零二五九零】關學文庫課題組，將點校整理王恕著作的子課題下達後，陝西省地方誌辦公室張世民承擔了版本採擷和前言撰寫的任務；咸陽師範學院張建輝結合其已有的課題（陝西省社會科學界重大理論和現實問題研究項目【立項編號：二零一零C零八四】和陝西省社會科學基金項目【立項編號：一零J零一一】及陝西省重點學科專項科研基金項目【立項編號：Szxky 一二零九】）方向，承擔了王端毅公文集、玩易意見、石渠意見和典籍格言的點校任務；西安理工大學黃芸珠承擔了王端毅公奏議的點校任務。全書最後由張建輝統一凡例和統稿。

二、點校對象

這次點校的王恕著作共有五種：王端毅公文集（包括記、序、書、墓表、墓誌銘等六卷和續文集兩卷）、玩易意見（上、下兩卷）、石渠意見（四卷）、王端毅公奏議（十五卷）和典籍格言（未分卷）。全書統一冠名爲王恕集。

三、點校凡例

（一）本書屬於王恕五種著述的彙集，其底本和校本、參校本採用情況如左：

1. 王端毅公文集採用清嘉慶十六年(一八一一)據明嘉靖三十一年(一五五二)宏道書院本鐫刻「石渠家藏」本爲底本。以臺灣文海出版社一九七零年據明嘉靖三十一年三原喬氏刊、嘉慶中補刊本影印的十卷本王端毅公文集爲校本(簡稱「文海本」)。以齊魯書社一九九七年據明嘉靖三十一年喬世寧刻本影印出版的九卷本王端毅公文集爲參校本(簡稱「齊魯本」)。

2. 玩易意見採用清道光二十六年(一八四六)宏道書院刻本爲底本。以臺灣文海出版社一九七零年據明嘉靖三十一年三原喬氏刊、嘉慶中補刊本影印的十卷本王端毅公文集卷之七玩易意見爲校本(簡稱「文海本卷七」)。以齊魯書社一九九七年據明嘉靖三十一年喬世寧刻本影印出版的九卷本王端毅公文集卷之七玩易意見爲參校本(簡稱「齊魯本卷七」)。

3. 石渠意見採用清道光二十六年(一八四六)宏道書院刻本爲底本。以臺灣文海出版社一九七零年據明嘉靖三十一年三原喬氏刊、嘉慶中補刊本影印的十卷本王端毅公文集卷之八石渠意見和卷之九意見拾遺爲校本(分別簡稱「文海本卷八」和「文海本卷九」)。以齊魯書社一九九七年據明嘉靖三十一年喬世寧刻本影印出版九卷本王端毅公文集卷之八大學意見和卷之九意見拾遺爲參校本(分別簡稱「齊魯本卷八」和「齊魯本卷九」)。

4. 典籍格言採用明弘治十八年(一五零五)宏道書院刻本爲底本。這是目前所見到的孤本,現收藏於陝西省圖書館。

5. 王端毅公奏議採用文淵閣四庫全書本爲底本。以清嘉慶十一年(一八零六)宏道書院補刻本爲校本(簡稱「嘉慶補刊本」)。

(二)書中引録文字涉及經史子集各部的參校文獻如下:

1.「經部」以十三經注疏(中華書局一九八零年版)爲參校本(分別簡稱尚書、詩經、禮記,等等)。

2.「史部」以二十五史(上海古籍出版社一九八六年版)爲參校本(分別簡稱史記、漢書、清史稿,等等)。

3.「子部」主要以二十二子(上海古籍出版社一九八五年版)爲參校本(徑稱管子、荀子,等等)。

4.「集部」則根據情況採用不同的參校本：

(1)孔子家語以萬卷出版公司二零零九年版「四庫家藏」本爲參校本（簡稱「家語」）；

(2)說苑以北京大學出版社二零零九年版說苑譯注本爲參校本；

(3)新序以中華書局二零零九年版新序校釋本爲參校本；

(4)揚子法言以上海古籍出版社一九八七年據文淵閣四庫全書所出點校本爲參校本（簡稱「法言」）；

(5)周子全書以中華書局二零零九年版周敦頤集爲參校本（簡稱「周子」）；

(6)韓詩外傳以中華書局一九八零年版韓詩外傳集釋爲參校本（簡稱「外傳」）；

(7)戰國策以中華書局一九九零年版戰國策注釋爲參校本；

(8)范文正公集以鳳凰出版社二零零四年版范仲淹全集上册爲參校本；

(9)東坡奏議以上海古籍出版社二零零零年版蘇軾全集中册爲參校本；

(10)貞觀政要以上海古籍出版社二零零六年版貞觀政要譯注爲參校本；

(11)東萊博議以甘肅民族出版社二零零六年版全本東萊博議今譯爲校本；

(12)其餘未注明者，均以文淵閣本四庫全書集部所録之文集爲參校本。

（三）標點、校勘原則和方法：

(1)校勘記集中列於每篇之後，依照順序編號〔一〕〔二〕〔三〕〔四〕……。

(2)凡題目皆不標句讀及標點。

(3)凡底本有訛、脱、衍、錯、漏者，據他本校後出校。底本與校本異文而文義兩通者，出校但不改底本。底本不誤而他本顯誤者，一律不出校。凡四庫本爲避諱而篡改原書文字者，一律不出校。

(4)底本所無而據他本補入的作品和文字，出校。

(5)有些文字原無標題，依文意加上標題，出校。

(6)凡避諱字不影響文義者，不出校。關于異體字，盡可能改爲通行繁體字。

(7)有些異體字無法用 WORD 文檔處理但能夠判明其音義者，代之以通行繁體字，亦出校；難以把握其音義者，僅出校說明其字體結構，或獻疑或提供傾向性意見。

(8)年代錯訛，進行理校或獻疑。

四、鳴謝

王氏著作點校工作能夠順利完成，首先要感謝西北大學名譽校長、恩師張豈之先生的提攜和鼓勵，感謝「關學文庫」總主編陝西師範大學劉學智教授、西北大學校長方光華教授，正是他們的充分信任，使我們有機會參加這一國家重大學術工程項目。其次，要感謝陝西省圖書館古籍文獻部楊居讓主任，感謝陝西省地方誌館、西北大學圖書館、咸陽師範學院圖書館、西藏民族學院圖書館、咸陽市圖書館、三原縣圖書館、三原縣方志辦的同志，他們的支援，爲本書點校提供了底本、校本和其他參考文獻。同時，還要感謝西北大學出版社馬平先生和黄偉敏先生，他們在出版階段給予了技術支援。另外，還要對咸陽師範學院歷史文化學院二零零九級本科生要旭彤、盧斌傑、黨雄、張亞娣、楊荔枝、馬海龍、張翼、蔡瀚翔、郭存存、梁雪豔、李欣、魏天添、增強春、胡輝、師芳娟、李丹、張蕊等人在文字録入方面提供的帮助，一並表示感謝。

張建輝

二零一四年農曆七夕節

目録

王端毅公文集

王端毅公文集卷之三　……　二六

書

說

題跋

讚

銘

箴

祭文

誄

王端毅公文集卷之四　……　四一

墓表

王端毅公文集卷之五……五四

墓表

王端毅公文集卷之六……六五

墓誌銘

玩易意見

石渠意見

典籍格言

王端毅公奏議

王端毅公奏議卷七……三六四

吏部

王端毅公奏議卷八……三七八

吏部

王端毅公奏議卷十一 ……… 四一六

吏部

王端毅公奏議卷十二 ……… 四二九

吏部

王端毅公奏議卷十三 ……… 四四二

吏部

王端毅公奏議卷十四……四五五

吏部

王端毅公奏議卷十五……四六八

吏部

後序及跋

附録：嘉慶十一年補刊本所載嘉靖十三年版諸序像贊

王端毅公文集

王端毅公文集序

竊聞元宰大臣之文與墨卿藻士之文不同也。何爲其不同也？志不同也。蓋元宰大臣志在於天下國家，曾弗有意於工文而蘄人之悅且譽也。墨卿藻士志惟在於工文，規規然摹擬於古而必蘄人之悅且譽也。夫志既不同，故其文自有不可得而同者。稽諸隆古，若益、稷之謨，伊摯之訓，傅說之命，周、召之誥，以至無逸、君奭、立政諸篇，上毗君德，下潤生民，渢渢乎皆天下之至文，邈哉不可尚已。抑近代鉅公亦有文集傳世者，若韓魏公之安陽集、司馬溫公之傳家集。文潞公、富鄭公、范文正公諸君子並有著述，皆未嘗有意於爲文，而因事屬辭，簡明平實，如米粟之可以療饑，木緜之可以禦寒，藥石之可以伐病，適於用而靡踈，要諸久而弗繆，非徒爲無益之空言，而期以一藝自名者也。于戲休哉！嘉靖乙巳，巡撫河南都御史三原雒公仲俛以其鄉先達王端毅公文稿屬濂删擇編次，將鋟梓以傳，以去位不果。越五年，庚戌，耀州喬公景叔以左參政至，始刻之河南而並以公所著石渠意見、玩易意見附焉。濂披誦浹旬，乃再拜颺言曰：天之生是人也，其有意弼成一代昌明之治乎？公舉正統戊辰進士，歇歷中外幾五十禩，累官太子太保、柱國、吏部尚書，丕著風節於憲宗之朝，其碩望偉度足以懾四夷，沉略遠識足以熙庶績，仁心惠政足以福黔黎，讜論嘉謨足以裨治化，毀譽不動其心，進退必以其正，海內之士無不仰風采，其諸孔子所謂「大臣以道事君」者邪？孝宗御極之初，首召公還朝秉鈞政府，於時泰運方亨，君子道長，公引援羣賢，布列當路，如盧氏耿公好問、襄城李公公勉、莆田彭公鳳儀、盱江何公廷秀、太原周公伯常、金陵倪公舜咨、華亭張公時敏，皆一時縉紳冠冕，同寅協恭，共輔太平之業。非公之休休有容，人之有技，若己有之，而無毫髮娼嫉之意，其何以致彙征之效，而措天下於至治哉？公去今四十餘禩矣，而其高風令聞，猶使人嚮慕詠歌，不能自已。是以撫其遺文，興三歎焉。公平生所作，多不刻意。雖或出於信筆爲之，而其要歸必本諸仁義忠孝，有補於天下國家。夫豈若世之墨卿藻士雕琢其詞，艱澀其句，苦心於一字一句之間，動以之自誇詡曰：「是擬某代也」，「是擬某篇也」，而竭一生之精力，以爲無益之空言者哉！公諱恕，字宗貫，别號介庵，晚年號石渠老人，陝西之三原人。所著有介庵奏議、經籍格言、漕河通志，歷代名臣論諫録總若干卷不在集中。嘉靖三十一年太歲在壬子夏六月既望，大梁後學李濂頓首撰。

刻王端毅公文集敍

亞中大夫河南左參政鄉後學喬世寧撰

王端毅公仕于成化、弘治間，會主上明聖，時時上書言便事，其計畫皆長久治安者，而爲太宰時風烈尤著云。當是時，海内治業之盛，寔太宰爲之。而身所推轂者，盡當世賢人君子也。又各以其功，能遇時報主，而聲烈至數十年不衰，斯非社稷臣邪？其事在奏議稿中，蓋學術盡施於政事，而當時所爲序、記、雜文亦數百餘篇。顧公豈藉此以自見哉？晚年復自著意見數卷，則又研究經學與訓詁異同者以俟後世。公没之後，奏議與意見盛傳海内，獨文集未傳也。余於是刻傳公文集而以意見附焉。喬生曰：「端毅公世安可以文辭論也，公志在弼、亮自任，以伊、傅之徒，何嘗篤意藝文如學士家爲也？而晰理陳事當實可據，足以信世而傳遠，要自爲有德者言也。世多言公之文無假英藻而質厚有餘，不務爲闓辨而歸準於躬行，後因以議政決策，均有取焉。是猶未睹其大也。余覽公答劉太保書引責大義，先國家之急而罔忌諱之禁，斯古大臣之風與？是非徒士氣昌也，其繫于國紀治體者豈其微哉？是安可以文辭論也？故讀公集者，宜以此知公矣。公奏議世多施用，蓋人人頌説矣。而意見一書，則羅整庵、蔡虚齋二公又亟稱焉，余不復論。論其文之關氣運大者若此，令後世不以文辭瞰公也。

嘉靖三十一年秋七月望日敍

王端毅公文集卷之一

記

修巡撫廳事記

先是巡撫之在南畿者，或尚書，或侍郎，或都御史，不一其官；治事之所之在都城者，或會同館，或朝房，或貢院，亦不一其居。成化十五年歲在己亥，恕以南京兵部尚書奉天子命，改兵部尚書兼都察院左副都御史巡南畿，治事於會同館之北垂，循舊規也。越明年，庚子，恕以畿内詞訟繁夥，缺官讞獄，具疏上聞。於是，命南京刑部選差官一員隨恕問刑，特旨也。官既有，無地以處之，爰詢爰度，得故署基於兹館之後。闕基弘敞而爽塏，衆以爲可作巡撫廳事，而以故所與問刑官居之。恕然其言，乃取廢便民倉之料，應天府經歷楊淳董工爲之。始事於辛丑之冬，訖工於壬寅之秋，爲正堂、穿堂、後堂各四楹。正堂則治事，穿堂則延賓，後堂則退食焉。外門屋亦四楹，視正堂則小焉。中門一，視外門，又小焉。角門二，視中門又小焉。前左右廂房各三間，後左右廂房亦各三間。儲書房三間居左，會計房三間居右，俱二廂之上而面正焉。家廟三門處于後堂之左，厨屋三門處于後堂之右，吏胥之舍在右廂之後，輿隸舍在左廂之後而稍前焉。又鑿井二：一當厨屋之前，一置中門之外。昔之未作斯也，恕則寢處於朝房，吏則舍館於旁近而各異其門。匪朝，伊夕或出或入，皆不知。今之既作斯也，俱在一門之中而異其居，内有區别而外有防閑焉。雖然，恕之居是室也，未嘗不念民之露宿野處。食天禄也，未嘗不念民之飯糗茹草。服章服也，未嘗不念民之無衣無褐。非徒念之，將欲爲之所也。欲爲之所而才不逮，是以日夜惶汗，不能不有望於有道有德之君子也。

願治堂記

余以「願治」匾堂之明日，有客來訪而問曰：「聖天子授公以保釐之任而有便宜從事之璽書，凡撫內善良者公得而扶持之，強禦者公得而禁遏之，賢才有益於國家者，公得而薦引之，奸貪有害於政事者公得而斥逐之，田野未闢公得而闢之，學校未興公得而興之，賦役有未均、詞訟有未息公得而均之、息之，以至周窮卹困、伸寃理枉，皆公分內事也。今皆舉而行之，亦可以言治矣。而猶以『願治』名其堂，何歟？」余曰：「善良者固多矣，余豈能盡扶持之？強禦者亦衆矣，余豈能盡禁遏之？賢才當舉而或不能盡知，奸貪當逐而或不能盡察，田野當闢而或流亡之未復，學校當興而或教養之無方，里書作弊，賦役如之何得盡均？教化不行，詞訟如之何得盡息？縱使盡扶持之，盡禁遏之，盡知之，盡察之，盡闢之，盡興之，盡均之而盡息之，苟有一民之失所，一事之不理，亦不得謂之治。治豈易能哉？非但才之罪，其勢然也。余以菲才受厥命，食厥祿，豈敢怠厥事？是以夙夜孜孜，願治焉而未之能也。願而未能，其可忘乎？故以『願治』二字揭諸堂，欲其常目見之，而求所以治之也。」客唯唯而退。遂書之，以爲記。

南直隸巡撫題名記

國朝之設巡撫官在他處者不可考。其在南直隸所可知者，永樂辛丑則有吏部尚書兼詹事府詹事蹇公，宣德初則有大理寺卿胡公，繼胡則有周，自周而後相繼不絕。其職雖有尚書、侍郎、都御史、大理寺卿之不一，其受聖明之簡命，未嘗不一。惟其歷年有久近，才性有不同，故其功烈不能無少異也。恕承乏於茲四年有餘，才識施爲最出諸公之下，而其擇善固執，爲國爲民之心，亦未始不出入諸公之間也。噫！先之巡撫于蹇公之前後者，今已不得其詳矣。今不題其名，竊恐後之視今亦猶今之視昔，有不得其詳也。故即其所知題名于石，並系以鄉貫職銜以示夫來者云。

汪文節公墳祠記

生不違道，死能全節，此人之所難，世之所重。是人也，雖死猶生，令名無窮焉。貪生畏死，不顧名節，此小人之所爲，君子之所恥。是人也，未聞終不死，不善之名無窮焉。食焉而不避難者固可尚，已歸休而不避難者，豈不尤可尚乎？此文節公所以獲贈謚於當時，垂聲名於後世，至今使人聞其風而敬之、慕之，喜爲之治墳而建祠也。公姓汪氏，諱澤民，字叔志，宣城人。登元延祐戊午進士第，官至集賢直學士、大中大夫，以嘉議大夫、禮部尚書致仕。公既歸，築室宛水之濱，讀書自娱。當紅巾餘黨寇宣州之日，公爲江東部使者晝[一]守城禦寇之策十餘事。寇再至，擊退。已而長鎗叛帥瑣南班、程述等挾兵渡江，欲犯宣城，或勸公去之。公曰：「昔江萬里、審畨楊大軍逼城，衆皆走散，猶坐守以爲民望。況宣民離合視吾去留，吾何忍去父母之邦乎？」厥後城陷，僞萬戶丁堅使前鋒葛義執公，逼降不屈，遂遇害。將死，罵猶不絕口。瑣南班等雅敬公名，爲具衣冠以葬。事上於朝，贈資善大夫、江浙等處行中書省左丞上護軍，追封譙國郡公天下太常，定謚曰「文節」。墓在寧國郡東南嶧山之麓，歷年滋久，鞠爲茂草。土人平治之，樹麥其上。成化丙申，厥孫養能訟於官。同知寧國府事鷄澤劉誠覈實之，爲封其域。未幾，誠遷湖廣參議通判。天臺陳紀得公神道碑銘於宋太史景濂先生文集中，於是謀諸知府涂觀，欲爲之治墳建祠，勒銘于石，慰答忠魂，以爲天下萬世臣子勸，遂具顛末以請。余嘉其義而許之紀，乃經之營之，琢石陶甓，甃塋域，壘墳墓，勒宋太史所爲碑銘于石，竪之神道，造石門、石橋各一於其前。復於郡城南三里許公故居之左旁買

〔一〕「晝」：疑爲「畫」之誤。

地數弓，建祠一所，爲正堂、前亭、左右序各三間，又前爲門樓一間。功九仞而虧一簣，巡按監察御史江右孫弁聞之，介公帑白金五十兩以成之。首事於癸卯之春，訖工於是年之冬。馳書請余爲記。夫人臣之居其位，食其祿，任其事，一遭大變臨大節，或心無所主，以苟一時之生而忘厥大義者，往往有之。求其見道分明，視死如歸者，幾何人哉？公當謝事歸田之日，聞寇至而不去，以爲民望，復爲部吏者畫策〔二〕以禦寇，及其被執逼降，至死不屈，此其所以爲難能也。宜其膺顯贈，獲美謚，流芳百世，使人敬之、慕之至於如此。使公當寇至之日奉身以竄，被執之時屈節以降，不過數年，亦歸於盡，人將唾罵之不暇，又何贈謚敬慕之有哉？紀爲此舉固可謂知所重，弁復助成其事，亦可謂與人爲善者矣。噫！有是心則有是事，觀此則知弁與紀之心，殆非尋常人可企及。其所以爲國家、爲天下旌忠節、勵風俗者，孰謂不在於斯乎！因其請，姑摭此以興之，俾刻諸石以示夫來者。若夫公文章、事業與夫家世、歷履之詳，則有宋太史所爲碑銘在，茲不贅。

重修江海潮神祠記

江海潮神祠在瓜洲鎮中馬頭。鎮南臨大江，北距揚州府治四十五里，隸江都縣。其鎮有五里正，煙火幾二千家，士篤於行，女安其室，淳厚之風藹然。舊有上、中、下三馬頭，皆可濟渡。又有十壩車，往來之舟，小者由京口，大者由孟瀆，而悉達於閩、浙諸處，實乃江 淮之要津也。中馬頭堤岸頗損，下馬頭久入于江，惟上馬頭今濟渡焉。按江都志，瓜洲，大唐以前在江之中，其形如瓜，故名。至唐之時，洲北之江亦漲而爲塗，遂與江岸接，是爲今之鎮也。神祠之建，蓋肇於作鎮之日。我聖朝載諸祀典，每年八月十八日大潮汐至，而揚之守率其僚屬而祭焉。景泰乙亥，予以大理左寺副來守是邦，值歲凶而飢，民不聊生。初政且轇轕，爲之甚難。六月，上遣都察院左副都御史王公竑祇奉香幣牲醴，告祀大江之神。以是祠湫隘，

〔二〕「畫策」：齊魯本作「畫策」。

弗堪爲禮，遂於祠之東北立壇以祭。禮成，鑱告文於祠中。明年丙子，郡事就緒，乃俾本鎮耆民趙珵等拓其祠地，大其殿宇，葺其堤岸。其於祀典之禮頗稱，鎮民於是乎改觀而益加敬焉。復俾道士楊以安主持于中，以奉香火。成化壬辰，予以刑部左侍郎奉敕巡視河防，至於鎮。謁神畢，行視祠前江岸之下有蘆蔚然可數十畝，前此所未有也。怪而問之道士，對曰：此近年以來新生之洲，若天賜本祠者。是以本祠買蘆種之，將爲修祠之資，且佐香火之費。而豪強者屢欲侵之，遂下有司給符與之，俾爲之主。計修祠之日幾三十稔，而謁祠之日亦十有三稔矣。嗚乎，光陰何速哉！一日，趙珵之子惠謁予于四友之齋，曰：今之郡守古閩揚君成治郡有成績，而民化於德矣。去年謀諸貳守李君緩、鄭君廉、通府金君縢、何君騫、歐君祥、推府陳君善，復新江海潮神之祠，俾殿宇門廉〔二〕輪焉奂焉。而神路如砥如矢，又經理其蘆洲，俾本祠永以爲業也。願記之。夫朝廷之崇祀典，蓋爲民也。若江海之潮汐，以時而起，以時而落者，皆神之所爲也。使其一起一落平善順適，則操舟楫者得其利濟，治田疇者資其灌溉。如或風作浪湧，往來衝激，舟遭之鮮不覆溺，堤觸之鮮不崩摧。然則，潮汐之爲民利害也如此，是以朝廷命有司嚴其祀事，無非欲民獲其利而不受其害。此聖天子事神之意，仁民之心也。爲有司者能體朝廷之心，崇重祀事，則其利澤未有不及乎民，而其身亦未有不逢其吉者。否則，上負德意，非惟利澤不及乎民，而身且不免矣。然欲神之佑之，非獨事神，亦須自治也。爲官者能修其職，仁乎民，爲民者能安其分，不欺其心，雖不求於神，而神自佑之。不然，雖諂瀆于神，而欲神之佑之，亦不可得也。何則？聰明正直者爲神，福善禍淫，神之職也。使神而有私，其何以爲神乎？若楊君成等，可謂能體朝廷崇祀爲民之心，而克盡其職者矣。非不務民義而諂瀆鬼神者之可比也，亦非放而不祀，慢神虐民者之敢望也。趙惠輩欲記其事，亦可謂深知楊君等爲民之心矣。予喜楊君之政有成而崇祀之道尤有光於前也，於是乎書以告夫來者，使有所考焉。

〔二〕「廉」：疑爲「簾」之誤。

刑部尚書彭公祠堂記

夫有道君子出而能輔養君德、惠綏四方，處而能淑人心、正風俗，歿則祀之於其鄉，豈徒然哉？所以崇功德而爲世道勸也。若刑部尚書彭公，其卓然爲有道之君子歟？公歿，有司既請祀于郡之鄉賢祠，又特爲公立專祠於其里以祀之。其鄉京宦吴世滕等十有八人不遠數千里寓書，請余爲之記。嗚呼！公，余畏友也，嘗與余同事，志又相同，知最深。余初聞公訃，痛悼不舍，食不知味者累日，記烏可辭。惟公爲學有本，議論醇正。其操心公而恕，其制行方正而不詭，隨其居家孝友，其處衆和而不同，樂善不倦，見義必爲，已造大賢亞聖之域。家食時，一時學者多宗之。初居刑曹，執法不回，而直名已著。繼登外臺，毁淫祠，述政訓，激揚惟公。爲方伯，敷德宣化，澤及列郡。爲都憲，巡撫兩畿之地，奸雄懼而良善安，國儲足而邊備修。爲秋官之亞，巡視兩浙，督捕盗賊，殲厥渠魁，劾罷守臣，整理益法，弊革而法行。爲少宰，明於知人，請託不行，進退無私。爲司寇，平反庶獄，不刻不縱，允協乎中。[一]公自爲郎署至上卿三十六七年，知無不言，言無不盡，孤忠大節，炳若日星。其所以格上心而裨益於治道也多矣。余去位未久，公亦連疏乞休。遂蒙恩還鄉，不踰年而遽謝世。訃聞，上爲之惻然，卹典有加，賜祭與葬，贈某官，謚某。莆之士夫悲公之不招，既請祀於郡之鄉賢祠，復立專祠於其里以祀之，非私於公也。蓋公功在朝廷，惠及黎庶，其學其行，又爲後進法，此其所以敬慕之無已而有此作也。噫！老成彫喪，典刑尚在，良可慨夫！余老耄不能發揚公之盛美，然莆之士大夫尚次第爲樂章，歌以祀公。公之英靈與氣流通，以享以祀，延及無窮。

公諱韶，字鳳儀，彭其姓也。號從吾生，世居莆之涵口。登天順丁丑進士第，初授刑部主事，歷陞員外郎、郎中。成化庚寅，陞四川按察司副使，尋陞按察使。戊戌，陞廣東左布政使，言事忤旨，調貴州。甲辰，擢右副都御史，巡撫南直隸蘇、

[一]「允協乎中」：齊魯本作「允協于中」。

松等處，總理糧儲。乙巳，召爲大理卿，未上，[一]以論守臣進貢復改右副都御史，整飭薊州等處邊務兼巡撫順天等府。弘治戊申，召爲刑部右侍郎，未幾巡視浙江。己酉，以本職兼左僉都御史，整理兩浙鹽法。既還，陞吏部左侍郎。壬子，陞刑部尚書。癸丑，致仕。乙卯正月十有三日，終於家，享年六十有六，墓在某處。大父諱某，父諱某，俱贈某官。祖母某氏，母某氏，元配黄氏，俱贈淑人。繼配黄氏，封淑人。子男二，長濬，癸卯貢士；次瀚，用蔭補國子生，以疾授嘉興縣丞；俱先卒。孫男一，曰輔。生某年某月，某人等爲公立專祠若干楹於某里，因以見莆多尚德之君子，請書其名於碑陰。

考經堂記

昔之所謂「九經」者，易、詩、書、儀禮、春秋三傳、論語、孝經是也。今之所謂五經者，易、詩、書、春秋、禮記是也。而以論語、大學、中庸、孟子爲「四書」。然「五經」、「四書」皆至理之所寓，人能讀之，可以開廣其聰明，起發其志慮。以之修齊治平，則獲實效而垂令名。然編簡浩瀚，中人之資未易遍讀，故令爲士各治一經，兼讀四書。學校以此而設教，場屋以此而取士。吾兒承裕以詩經登弘治癸丑進士。是歲，吾年七十有八，乞休，得請承裕侍吾歸。既抵家，定省之暇，與從遊之士始則講學於釋氏之刹，近則即前普照院之故趾，建爲弘道書院以自居，自名其後堂曰「考經」。其意以爲，從遊之士有治易經者焉，有治書經、詩經者焉，亦有治春秋、禮記者焉。詩固爲決科之本經，其餘四經雖嘗涉獵，未之深造。若非時加考究，何以應酬諸士？此「考經」之堂所由扁也。問安之餘，請吾記之。切惟「五經」，皆古先聖哲之書，而孔子之所删述者也。「四書」乃孔孟諸弟子之所記述也。漢魏以來，諸儒皆有傳注，有同有異，訖無定論。至宋，濂洛關閩諸君子出，講明斯道，復爲之傳注。及理宗朝始頒行天下學校，至於今以爲不刊之典，無敢異議者。雖然，吾老矣，終不能無疑於其間。汝欲考

[一]「未上」：疑爲「未幾」之誤。

經以教人，固當考儒先〔二〕之傳注，以求聖賢立言之意。亦不可不以心考之，其經如此，其傳如此，以心考之亦如此，然後信之，斯可以語諸人：其經如此，其傳如此。以心考之不如此，則當闕之，不可以訛傳訛以誤後學。且如易之文言曰：「乾，始能以美利利天下。不言所利，大矣哉。」程傳以爲：「乾始之道，能使庶類生成天下，蒙其美利而不言所利者，蓋無所不利，非可以指名也。故贊其利之大，曰『大矣哉』！」朱子本義以爲：「始者，元而亨也。利天下者，利也。不言所利，大矣哉，貞也。」今之學者多不讀程傳，而宗本義。如此章者，以吾心考之，當以程傳爲是。又如書之「金作贖刑」，蔡傳以爲「贖鞭扑之刑」。以吾心考之，鞭扑乃官府學校常用之輕刑，如何一一以金贖之？豈非贖老幼篤廢之不能受刑者乎？又如詩之「南有喬木，不可休思」，注以爲「上聳無枝曰喬」。以吾心考之，釋喬木之喬固可如此遷就，釋喬嶽亦可「上聳無枝曰喬乎」？喬字只可以高字訓，不可以「上聳無枝」釋之也明矣。又如春秋公羊、穀梁以「尹氏卒，爲正卿」。左氏以「尹氏卒，爲隱母」。一以爲男子，一以爲婦人，學者將誰信乎？若禮記，若四書傳注之中，亦多有可疑者。苟不以心考之，非惟難於踐履，不可措諸事業，抑且有誤後進。此「考經」者，固不可不用傳注，亦不可盡信傳注，要當以心考之也。觀者無謂老夫妄議先儒之傳注，且孟軻氏，學孔子者也，當尊信孔子之言。書乃孔子之所刪述也，孟子曰：「盡信書，不如無書。」未聞有譏孟子者。然則，君子之立言，求其是而已矣，豈可阿其所不是以爲是哉？

後樂亭記

余自蚤歲遊邑庠，則憂學業之未成。及登進士，爲庶吉士，則憂詞翰之不工。爲評事，爲寺副，則憂讞議之未明而寃抑有未伸者。爲郡守，則憂屬吏不守法而民有受其害者。爲布政，則憂旬宣之未至，而膏澤不下究。爲都御史，爲侍郎，爲尚

〔二〕「儒先」：疑爲「先儒」之誤。

書，或撫治流民，或總理漕河，或巡撫地方，或參贊機務，或掌管部院事，莫不隨寓而憂庶績之未熙，有負九五之重託。及其再起而典選也，則憂知人之未明，銓選之未當。宮保是加，又憂弼亮之無能。是以五六十年之間，未嘗一日侈然自肆，怡然自樂，而欲退之心惟日孜孜。章凡二十餘上，俱蒙優詔勉留。迨至晚年，忌之者與夫不遂其私者，合謀排擠，中以奇禍，尤不能不爲之憂。賴主上聖明，理官公正，推按明白，不爲所誣，反坐彼罪。已而懇乞至再，始蒙俞旨，特加渥恩而有月給廩米，歲撥輿夫乘傳而歸之賜。及其陛辭，復賜以內饌，賚以寶鏹，朝之卿大夫士皆出餞於都城之外。斯時也，年已七十有八矣。此心始放，如釋重負。抵家，有司欽承聖諭，供應無違，於是作亭西園東圃之內，以爲遊樂之所。其內有果木、花卉、松栢、竹梅、芭蕉、桃、李、梨、棗、杏、柿、羗桃、葡萄、榅桲、朱櫻、石榴、木瓜、芍藥、牡丹、薔薇、荼蘼、海棠、山茶、杕棠、玉簪及各種菊花。又有溝渠以通，灌溉池沼，養魚栽蓮，復有仙鶴、錦鷄往來於樹林、花徑之間，飲啄自如，馴擾不驚。視仲長統樂志論，司馬公獨樂園記所載之樂事亦不爲少，故以後樂名其亭，朝夕遊焉。縱目而觀，樂品物各得其所；潛心以思，樂羣籍有補於世。客至，則折筍、烹茶、歌詩、談笑以樂。聖明優老之恩，仁民之政，自不知其手舞足蹈也。至暮以歸，而憂世之心猶未釋然。

復學古書院記

三原故有學古書院，在城西北隅。元延祐間，義民李子敬暨其弟子懋創，爲之延師儒以教鄉人之子弟者，其事見於集賢學士國子祭酒蕭𣶏所爲記。至正十八年廢，移其內所奉宣聖及顏曾思孟像於大成殿，學古書院碑於儒學。本朝永樂中，居民張秉等即其地建三官廟。然李子敬義行碑尚在其中。正統初，街口坊牌猶大書書院街三字於其上。余爲諸生時，嘗竊嘆曰：「書院乃儒者講學明倫之所，所以化民善俗而成才者也。李君兄弟爲之，可謂知所重，其賢於鄉人遠矣。使其後有良有司，或賢士大夫嗣而葺之，書院烏得而遂廢哉！奈何鄉之人不徒視其廢而不能復，顧乃以爲祠廟，其意豈不以爲祈福禳災保安一方，非祠廟不可？殊不知父子不親，兄弟不義，隣里不睦，乖爭淩犯，無所不至者，教化不明，人不知道故也。欲免禍而獲福，胡可得乎？況福善禍淫乃鬼神之職，苟享非禮之祭，祐不善之人，亦豈得爲鬼神乎？誠使吾鄉復此書院，爲有司者延有道之儒以爲師，選民間之俊秀以爲弟子員，俾之講學肄業於其中，于以明綱常之道，知修齊之理，動遵矩矱，化洽閭里，興仁興讓，自無乖爭淩犯之非，則福無不至，禍無不弭矣，奚必諂瀆鬼神以祈禳之乎？雖然，民之惑於禍福也久矣，安得見道分明，知所當務之君子以復之？然余蓄此志而不遇其人，亦已久矣。成化二十三年，余致事歸，適提學憲副廣信婁君謙來臨吾邑，課試之餘，訪予於西園精舍，因論四書院故事以及此書院興廢之由。婁君遂令諸生具顛末，下之縣以議復之。知縣葛璋力不能爲，且惑於浮議，不果復。是年冬，余被召至京師。明年，是爲弘治元年。婁君擢憲長，復下其事于西安府。太守廣平徐君政慨然以興復爲任，乃遣使至縣，撤去三官神像，即其殿宇奉安宣聖及四配像如故。移學古書院碑於內，仍以舊額榜其門。於戲！百十年已廢之書院一旦復之，非婁君復君見道分明，知所當務疇克爾哉！今濟南馬君龍以名進士來宰吾邑，蓋有爲有守之士必能體二君之心，以興起斯文爲己任，擇師選士，加意教養，俾吾鄉爲詩書禮樂之區，措吾民於平康仁壽之域，成其卓異之方，以爲邦家他日之用。然後知吾道之有功，淫祠之無益，庶不負二君興復之盛意，亦不遺後人徒復之譏誚，斯爲善矣。馬君勉哉！後之繼今者，亦不可不勉！是爲記。

玩易軒記

余致仕之九年，是爲弘治十五年。是年正月三日，余偶得寒疾，一臥三日方起，始進飲食，猶未能出戶庭。觀書於室中，目力不足，視細字爲難。吾兒承禋知之，乃謀構軒於寢室之前，欲吾向明觀書，暑月又可乘涼。軒成，適兒承裕公差自河南來省余。兒承祚、兒承禄及諸侄、諸孫并合族長少見余疾已愈，又見軒成，而承裕來相聚於一堂之上，無不喜悅，余亦爲之解頤。已而推乃易坐於軒中觀之，雖細字無不見。於是，名其軒爲玩易軒。余初以易經取科第，由庶吉勷歷內外，十九任而至一品。荷聖明莫大之恩，休老於家，今春秋八十有七，未嘗一日忘乎易。蓋易寓吉凶消長之理，進退存亡之道。吾居官時，亦嘗竭駑鈍之力於顛危之際，陳逆耳之言於負扆之前，未嘗有一事之失，獲多言之罪。蓋竊取乎易之道而保全之，以至於斯也。今老矣，他無所爲，惟易是玩。易由伏羲之畫〔一〕而窮天地變易之理，由文王、周公之辭而究伏羲畫、卦之旨，由孔子十翼而明羲、文、周三聖之易。十翼之文或深奧未易明，復看程、朱傳、義及諸儒之説或不一，則以吾心裁之。雖未能盡得四聖之心，亦頗得其一二之悦我心，以延未盡之歲月耳。

麟游縣改建廟學記

洪惟我太祖高皇帝以大德受命而有天下，法古爲治，首建太學於京師，宣聖廟於太學之左。詔天下州縣各建儒學於治内，宣聖廟於學之前，或於其左。太學育天下科貢待用之英才及公、侯、伯之適子，府州縣儒學各儲民間俊秀之子弟，設師儒以教之。教之有成，而賓興之。學必有廟者，誠以師之所教、弟子之所學者，皆宣聖之道，故祀之以報本也。列聖相承，率有此道，是以賢才輩出，任用得人。而百三十餘年教化大行，風俗淳美。天下生民悉歸皇極之中，安享太平之福者，無他道也。昔伏羲、神農、黄帝、堯、舜、禹、湯、文、武繼天立極，其道至周大備，所以治隆俗美。及周之衰，禮壞樂崩，上陵下僭，其道薄蝕，天下貿貿焉莫知所從。天生宣聖，生知安行，與高厚合德，與化育同功。設教洙、泗之間，删詩、書，定禮、樂，贊周易，修春秋，使斯道也晦而復明，斯文將喪而復興。開示來學，垂憲萬世，其功賢於堯、舜遠矣。所以廟祀遍天下，曠千載如一日也。麟游之爲縣，屬鳳翔，乃古岐周地。山明水秀，士生其間，多聰明俊秀。好學尚義若甄公亞卿、田公太守。亞卿之孫希賢綉衣，太守之子孔昭廷評，此其出自學校傑然者也。其餘躋膴仕、作美官者，亦有其人其學。宣聖大成殿建於永

〔一〕「畫」：齊魯本作「晝」。下同。

樂初，在學宮明倫堂前。歲久傾圮，又且陿陋不足以妥神棲，展祀事。南溪胡君巽由舉人作宰是邑，履任之初，謁廟禮畢，迴視遍觀，惕然有動於中，曰此吾事也。即欲改作。第以政化未施，號令未行，恐民不信，以爲厲己。逾年，政通人和，於是徵工僦功，相地改作，建大成殿五間於舊殿之東，兩廡十有四間於殿之左右。欞星門、戟門各三間，以舊殿作明倫堂，舊廡改作書號，又增書號三十餘間，兩齋仍舊俱修餙綵，盡輪奐一新，宏敞壯麗，視前大有徑庭。若禮器，若庖廩之類，凡廟學之所宜有者，無一不具。又環植柏樹千餘株，蔚然成材，將有干霄之勢。首事於弘治十三年冬，畢工於十五年春。民不告勞，士喜其成，其學司訓王本學、康沔具禮幣寓書，遣生員高廷瑞、甄軏求文以記其成績。余惟農桑學校，乃有司之首務，而能勸課作興者鮮矣。今胡君之爲政，使數十年弗稱弗治之廟學，一旦開拓改作而更新之，實有光於宣聖之門牆，可謂能舉其職而不負所任用矣。非有力量，有才調能如是耶？比開其學，師生感其作興之意，益勤於教，益勉於學，將見麟游賢才從此愈盛，必有光於前修矣。胡君之功誠不可誣也。是宜記之，鑱于石，以示來者。

增修龍首通濟二渠記

陝西城中水苦鹹，不可用，故昔人鑿龍首、通濟二渠引城外河水入城。由是城中王侯、官僚以及軍民百萬餘家，皆得甜水以造飲食，厥功懋哉。龍首渠始鑿於隋初，引滻河水經倪家村 龍王廟、滴水崖、老虎窯、九龍池至長樂門，入城分作三渠：一從玄真觀南流，轉羊市，過咸寧縣總府。西流，轉北過馬巷口。一從真武庵北流。一從羊市分流過書院坊，西入秦府。始作之人無考。自隋 唐至本朝成化間，雖嘗有人修濬，惟總府前二十丈有磚甃砌，餘皆土渠，用板木棚蓋，以土覆之，常有損壞。通濟渠乃太子太保、兵部尚書青神 余公子俊爲西安知府時，於成化初因龍首渠水不足軍民用，訪得義峪等河水經杜曲、御宿川等處至丈八頭入皂河，乃於丈八頭造一石閘，穿渠引水，西流至郭村，轉東築堤爲渠，至安定門入城，分作三渠：一從祠堂經長安縣東流，過大菜市、真武庵流出城，注于池。一從廣濟街北流，過鐘樓轉西過永豐倉，流入貢院。

一從永豐倉東街口北流。其渠自西關廂入城，俱用磚甃砌一千四百五十丈。甃砌未周處亦有損壞，咸、長二縣小民王恭等以告。欽差巡撫陝西右副都御史江右周公季麟以爲此利濟軍民之渠，既有損壞，不可不修，慨然以增修爲己任。乃徼西安知府西蜀馬公炳然相度議處。知府公奉命惟謹，晝詢夜思，以圖堅久，區畫停當，以白巡撫公，乃會同鎮守太監劉公雲武、安侯鄭公英、巡按御史石公玠、王公紹議，允委右布政使陳公孜提督，專委知府公總理。知府公於是差人陶甓輦石，市材燒灰，度量工程，起倩夫匠，卜日興工。西安左、右、前、後四衛及儀衛司，咸、長二縣各照地方委官監工，左布政使文公貴、按察使張公泰、右參政才公寬、右參議李公思明、僉事任公鑑恊贊其事。修理龍首渠東關廂及城中三渠，俱用磚甃砌。其城外申家溝等處管道，原係循岸隨灣穿鑿，每遇山水泛漲，被其衝激輒壞，水不入城。今於兩涯直處造橋架槽，引水入渠，遂免衝激之患。又將城外土渠六十里亦疏濬深闊，築岸高厚，以防走泄。又於通濟渠，余公甃砌未周處，以磚甃砌七百二十丈。城外土渠亦疏濬修築二十五里，視昔尤加深厚。昔二渠每十家作一井口汲水，因無遮欄，未免爲塵垢所汙。今則以磚爲井欄，以磁爲井口，以板爲蓋，啓閉以時，則塵垢不潔之物無隙而入，湛然通流無阻。昔之未開通濟渠也，汲之不足。城池惟西北一隅有水。自有通濟渠之後，汲之不乏，城池四面，舉皆充溢周流。是役也，經始於弘治十五年七月，落成於是年之九月。凡用磚以塊計者九十七萬三千有零，石以片計者一千有零，大小松木以根計者三百有零，板以片計者三千有零，用銀二千九十五兩。於乎！巡撫公主張是役也，詢謀僉同，委任得人，民不久勞，財不妄費，成功甚速，實堅實好，增前人之未有，免後人之頻勞，不惟可以濟人之饑渴，亦可以保障乎城池，可謂經畫周密，有益久遠者矣。是宜記之，以告來者。

王端毅公文集卷之二

序

餘慶集序

餘慶集者，恕自集其歷官以來所得朝廷誥勑及交游士大夫詩文也。恕十一歲堤時，先祖親遣恕從鄉先生朱懷德學。居數日，先祖父母、父母、洎諸長老見恕習字讀書，舉欣欣然有喜色，將謂恕可教也。又數月，朱先生以恕頗異於羣童，遂命恕爲學長。明年，先祖命先父遣入縣學，從教諭棲霞解老先生學，蓋將冀其有成而光顯門戶也。于時，同學諸先生將百人。又明年，是爲宣德三年戊申，有詔天下府學廩增生員各止存四十人，州學三十人，縣學二十人，恕以額外退，舉家遂不樂。後五閱月，復選入縣，祖父母、父母教之益勤，而望之益切。壬子秋，先祖卒。恕舉乙卯鄉試不第，戊午鄉試又不第。辛酉鄉試，始在選列，而先祖已不及見。壬戌會試不偶，乙丑會試中副榜，辭弗就。時，祖母尚無恙。戊辰中正榜，祖母先一年卒，亦不及見之矣。時京職滿九載者，方得推恩及父母。恕被選爲庶吉士，讀書秘閣，未授以職。父母六十有二，推恩之典，欲望猶不敢望也。己巳授評事，又遇三年推恩，之例，以爲指日可得恩典，榮及二親。不意評事未三載而陞寺副，逋逾年而陞知府，推恩之典又以例拘。是以懇請至再至三而不容自已。甲申，以江西布政使轉河南左布政使，始克迎先父母于官所。越明年乙酉，父母俱年七十有九，始獲給評事勑命。未幾，恕又轉右副都御史，而有撫治南陽、襄陽、荆州三府流民之命。先兄遂奉父母還。抵家甫月餘，先母卒，乃蒙諭祭之恩。戊子，先父卒，始得左副都御史誥命贈及祖父母、父母。

而先父又蒙葬祭之卹典，鄉邦榮之。辛丑，復蒙聖恩，賜兵部尚書兼都察院左副都御史，誥命贈祖父、父皆如恕官；祖母、母並二妻皆夫人。嗚乎！恕以布衣遭際聖明而拜如此，受恩寵如此，豈無所自而然耶？憶昔中舉之年前期，夢通衢中有危樓數楹，上逼霄漢，畫棟雕甍，金碧輝煌，上懸金書「陰隲」二字。比揭曉，私竊以爲斯舉之中，豈非先世之有陰隲乎？然則今日之慶，實自中舉始，非祖先積善之徵而何？此餘慶之所以名其集也。噫！先世積德累行數百年，至我而始發。此我之所以兢兢業業，盡心所事而不敢忽者，恐負先世之積累，負聖明之知遇，而爲子孫立繼述之基本也。凡我子孫有志於繼述者，可不珍藏是集而益加勉焉！[一]

送兵部左侍郎尹公正言赴召序

成化二十年丙午春三月，吏部奉天子命，召南京禮部左侍郎尹公正言爲兵部左侍郎，蓋以阮君調南京刑部故也。夏四月，召命至南都，士大夫咸爲正言喜，或曰：「北京侍郎之視南京侍郎，禄秩異乎？」予曰：「無以異也。」曰：「既無以異，何自北而南者若貶謫，而人爲之慰？自南而北者若陞遷，而人爲之喜？」曰：「南京乃太祖高皇帝定鼎之舊都，實爲根本重地。永樂中，太宗文皇帝始遷都於北京。自是以來，列聖相承都於北，今已七十餘年矣。若郊廟之祀享，四夷之朝貢，百官之除拜，皆在茲焉。凡朝廷一政一令之施，與夫四方奏報災傷聲息之類，皆在廷大臣謀議參酌，敷奏明允，然後施行；是以在廷大臣得以展布才猷，成其功業。南京雖舊都，諸司臣僚不過恪守舊章，奉行成命而已。既不與廷議可否大政，雖有長才遠猷，將安施乎？故士大夫有志於匡輔聖明，建立勛業者，皆願北京而不願在南京，而人亦以此爲炎涼也。」正言産于江右文獻之邦，髮身才進士之科，被選爲庶吉士，授翰林編修，歷陞侍讀學士，修國史，與經筵，筆削啓沃之功

[一]「焉」：齊魯本作「哉」。

居多，進位卿佐，贊襄秩宗，已嘗得志矣。既而以内艱去位，遷南京右少宰，又遷南京左少宗伯，鬱鬱不得志者累年。今被召北上，此復得志之秋也，相知者胡不爲之喜？吾知正言斯往也，必大展所藴，與在廷諸公同寅協恭，上佐天子理萬機、平邦國，薦用良將布之邊陲以爲藩翰。俾方内帖然自生自育，室家相慶，人無異志，而四夷將聞風慕義，稽首稱臣，無敢窺邊肆侮矣。如不得已而奉行天討，賞必當功，罰必當罪，而其夤緣妄冒希冀升賞者，必愧赧縮頸而不敢恣肆矣。此正言之志，聖天子用正言之意也。夫如是，非惟祛或人之惑，而南都士大夫亦有光矣。予雅辱正言，知其在南都又屢辱文會。今正言與予同其職業，正言則居其本源。於其行也，烏可無言？故摭告或人者序之以爲贈，不知正言以爲何如？正言名直，乃泰和儒族云。

石渠意見拾遺補缺序

恕昔食禄於朝，夙夜匪懈，以事一人，不遑他及，以致舊學荒踈。及其致仕而歸，年已衰暮，目力不及，幸爾天假以年，修理先隴之暇，就於隴次小室之中，搜閲典籍，編集歷代名臣諫議録一百二十四卷，藏之私家，復涉獵經書傳注。夫傳注乃釋經之辭，其依文尋義，不背經旨，明白通暢，可言可行者，恕固尊信之以探聖賢之道而施於政事之間矣。間有與經文稍異而體認不通者，乃敢以管見妄議一二，名曰石渠意見。謂之意見者，乃意度之見耳，非真知灼見也。蓋嘗與弘道書院諸生商議可否，不意西安太守華容嚴君永濬得之，命工刋行，雖欲收藏不可得已。及其已行之後，再閲傳注，復得一二，名曰拾遺。其後又有所得，名曰補缺。或曰：「先生之於傳注，何不俟其通看了畢而總爲一帙，何爲先爲意見四卷而行之，又爲拾遺二卷而行之，今又爲補缺一卷乎？」然余之初爲意見也，年已八十有四矣。惟恐無來日，是以汲汲乎欲速成之。後爲拾遺也，年已八十有六矣，又恐無來日，亦欲速成之。今爲補缺也，年已八十有八矣，不知來日又如何，是以不得不爲之速成也。學如不及，幼學且然，況耄年乎？噫！恕之述此意見也，奚敢與先儒辨論是非，而望後學之我從乎？不過盡一己之責，以塞吾飽食終日無所用心之責耳。

辟廱稿序

辟廱稿者，吾友國子祭酒邢公之所作也。公諱讓，字遜之，河東襄陵人。甲子秋，試於鄉，以易經中前列，時年十有八也。乙丑，辭教職，與余同游胄監者三載。戊辰，同登進士，爲庶吉士。余拜大理評事，公則爲翰林檢討。滿九載，遷修撰、祭酒，終於禮部侍郎。公在翰林十有八載，所作詩文甚富，皆不留稿，自以爲年未至不惑，所造未深，其言未可傳後。及爲祭酒，道明德立，始存其稿於以見。公於詩文不苟作，公存心、制行、當官、處事皆不苟，非獨詩文然也。迎復英廟一疏，詞婉而理直，忠孝之大義藹然溢於言外，可以格天地，質鬼神。英廟回鑾復辟，公之功焉可誣也？其在經筵講經論道，諄諄切切，足以啓沃聖心，聳動羣聽。在胄監，表率六館，訓迪諸生，規模宏遠有足稱者。館下之士千餘人，一唱名轉班之後，悉識其名氏，且知其爲某堂某班生也。公之目力自張中丞而下，蓋不多見。爲侍郎未幾，於朝廷大典禮無不用心究極，行之無失。時方望公入閣，左右聖主，扶植國是而霖雨天下。不意繼公於胄監者，失善處之術，而廩庾餘積公用無券，以致計利者搆詞以逮公。當道有力者又素忌之，於是媒孽以成其獄，遂不可解而至於落職抵家，飲恨而卒，時年四十有五。嗚呼寃哉！嗚呼惜哉！余昔在監，嘗見前輩老先生修葺漏損，印造書籍，相待賓客，周恤貧乏之需，皆用此而無券，略不防人之制己，一惟以無心處之。當時之人亦不屑屑[一]以此介意，所以得不至於累及其後。公與繼者亦如前輩老先生以無心處之，豈意爲有心者窺瞰，以至於是。此固人之幸與不幸，亦足以驗風俗之厚薄也。使公至今尚在，猶未及引年，吾知功業文章將不止此，必有大過人者矣。其子中書舍人霖持是稿屬余敍之。嗟夫！公之詩文，豈待余言而傳哉？觀者自珍重而傳

[一] 「不屑屑以此介意」疑衍「屑」字。

誦之。姑摭此書於編端，使天下後世知公爲人之大概如此云。

永思堂序

南都處士俞智氏善寫真，余頗識之。成化間，余以尚書參贊留務，合臺省諸老作壽俊會，倣昔人遺意，將圖形，難其人。僉舉智，智乃圖。諸凡與會者之形孔肖，並各所述詩鋟梓以傳。一時見者多指而笑謂此某公，此某公。其平昔未識者，則不也。因託其寫父祖遺容，藏於家。智間持永思堂卷，進而言曰：「生且老，父母棄養且久，心恒思而不能忘，因以『永思』扁堂，薦紳大夫及士林之能言者，題詩滿堂之壁以哀矜之。懼其久而漫滅，録于卷以示子孫，願賜一言之教。」予嘗怪智之容恒慘然，智之言恒悽然，不知其故。及讀卷中詩作而曰：智恒思親，所以其容不舒，而其言不樂歟？是孝子也，心切重之。未暇答其請，迄今十餘載矣。茲于歸老西園，智屢以書促之。老耄之人倦於執筆。適一日，忽思親，潸然出涕，因歎智之恒思其親，乃人子之至情，非僞也。諸君子題詩以寫其情，乃與人爲善之美意，非諛也。遂書數語於卷首云。

贈陝西提學憲副楊公陞太常少卿序

憲副邃庵楊公，始以神童薦于天子之廷，而進於館閣，以儲養之。斯時也，年甫十二，博通羣籍，下筆驚人，翰苑諸公皆奇之，願與之游。越二載，成化戊子，中順天府鄉試，登壬辰進士，授中書舍人。暇則授徒於京邸。從游之士得其指授，登進士爲京職者甚衆，由是譽望益隆。前天官卿以爲，公授徒既有成績，使之提督學校，必能大成就賢才而爲國家用，乃舉授山西按察司僉事，提督學校。公在山西不數年，學政之修，士風日振。丁內艱，服除，余適典選，素聞公名，且知其行檢，於是舉授本省提學。公至，開示教條三十餘款，行令郡邑及邊衛學校，師生遵行肄業。又刊行古喪、射、冠禮，使士習之，且禁止有喪之家作佛事。復親臨考較，視其勤怠從違而賞之。由是士皆孜孜進學厲行，而游惰苟且之徒不得雜於其間，衣冠之族咸執古禮，而閭閻之間反道悖德者鮮，此皆公教化之所及也。去年鄉試除中舉人外，尚有可中者百餘卷。非公提督造就，能如是乎？公在陝西由僉憲陞憲副，又將四年矣，始終一節，略不少渝。於西安，在城修復正學書院，武功修復横渠書院，商州秦嶺改佛寺爲韓文公祠。斯皆崇儒重道之盛事，亦可見公拳拳用心於斯文，以進斯職也。今公有太常之陞，蓋由功績顯著之所以致，非苟焉而得也。是以聞之者皆喜，受其教者皆不舍其去也。余已賦詩書贈公矣，而西安教授閆珪、長安教諭齊鑾、咸寧訓導郭瑛，皆教授於公，而不舍其去者也，踵余門求言以贈。余嘗稽之於史，宋韓、范二公自始仕即能進職，其後隨所任而建立事功，是以馴致乎位，[一]成勛業垂名於無窮，非徒有學識爲之本，而其持心操節亦不可誣也。今邃庵文學才識固不讓韓、范二公，而其操履施爲亦無愧焉。甫踰始仕之年，官已四轉，將來名位勛業，又何二公之不可及哉，亦在爲之已矣。顏淵曰：「舜何人也？予何人也？有爲者亦若是。」余敢以是爲邃庵贈。

漕河通志序

成化七年冬十月，朝廷以漕河舊規廢弛，輸運愆期，特命官分治其事。通州至德州，郎中陸鏞主之；德州至沙河，山東按察司副使陳善主之；沛縣至儀真、瓜州，郎中郭昇主之。復命恕捧璽書總理之，以責其成。恕奉命惟謹，罔敢怠逸。由是自北而南，復自南而北，如是者至再至三，嚴督各職幷沿河所司，凡河洪閘壩、湖泊泉源、鋪夫樹井及一切河道事宜，根

[一]「馴致乎位」：齊魯本作「馴致乎大位」。

究本末，堙淤者疏濬之，坍決者築塞之，損者葺之，缺者補之。暇則稽諸典籍、公牘、圖志、碑刻，復詢之識者。若漕渠漕數之類，有所見聞則録之。積之日久，彙集成篇，名曰漕河通志。志謂之「通」，以其合今昔、兼巨細而併記之也。志之何如？志漕渠以見歷代建都之地不同，而鑿渠佐漕之功不一也。志漕法以見水陸日行之程有數，而漕輓者不可逗留也。志漕數以見國用之豐約，志漕費以見轉輸之難易，志橋梁津渡以見往來者之不病涉，志鎮市祠廟以見貿易祭禱之有所。非官府驛站，無以禁豪強而便公使。非泉源湖塘，無以資灌注而備旱暵。以至閘壩淺鋪之屬，凡有關於漕河者，皆志之。其他溝渠、湖塘之不通漕河，橋梁、鎮市、祠廟之不在漕河之側，與夫國儲之不由漕河進者，則不録。蓋是志爲漕河設，非爲他也。夫是志也，雖曰稽諸典籍、公牘、圖志、碑刻，詢之識者而爲之，然典籍、公牘、圖志、碑刻之在天下固浩瀚矣，豈恕能盡得而盡稽考乎？有識者豈能得盡見所見者，豈皆能盡周知古今事乎？事之不如意有如此，孰謂是志能包括古今漕河事迹而無遺，精切而無謬乎？不過盡吾之所見所聞而已，如其精與詳，以俟夫後之博雅君子云。

玩易意見〔一〕

玩易意見者，老夫玩易軒中所得之意見也。弘治壬戌春，老夫偶得寒疾，少愈，就於臥內牖間觀書不甚明白，乃於屋前構一小軒。軒成，移於其中，取易玩之。雖細字亦無不見，遂以「玩易」名其軒，作記以識之。夫易本四聖之書，義理深奧，未易通曉。自漢、魏以來，諸儒訓釋不一。至宋伊川程先生既爲之傳，晦庵朱先生又爲之本義。自是以來至於今，以二先生傳、義爲準的，師儒之講學，科目之取士，皆不外此而他求。然六十四卦三百八十四爻之辭，二先生固已講貫訓釋明白，老夫依文尋義，間有不愜於心者，乃敢以己意言之。言非敢自以爲是，願與四方學者商榷之。或有可取，不爲無補。苟或

〔一〕依照本書此卷文體蠡測，「玩易意見」疑標題中脱漏「序」字，爲「玩易意見序」之誤。

不然，必因此以發高明真知灼見之至論於久蘊深藏之餘，使四聖之道煥然大明於世，以淑諸人，亦老夫之志願也。毋徒諉曰：二先生傳、義已明白，何必多言！

王端毅公文集卷之三

書

石渠意見請問可否書

夫五經、四書，皆載道之器。聖賢微言，義理深遠，不有先儒傳注，初學之士未易通曉。然而諸儒傳注議論紛紜，有同有異，學者莫知適從。至南宋後，議論始定。四書則以朱子之章句集注爲主，易以程傳、朱子本義爲主，書以蔡傳爲主，詩以朱傳，春秋以胡傳爲主，禮記以陳澔集說爲主。我太宗文皇帝崇儒重道，以人文化成天下，特命儒臣纂修五經四書大全，仍以前五子傳、注爲主，而以其餘諸儒注釋分書之，以備參考，甚盛典也。恕自蚤歲讀書，竊取傳、注之糟粕爲文辭取科第，及入仕，亦嘗執此措諸行事。今老矣，致仕回家，復理於學。其於傳、注發揮明白，人所易知易行者，不敢重復演繹，徒爲無益之虚文。至於頗有疑滯，再三體認行不去者，乃敢以己意推之，與諸生言之，評論其可否。諸生皆明理士也，以爲可，吾則筆之於書，藏諸私家，以示子孫。以爲不可，即當焚之，無惑後學。

答劉叔溫閣老贈詩書

恕頓首書：　奉大學士叔溫劉先生閣下辦事官回，承寄詩軸，獎與太過，感愧無已。然區區豈好爲此哉？蓋責任在己，不得已也。且公孤任天下之責，巡撫官任一方之責。任天下責者，天下之修戚不可以不言；任一方之責者，一方之修戚不可以不言。公孤居天子之左右，於其事之初也，皆得可否之，可者行之，否者止之。於其已行也然後知之可者，獎成之；否者，救正之。是以天下陰受其賜，而不知其功也。巡撫官處千里之遠，有所言，非紙筆則不能達。言非切直則不能盡其情，是以犯顔逆耳而難入，無益於成敗，得罪於左右者，多矣。當今天下一統，四海一家，如金甌無缺，非有唐藩鎮之叛亂，宋南北之分裂也。誠能以仁義道德爲城池以居之，紀綱法度爲甲兵以守之，使人不得而窺瞰之，物不得而搏擊之，則斯器可以千萬世而爲國家之所有。若乃置之於通衢之中，無城池以居之，無甲兵以守之，使人得而窺瞰之，物得而搏擊之，萬一有損失，不無費大匠陶冶之力。近觀左右之所爲，有若置斯器於通衢而不之顧也。此區區所以日夜爲國家憂，所以言之至再至三。既不見聽，又不得去，而徒爲是凛凛也。聲華之有，豈許哉[一]？今執事爲國家元老，居論道經邦之地，苟以嘉謀嘉猷，入而告之於内，出而順之於外，使國家置斯器於安地，保斯器於無窮，其功豈不偉哉？保之之道無他，惟在乎節用愛人，進賢退不肖而已。噫！非知己，不敢爲此言。非執事，不能容此言！惟萬萬調燮而情，恕之幸甚！

[一] 「聲華之有，豈許哉」：齊魯本作「聲華之有無，豈暇計哉？」後者似是。

說

介庵說

人之名所居，有引而自高者，有抑而自卑者。愚不肖者，則引而自高。知且賢者，則抑而自卑。其用心雖不一，無非欲自警以求合乎中而成其德也。若愚不肖者，不引而自高，則日趨於卑下，終不及乎中。知且賢者，不抑而自卑，則日馳於高遠，將過乎中。不及乎中非也，過乎中亦非也。二者皆不能成其德，如此而名所居有何益哉？請援近古儒者而言之。若朱文公之在宋，許文正公之在元，而當時諸名儒，其知其賢未有能過之者也。一則號之曰「晦庵」，一則號之曰「魯齋」者，蓋文公恐其明之過，而欲悔〔一〕之，以歸乎中也。文正公恐其敏之過，而欲魯之，以就乎中也。余之生也至愚極不肖，言訥而行不果，如易所謂「介於石」，孟子所謂「柳下惠不以三公易其介」者，皆非所能也，亦以「晦」、以「魯」名其居，是本晦也，魯也。而又曰「居乎晦與魯之中」，則終晦魯而已矣，將何所警策感發以成其德？豈不負所生而與草木何異焉？使余有是介也，而以「介」名其居，則是自矜自待，〔二〕適足以爲身累，豈無成其德哉？〔三〕惟其無是介也，故以「介」名其居，將以朝夕自警，強勉斯介之一二，庶幾追君子之議而可以爲人矣。余故曰「其用心雖不一，無非欲自警以求合乎中庸成其德〔四〕」者，此也。

〔一〕「悔」：齊魯本作「晦」。後者爲是。
〔二〕「自矜自待」：齊魯本作「自矜自衒」。疑爲「自矜自持」之誤。
〔三〕「豈無成其德哉？」：齊魯本作「豈能成其德哉？」後者爲是。
〔四〕「合乎中庸成其德」：齊魯本作「合乎中而成其德」。二者皆通。

三愛圃說

吾家西園內書屋前有一隙地，始則植牡丹四株，繼而植菊數本，近又栽紅黃千葉蓮藕二缸，嘗竊取濂溪先生所謂「晉陶淵明獨愛菊」，自李唐來，世人甚愛牡丹，予獨愛蓮之義，因號爲「三愛圃」。又曰：「菊，花之隱逸者也；牡丹，花之富貴者也；蓮，花之君子者也」。濂溪之道學，淵明之貞節，皆非吾之所及也。然則，吾之所得於天者，初未嘗與二公有異也。故吾於二公所愛之花亦愛之，何嫌焉？牡丹之愛，世人之所同。吾亦世人中之人耳，吾亦愛之，何辱焉？且吾昔之進居廟堂也，叨一時之富貴，豈不有似於花之牡丹乎？今之退處山林也，將終身以隱逸，豈不有似於花之菊乎？一進一退，未嘗不聽命於天。而枉道以事人，又豈不如花之蓮中通外直，不蔓不枝乎？由此言之，吾之愛此三花也，豈不宜？故植此三花於目前，而隨時玩賞焉。春則賞牡丹，夏則賞蓮，秋則賞菊。其賞也，則陳尊俎，列管弦，召延賓客，相與游覽宴樂，因此以歎化工生物之巧，時序變遷之易耳。

題跋

族譜題辭

余之所以作族譜之意，略見於上司成、史大參二先生〔一〕序文及凡例之中。今譜圖自祖而上至於高祖，宗支已定，固無容增損。自祖而下至於玄孫，宗支之多寡，莫能逆計。是以九族之圖雖有，猶未定也。譜之紀事，自吾親而上似不可易也。若幸而有亢宗之子孫奮勵於後，得推恩於先世，則又不可以不續之，是又可易也。況自吾親而下乎？是故譜必每世而紀之，五世而一修，斯無差謬遺忘之患。然而修之非有讀書之子孫，亦未之能。此族譜所以不易修。而世之士大夫之家間有，而家無讀書子者多無也。噫！後之子孫可不奮勵讀書，體吾之心，繼吾之志，詳記其宗支而敬續之乎！

恭題謄黄誥勑後

勑命、誥命者，皇上賜我及曾祖父母、〔二〕祖父母、父母并二妻者。布衣人讀書而得此，可謂難矣，可謂榮且幸矣。原軸俱付長男承祜收藏。今通謄爲數軸，此軸付男承禄。爾本房子孫宜世世珍藏，念皇家之恩寵，祖先之積累，言必忠信，行必篤敬，以緝以熙於無窮，切不可易而忽之，以墜先志也。勉之，勉之！

〔一〕「上司成、史大參二先生」：齊魯本作「王司成、史大參二先生」。後者爲是。
〔二〕「皇上賜我及曾祖父母」云云，齊魯本作「皆皇上賜我及曾祖父母」云云。

跋范文正公忠烈廟手卷

余巡撫姑蘇五年于兹，文正公之祠之在城中者已嘗三謁，而忠烈廟之在天平山者，則未之造焉。其始也，有司祀公於廟，厥後以其遠而弗便，遂移祀於祠。自是士大夫往來于蘇者，皆拜公於祠而不之廟焉。成化甲辰春二月朔旦，公之十二世孫掌教希時持忠烈廟記手卷，俾余觀焉。嗚呼！公之忠烈昭於時，聲華播諸後者，何其巍然焕烈也？余亦居其位而食其禄者，安能企而及之哉？雖然，未嘗不願學也。今觀是卷，而吾願學之心得不油然而有益興邪？

跋劉宗敏太古軒手卷

有好古之心，斯好太古之器。夫器雖古，何足好也？而古之人，則不可不好耳。古之人，今之不可見矣。得見古之器，即見古之人也。睹物而思人，尚友以成德。此劉宗敏氏所以聚古器於讀書之所，而顔之曰「太古」者，此也。

跋新安元暉雲山圖[一]

元暉此圖作崇寧間，[二]至慶元甲巳八十餘，[三]至元庚寅又十年，[四]而鮮于伯[五]之不知程氏藏之幾葉矣。身成化乙酉魏冢宰，[六]今又二十稔，而余得觀之墨[七]斯圖也，蓋將與程氏澤同流而。[八]

[一]「跋新安□□□元暉雲山圖」标題中有三字被塗抹。齊魯本標題爲「跋新安程氏米元暉雲山圖」。

[二]「□元暉此圖作□□崇寧間」句首一字被塗挖，句中倆字被塗挖。齊魯本行文作：「米元暉此圖作於宋崇寧間」。

[三]「至慶元□甲，已八十餘□□□□□□□□」句中有一字被塗挖，句末有八字被塗挖。齊魯本作「至慶元庚申，已八十餘年，而默庵得之。追元」云云。

[四]「至元庚寅又□十年」句中有一字被塗挖。齊魯本行文作「至元庚寅又九十年」。

[五]「鮮于伯□□之」句中兩個字被塗挖。齊魯本作「鮮于伯機跋之」。

[六]「身成化乙酉魏冢宰□□□今又二十稔」句中有三個字被塗挖。齊魯本行文作「自成化乙酉魏冢宰跋之，至今又二十稔。」

[七]「而余得觀之墨□□□□□□□斯圖也」句中有七個字被塗挖。齊魯本作「而余得觀之墨跡，猶宛然不渝。噫，斯圖也」云云。

[八]「蓋將與程氏□澤同流而□□」句中有一字被塗挖，句末亦有數個字被塗挖。齊魯本作「蓋將與程氏慶澤同流而未已也歟？」

耿氏公牘誌表手卷

右乃盧氏縣學掌教耿汝明先生初受𡒅給公據，〔一〕，是其領鄉薦時所受。墓誌是其子清惠公大司完〔二〕爲黃門時誌先生之墓者，其文則豐城 黃冢公〔三〕之所撰也。墓表是清惠公爲都運時誌先生之墓者，其文〔四〕南郡 楊文定公之所撰也。先生，恕不及見矣。景泰癸酉，恕以大理寺副請假送弱息西歸，得拜清惠公于陝西行臺，時公以少司寇節鎮其地。明年回京，〔五〕，誠先生之孫大宗但好問。〔六〕時好問初登吉士也，〔七〕計余乙三十七八年矣。〔八〕兹又幸得與好問同朝，頗相知，以故稔聞先生出處、德善之詳。今得此卷觀之，奚啻親見先生之而？〔九〕非惟起恕景仰之私，且有以驗向之所聞爲不誣。〔一〇〕於乎！人固有家世清白，而子孫無聞望顯融〔一一〕者或有之，求其父子相繼並著勛賢，俱至上卿封贈二代者，則鮮矣。惟先生克承累世詩

〔一〕「右□□乃盧氏縣學掌教耿汝明先生初受𡒅□□給公據」，句中兩處文字被塗挖：①「右」以下兩個字被塗挖；②「𡒅」至「給」之間倆字被塗挖。齊魯本此句作「右戶由乃盧氏縣學掌教耿汝明先生初受𡒅時所給公據」。

〔二〕「大司完」：齊魯本作「大司寇」。

〔三〕「黃冢□公」句中有一字被塗挖。齊魯本行文作「黃冢宰公」。

〔四〕「其文□南郡 楊文定公之所撰也」句內有一字被塗挖。齊魯本該句行文爲「其文則南郡 楊文定公之所撰也」。

〔五〕「明年□□回京」文內有兩個字被塗挖。齊魯本行文爲「明年甲戌回京」。

〔六〕「□誠先生之孫大宗但好問」句首有一字被塗抹。齊魯本行文爲「始識先生之孫大宗伯好問」。

〔七〕「時好問初登□□□□吉士也」句中有四個字被塗挖。齊魯本行文爲「時好問初登進士，爲庶吉士也」。

〔八〕「計余乙三十七、八年矣」句，齊魯本行文爲「計今已三十七八年矣」。

〔九〕「奚啻親見先生之而」句，齊魯本行文爲「奚啻親見先生之面」。

〔一〇〕「驗向之所聞□爲不誣」句中有一字被塗挖。該句齊魯本行文爲「驗向之所聞者爲不誣」。

〔一一〕「顯融」：疑爲「顯榮」之誤。

書之業，出際明時，髮身科第，拜師儒之官，遂教育之樂，厥後子爲大司寇，孫爲大宗伯，累膺褒贈，有光烈，〔一〕世豈多得哉？孰謂非先生德善之積？〔二〕矧大司寇、大宗伯相繼登，〔三〕復有功德及人，兼且大宗伯方進未艾，而其將來之功德又未可以涯涘測！吾知耿氏之子孫嗣是而益昌大也。

書夏忠靖公文集後

余爲童子時，聞公與蹇忠定公齊名。宣廟寵遇甚隆，信任甚專。二公亦竭誠殫慮，以酬知己。一時公卿無出其右者，心竊慕之，而未知其出處。及領鄉薦，舉進士，至京師與士大夫游，始知二公出處之大略，猶未聞其詳也。忠定公之子瑛，余反見而未與之交。〔四〕公之子瑄爲南京尚寶卿，遷太常少卿，仍掌上寶司事，今亦承乏留部，常與之往還。見其壁間畫，乃宣德初曾翰林棨爲公題詠，極其稱頌褒美。尚寶公又爲余道公之歷履，聽其言論，誠恪博雅而有文。是以知公有子矣，而猶未見公之文也。尚寶公歿亦有年矣，而其子南京吏部驗封郎中崇文以公之文集序見託，因有以見公之文。誠台閣之文，所以黻黼皇猷，珪璋王度者或在，非特贈遺敍事，吟風詠月而已。楊文定公已敍之於前矣，余復何言哉？崇文有學，有行，有祖父風，他日勛業文章必能光前煥後，豈他氏子孫所能仿佛哉？可敬可敬！因其請，姑書此於簡，未以復。

〔一〕「有光□烈」句中有一字被涂挖。齊魯本作「有光前烈」。
〔二〕「德善之積□」句末有一字被塗挖。該句齊魯本作「德善之積乎？」
〔三〕「大宗伯相繼登□」句末有一個字被塗挖。該句齊魯本作「大宗伯相繼登庸」。
〔四〕「余反見而未與之交」句，齊魯本行文爲「余及見而未與之交」。

讚

最拙翁讚

公本耆英，自號最拙。其言雖謙，其行則潔。抑抑威儀，稜稜氣節。見惡必憎，見善斯悦。兩造質成，片言而決。治世逸民，吴中豪傑。蟄蟄孫曾，既貴且哲，積善有徵，誰謂公拙？

退庵陳公讚

學師聖賢，志存經濟。遇事敢言，生死不計。三黜其官，志誠愈厲。偉哉斯人，流芳百世。

銘

几銘

視汝之正，吾之身不敢不正。視汝之平，吾之心不敢不平。惟正，惟平，吾倚之以裁決庶務。否則，人將議之，如之何其可行也？

箴

弘道書院箴

維茲書院，實萃羣英。隆師親友，講道窮經。
工夫既到，義理自明。匪徒知之，尤貴力行。
鄉舉里選，薦其賢能。進于宗伯，達于大廷。
牧民守宰，輔政公卿。皆由此出，千載垂名。

心箴

吾心具天命之性，爲神明之舍，含動静之機，知古今之事，作五官之主，爲應酬之本，持變通之權，蓄治安之計，契聖賢立言之意，遵當仁不讓之訓，辨諸儒傳注之非，釋後學積年之惑，帥浩然剛大之氣，存扶世立教之志。斯往也，吾當操之益堅，終其身而不貳。

祭文

祭大兄約齋先生文

維成化十九年歲在癸卯七月辛卯朔初四日甲午，欽差巡撫南直隸兵部尚書兼都察院左副都御史弟王恕，謹遣男承祐致祭于大兄約齋先生之墓曰：

嗚呼！吾兄乃吾父母之長子，与恕同氣，而长恕十歲。恕髫齔時，多賴吾兄之提攜。比爲諸生，惟吾父母、吾兄教養之，供給之。三赴鄉試，三赴會試，皆吾兄之導行。正統己巳冬，恕觀政于禮部時，北虜入寇，民冗道梗，商旅不行者幾两月。而吾兄奉吾父母命，不避艱險，視恕於京師。成化乙酉，荆襄盗起，恕奉命征討，吾兄又來視恕于軍前。其在揚州，在江西，在河南，在南京，吾兄之視恕者，非一次。其友愛之情，非言語所可形容。入厨具甘旨，上堂問起居，使吾親怡怡愉愉享壽考，俾恕得盡心於所事而無内顧之憂以至于今日者，皆吾兄之力也。丁酉歲暮，恕自雲南回。吾兄言：「近日雲南事設有不明，我當與弟訴于朝。」戊戌春初，恕來南京。斯時吾兄年七旬有三，尚康强無恙，送恕于党家橋，泣别而回。吾兄之於恕，無所不用其情，此恕之所以感吾兄之德，不能忘也。不意吾兄於庚子秋卒于家，恕聞之所以痛且傷也。今吾兄去世已三年，恕之不睹不聞兄之音容已五年半矣。每念及之，其心如割。今當第三忌日，敬用祭奠，豈勝哀感！吾兄其享之！

吏部修造告后土司工二神文

維兹吏曹建造久矣，風雨飄淩，日就傾圮。奏聞朝廷，命工修理。勞人費財，天豈得已？神其相之，善終善始。

祭襄陽知府致仕盭厔王公璽文

余之先與公之先，異派而同宗。余之居與公之居，異邑而先同郡。余與公之中舉也，異經而同榜。余與公之爲官也，異地而同志。余又與公同庚而生，方期歸休與公同游於澧、鎬之間，登山臨水，一觴一詠，暢敍幽懷，而同其樂也。今公已矣，不復可得。公有令器，爲國藎臣，雖云逝，無復遺憾。但不知將來余之子得如公之子，余之後事得如公之後事否也？可勝嘆哉，余不能撫柩而哭公，聊緘辭以表意。尚饗！

弘治五年復修吏部祭告司工文

曰：向因本部舍宇墻垣損壞，奏奉朝命修理。工作已興，遇例中止。今復舉動用畢，前工未免架高實下，千冒威靈。[一]惟神矜宥，少賜維持，俾作者吉利，居者獲安，邦家萬年，君子道長，功烈昭著，下情難忘。謹告。

誄

山東濟南府通判趙君誄

維弘治九年七月十有八日，山東濟南府通判趙君卒于易州山廠。其子慇扶櫬歸，卜宅兆于三原城南，將以今年二月二十四日葬。君諱艾，字景新，三原歸仁里人。父、祖皆有德善。君生而俊秀純謹，蚤游邑庠，克勤於業，累舉於鄉，不偶。天順間，應例卒業於太學，歷試於有司。成化中，授中兵馬指揮司副兵馬指揮。初考稱，荷貤恩之典，贈其父讓如己官，母程氏爲儒人，繼母楊氏封孺人。凡九載，陞今職管柴炭于易州廠，以供内爨。于時，總理大臣稱其能，所屬官民頌其德，可謂能官矣。

君與余爲同學而後進。余典選時，君爲兵馬，每朝謁，常相見。非時節，君未嘗至余門。至則敍鄉情，不問不對，未嘗

[一]「千」：顯系「干」之誤。

以不當言之事啓齒，吾甚重之。計今別吾餘六載，〔一〕而君已矣。嗚呼！君纔六十有三，正好展布才猷，爲國宣力，天何奪之早也。惜哉！茲因發引爲之誄曰：

生有美質，蚤游鄉校。雖未登科，學已深造。
初官於朝，竭誠圖報。繼陞外任，愈勵節操。
推恩及親，旌忠顯孝。信非偶然，時乃天道。
一旦不禄，訃聞傷悼。歸葬故鄉，極其光耀。
盛哉喪儀，美哉宅兆。誰其爲之，有子克肖。

〔一〕「計今別吾餘六載」：疑爲「計今別吾六載餘」之誤。

王端毅公文集卷之四

墓表

封承德郎南京兵部武選清吏司主事陳君墓表

成化戊戌夏四月，余以南京都察院右都御史奉璽書陞南京兵部尚書，仍參贊留務。時錢塘陳君孟孚之子謙主武選清吏司事。冬十月，奉天子命本部會同南京五軍都督府掌府事成國公等考選旗手等五十衛所軍政官，與選指揮、千百户、鎮撫二千餘員，謙掌簿書惟謹。明年己亥，余又奉璽書改兵部尚書兼都察院左副都御史，巡撫南畿。相見之際，謙仍執屬官禮，不少衰。甲辰夏五月，余復職，任如戊戌歲，謙以員外郎署職方清吏司郎中事已久矣，奉職如初，而於事體尤加熟焉。乙巳春正月望後一日，謙聞父訃不出。越旬日，衰絰苴杖，持南京工部郎中吴君珵所爲事狀，踵門泣且拜曰：「生不幸，父逝矣。願賜一言，以垂不朽。」余於孟孚嘗睹其風采；而謙也又爲吾屬，義不可辭。按狀，君諱信，陳其姓，而孟孚其字也，別號琴樂。其先汴梁人，扈蹕宋思陵。南渡僑於紹興之余姚。元季避地適錢塘，遂爲錢塘人。大父諱德，父諱禮，皆隱德弗耀，爲鄉善人。祖母童氏，母王氏，皆有淑行。君每於奉親之餘，優游泉石，樂琴書以自適。然於進取亦有志焉。正統甲子，連遭父母及妻喪而家日不逮。君益自奮激，率謙理家務，家用以饒，開拓舊居而一新之。景泰庚午，遣季子訥補邑庠弟子員，期將以成其志也。年十七，已通科試文藝而卒，君慟哭曰：「吾半生讀書未就，乃以教吾兒，期底于成，天竟奪之，吾何所望？」泣不已。謙時已踰弱冠，泣謂君曰：「父請無過傷，兒當極力以學，務成吾父志。」遂補弟子員，肆力文學，日有進益，而君意稍釋。成化壬辰，舉進士，拜南京兵部武選清吏司主事。三載考最，勑封君如其官。配朱氏，繼沈氏，皆贈安人。君性剛直，尚義氣，鄉人稱貸，未嘗急其利；捨衣食以周凍餒人，有過不少貸，改之即不與計。不惑於異端，不狥於流俗，每戒謙以忠孝節介，恒曰：「吾平生無罪過，身後慎勿事浮屠。」及與人談道古今，賢否人物，鑿鑿有定見。且精方脈，活人多矣。至如陰陽諸家，亦旁通之。年已耄耋，聰明矍鑠不減於昔。每道及二親，則潛然泣下〔一〕。去歲甲辰十二月二十七日，卒於正寢。其生則永樂甲申夏四月十有六日也，享年八十有一。男五人：曰善，聚周氏〔二〕；曰謙，即郎中也，娶嚴氏，封安人；曰昇，曰訥，皆早世；〔三〕曰榮，娶錢氏。女三人，長適張和；次適四川按察司副使邵琮；又次適蔣錞，皆邑人。惟榮乃沈所出，餘皆朱所出，而善則朱所育也。孫男一，曰宗仁，娶楊氏，廣西布政司參議愷之女也。孫女二，長適陝西布政司參議王廷瑞之子國子生愈；次未笄。謙以是歲 月 日葬君于邑之南山 尉司之原。

嗚呼，人之處世，無才無行，貧賤終身，泯然不聞於後者固衆矣，亦宜矣。苟有善於其身，獲榮於其時而不表章之，使之泯然無聞於後，豈宜也哉？今君之爲人也如此，理家務也如此，孝於其親終其身而不忘也如此，善教其子於有成而受皇家之褒封，享有禄養也如此，康寧眉壽，耳目聰明而令終也如此，親黨之貴顯也又如此，是宜表於墓道以告夫來者云。

封承德郎户部主事劉君墓表

户部山西司主事劉璣聞其父彥昭之訃，請於朝，匍匐以歸，撫棺而哭。已而衰絰杖屨，持其父之形狀至西園，〔四〕請予表

〔一〕「潛然泣下」句，齊魯本作「潸然泣下」。
〔二〕「聚周氏」：疑爲「娶周氏」之誤。
〔三〕「皆早世」：疑爲「皆早逝」之誤。
〔四〕「至西園」：齊魯本作「走西園」。

其墓。初，璣宰曲沃善爲政，得上下心，巡撫、巡按舉其公正廉能，堪任風憲。時余典銓選，行狀到京，〔二〕試之果如所舉，將送理刑御史之職，指日可得。璣以親老懇辭不就。及爲主事，恪勤職業，聲譽日起。其子若此，則其父之賢可見已。況在鄉里之間，表惡可辭。

按狀，彥昭諱鑑，姓劉氏，彥昭其字也。其先居平陽，譜逸無考。不知其幾世後徙咸寧，爲邑之著姓，今已六世矣。高祖清甫，曾祖克明，祖敏中，父懋，皆蓄德弗耀，世以清白良家子充秦藩奉祀所齋郎。彥昭幼穎敏嗜學，讀論語、大學諸書，通大義，善作字，且能吟詠，亦嘗爲齋郎。母任，目眚。〔三〕彥昭茹素，終其身弗變。治家儉勤，嘗書「敖不可長」、「志不可滿」、「樂不可極」諸古語於座右以自警。奉先克孝，祭器、祭品必備、必潔。約鄉人尚義者三五輩，每月朔望，各出白金聚之一所，以助人之喪葬。不妄殺生。有失金者，彥昭得之酒肆。頃之，其人至，張皇甚。彥昭曰：「金在，無憂！」還之。後又得所遺金，候其人不至，市膏油送諸祠廟。有一府吏，同州人，歿於公廨，貧不能殮。止有一子，其妻將鬻之以襄事。彥昭見而憐之，曰：「鬻之不絶後乎？」遂倡鄉人資助之，且寓書其家，喪與兒得完歸。尤善教子，璣登進士，爲邑宰至今官，屢貽書戒之，大要皆修德進學、居官臨民之法言。用是璣德業益進，爲士林所推重。壬子春，璣因公差過家展省時，彥昭臥疾，見之，喜曰：「吾思汝，得茲一見，亦可已。汝不可久曠厥職。」促還朝，別復送之郊外。癸丑夏，璣滿三載，朝廷貤恩，封彥昭承德郎如其官。不意遽於是夏六月十有七日而卒。其生則永樂庚子九月十有六日也，享年七十有四。卒之明年，月，日，葬於祖塋之次。配李氏，運司同知朝邑真之女，封安人。子男二：長即璣；次瑀，充齋郎。孫男六，女一，俱幼。

嗚呼，彥昭其賢矣哉！行義不怠，陰德及人。雖史傳所稱，何以過之焉？得人人與之同，忠厚之風可作也。嗚呼，彥

〔二〕「行狀到京」：齊魯本作：「行取到京」。
〔三〕「母任，目眚」行文疑有脱漏，或爲「母任氏，目眚」之誤。

昭其賢矣哉！今璣方進未艾，他日所就恩典之來必不一，必有大手筆爲君書者，奚止於此表耶？

文林郎合州同知高君墓表

余自致仕而歸，謝絕人事，日在西園修治先塋，種樹栽竹，不近筆硯久矣。一日，行人司行人高胤先持四川道監察御史舍親韓福所述其父行狀，求爲墓表。頃在京師，聞胤先事親刻孝，且有文學，爲關中朝貴所稱道，心竊重之。今不以余老耄不文而以墓表是請，[一]蓋欲表其實以取信於後，而不在乎文之工也。烏可辭。

按狀，君姓高氏，諱隆，字彥昌。其先江右人，徙居湖廣郴州宜章縣。曾大父遠觀，大父發壽，父良傑，皆晦跡丘園，不求仕進。母李氏，內行休整。君幼穎敏，善讀書，[二]日記千言。補邑庠生，二十有六，以書經中正統戊午鄉試。會試不偶，卒業太學，寫誥中書。初授陝西蒲城知縣，在職餘八年，[三]丁內艱。服除，補揚州寶應縣。纔數月，九載考績，遷雲南羅雄州同知。幾二年，丁外艱。服除，補四川合州。亦幾二年，君以州同視縣令，禄秩雖加，不得行其志，甫五十有一，以疾懇求休致。既謝事，日以讀書教子爲事，無怨尤悔吝之態。以胤先占籍陝之長安，遂居焉。

君治蒲城，抑強扶弱，矜憫孤寒，嘗議申縣事利弊。如行移徑達司府，停罷協助華州馬騾人夫之類，民受其惠。處奸吏橫民過嚴，未免召謗。時鎮守都憲東鹿王公最難許可。適張繡衣來陝西，有刁民迎至潼關，搆詞誣告君。受其狀，抵陝城白王都憲。王公曰：「此官乃治內縣令之最者。若提問，何以勸示良吏？可就彼處分。」張至縣按驗，果誣，罪其告人，

[一]「以墓表是請」句，齊魯本作「以墓表是託」。

[二]「善讀書」句，齊魯本作「喜讀書」。

[三]「在職餘八年」：疑爲「在職八年有餘」之誤。

君獲免焉。忠國公勢甚張大，家人以人命事來屬。君不聽，以法治之家人，得徒罪。國公頗銜之。人皆爲君恐，君處之泰然，竟無他虞。寶應號繁華，君以簡涖之，門庭嚴肅。羅雄夷方，民頗化之。合州，清軍宿弊賴革，君臨政籌畫周詳，防範嚴密，吏胥里書莫能售其奸，以故政舉民安。事親盡孝，如烹飪飲食，瀚濯衣服之類，皆自爲之。敬兄友弟，奉禄之入，恣其所取。宗黨士人有志行者，極力助益，故居喪致仕，或致缺乏田園第宅，無以遺子孫。不作詩詞，不尚宴游，不置姬妾，不近聲樂。暮年頗好釋老書。配王氏，西安處士實之女，婦道卓然。子二：長如崑，國子生；次即胤先，登成化丁未進士，拜今官。孫男三，皆崑所出〔一〕。女四。弘治元年，胤先迎養至更更五寒暑，〔二〕樂志無違。弘治癸丑六月十一日，以微恙而卒。君生於永樂癸巳四月二十日。至卒之日，享年八十有一。胤先扶柩西歸，以弘治甲寅夏四月二十六日葬于長安杜城原。

嗚呼！君良有司也。休致有年，貧不能歸故鄉，則其平日之操持可知。己壽踰八旬，有子克肖，拜官於朝，孰謂異日莫天之恩典，不光賁泉壤以報君乎？余故表之以示人，且爲世之良有司勸。

明故封中憲大夫直隸廬州府知府李公墓表

公之子河南布政司大參李崙聞公訃，匍匐以歸，哭盡哀，治喪具葬且有日。以余忝在鄉曲爲先進，謝事西園，無官守言責累其心，平素不妄毀譽人，求余表公之墓，以取信於後。余雅重崙有善政，雖老耄不文，爲可辭。〔三〕

〔一〕「孫男三，皆崑所出」句疑有脫漏，應爲「孫男三，皆如崑所出」之誤。

〔二〕「胤先迎養至更更五寒暑」句頗費解，疑有錯衍脫漏。依照上下文判斷，似應爲「胤先迎養至京，更五寒暑」之誤。句中衍一「更」字，脫一「京」字。

〔三〕「爲可辭」：齊魯本作「烏可辭」。

按狀，公諱海，字作容，別號遯齋，世居西安臨潼。曾祖諱德林，祖諱昇，父諱思忠，皆潛德弗耀，不慕仕進。思忠公始徙居西安城中。公自幼天性孝友，氣質精粹，動作凝重如老成人。早失父，日侍母側，克盡孝道，無少懈。公有三兄：曰文彬，曰諒，曰弘，皆賢達守禮。公事之極其恭順，三兄亦友愛公。伯仲之間，塤鳴篪應，怡怡願慤，爲里社稱道。公喜讀書作字，博奕之屬亦精，尤善於教子。居鄉謙抑，言不妄發，事不苟爲。心地明白，足以別人之是非，鄉閭敬之信之。嘗以齒德官封爲郡城達尊，居鄉飲之尊席，與太守爲賓主者數年。崙登進士之初，公曰：「讀書而登進士，可謂榮矣。他日授職，須要盡心於所事，斯可保其榮而有終也。」及授屯留大尹，迎公於任所，養以三鼎。公曰：「爾爲民之父母，當以古循吏爲師，愛民如子，無使失所可也。」及崙入爲戶部主事、員外、郎中，公數寓書戒之，大約謂：司錢穀者，當慎出納，無事掊剋。及出守廬州，又訓之曰：「爾今爲郡守，位雖尊於縣令，均爲親民之職。若以治屯留者治之，則政無不成，民無不悅，功業無不自此而益大矣。」於是，崙佩服明訓，居官有成績。公以崙貴，初封爲承德郎戶部河南清吏司主事。今中憲大夫知府之封，是崙在廬州治行超卓，荷旌異之榮恩也。公生於永樂乙未二月十有八日，卒於弘治七年八月十有八日，得年八十。元配張，系出名族，婦道母儀，爲閨門楷範。初贈安人，加贈恭人，生於永樂壬辰正月十有八日，卒於天順三年十月初一日，得年四十有八。繼室彭氏，初封、加封悉與張同。子男三：孟曰巖，娶周氏，再娶賀氏、王氏；仲曰崑，娶孔氏；季即大參也，娶郝氏，封恭人。女三：長適三原士人姚順；次適德府紀善咸寧田銘；次適咸寧士人杜紀。孫男八：琛、瑛、璋、珪、琬、琰、瓊、瑤。崑、琛與周、賀、孔氏皆先卒。瑛未娶。璋娶王氏，習舉子業。珪娶趙氏。琬聘張氏。琰、瓊、瑤暨孫女、二女皆幼。大參卜於弘治八年某月某日舉公之喪，與元配張氏合葬於城東之祖塋。

嗚呼，公爲人孝友，謙抑教子，恪勤職業，有德澤及民，所以受四品之榮封，享八秩之高年者，豈非天之報公也耶？是宜表諸墓道，以示李氏之來裔，且以爲世道勸。觀者當即此以考其爲人，無以文之不工而遂忽其事行之實也。

元故江浙行中書省左右司郎中前監察御史嶺北湖南道肅政廉訪司副使張公墓表

公諱儆，字克禮，姓張氏，世爲陝之三原龍橋人。高祖順，有隱德。曾祖貴當金承安之末，能脫其親於離亂中，以致其養孝義之節，鄉黨稱之。祖德明，以仲子世榮貴，封奉議大夫信州路鉛山州知州驍騎尉涇陽縣子。妣李氏，贈涇陽縣君。父世昌，克孝克弟，見稱於時，用大臣薦授敦武校尉脫忠麻路新附軍上千戶，佩金符。母楊氏，有淑行。公天資高明，篤學好義，忠孝之心出於天性。始由憲史起家，初授御史臺照磨。母楊氏先卒，迎父世昌就養京師。繼陞江南諸道行御史臺監察御史。將之官，以不得歸省其親，因念狄梁公望太行之雲而思夫親舍之在其下之意，作瞻雲亭以寓所思。廬陵歐陽玄爲之記，以遠到之器期之，並系以詩，以彰其孝。及至臺城涖政，方踰年，遂棄官歸省。既而擢雲南道肅政廉訪司僉事，因回家省其父，欲上疏乞終養。父曰：「君命也，勿以我老爲意。」公乃受命以行，時父年已八十。一日有微疾，其兄儼從容請曰：「盍召儆乎？」父曰：「勿亟，儆其歸矣。」公在雲南道，一日忽心動，輒促裝以歸。抵家，父欣然以起曰：「我說吾兒歸矣，果然！」其飲食、言笑無異平時，日與父老賓客舉酒爲樂，數日乃終。公居喪，哀毀踰禮。終喪之日，起爲四川道廉訪司僉事，陞奉政大夫嶺北湖南道廉訪司副使，遷江浙行中書省左右司郎中。公歷官凡六轉，前後三推恩。父初封文林郎陝西等處行中書省左右司都事，追贈奉義大夫奉元路總管府治中驍騎尉長安縣子，加贈中順大夫兵部侍郎上騎都尉清河郡伯。母初贈宜人，加贈長安縣君，復加贈清河郡君。公終于元季，墓前之石未立，而生卒年月與夫歷履之詳無考，其見於元參政蘇君天爵所爲奉義君墓碑、進士吴喆所爲中順君墓碑與夫歐陽公瞻雲亭記者，如此而已。

公配趙氏，王氏，劉氏，封恭人。子男二：長曰恒，國朝初國子監典籍，陞廣東參議；次曰昇，未仕，卒。女二：長適仇中，次適李著。孫男五：曰煥、曰欽、曰鑄、曰秉、曰銘。鑄以子貴，封戶部主事。曾孫男九：鷗、鵾、鴻、鵬，煥之子也；鸛，鑄之子，累官順德府知府；鸃、鵷，秉之子；鳳、鸞，銘之子。鳳以子貴，封驍騎衛經歷。玄孫男十四人：尚信，驤之子。尚禮，義官；尚恭，監生；尚仁，鶴之子。尚節，鴻之子。尚文、尚質、尚彬、尚學，鳳之子。尚文初授京衛經歷，陞山東武定州同知。尚彬，邑庠生。尚學，國子生。尚慶，鵬之子。尚志、尚賢、尚謙，鵷之子。尚朱，鸞之子。

尚文等因葬其父，意謂：吾族衣冠，累世不衰，豈非吾御史祖積累深厚之所致乎？爲子孫者雖千萬世，當識其墓而拜之。今吾輩僅能識之，若不爲之立石以表之，將恐後之子孫失其墓之所在，何以致其如存之敬乎？共持知縣張訓所爲之狀，求余爲墓表。余嘉尚文等知所重，於是按其狀而書之，使之刻石。

純齋處士李君墓表

處士姓李氏，諱清，字元潔，別號太平間叟，鄉人以純齋稱之。世家長安。曾大父諱從善，字恒勉。大父諱斌，字文質。父諱春，字逢春。皆有德善，不求仕進。處士自幼端重，孝友出乎天性，讀書學禮，惟日孜孜不少懈，極爲父母所鍾愛。甫十九，父歿，處士水漿不入口者數日，哀毀踰禮，棺殮皆自爲之。葬祭以禮，不食肉、不內處者累年。上事其母，下撫弟妹，雖貧窶皆得其歡心。母不茹葷，思食蘑菰。處士求之不得。一旦，家之後圃忽生蘑菰遍地，取以供母甚甘，人以爲孝誠所感。母病，湯藥必親嘗之，日夜奉養，不離左右。及卒，哀毀尤甚，幾至滅性。復以禮殯葬，歲時祭掃，必誠必敬，哭必盡哀。弟妹皆爲之擇配而嫁娶之，俾各遂室家之願。弟源嘗求分異，處士痛哭止之。數月後，復召親隣懇求，處士不得已而號泣從之，家貲任其所取。其後源遨遊江湖不回，戶役皆處士應之而無怨言。兩世外家皆乏後，凡遇寒食，處士必躬率子弟爲之拜掃。自父喪後，一向不飲酒，親戚苦勸之亦不從。及至六旬，血氣既衰，始飲亦不至醉。厭聞淫娃之音。有所樂，則歌古詩以自暢。凡百玩物，皆不好。處鄉里，則謙卑和易，唯恐失意於人，人亦無比敬愛之。里正嘗薦爲耆老，固辭不就，而憂世之心未嘗忘也。每旦凌晨，必焚香拜祝聖壽，且曰：「願天下人安樂。」尤篤於教子。

其子盛，性資穎悟，六七歲時以手學畫八卦於地。處士見之，喜曰：「此兒將來可學易。」遂口授千文、[一]孝經等書。稍長，使之從古若李君在中學易。業既進，爲提學憲副選充郡庠生。弘治乙卯中鄉試。處士常戒之曰：「吾家祖宗種德積善百餘年，將來必有顯者，汝其勉之！」一日忽中風，久之遂不起。生於宣德庚戌二月初十日，卒於弘治丙辰十一月十五日，得壽六十有七。卜於卒之明年月日，葬于韋曲之原，從先兆也。配魏氏，繼閆氏，皆有賢行。子男二：長即盛，娶王氏；次曰茂，娶路氏。女二：長曰貞，廉聘咸寧薛氏之子洪；次曰淑，廉未字。孫女一，美玉，盛所出也。盛狀其行，舍親舉人張原求余文，表其墓。余素不識君，且老耄倦於執筆。辭之再三，求之益懇。

按狀，處士德善甚夥，姑摘其一二而書之，使之刻石，鄉人必有識其詳者。他年盛大顯達，當求詞林大筆書之穹碑，垂示永久。

明故山西平陽府隰州同知屈公安人李氏合葬墓表

公諱韶，字九成，姓屈氏，別號誠齋。其先楚武王之子瑕，食米於屈，因氏焉。漢高帝時，徙楚昭、屈、景三姓於關中，屈遂爲華陰人。其邑之郭下、定城之屈，皆其族也。族屬蕃衍，亦有徙於郃陽閿鄉者。祖諱唐佑，字公弼，隱德不仕。父諱亨，字文通，號東莊，喜讀書，善談論，不樂仕進。母楊氏，戶部主事某之侄女也，有德慧，精於女紅，年九十有三猶刺繡。公自幼英敏好學，弱冠補邑庠生，從銅梁葉先生學春秋，發憤講讀，至忘寢食。不踰年，遂得其旨。時提學者觀其所作，極口稱許。本庠暨鄰封之士從游者，多中鄉試，公獨不偶，豈非命乎？有星士相諸生面，論貴賤，葉先生詢及公，星士曰：「面部無足取，蓋以面有少時誤傷疤痕也。」葉曰：「汝於面部無取，吾於心術則有取焉，汝之相面曷若吾之相心也。」其後

[一]「千文」疑脱漏一「字」，爲千字文之誤。

應貢，卒業成均。時司馬祭酒重其學行，且以所作示人，由是馳名六館，從學者多。成化改元，當謁選銓曹。丁內艱，哀毀踰禮。服除，授山西隰州同知。識者以爲位不稱才。公曰：「利澤可以及人足矣，何必高位？」先是，州長吏被人枉奏，下法司勘問，連及三百餘人，皆逃匿他所不出，累年不得結絕。公至再三開諭，不踰旬皆出審。其無干者省令生理，緊關者起解問理。僅越月事完。長吏復職，凡有未通者，公則盡心贊理以成之。長吏性躁，公作戒暴怒箴以勸之，彼亦感悟。民有因事餽送禮物者，公輒笞之。由是，門無私謁。七年春，僚吏督運安邊營秋糧，失於約束。解戶以其價輾轉營運不納。是年秋，公督運榆林夏稅，廉知前弊，預與之約曰：「敢有似前違者，必重罰，不少貸！」民果約完納。比歸，前督運者尚未完。上司復委公督併。公即馳去，幾兩月而完。州有土阜百餘頃，潦水衝成溝澗，不堪種藝，民猶輸稅，屢訴於州未理。八年春，公署州事，爲之奏蠲其稅，民免徵督之苦。其年夏旱無收，民多缺食。公乃開倉賑貸，復勸諭富家出粟以繼之，全活者甚衆。仍齋沐潔牲，祭禱五日乃雨。又七日，大雨三日方止。九年，府檄公署石樓縣事。公至，均其賦，理其訟，除其鉅蠹，革其宿弊；復擒獲聚衆行刼強賊十餘人，[一]散其餘黨，民寧謐。[二]其縣人不向學，公暇則詣邑庠，課試諸生，第其高下而激勵之。諸生父兄中，高年有德者給與深衣幅巾，令其朔望集於學宮，觀禮聽講。由是，人皆向慕，願遣弟子入學。凡化民成俗之政，無不脩舉，而石樓非復前日之石樓矣。十年，以年老致仕。比歸，行李蕭然，觀者莫不泣下。無計攀留，有越境而送之者。抵家，手不釋卷，日惟教訓子孫，足跡不及城府。二十二年九月一日卒於正寢，距其生永樂十三年三月二十八日，享年七十有一。

公仁孝本乎天性，言必忠信，行必篤敬。雖春秋，[三]而於各經、子、史、性理諸書，靡不竟究。爲文一本於理，平易淳正，

[一]「強賊十餘人」：齊魯本作「強賊一十八人。」
[二]「民□寧謐」句中有空字格，齊魯本作「民用寧謐。」
[三]「雖春秋」行文疑有脫漏，應爲「雖精研春秋」或「雖治春秋」之誤。

不尚奇怪。配李氏，内行純謹，善理家務，婦道母儀，秩然脩整，足爲閨門楷範。以公之歿，哀毁成疾，後十日亦卒。距其生永樂十四年十月初八日，享年七十。弘治元年十一月十有三日，夫婦合葬於臨渭之原，從先兆也。子五，曰弘仁，以子貴，累封刑部山西清吏司置郎中事員外郎；娶李氏，繼劉氏，俱係贈宜人；再繼蘇氏。曰弘義，早卒。曰弘禮，娶姚氏。曰弘智，邑庠生，娶李氏。曰弘信，娶張氏，繼嚴氏。女一，先卒。孫男十：長曰直，任刑部山西清吏司郎中，陞四川重慶府知府；娶石氏，累封宜人。曰泰，聽選官，娶張氏。曰選，[一]娶辛氏。曰鈍，娶張氏。曰介、曰中、曰謹、曰暢、曰訥、曰進，皆未娶[二]。孫女十一，皆適名家子。曾孫：男四，女五。

直因之官，便道展省，恐公之德政與夫安人之懿行久而湮沒，訪余於西園，求爲墓表。余素重直，又同鄉，義不可辭。按狀，公之德政，安人之懿行甚夥，不能備述，姑掇拾一二以爲之表，使之刻石，亦可以考見其人之大概。

故昌樂縣主簿贈文林郎常州府無錫縣知縣榮君墓表

君諱清，字元潔，西安藍田人。蓋周大夫榮公之裔。春秋有榮旃駕鵝者，世出太原。宋季選兵藍田山中，子孫因家焉。今祖塋中百餘墓，譜逸俱不可考。有諱喜年者，君之祖大父也。諱德者，君之大父也，諱和者，君之父也。世有令德，俱隱而弗耀。母康氏。君生而雅重敏恪，不爲兒戲。蚤失怙時，[三]哀毁如成人。稍長，從鄉先生劉琰學，勤勵不怠，歷三寒暑通書大旨。而日用頗窘焉，耕薪自給，暇則玩心史、鑑明法律。由邑掾起家，天順初，授内庫大使之職，典司金幣，會計當

[一]「曰選」：齊魯本作「曰達」。
[二]「皆未娶」：齊魯本作「俱未娶」。
[三]「蚤失怙時」：齊魯本作「蚤失怙恃」。

而出納維謹。中貴阮至靈者適監其事，内通苞苴，外作威福。君曰：「吾與公同事而印則吾掌之，奈何公獨專其柄乎？」乃疏其弊數事，欲上之，阮謝服，乃止。阮由是不敢復肆。秩滿，陞山東昌樂縣簿，階登仕郎。昌樂縣，古塋丘，土瘠民貧，芻粟負欠者多。前此比較緊急，多誘賣人妻子以輸官。君至，遂嚴誘賣之禁，寬催徵之限，俾徐爲之營納。不朞月，負欠者告完，弊亦從此少矣。監生張徵者，素號兇傲，縣官常忌之。一日以事至縣，言仍不遜，君痛治之欲置於法，既而服罪，遂釋之不深責也。大凡縣之政務，曾經君裁處者，吏民無不心服。青州太守李公昂委君署益都、壽光縣事，而二邑亦治，李公稱之。君歷任七年，修廢舉墜，吏攝民懷，終始如一。成化辛卯致仕，年五十三也。民不忍其去，遮道泣送，有至一二百里外者。百餘人僕從輩直抵家。

君居家，惟以教子爲事。其子華，爲邑庠生，中庚子鄉試。明年，登賜王華榜進士。君欲赴京撫視，或以年老止之。君曰：「吾邑進士，自宋呂徵仲後，四五百年乏人。今吾兒得之，吾家之大慶也。我幸不死，可憚道路之遠，不一走京師以快睹朝廷之寵光乎？」遂戈裝冒暑以往。華除河南鞏縣知縣，回家拜省。君曰：「縣令爲民父母，汝宜慎之。凡事上接下，臨政用刑，皆不可苟。處事又當察時勢所宜，順民情所向而後可。」癸卯冬，華迎君於鞏。甲辰秋，吏部調華于嵩縣。無何，君遂西歸。過靈寶，見鄉人郝玘病於彼，狼狽欲僵，君憐之，欲載之同歸。從者恐相染，難之。君曰：「向使不見則已，既見復棄，吾何忍耶？」遂載之以歸，玘得不死。君抵家，七日而疾作。又七日而終於正寢，是年九月十七日也。生於永樂十七年正月初二日，享年六十有七。是年大荒，祖塋在三十里外，力莫能舉，權厝城南近郊。

君天性孝友，惇尚信義，歲時祭祀，必躬必親。及家稍裕，常恨二親不在。每念及之，涕泣不已。賦歸後，劉琰先生尚在。遇之仍執弟子禮，見者嘆服。育弟孤賢如己子，爲娶妻。賢死，復收其二遺孫育之，使得成立。夫人之女弟二子司全、司成貧甚，亦爲命配舍於別弟。族姊老且貧，千里來依，亦養於家，欲終其身。君自奉甚約。至於延接賓客、爲子尋師、殽饌束脩皆從厚焉。嘗買里人田，直已償，券已立定，復被人竊買。君取所償還所買，田更不與之競一地畔。古有積石不可耕，君命僕除治成田。鄰人葉端者，以彼亦地鄰，強占之。君曰：「在彼猶在此。」亦不較，故鄉人服其偉度。及其没也，皆悼嘆而痛惜之。弘治辛丑，[一]以華貴，贈文林郎直隸常州府無錫縣知縣。配王氏，封太孺人，商山處士益之女。二子：長即華，今任監察御史；次富，冠帶義官。二女：長適華同榜鄉進士封琪後，先君五年卒；次適國子生李概。孫男六：曰察、曰字、曰寰、曰憲、曰京牛、曰宰寰。京牛夭。孫女五：長適國子生李紳男；次許知縣程智男；餘俱幼。曾孫男一，印也，徑乃狀其君之行實，過西園求余表君之墓。華，余典選時所除御史。藍田去吾三原一百七八十里，又有鄉曲之雅，表烏可辭。

按狀，君之德善甚夥，不能備述，姑舉其一二爲之表，使刻諸石，樹之墓前，庶後之人亦有考焉。今華巡按四川，道徑其家。茲卜於邑東南十里之七盤山足翠微崗之原，候林木長成，以圖遷焉。

〔一〕「弘治辛丑」應爲「弘治癸丑」之誤。據雍正藍田縣誌卷三文集榮清墓誌云：「弘治癸丑，以華貴，贈文林郎直隸常州府無錫縣知縣。」

王端毅公文集卷之五

墓表

明故亞中大夫山西布政使司左參政王君墓表

山西布政使司左參政致仕王君卒。其子玲甪匐泣血，丐予表其墓。君視予爲先進。昔予叨典銓選，亦嘗品題其賢，矧又有鄉曲之雅，乃不辭。

君諱臣，字尚忠，蒲城人。其始祖居太原，徙居於蒲，今七世矣。曾祖其。祖仲肅。父威。母李氏。君生而穎異，稍長游鄉校，饜飫經、史。嘗遇狂生相角，君解之，反觸君之巾于地，君拾以戴之，略無忤色，人咸服其雅量。天順壬午，以禮經中鄉試，甲申登進士第。成化改元，除戶部山西清吏司主事，克勤職務，陞承直郎。丁亥，居父喪，盡禮。起復，除工部都水清吏司主事，奉部檄適蕪湖廠，抽分竹木，不刻不縱，公私稱便。癸巳，滿三載，代回書稱，敕進承德郎，贈其父如己官；贈母封妻，皆安人。調戶部山東清吏司主事。〔一〕丙申，陞河南清吏司員外郎，階奉訓大夫。戊戌，直隸大名、順德、廣平三府大罹水患，民至相食。君奉敕往賑之，多方區畫，民沾實惠，全活者不啻數十萬人。及還，陞本部湖廣清吏司署郎中事員外郎。庚子，誥進奉政大夫，贈其父如己官，母、妻皆宜人。閱四月，陞山東都轉運鹽使司運使，督辦得法，分派均平，弊革課

〔一〕「調戶部山□清吏司主事」句中空一字格，齊魯本作「調戶部山美清吏司主事」。疑爲「調戶部山東清吏司主事事」。

足，商竈無怨，咸服其公。癸卯秋至甲辰夏，齊魯旱甚。方嶽重臣以君爲人誠篤，乃屬禱于泰山，遂徒行。既至，虔恭行事。歸憩巖巖亭，雷雨大作，遠近霑足，枯涸以甦，遇有餓殍就令掩之。弘治改元，任滿赴京。人思之，爲之立碑頌德，由是擢左參政於山西，階亞中大夫。到官之初，清理戎務兼掌司事。已而分守雲中，總督糧儲，邊用以足。癸丑，致政，自以俸金助族人貧不能嫁娶者數十輩，且推及鄉人。戊午三月二十一日，沐浴冠帶而逝。其生宣德庚戌十一月二十一日，享年六十有九。配同邑孫氏，無嗣。繼党氏，亦無嗣。繼三原段氏。子男二：長曰玲，邑庠弟子員，娶都御史白水侯君之女；次曰瓏，方五歲。女一，曰貞姬，潞城王長子妃。孫男一，曰三童。某年某月某日葬某處。

嗟夫，士方窮時，俯仰今古，欲求一日之用或不可得。既得矣，泥於古者傲世，訹於利者蠹政，要名取譽者鮮德業之實。無益於世，有負於國者，十居八九。若君者，學能爲己任，登三品方面，修職建業，慎終如始。人雖間散，〔二〕猶切切以濟人爲事，真純誠君子也。子故以平日所知〔三〕及采教諭王鈁氏所述狀，爲作墓表，俾刻之以告來者。

明故致仕陰陽訓術楊公及其配墓表

公之子行人儀自狀公之行，求余爲墓表。觀其狀，則知儀之學，原其用心則急於顯揚，故不待貤恩之至而先表於墓。昔，歐陽公之父崇公卜吉於瀧岡六十年，公始爲之阡表且曰：「非敢緩也，蓋有待也！」然則，儀與歐陽公其用心雖不同，其爲孝一也。

按狀，公諱振，字金聲。其先河南固始雙塚里人。曾祖惟興，在勝國時避兵至陝西乾州永壽，因家焉，至今五世矣。

〔二〕「人雖間散」：齊魯本作「人雖閒散」。

〔三〕「子故以平日所知」：齊魯本作「予故以平日所知」。

惟興精陰陽術，洪武初，舉授本邑陰陽學訓術。子孫與門生告人以吉凶，使之趨避也。祖庸繼其職，亦然。父名行其術而未仕。公生而儀觀瓌偉，聲響如鐘。讀父祖之書爲陰陽生，不徒精其業，具博覽傳記，[一]多記典故，言動異常。正統間，恭定年公爲大參，至邑，見而奇之，遂令舉授訓術。其後，有司知公有膽略，善騎射，檄委不妨本職，兼管巡捕。成化初，石門山羣盜哨聚，肆行劫掠，大爲民患。公奉巡撫都堂馬公檄，督捕前盜。於是設策用奇，不期月，賊衆悉平。馬公嘉其能而厚勞之，且曰：「賊雖擒，豈無窩家？如何不捕一人，得非受賕耶？」對曰：「賊徒恃衆憑陵，窩家豈能拒而不容？」馬公從其言，窩家得免者衆。一日巡邏至麟遊縣，有醉徒横山中，公使卒撻之去。俄頃，遥見羣衆持挺追來，公知爲被撻者所糾，使一卒縛爲執囚狀，約至則竄匿林中。追者至，縛者如約竄。公連呼曰：「賊走矣！」衆皆驚散。西安府檄公署司獄事，公廉知囚中有屈姓者，盗夜過其鄉，聞犬吠，兄弟六人齊起追之。盗棄所盗之布數百疋走，持歸其家。失主聞之，以爲伊兄弟爲盗，連布執送於官。不能自明，誣服其罪，械繫於獄。公密言于知府孫公，緩其獄。後得真盗，屈姓得免。公平生好施與，賙人之急，濟人之困，無德色，尤能解紛止爭。

歷任四十九年，請老謝事，耽田園山水之樂，恣情放適，自幸生太平時，號太平老叟。居父、母、伯凡五喪，殯殮如禮，祭必盡誠。弟森早卒，撫其遺孤，舉仲子鐸代己爲訓術。尤善於教子，禮延名士就其舍而訓迪之，暇則問難，以啓發其志意。諸子皆不負教養，各成其德器。元配邑人姚氏之女，有淑行，早卒。繼曹氏，涇陽各家女，[二]有德容，克正其家，綜理内政，周悉無遺。衣必補綴不敝，不易男女，亦不敢侈靡。本族兄商游不返，奉養其母以終身。

公卒於弘治戊午十一月八日，享年八十有二。曹先公卒于成化甲辰四月十五日，享年五十有三。士大夫私謚公爲惠翁。子男四：曰慶，曰壽，義官；曰威，太學生；其四，即儀也。女一，適義官吴佑。孫男五，女十。

[一]「不徒精其業，具博覽傳記」：疑爲「不徒精其業，且博覽傳記」之誤。

[二]「涇陽各家女」：齊魯本作「涇陽名家女」之誤。

先是，儀奉使秦藩，得侍公半載。臨別，公誨之曰：「汝爲臣當以忠藎是勉，無以我老爲念。」尋儀復使荆南，過家問安居，無何哭別若永訣然。去歲季冬，儀賫捧詔書往陝蜀開讀，次于邯鄲聞公訃矣。己未年五月十三日，合葬於城東之新阡。

嗚呼，公有官、有德、有壽、又有賢子，亦已足矣。而儀猶爲未足者，蓋以身登進士任京職，而貤恩之典不及於親故也。然行人，美官也，非進士不除，非大夫不陞，非王命不差。吾知儀將來高官重任可屈指而待，榮封美議必及於公，而雄文穹碑如瀧崗阡表者，必可得也。然則，儀不待貤恩與歐陽公蓋有待也，其事必並傳於世而無疑矣。余姑書之於石，以俟後之觀者必不以余言爲妄。

明故奉直大夫知濟寧州事致仕劉公合葬墓表

公暨其配任宜人合葬於邑之辛市里，于兹七年矣。其子工部主事汝靖因公差過其鄉，持邃庵楊提學所著墓誌銘至吾廬，求爲文表諸墓。吾未識公，嘗聞其名，觀其子及其墓誌銘，則其賢從可知，而昔之所聞者亦不爲誣矣。表烏可辭。

按誌，公諱隆，字文盛，别號居易。其先出同之澄城，有爲萬户者始遷華之渭南，因家焉。今爲渭南人已六七世矣。曾大父敬祖，隱而弗顯。大父儀，國朝初舉賢良，官至閬中簿，爲清白吏。父鎬，母王氏、南氏。公幼慧而篤。閬中公愛之，授以詩、書，既成誦，嘗拊其背曰：「是兒必能大吾家！」弱冠，遺爲邑庠弟子員，克自淬礪，非有故不出門，惟學是習。同儕有邀之市飲者，拒之不往。景泰庚午，以書經領鄉薦。累舉進士不第，卒業成均。時同邑權貴人用事於朝，炙手可熱，人多附之。公獨不往，召之亦不去。天順甲申，謁選試，居憂等，授知濟寧州事。濟寧路當南北之衝，使者舟車往來，殆無虚日，事煩民擾。公下車，裁省冗費，民困稍蘇。爲政公平，凡事有便於民者，必舉而行之；否則，釐而正之。請託不至於門，苞苴不入於室。濟俗以樂娱屍，公則禁之。鞫獄克明，案下無冤。民時有捕獲盗賊，妄指平人以自脱，巡捕者亦因以爲利。

公知其奸，痛加懲治，民始獲安。豪横强梁之徒，亦莫敢犯。其於士大夫之賢者，則禮貌之；顛連無告者，則矜恤之。是以民皆感化，境内無怨言。成化庚寅，以足疾自陳於部，使者許其致仕。民乃不捨，聚訴懇留不可，環行臺以泣，至擁使者馬不能行。公再四慰，遣之始去。

公性至孝，其於親也，生事葬祭，舉無違禮。事繼母如所生，處兄弟篤友愛。既引謝家居，日與伯氏瑢、瓚、季琥處，[一]怡怡如也。自奉儉約，而周人之急若不及。遇臧獲僕隸有恩，尤善教子。汝靖自始學至釋褐，悉遵嚴訓無少怠，用是德器成就，第進士。後引疾歸省，公見其來，甚動顔色。一日體不適，弟琥侯之，呼酒與飲。汝靖詧問其故。曰：「汝克紹吾志，吾願畢矣。國恩當報，稱弟勉之。」異日，卒於正寢。宜人，同邑著姓處士秉彝女，善事舅姑，處卑尊無不順適。績紡織紉，中饋之事，貴且老，猶身親之。婦請代之，曰：「我自安之，不爲勞！」子孫嗜學則喜，見其嬉遊則呵責之，改而止。家庭肅然，無嬉嬉聲，先公十有三年卒。公生於永樂己亥十月有六日，卒於弘治癸丑九月二十有七，享年七十有五。宜人生於永樂丁酉七月二日，卒于成化辛丑四月十有三日，享年六十有五。子男二：長汝寧，先卒；次即汝靖。女二：長適靳守約；次適田成。孫男二：時勤，汝寧出；時勉，汝靖出。孫女一，適薛齡，亦汝寧出。宜人葬於卒之年某月日，公則與宜人合葬於卒之年十有二月初十日。

嗚呼，公之歷履改績[二]與宜人婦道母儀，邃庵楊公著於墓誌者如此。矧令汝靖爲京職，聲績日著，將來殊擢顯秩可期也。此實公夫婦績善之徵，[三]教養所致，皆不可泯也。是宜爲之表，俾之刻石，樹于墓前，以垂示于後云。

[一]「季琥處」：疑爲「弟琥處」之誤——因爲後文還有「弟琥侯之」。

[二]「改績」：齊魯本作「政績」。

[三]「績善之徵」：齊魯本作「積善之徵」。

書曾祖考妣誥命碑下方

此我曾大父贈光禄大夫柱國太子太保吏部尚書安止府君，曾祖母贈一品夫人張氏、侯氏之墓。七世祖諱永清，號渭川，妣雷氏。六世祖諱可，大號拙齋，〔一〕妣張氏。五世祖諱文煥，號樂耕，妣殷氏，乃我曾大父曾祖父母祖父母父母也。吾幼時嘗聞諸先祖曰：「五世祖以上世居櫟陽司馬村。當大金時，族屬最盛，號爲大家。」元至正間，曾大父始徙三原龍橋北，創立產業，有屋可居，有田可耕而食，有邸舍收租可給日用，遂得其可，廣光遠里。〔二〕曾大父諱彦成，安止其號也。爲人廉介特立，〔三〕不妄交與，勤儉恭謹，樂善不倦，人有緩急，賙之唯恐後，〔四〕鄉人稱爲長。曾祖母張氏，櫟陽人；侯氏，本縣三家里人；俱有賢德，助我曾太父起家衍慶，教遺後人。〔五〕子男一，諱真，字惟真，贈通議大夫、都察院左副都御史，加贈資政大夫、兵部尚書、兼都察院左副都御史，再加贈光禄大夫柱國太子太保吏部尚書，即我祖考恒齋府君也。祖妣張氏，贈淑人加贈夫人再加贈一品夫人。女四：適楊從政、宋義者，張夫人所出也；適趙平、朱禄暨我祖考者，侯夫人所出。而我祖考爲之長。孫男四：曰仲禮，曰仲智，曰仲德，曰仲和。仲智封文林郎大理寺左評事，贈通議大夫都察院左副都御史，加贈資政大夫、兵部尚書、兼都察院左副都御史，再加贈光禄大夫、柱國、太子太保、吏部尚書郎，我先考西園府君也。先妣周氏，初封孺人，三贈俱與祖妣同。曾孫男五，曰忠，曰敬，曰道，曰學，其一即恕也。玄孫男十有五，一爲都督府經歷，一爲舉

〔一〕「拙齋」：齊魯本作「拙齊」。
〔二〕「遂得其可，廣光遠里」句，齊魯本作「遂占籍三原光遠里」。
〔三〕「爲人廉介特立」句，齊魯本作「爲人耿介特立」。
〔四〕「賙之唯恐後」句，齊魯本作「赴之唯恐後」。
〔五〕「教遺後人」句，齊魯本作「激遺後人」。

人，一爲進士，三爲義官。雲孫男十有六。仍孫男二。曾大父曾祖母俱永樂十九年合葬於兹。右一穴是我族伯仲實，其出未詳。左下一穴是吾伯父仲禮〔二〕。初卜葬時非擇風水也，特以其地土厚水深，去外家侯氏不遠，又近朱、蕭二家，易爲看守爾。説者以爲吾官至一品，誥贈三代皆此墳風水所致，是大不然。吾生於永樂十四年，墳葬於永樂十九年，豈因風水生吾身而得此官乎？昔吾中舉之年前期，夢通衢中有危樓一座，高六七十尺，金碧輝煌，門科間懸金書「陰隲」二字。吾之至此者，豈非先世之有陰隲也歟？不然，何以有是夢乎？今鑴聖上贈我曾祖父母誥命于上，敢稽首拜手，贅言于下方，一以侈聖朝寵錫大臣隆恩，一以發我曾祖父母之潛德，一以祛衆人風水之惑云。

張夫人墓表

夫人，吾柱國銜〔三〕長者仲遠女。母，王氏。其父樂施與，母善正家。封監察御史孝莊昹是其兄。河南按察使曉是其侄。夫人生而端靜，不煩姆教。景泰癸酉，吾爲大理寺副，喪其妻蓋夫人。歸葬畢，豎石於墓右。時夫人爲處子，甫十九，吾父母以禮聘夫人與吾爲繼室。夫人事吾父母四閲月，隨吾至京師主中饋，撫幼子。甫半載，吾陞直隸揚州知府，與吾理家室五餘年。陞江西右布政使，同至任所，又與吾理家室三年有餘，以疾卒。櫬歸，權厝於先塋之側。成化己丑十月，遷葬於塋内，與蓋夫人同丘而異壙。夫人生於宣德乙卯正月初三日，卒於天順甲申三月初八日，享年三十。所生子男四：承禄，義官；承祥，舉人；承禧，先卒；承禋，義官。女一，適邑庠生仇爵。爵卒，守節不渝，於兹十年，人莫敢奪其志。吾爲南京刑部左侍郎時，夫人與蓋夫人俱贈淑人。庚子，吾爲兵部尚書兼都察院左副都御史時，夫人與蓋夫人俱贈夫人。弘

〔二〕「吾伯父仲禮」：齊魯本作「吾伯父伯禮」。

〔三〕「柱國銜」：疑爲「柱國衕」之誤。

治辛亥，吾爲太子太保吏部尚書時，夫人與蓋夫人俱加贈一品夫人。誥命俱刻石，竪於塋前。

嗚呼！夫人歸于吾，生不親薪水坐享天禄，歿後三受錦誥之封至於一品之貴。名登天府，藏之秘閣，刻于金石，垂示永久，亦可謂榮且幸矣。惜乎享年之不永也！悲夫！吾恐久而泯焉，故爲之表，使承禄等竪石於墓左，右乃夫人之壙，以詔後之子孫云。

書承祐誥命碑下方

此承祐爲官，荷聖明褒嘉貤恩之誥命也。承祐乃吾嗣子，蓋夫人之所出。其友字之曰天錫。性頗穎悟，三歲時見壁間墨刻鸜鵒棲於風竹，指之曰：「這便是風搖動鵲驚枝！」蓋曾記得「不是風搖動，便是鵲驚枝」之句。一見此圖畫，輒發此語，可見胸中能運動而無凝滯也。教之對二三字句，對之雖不切亦不失門類。人嘗戲問之：「你做甚麼官？」即以手指畫卓〔一〕上其長盈尺許，曰「尚書」。雖未然，亦可見其志也。五歲遭母喪，哀毀如成人。成童游邑庠，習書經。未幾，遇例以吾蔭授國子監讀書。〔二〕與六館之士遊，頗得多聞直諒之益。既而，歷事南京前軍都督府。成化二十一年，授南京右軍都督府經歷司都事，階從仕郎。三載考績，書稱。上嘉之，錫之勑命，進階徵仕郎。例該封贈父、母及妻，以吾位高於已，故不封，止封其妻爲孺人。越二載餘，陞南京前軍都督府經歷司署經歷事，仍食都事俸。通歷六載，實授經歷階奉訓大夫。又三載，考稱。上復嘉其勞勩，錫此誥命。感恩孜孜，圖報未已，而數窮命盡矣。嗚呼哀哉，痛哉！

承祐爲學，雖未宏博而趨向得其正，爲官頗著聲績。吾今老矣，望其送終，不意先我而逝，使我撫棺而哭。非獨吾爲之

〔一〕「畫卓」：疑爲「畫桌」或「書桌」之誤。
〔二〕「以吾蔭授國子監讀書」：齊魯本作「以吾蔭入國子監讀書」。

痛傷，凡相知者亦莫不爲之悼歎也。吾兒配申氏，乃宦族處士琚之女。子男二：曰基，娶鎮南州知州同邑張威遠女；曰埜，聘大名府知府長安韓福女。女五：一適東原驛驛丞同邑李璿；一適臨潁縣知縣同邑李汝舟男邦本；三未笄。孫男一，曰馨。

承祜正統十四年八月二十七日生於北京官舍。弘治十二年七月二十九日卒于南京官舍，得年五十有一。十三年三月十八日葬於先塋之次。今刻其所受誥命於上方，以侈朝廷之寵賜，述其爲人居官之梗概與夫生年卒葬之月日于下方，以詔後之子孫云。

故奉直大夫四川茂州守韓公太宜人趙氏墓表

此茂州守韓公及其配太宜人之墓也。其子四川道監察御史福過吾廬，載拜而言曰：「先父之卒也，秦府紀善湯先生潛爲之銘。先母之卒也，右春坊右諭德王君華爲之銘，皆納諸壙，而墓前之石未有也。敢煩大人先生賜一言以垂不朽。」吾與公爲兒女親家，頗知其家世及歷履之概，又素重福，表烏可辭。

惟公諱鐸，字文振，韓其姓也。世爲鳳陽天長人。曾祖友賢，號梅坡。祖孟毅，皆讀書，有懿行，鄉邦重之。梅坡與當時諸名賢賡和贈遺，詩卷尚在。洪武初，孟毅謫戍西安前衛，遂家焉。父彥輝讀儒書，通法律，三世皆隱而弗耀。母時氏，有賢行。公生而端重，聰慧夙成，自幼知愛敬，好讀書。弱冠以後秀選爲長安邑庠弟子員，愈勤勵進修。業既成，以葩經領天順己卯陝西鄉薦。連試春闈不偶，卒業成均。成化丙戌擢南京光禄珍羞署署正。在職公勤，初考書稱。勑進儒林郎，贈其父如己官，母、妻皆安人。九載秩滿遷今職，實丁酉歲也。人皆爲公榮，亦有言：「茂州僻在西南，番夷雜處，素號難治。前守不得其職而去者比比，子其勉之！」公曰：「有是哉，然不遇盤根錯節，無以別利器。茂其吾之盤根乎？」遂束裝上道，略無難色。既至，首宣王化，推誠布公，諭以禍福，濟以恩威。所欲與聚，所惡不施，尤能以清白自持。凡職分所當爲者，無不修舉。遇水凶荒，輒齋沐以禱之，禱無不應。民以神明稱之。不再期而境内翕然稱治。時藩臬重臣有以爲茂州小，不足爲公治，欲易公於綿州者，以白巡撫都憲孫公。公曰：「守固可易，綿則幸矣，如茂何？吾聞君子一視同仁，彼此何擇焉？」事遂寢。庚子，公以疾求休致，當道者不許。逾年，疾復作，竟不起，〔一〕遂卒。民哭之如喪考妣。〔二〕

太宜人姓趙氏，父禮西，號右譜，官總旗。〔三〕母郝氏，早卒，育於繼母孫氏。太宜人性質純樸，〔四〕精於女紅。諸母之有識者，以爲宜配君子。既歸，能執婦道，善事舅姑，又能綜理家務。使公一意學業，登科出仕，功名顯達，光前裕後者，皆其内助也。公卒，太宜人居喪如制，内政尤謹，諸子不敢違命，鄰里重之。福登進士，初宰滑縣，繼宰章丘，頗尚威嚴。太宜人曰：「民既服矣，不可不濟之以寬。」福謹受教，遂以政最召爲御史。其稱太宜人者，是福爲御史初考書最，推恩之封號也。福每早朝，太宜人必早起視之，俟其出，復就寢。福以爲有勞親體，屢嘗止之。〔五〕太宜人曰：「吾以而父子故，兩受恩封。今而父歿，爾早朝，〔六〕我睡之何安？爾能承順吾意，進思盡忠，則善矣。孝不在此也。」鄉人之爲京宦者聞其賢，亦有遣其室往師之焉。公永樂辛丑正月二十六日生於長安。成化辛丑一月十有一日卒於茂，得年六十有一。明年閏八月十六日，葬於陝西木塔里。太宜人宣德戊申正月十八日亦生於長安，弘治乙卯四月初三日卒於京，得年六十有八。是年九月初十日，啓公之封而合葬焉。子男三：長祺，次即福，又次祜。女四：長淑清，適城中士人丁釗；次淑潔，乃吾兒承祥婦也；次淑慶，適長安朱朝聘；次淑賢，適秦府儀正應襲樊殷。孫男三：脩、俱、平。得孫女

〔一〕「竟不起」：齊魯本作「竟不起矣」。
〔二〕「民哭之如喪考妣」句，齊魯本作「茂民哭之如喪考妣」。
〔三〕「父禮西，號右譜，官總旗」句，齊魯本作「父禮，西安右護衛總旗」。
〔四〕「太宜人性質純樸」，齊魯本作「太宜人性資純樸」。
〔五〕「福以爲有勞親體，屢嘗止之」：齊魯本作「福以爲有勞壽體，屢請止之」。
〔六〕「吾以而父子故，……今而父歿，爾早朝」：疑爲「吾以爾父子故，……今爾父歿，爾早朝」之誤。

五：芳，適西安左衛舉人任吴江縣學訓導曹紀；餘俱幼。

嗚呼！公，君子人也。自幼志學勵行，又得賢内助，故能取科第，登仕途，歛歷内外，建立功業，爲時名守。上焉推恩及其親，下焉教育成其子。今福爲御史，纔數年而聲望已褎然出衆，他日必大登庸。而其所以顯揚於公夫婦者，又豈止於此哉！吾故書其所可知者，以爲之表，使之刻于石，豎諸墓前，庶幾後之人有所考焉。

墓誌銘

中憲大夫湖廣襄陽府知府致事封通政使司右通政王公墓誌銘

弘治五年四月九日，湖廣襄陽府知府致事封通政使司右通政王公卒于家。訃至京師，[一]其子左通政傅設位而哭。朝之公卿、大夫、士皆往弔焉。事聞，聖天子特賜祭一壇，遣本布政司諭祭於家。傅以余爲公同年，粗知公，持戶部侍郎咸寧張君鼎所爲公行狀，假光禄寺卿扶風胡君恭屬余爲墓銘。

按狀，公諱璽，字廷用，號貞齋，世爲西安人。曾祖諱均禮，自咸寧徙居於盩厔之祖庵。祖諱克中，有士行。父諱榮，贈文林郎湖廣道監察御史，加贈中大夫直隸永平府知府。母何氏，贈孺人，加贈恭人。公自少英敏異常，選爲邑庠弟子員，奮勵進修，日異而月不同。正統辛酉，以禮經中鄉試第五名。乙丑中乙榜，授河南武陟縣儒學訓導。先是其學科目乏人，公至，進諸生而教之，限以書程，俾之讀誦講解，體認明白，以爲致用之本。指畫作文之法，發揮所得之理趣，復季考月試，次第其名以激勵之。由是門下之士爭自刮劘，期底于成。六年間，以所授禮經中式者六人。丁内艱，居喪如禮。服除，除湖廣荆門州儒學。教法如前時，亦有成績。秩滿，遷武陟知縣。武陟士庶聞之，舉欣欣然而相告曰：「今來治我者，即昔

[一]「訃至京師」：齊魯本作「訃至京師」。

之善教我者也。」公至任，敬脩厥職，勸課勞來，聽斷惟公。至若布粟力役之征，雖不能免其於催科之際，必斟酌緩急而爲之先後，是以民受其惠，服其化，而境內治焉。後值歲荒，則設法賑貸，民免流亡。建社學於各鄉以溥教化，造橋梁於沁水以濟往來，以至城垣廟學、壇壝傳舍之類，靡不修整一新。然公之興作如此，未嘗不用民財、民力而民無怨言者，特以處置得宜，民知其不爲私故爾。鄰封之政，未有能及之者。於是，巡撫、巡按與夫藩臬諸公交章薦其廉能公正，堪爲風憲。上可之，乃擢公爲湖廣道監察御史。立朝不阿，持憲嚴明，行事務存大體而略細故。先是神機營牧馬草場被豪右占據者久之，定襄伯等請簡命廉正剛方御史往勘之。衆謂非公不可，公往，廉得其實。事聞，罪歸豪右，地還該營。巡按雲南、湖廣，憲節所至，姦貪斂跡，善良獲安。如都御史王鋭、參將王信、鎮撫吴綬輩之不法，公劾之，輿論歸焉。三載秩滿，貤恩贈其父母，尋升直隸永平府知府。其地在畿內，素號難治。公至，以治縣之心擴而充之，舉其宏綱，示以教禁。屬吏素知公名，奉行惟謹，罔敢違異，不再期庶績咸熙，軍民安焉。年例發民壯三千，燔荒于塞外以防胡。邊帥非人，民用騷擾，公奏罷之。重建夷、齊廟宇，請於朝，賜其額曰「清節」。又以府學舊基湫隘，易地廣之，起號房百餘楹以居生徒。廟庭堂廡，煥然一新。城中舊無井，取汲於外。公爲掘十數井於其內，並則寒泉可食，軍民便之。時畿內荒，獨公治內倉廩充實，民賴全活。巡撫、巡按交章上公之政績，天子賜誥褒嘉，並賜及父母。邊帥失防守，致擄寇潛越邊牆，剽掠人畜，匿不以聞。公舉奏之，因而詿誤，改知湖廣襄陽府。永平百姓累草詣闕保留。不報。其在襄陽政令，一如在永平者。時值流民不靖，上命都御史陽城原公傑經理其事。原公知公才足以立事，乃委任之。公盡心爲之，不避利害，地方以寧。公以爲傅已登進士，爲禮部主事，於是以盈滿爲戒，請於上而致政焉。時成化十四年冬月也。公脩幹美□，胸次灑落，〔三〕器宇宏深。居家孝友，當官公謹，教子有方，事不苟爲。讀書善記，作文有法度，書字得體。非其義一介不取，進退用捨惟命是聽，故功業立而名譽四馳。至今所過之地，人皆思之。致政之日，囊無餘貲。抵家，日惟課子孫讀書學禮，督僕耕稼以自給焉。暇則拉一二知己

〔三〕「公脩幹美□」句末有一空字格。齊魯本作「公脩幹美髯」。

若布政閆君鐸、知府田君濟、吉君慶革，深衣幅巾，登山臨水，一觴一詠，以樂其樂。白於大參錢君鉞導景峪、甘峪泉水，歲溉民曰千餘頃，[一]鄉人賴焉。弘治三年，以子貴，移封通政使司右通政，散官如故。所著有貞齋集藏於家。公生於永樂丙申七月二十五日，至卒之日得年七十有七。公素無疾，未卒之先數日，飭其子伊等治後事，且曰：「我於是月九日午時當去」。人初不信，及至是晨興，召鄉族人永訣，戒諸子不得早哭爲擾。及期，沐浴且衣冠，言訖而逝，人以爲異。配鞏氏，初封孺人，兩封恭人。[二]子男三：長伊，次即傅，次伋。伊、伋俱國子生。女四：長適國子生本縣李瓚；次適監察御史隴州閻价；次適秦藩輔國將軍；次適國子生咸寧趙邦憲。孫男九人：九成爲邑庠生；九德，早卒；九功、九疇、九官、九韶、九經；餘尚幼。孫女二人：長適承差同邑張選；次適侍郎鼎之子子汾。曾孫一人，卜以年、月、日，葬于終南山祖隴之原。

銘曰：

蚤遊庠序，講學飭躬。既登科第，博覽旁通。職司教鐸，斯文是崇。良金美器，悉賴陶鎔。爲邑大夫，茂著厥功。化行百里，民安物豐。再遷御史，執法竭忠。激揚得體，不畏奸雄。兩郡政績，小異大同。古之循吏，何以過公。急流勇退，高節清風。山水之間，詩酒之中，一觴一詠，其樂無窮。有子克肖，名位顯融。天顔咫尺，奏封從容。鸞誥載頒，是曰貤封。壽近八袠，無疾而終。埋玉終南，樹以楸松。示厥來裔，有碑穹窿！

[一] 「民曰千餘頃」：齊魯本作「民田千餘頃」。

[二] 「兩封恭人」：疑爲「再封恭人」之误。

明故嘉議大夫河南等處提刑按察司按察使張光曙墓誌銘

光曙姓張氏，諱曉，光曙其字也。別號靜庵，余室兄之子也。世家關中，今居三原，與余同街坊已百五十餘年矣。曾祖諱覺賢。祖諱永，字仲遠。父諱昶，字世宏。皆畜而弗耀。曾祖以勤儉起家，多積藥施。〔一〕祖慷慨尚義，永樂初以富戶起取，填實京師。厥後得代而回，施藥以救貧病，人咸德之。晚年患風疾，其父事之，克盡孝道。親造甘旨，代舉匙著以飼之，又爲之櫛髪著衣，朝夕不離左右者數年，旦夕籲天求代，至有感鳩之異，君子稱爲孝莊。有司上其事，旌命未下而卒。母竹氏，婦道母儀，見稱於鄰里。光曙自幼端重，簡默若老成人。孝莊知其異日必光大門戶，遣入邑庠爲弟子員。天順壬午，以易經中陝西鄉試，登成化己丑張昇榜進士，明年授山西襄垣縣知縣。盡心所事，視民如子，派賦役有等，則里胥無所售其奸，而民安焉。聽詞訟民得輸其情，而獄無冤滯。歲凶則發倉廩以賑之，又措置以益之。歲稔則出邑藏金帛糴粟六萬石以備荒，民賴以全活者衆。開拓學宮，士風由是丕變。虎爲民患，化行爲之自斃。不數年，境内貼然，風淳俗美，聲譽赫然。巡撫、巡按交章薦其廉能公正，堪居風憲。去之日，邑民不捨，遮道挽留，號泣隨之。既去，爲之立石頌德，建祠祀之。至京理刑，未幾丁外艱，哀毁踰禮。服除，除江西道監察御史。丁酉冬，奉敕督辦直隸、長盧等處鹽課兼理河道。庚子夏，巡按四川，所至風聲凜然，奸貪斂跡，事集而民不擾，允稱激揚。之職滿三載，貤恩贈其父孝莊如其官，母太孺人。壬寅，陞湖廣按察司僉事。時邊方夷民跳樑，例憲司官一員當往，衆皆推避不行，光曙慨然就道。或言當以兵服之，光曙曰：「此乃迫之爲亂耳，當先撫之。如其不從，然後移師臨之未晚。」至彼，宣佈朝廷威德，陳其利害，夷人果皆俯首聽命，而地方以平。弘治戊申，遷河南按察司副使。時大河泛濫，爲河南、山東患。上命大臣往治之，舉光曙董其事。衆恐水趨汴城，光曙乃築

〔一〕「多積藥施」：疑爲「多積樂施」之誤。

長堤數十里以捍之，水爲北徙而汴城無虞焉。辛亥，拜按察使之命。視篆甫三閱月，丁太孺人憂。初，光曙迎太孺人至湖廣奉養，後回家。光曙至河南，因公出直抵潼關，迎太孺人就養。光曙遷按察使，太孺人喜動顔色，未幾而卒。光曙扶櫬西歸，甫襄大事而疾作，竟不起矣。嗚呼哀哉！光曙事親孝，處姻黨和而有禮。讀書善記誦，爲文有筆力。諸子百家之書無不涉獵，尤精於日者之術，論人貴賤壽夭多奇中。居官清謹，門無私謁，自奉甚儉，薄食不再肉，衣服無異常人。揚歷中外二十三、四年，有時譽，無過舉，人皆以在京堂上官期之。今已矣，哀哉。

昔余在京間，光曙以内艱回，以爲不久得致仕，必與光曙相處一二載，余之後事必託光曙爲之。不意光曙先余卒，余銘光曙墓，天乎？老者存，少者亡，余不知其何爲也！光曙生於正統四年正月十九日，卒於弘治六年四月二十日，得年五十有五。配程氏，子男三：曰介、曰元、曰俞。孫男一，曰秉德。卜以弘治七年八月初四日，葬於邑之清河鄉西園祖塋之次。求余銘者元也。

銘曰：嗚呼，光曙資稟穎異，有學有行、多才多藝。發跡邑庠，登名進士。出[二]【宰襄垣，勞心撫字。廉介有爲，真誠無僞。化洽政成，猛虎自斃。今之能官，古之良吏。擢爲繡衣，風聲愈厲。憲節所臨，奸貪知懼。僉憲湖湘，不易初志。蠻夷跳梁，悉聽撫諭。副使中州，益殫智慮。大河泛溢，築堤捍御。陞居憲長，紀綱攸寄。譽望日隆，京堂可冀。夫何不久，母喪去位？襄事甫畢，倏爾而逝。官高三品，名垂萬世。埋玉玄堂，風藏氣聚。爾後必昌，繼承不替。

嘉議大夫戶部右侍郎張公墓誌銘

弘治五年冬十月，太皇太后聖壽。其日早朝，罷賜百官宴於午門前畢，旅退至端門，公忽中風仆地。扶歸居第調理，數

[二] 底本缺第八頁，文海本亦缺頁，爲「出」——「文」之間的文字。茲據齊魯本補齊。黑方括弧內文字即系校補文字。

月不愈，遂上疏乞歸。蒙聖恩許其馳驛回家，待疾痊起用。抵家調理餘兩載，〔一〕其疾小愈復作，竟不起，八年十二月三日也。訃聞，上悼惜久之，賜祭葬，遣左布政使汪進諭祭，進士許贊造墳。墳在長安塔坡之原，將以卒之，又明年八月十五日安厝。〔二〕其子子汾以公同年都察院右副都御史史君琳所爲行狀，求余銘其墓。余與公爲同鄉，公之爲都憲、爲亞卿，皆余典選時推薦也。銘可辭乎？

公姓張氏，諱鼎，字大器。別號自在道人，世爲西安咸寧人。高大父德用，元承事。曾大父凉、大父秉文，皆隱居有善行。文廉，〔三〕由鄉貢進士任刑部照磨，遷山西蒲州知州，以廉能著名。母王氏，有淑行。公少穎敏過人，早承家庭之訓，既而從學于河東薛文清公之門，知州君不召之，不敢歸，且使之衣樸食淡，苦其心志，蓋將望其大成就也。公用是日夜勤勵于古聖賢之學，諸子百家之說，靡不畢究。不一二年，遂得文清公性理之傳，歸補郡庠弟子員，以易經中景泰癸酉鄉試，登成化丙戌進士第，初授刑部浙江清吏司主事承直郎。滿考書最，賜勑進承德郎，贈其父奉直大夫協正庶尹，母封太宜人，蓋用知州君勳階也。癸丑，〔四〕轉本部福建清吏司署員外郎事。公在刑部冰蘗自持，推讞詳明，筆下無冤人。甲午，陞山西太原府知府。其屬民頑訟健，素號難治。公至，持廉秉公，法正令嚴，吏民讋畏，奸頑者縮首。然後布其政教，施其德化，俾爲官者各修其職，而貪惰之風息；爲民者各安其業，而舊染之俗轉。凡郡守所當爲者，若學校、若農桑、若諸積、〔五〕若傳舍水利之類，莫不修舉而各有成績。雖遇大利害，處之泰然，不少動，鄰邦之政，未有能過之者。於是，巡撫、巡按與夫藩臬諸君

〔一〕「抵家調理餘兩載」句，疑爲「抵家調理兩載餘」之誤。
〔二〕「又明年八月十五日安厝」句，疑爲「於明年八月十五日安厝」之誤。
〔三〕「文廉」：齊魯本作「父廉」。
〔四〕「癸丑」：齊魯本作「癸巳」。
〔五〕「若諸積」：疑爲「若儲積」之誤。

屢爲之旌異，封章交薦堪任方面。九載秩滿，未上，〔一〕甲辰秋，遂陞山西布政司右參政，仍署府事。吏民聞之莫不忻喜，皆曰：「我父母又來撫我也。」尋轉左參政。政令持守，始終不渝，民之感之也愈久愈深。先是太原屬邑羣盜聚于山林，守土者莫能捕。巡撫御史委公督捕，遂擒首惡，散其餘黨，寧謐。〔二〕丁未，陞河南按察使，振肅紀綱，奸貪斂跡。弘治改元，畿内多事。朝議以爲保定等六府宜照先年事例遣大臣一員巡撫，遂擢公爲督察院右僉都御史，奉勑巡撫兼提督荆、紫等關軍務，許其便宜從事。公以不羣之才又得便宜從事，〔三〕號令一出，六府諸衛官吏、軍民，舉皆畏服，無敢有犯。先是，勢要之家窩隱强徒，走馬御人于當路。公至，發奸擿伏，亦皆震攝改悔；又於賊馬御人之處築牆，以遏其歸路。由是道路肅然，行旅無阻，以至邊關城垣、墩臺之類，悉皆修築，剷削完固。其地連年水旱相仍，公爲之給糧賑濟，民免流亡之患。時中貴有言公「築牆勞民」者。事聞，朝廷知其爲地方，置之不聞。辛亥，陞户部右侍郎。時襄城李恭靖爲尚書，聞公至，爲之喜曰：「又得一賢僚，部事濟矣。」是年冬，奉命持節册封慶府洛交王，勞賜金帛鞍馬，悉辭之。非操持廉介，能如是乎？初，公以疾告歸也，上下咸望其復起，不意竟止於斯，惜哉！

公爲人仁厚敬慎，讀書善記誦，作詩文喜簡淡平實。事不苟爲，非其義不取，進退惟命是聽。其所經歷之處，人皆思慕不忘。所著有仕學日記、自在詩文、蠹齋博稿若千〔四〕卷藏於家。配許氏，累封恭人，有賢行，先卒。側室井氏。子男一，即子汾，修儒業，井所出也；娶王氏，鄖陽知府前通政司左通政傅之女。繼娶湯氏，秦府紀善潛之女。孫男勤壽、重寧、重慶，繼以疾歿。

〔一〕「未上」：疑爲「未幾」之誤。
〔二〕「寧謐」：依上下行文内容判斷，此處文字似有脱漏，疑爲「地方寧謐」之誤。
〔三〕「便益從事」：齊魯本作「便宜從事」。
〔四〕「若千」：顯爲「若干」之誤。

銘曰：

公家世世居關中，公性聰明量寬洪。從父宦游至河東，理學傳自文清公。髮身科第即登庸，明刑仁恕似有功。治郡有古循吏風，持憲奸貪自潛蹤。巡撫尤能卹困窮，佐理司徒功更崇。六十有五正顯融，柰何一疾遂壽終？高名可並太華峰。

故兄約齋處士合葬墓誌銘

吾世家關中，自櫟陽徙居三原龍橋已數世矣。吾兄諱忠，字宗一，約齋其號也。與恕爲同氣，長於恕十歲。樂耕府君諱文渙，配殷氏，是其高祖考妣也。安止府君諱彥成，原配張氏，繼配侯氏，是其曾祖考妣也。恒齋府君諱惟真，配張氏，是其祖考妣也。西園府君諱智，字仲，配周氏，是其考妣也。曾祖考、祖考、考俱贈光禄大夫、柱國、太子太保、吏部尚書。曾祖妣，祖妣、妣俱贈一品夫人。吾兄體貌雄偉，言行篤實。蚤歲從學，讀考經、〔二〕論語諸書。知孝親友弟之道，不嬉戲、不妄交、不嗜飲、不作無益之事，惟安分守己，經紀家務。吾蚤遊邑庠，三赴鄉試，三赴會試，皆吾兄攜之以行。正統己巳秋，北虜寇邊，大駕親征未回，京師戒嚴。時恕爲庶吉士在翰林，吾兄奉吾父母命來視，中途聞虜入犯京畿，同行者皆不敢進，吾兄曰：「我何違父母命而不一往乎？」且訪且行，虜退至京，與恕泣言之。恕爲之痛心。成化乙酉，荆、襄盜起，恕時爲都御史，奉天子命督軍征討。吾兄以吾當大任秉危履險，恐不安，又來視吾於軍前。其在揚州、在江西、在河南，吾兄視吾非

〔二〕「考經」：顯系「孝經」之誤。

一次。其友愛之情，非言語所可形容。入厨具其日，上堂問起居，[一]使吾父母怡怡愉愉，享有壽考，俾恕得盡心於所事而無内顧之憂，以至於今日者，吾兄之力也。丁酉歲暮，恕自雲南巡撫回，吾兄曰：「近日雲南事設有不明，我當與弟訴于朝。」及恕之南都參贊機務，吾兄送至党家橋泣別而回。吾兄之于恕，無所不用其情，此恕感吾兄之德，不能忘也。吾自爲評事寺副以至都御史、侍郎、尚書，吾兄未嘗恃勢欺人，亦未嘗輕至公堂[二]，爲人囑事。是以鄉里之人無老、無少，見則加敬，退無後言。元配劉氏，崇賢街人，内行脩潔，精於女紅，婦道母儀，有足稱者。側室張氏，樓底人，亦能理家。吾兄生於永樂丙戌正月十二日，卒于成化庚子七月初四日，享年七十有五。辛丑二月二十日，葬於先塋之次。劉氏生於永樂戊子十月初五日，卒於弘治丙辰十二月二十六日，享年八十有九。張氏生於宣德乙卯五月十一日，卒于成化乙巳閏四月初八日，得年五十一。吾兄子男三：長承祺，劉所出也；次承禕、承褫，張所出也。女四，俱劉所出。任鑑、郝臣、楊政、邊成，其婿也。孫男四[三]：曰桓，聘張氏；曰賀、曰暉、曰賜、曰昕，俱未聘。孫女二，一適來時用，一許秦氏之子。茲將舉劉、張之喪，于弘治丁巳三月十八日，與吾兄合葬焉。於是爲之銘曰：

嗚呼！吾兄有德有壽，有子有孫，孝奉父母，不廢晨昏，供給弱弟，屢沐天恩。官封三代，奉勑造墳。高塚穹碑，爲我先君。經營佈置，兄多勞神。今亦葬此，少慰英魂，一丘三壙，千載長存！

[一]「入厨具其日」：齊魯本作「入厨具其旨」，疑爲「入厨具甘旨」之誤。

[二]「公堂」：齊魯本作「公門」。

[三]根據後文提到的五個孫名（桓、賀、暉、賜、昕），此處「孫男四」可能是「孫男五」之誤。

平陽府通判張君墓誌銘

君卒，葬且有日。其子二，舉人哀服，持致仕知州王政所述行狀，乞銘於老夫。

按狀，君諱經，字宗常，號拙軒。其先弘農人也，修岐黄之業，宋季避地徙涇陽。高祖允，曾祖原企，祖貴，俱不仕。父信，由承差仕至臨城縣主簿，爲能官。仕歸，壽至九十有七，耳聰目明，猶書細字。以君貴，封文林郎猗氏縣知縣。母陳氏，封太君。性資英敏，自幼隨父任孺人所讀書，有青雲志。景泰初，充邑庠生，與修通志。邑有唐汾陽王祠在東門內，爲居民侵其地，其祠載在通志。其家恐君言于官，以白金饋君，俾勿言。君叱之去，遂言于官，復其地，而公直已見於此。丙子鄉試，以春秋中式。會試不偶，卒業成均。成化某年，欽授山西平陽府猗氏縣知縣。履任之初，政令一新，風行草偃。均賦役而民不擾，理詞訟而獄無冤。完納拖欠錢糧，矜恤無告煢獨。野無不耕之田，民免流移之苦。君赴京朝覲，有邑人孔春牛者自墜崖身死，爲仇家所誣告是吉昇殺死。其獄久不決。君歸自京，訪得孔春牛委係自墜身死，非吉昇殺，言于恤刑主事顧公佐，而吉昇得不死。耆老荆誌等爲之立洗冤碑。土豪荆姓者兄弟五人、岳少監家人峪，俱強横害人。事發，俱以法繩之。峪殛於獄，合境乃安。民人孔海等鑄鼎以紀其事。縣素不聚商旅，君於唐北平王廟立會，招商貿易。由是百貨咸集，而民用足。凡學校、壇廟、驛傳、鋪舍、公廨之類，無不修理。嘗迎雙親於宦邸，日夕侍養。伯茂乏嗣，亦迎之而養焉。及卒，爲棺斂以葬之。成化甲辰大侵，分以濟族人，〔一〕全活者不一二。任滿民不捨，挽留至不得行。奏績銓曹，書最。欽給勑命，階文林郎，推恩封父、母、妻。弘治戊申，陞山西平陽府通判。管糧到任，愈勵初心，徵收有法，勤慎不怠。申巡撫都憲照江南事例，奏準抛荒田土減半征糧，民困頗甦。凡利所當興，害所當除者，與長貳計議，無不舉行。乙卯，以外艱憂，守

〔一〕「分□□以濟族人」，句中有兩字被塗挖。齊魯本作「分俸資以濟族人」。

制服闋，遂不起。癸文[一]八月十六日以疾卒，遺言肫肫，不忘忠孝。其生則永樂癸卯十二月二十三日也，享年八十有一。配李氏，安州人，臨昫教諭遜之孫女，封孺人。繼娶呂氏，山西都指揮愷之從殊。[二]子男二：曰官，己酉鄉試舉人；曰守，乙卯鄉試經魁。養子一，曰宥。女二：蕙蘭，適趙太守之族侄鑾；秀蘭，未笄。官、守、蕙蘭，李所出也。秀蘭，呂所出也。宥，呂養以爲子。孫女三。官等卜於是年十一月初七日葬君于寶峰原下。

銘曰：惟君之德，真實無僞。惟君之才，通達不滯。宰邑判郡，恭寬敏惠。攝奸以威，制事以義。勑命褒封，顯揚光賁。二子登科，偉哉令器。年逾八旬，得正而逝。生順死安，流芳百世。

[一]「癸文」：齊魯本作「癸亥」。
[二]「從殊」：齊魯本作「從妹」。

附録

石渠老人履歷略

予姓王氏，字宗貫，號介庵，石渠老人乃晚年號也。西安三原縣光遠里人。曾大父彦成，號安止。大父惟真，號恒齋。父仲智，號西園翁。皆累贈光禄大夫、柱國、太子太保、吏部尚書。曾大母張氏、侯氏，大母張氏，母周氏，妻蓋氏，繼室張氏，皆累贈一品夫人。繼室文氏，封一品夫人。予十有三歲遊邑庠，二十有六以易經中正統辛酉鄉試，登戊辰進士，改庶吉士。己巳，授大理寺左寺左評事。景泰壬申，陞左寺副。甲戌，陞直隸揚州府知府。天順庚辰，陞江西右布政使，揚民爲之立石。甲申，陞河南左布政使。成化乙酉，陞都察院右副都御史，仍支從二品俸，奉勑諭撫治南陽、襄陽、荆州三府流民，以任評事、寺副，俱未滿三年，至是始給勑命封父爲左評事，母爲孺人。尋聞母喪，乞守制。上以地方有事，止許奔喪，復賜以祭。會襄陽房縣盜起，授勑調兵征勦。賊平，再乞終制，不許。丁亥，授勑巡撫河南，進左副都御史，賞平賊功也。戊子，轉南京刑部左侍郎。己丑，聞父喪，給誥命，進通議大夫，贈大父、父皆通議大夫、都察院左副都御史，大母、母拜二妻皆淑人，〔一〕又賜父葬祭。辛卯，服闋，改刑部左侍郎，奉勑總理河道。癸巳，再改南京戶部左侍郎。丙申，改都察院左副都御史，授勑巡撫雲南，不帶家人，隻身自去。丁酉，陞右都御史，仍前巡撫。未幾，改南京都察院右都御史，參贊機務。戊戌，陞南京兵部尚書，仍前參贊。己亥，上特命爲兵部尚書，兼都察院左副都御史，授勑巡撫南直隸蘇、松等一十府州地方，總

〔一〕「大母、母拜二妻皆淑人」：齊魯本作「大母、母并二妻皆淑人」。

理糧儲，兼管浙江、杭、嘉、湖三府糧儲。庚子，給誥命進資政大夫，大父、父皆加贈資政大夫、兵部尚書兼都察院左副都御史；大母、母拜，二妻皆加贈夫人。甲辰，復轉南京兵部尚書，仍參贊機務。乙巳，加太子少保。丙子，以尚書致仕。丁未復起爲吏部尚書，加太子太保。

予乃中人之資，無大知識。其在大理也，惟盡心審録，期得其平而後已，否則參駁之。嘗條陳刑罰之不中者六事，誤蒙嘉納。在揚州五年半，頗修政刑，革奸弊；連年凶荒，民饑且疫，發倉賑濟，遣醫治療，盡此心耳。復作資政書院，訓迪諸生頗有成效。在江西、河南，雖無卓異聲績，亦未嘗逸豫尸素。撫治流民，擒金斗山爭礦殺人強賊汪四等二十餘徒，餘皆解散。〔二〕撫安流民二萬二千戶，編成里甲，撥給田地、牛具、種子，給與戶帖，令其住種安業。願復業者，聽其回還。同總兵官都督李震等進兵討賊，至大木廠搗其巢穴，賊皆奔潰。遣裨將追擊之，失利，具疏請兵。兵至，分路進勦，元惡千斤劉就擒。捷奏，奉勅獎勵；繼獲石和尚等千餘人解京。賊平，條陳防患安民六策，同提督尚書白圭等上之，皆准行焉。巡撫河南，歲旱且蝗，禱於濟瀆，大雨三日。既命有司捕蝗，復上疏自劾，且援宋真宗故事，勸上崇儉去奢，以回天意。頃之，蝗皆附禾而死，不爲災。赴京議事，條陳六事，悉蒙采納而行。比至南京，刑部缺尚書，獨理其事，率屬聽讞務令速，俾無冤滯。總理河道，都率分管郎中等官遍歷審視，防遏疏濬，不失其宜。凡洪閘、塘壩、鋪舍、井樹之類，無不修整。壬申，維揚迤北久旱，河水消耗，上疏乞禁馬、快船附載私貨，及轉輸通州倉糧數事。又上疏言：「雨澤愆期，河水淺澁，五穀不登，沿河一帶軍民艱食，山東尤甚。三月初四日，德州迤南晝晦，民心驚愕，非休徵也。乞命廷臣講究救災卹患之策而力行之，必有明驗。」疏入，上曰：「既是山東百姓十分艱難，須行實惠，便降詔將今年稅糧等項盡行蠲免。順天等府有災處，也量宜減免。」詔至之處，軍民如獲更生。在南京戶部獨理部事三年半，期革吏弊，凡文移往來錢穀出入，必親看驗，亦嘗建明十餘事。在雲南九閱月，不知酒味。平昔作威作福、虐害軍民者，皆自收斂。上疏言交趾邊情及備禦方略等十餘事，又拿解私通交趾擾

〔二〕「餘皆解散」：齊魯本作「餘黨解散」。

害夷方犯人及所取寶石等物。赴京又言：「鎮守內臣違例進黃鸚鵡不宜受，仍乞通行禁止。」又言：「齎來駕帖與勘事郎中而無印信，設有賜死重事，其人將死乎，將不死乎？」二疏俱留中。巡撫南直隸。庚子，常、鎮等府二麥告災，上疏言災傷及言「各府州奉勘合派買物料，及織造紵絲紗羅等項數多，又各處進貢禽、鳥、花、木等物，經行之處亦頗騷擾，合無將差來織造匠師取回，禽鳥花木玩好之物，俱不必進貢，俾民息肩，感戴聖德」。不報。疏內所請災傷，亦不得旨。以羨餘米補償戶口食鹽、錢鈔六百餘萬貫。辛丑，夏旱秋澇，田禾災傷，奏免蘇、松、常、鎮、應天、太平六府秋糧六十五萬四千八百九十餘石，馬草二十七萬餘包；又免蘇州府停徵銀九萬兩，布九萬疋，秋糧九千餘石；湖州府秋糧二十六萬六千九百八十餘石，馬草一十九萬餘包；又包補嘉興府秀水、嘉善二縣水災糧一萬二千餘石；又行令蘇、松、常、鎮等府減價糶糧，以平米價；又令開倉賑濟飢民，煮粥給食乞丐。行間又奉敕令其賑濟，復備榜曉諭措置賑濟。共賑濟過缺食人戶，以戶計者一百九十九萬三千五百四十一；以口計者二百五十二萬二百一十九。共放過糧八十八萬五千三十五石，銀五萬二千五百四十兩，銅錢二百一十四萬五千三百三十九文；煮粥食過乞食男婦二十二萬六千三百四十六口，用米四百五十二石六斗有奇。勸給過無牛具、種子人戶九萬四千一百三十八戶；每戶牛一具，稻五斗。舊例應天、鎮江、太平、寧國、廣德五府州官糧減半，徵收民糧全免，以致富家多民糧，下戶多官糧，富者愈富，貧者愈貧。乃以便宜處置，爲之裒多益寡，量減是歲官糧加耗米一十萬九千九百七十九石有奇；勸令民糧人戶代輸所減之糧。有司設監，太監杜福友傳差監生湯姿來常州取截江網並刻絲羅漢等件，乃上疏言：「帝王之學，不在乎博，在乎知其要。若佛老之學、神仙之說、黃白之術、妖怪妄誕，俱不宜留意。進退人材，用刑賞罰，當如孟子、孔明之言[一]而後可。」留中。又言：「太監王敬載鹽來江南買玩好之物，聲勢張惶，皆是千戶王臣等撥置主使，括索金銀，無有紀極，地方爲之騷然，非民之福，亦非國之福也。所以失人心、損國體、傷和氣，召災沴者，皆在於此。」備述所得金銀寶玩之數，凡三上疏，乞將王敬、王臣等明正典刑。由是王敬貸死發充淨軍，

[一]「孔明之言」：疑爲「孔子之言」之誤。

王臣斬首發江南梟，令隨行同惡人張麒等一十八名俱發充軍。又上疏言：「太監段英來造藥梅水，梅不過用銀一千兩，已取去銀六千兩。復有甦合油、牛黄、沉香、乳香、花毯、綵綾諸物之求，因請去位。」亦留中，而段英遂被斥絶，不得近前。先是王敬誣奏，常州知府孫仁被逮，上疏申救。言：「孫仁治郡，以廉守己，以仁得民。若加之罪，雖快言者之意，將失小民之心。然快一人之意，其事小；失千萬人之心，其事大。」由是孫仁竟免重譴，得復任焉。又上疏言備邊方略曰：「臣聞邇者醜虜入寇，内外戒嚴，京營不足於調遣，邊儲不足於饋餉，内帑不足於犒賞。今醜虜既退，乞勑諸司明其政刑，量減冗食之人，無輕冒功之罰，則不加賦而糧自足。少作無益之事，不貴珍異之物，則不厚斂而財用足。〔二〕免畚土輦石之差，嚴私役買閒之禁，則不招集而兵自足。三者既足，則元氣自壯，根本自固，邪氣自不能入，外侮自不能侵，以守則固，以戰則克。」不報。又聞主事林俊因言「建永昌寺勞費鉅萬」下獄，經歷張黻因救林俊亦下獄，皆降謫遠方。乃上疏言：「佛法不足信。天地生成萬物，祖宗創業垂統，孔子明道立教，其功其德，豈佛氏所能彷彿萬一？然京師止設一壇祀天地，内府止設一太廟祀祖宗，京都以及天下郡邑，亦各止設一文廟祀孔子。就使佛法有靈，其佛寺亦不宜多於天地、祖宗、孔子之壇也。今都城内外佛寺不知幾千區，兹又建寺於皇城之側，遷移軍民數十百家，計費帑藏銀數十萬兩，似爲過之。人皆不言，獨林俊言之者，是林俊能盡忠於陛下而不顧身家也。人皆私議以爲林俊之言是，而無一人公言於朝，獨張黻言之者，是張黻亦能盡忠，欲陛下納諫旌直以隆治道也。今皆不之省而悉置之於法，此臣之所未喻也。臣恐由是人皆以言爲諱，設有讒佞之害正，奸邪之誤國，誰復言之？陛下何由以知之？乞暫罷建寺之役，復林俊等之官。」疏入，遂罷建寺之役，復俊、黻之官。九年秩滿，加太子少保，在兵部巡撫參贊。除日行政務外，考選南京各衙軍政官二次，同成國公奉勑書十餘道，俱欽遵奉行無違。又同各衙門應詔陳言二十一事，又議事條陳三十九件。孝陵功完，賞賜大紅紵彩衣一襲，鈔一千貫。乞休之疏凡四五上，俱蒙優詔免留。丙午八月，聞内府有聖旨告示，禁約内官奏討陞官、引鹽、莊田、蟒衣等項數事，以爲若禁得住，天下

〔二〕「則不厚斂而財而足」：疑爲「則不厚斂而財自足」或「則不厚斂而用足」之誤。

國家無有不治，但恐不能持久，乃上疏言：「伏望陛下執此之政，堅如金石，行此之令，信如四時，仍將禁約事意傳與各衙門，拜科道官知道。今後敢有故違奏討者，俱照勑旨參奏。其奉特旨而與者，亦要執奏，不可有失大信。」留中，卻于侍郎馬顯乞致仕本上批：「馬顯準致仕，尚書王恕革了太子少保，也著致仕去。」蓋忤左右意也。工部主事王純上疏留之，反覆數千言。純亦謫官遠方，樂然就道，人皆高之。予聞命啓行，時九月十三日也。抵家，杜門卻掃。丁未，憲宗皇帝宴駕。遺詔至，衰服，哭臨如制。今上皇帝即位，遣使齎勑來召。十一月二十五日，啓行至西安府，遘疾，上疏辭避。奉聖旨：「卿老成重望，特茲起用，所辭不允。偶有微疾，還著所在有司撥醫調治痊痾，即便前來。」中途聞陞吏部尚書之命，到京朝見賜酒飯。上疏辭職，奉聖旨：「卿年德老成，久爲人望，特茲簡任，不允所辭。」隨即加太子太保，復上疏辭。奉聖旨：「吏部重任，朕特起卿，用典銓衡，以圖治理。加陞職事，卿不必辭。」然後就職，十二月三十日也。弘治改元戊申正月，聽宣諭，賜大紅織金紵絲衣一襲。南京監察御史吳泰等奏保入閣，奉聖旨：「吏部重任，近因尚書更换不一，朕循祖宗朝用蹇義、王直、王翺故事，特起王恕任用，以服衆心。若有謀議，亦無不聽納，不必動罷典選。」六年，大選主事、評事府同知、知州、知縣等官一萬九千八百餘員。推陞侍郎、都御史、布政使、按察使、參政、副使等官千餘員。急選遠方州縣官、拜教職等官九千餘員。考察在京五品以下官，黜退、降、調寺、丞等官一百二十三員。大朝二次。考退老、疾、罷軟、不謹參政、副使、知府、知州、知縣等官五千三百三十餘員。覆奏百事，論諫數十事，悉蒙皇上嘉納。若釋奠，分獻官準拜及先師前加弊〔二〕用太牢。暑月，暫止經筵，寢無干之奏，已陞府之請，罷幸進之官，停已畢之俸，活比律之死，宥因公之誅，升致仕都御史爲尚書之類，此皆聖明從諫如流明驗也。請老之章凡二十餘上，悉蒙優詔勉留，此又聖明不遺壽考之大德也。從駕大祀天地六次，皆分獻內壇。與慶成宴三次，從耕籍田，與九推之列。從幸太學，爲分獻之官。初開經筵，賜文綺衣四襲，銀一錠，重五

〔二〕「加弊」：疑爲「加幣」之误。

十兩，鈔五千貫。又賜宴，寺禮太監侍，持節封親王，賞賜與開經宴賞賜同。殿試讀卷一，與恩榮宴二，待纂修實録官宴二。〔二〕又賜大紅織金麒麟衣一襲、雲鶴衣二襲。患病三次，每次遣太醫院判御醫來視。又遣中官存問，賜猪、羊各一、米二石、酒十瓶、甜醬瓜茄一罈。考滿，又遣中官以羊二雙、酒十瓶、鈔二千貫賞勞。又賜誥命，進階光禄大夫勳柱國，三代皆贈一品官。每年賜鮮梅、楊梅、枇杷、鰣魚、鮮筍、鮮藕、雪梨，又賜象牙邊骨畫扇、紅羅織金扇袋、全虎頭絛百索、艾虎。每壽誕時節，又小宴經筵，又賜酒飯，引選官員亦有酒飯。癸丑，年七十有八，請老之章再上，始允致仕，許乘傳歸。又命有司月給食米二石，歲撥人夫二名應用。及其陞辭，〔三〕又賜酒飯一桌，鈔三千貫。

予以菲薄，荷蒙列聖知遇，得行其志，歷官一十九轉，食禄四十五年，寵賜如此，始終保全如此。感激莫既，補報無由，敬述履歷受恩之略，以寓不忘之意云。

弘治十五年壬戌秋九月六日，石渠老人恕自著。

大清嘉慶十六年秋七月，十二世孫朝選沐手敬録。

〔二〕「待纂修實録官宴二」：疑爲「待纂修實録官宴二」之誤。

〔三〕「及其陞辭」：疑爲「及其陞辭」之誤。

王端毅公續文集卷之一

記

增修慶善寺記

慶善寺在吾三原邑城南，初名觀音寺，永樂十三年，邑人賀覺通建也。其地乃古廢寺遺址，無石刻，不知其名。覺通即其址，創建小殿三門，塑觀音於中，十二羅漢於左右，因號爲觀音寺。自供香火而無僧，覺通逝矣。正統壬戌，邑人呂讓等請僧會智諒、智韶至於此而住之。二僧有戒行，敬信者衆，乃語於衆曰：「此寺規制狹隘，不足爲道場。」衆諾之，於是謀興造。又得邑之信士及懋遷之商資助財物，庀工市材，開拓基址，增築垣墉，建大雄殿五間，羅漢殿、天王殿各三間，祖師殿、護法殿各一間。黝堊丹漆，舉以法各肖像於中，由是更其名爲慶善寺。成化庚子，其徒惠善、惠琰、惠光、惠幼、圓中等各割衣鉢，協力經營。又得邑人郝通等資助，建毘閣七間於大雄殿之後，視諸殿尤崇高，可登可眺，遠山近水一覽，舉在目前。閣上塑毘盧佛三尊，倒座觀音一尊，兩壁繪水陸天仙地祇。通之子鏞與申沛等又請大慈悲銅佛一尊於閣下，塑五十三參於左右。續又建方丈七間，兩廊七十餘間，磚甃無梁門一座，鐘樓一座。其功次第告成，諸僧朝夕上殿，焚香誦經，爲國祝釐，爲民祈福。邑大夫凡遇行大慶賀禮，必率其僚屬於此習儀。四方君子之至於吾邑者，亦多於此遊覽，或假館焉。諸僧又能以禮致恭，於是，此寺爲吾邑中佳麗處而人樂遊焉。惠善等以爲此寺之成，非貧寺所能自爲，實仗世尊功德十方施主資助，不可無記。乃拉申沛、郝鏮爲价[二]謁余，求一言勒諸石，以示後人。余以昏耄不能執筆辭，衆皆俯伏不起，稽顙懇求。乃言曰：「寺乃公署，是官僚治事之所，初非佛之居也。漢明帝時，因攝摩騰自西域以白馬馱經來，初止於鴻臚寺，因創白馬寺，徙經於內。當是時，止此一寺，其後蔓延於晉、宋、齊、梁，至魏延昌，州郡共一萬三千餘寺。今去魏又千百餘年，天下寺又不知其幾千萬也。且佛，西域人也，足跡未嘗至中國，中國之人亦未嘗見佛面，徒傳其經。不知經中之言信乎？否也，何以崇信之若是而不惑耶？然佛法未之中國之前，人固有生而有死，世固有治而有亂。既入中國之後亦然。自昔至今，舉天下之崇信佛法而無間然者，此固不能無可疑也。今汝等既崇信其法，造大殿高閣也，將以求福田[三]也，猶不可不敬天地，不重綱常，不守禮法。且人無天地則不能中立而爲人，是天地不可以不敬也。無綱常，則不孝不弟不忠不信，與禽獸無異，是綱常不可以不重也。無禮法，則乖爭淩犯，身家不安，是禮法不可以不守也。又當勤以治生，儉以自奉，內不欺心，外不欺人，不僭竊，不妄爲，如此則平安之福不求而自至。否則，欲災患無也難矣。茲因記興造，吾以此告，是與之爲善之意云。

正德元年丙寅秋九月，光禄大夫柱國太子太保吏部尚書邑人介庵王恕撰。

增修觀音禪寺記

佛法之興，基乎西土，漢明帝時流入中國。嗣是以來，上自王公貴人，下至閭閻小民，莫不是崇是信，而其業儒守正，辭而闢之者，亦非一人。其信之者，不知果有所見，亦不知徒聞其説也。其闢之者，不知繹其理而知其不然，亦不知有所據

[二] 「乃拉申沛、郝鏮爲价」：疑爲「乃拉申沛、郝鏮爲介」之誤。

[三] 「福田」之下有雙行合一的「利益」二字，應該是正文「福田」的釋義文字。

而謂其的不然也。二者衆人固不能知，惟有識者爲能知之也。然闢之者雖衆，而塔廟之在天下，内自京都、外及郡邑，以至遐陬僻壤，無處無之。久則廢，廢則興，塔廟雖有時乎廢興，而其教則未嘗息也。吾三原北郭之西，奉佛之所曰觀音禪寺，肇自金大定間。國朝初，撤而新之，爲僧會司，而規模猶狹隘也。永樂間，僧瓊公玉庭爲之殿、爲之山門，視昔雖有加而猶未宏敞也。正統、天順以來，前僧會惠朗，今僧會智詠等端乃心，潔乃行，益精其業，益闡其教。信之者益衆，願捨財而助力者寖以廣。乃謀諸衆曰：「鳩工度財爲大雄殿六楹在舊殿之後，藏殿四楹在舊殿之前，翼廊廡於左右而間以伽藍祖師之祠，以至方丈庖廩井竈之類，凡禪林所宜有者，靡所不具。黝堊丹漆，煥然一新，道場於是乎始宏敞而壯麗。斯可以安金仙之靈，上祝聖壽，下祈民福，又足以聳檀越之觀瞻，誠吾邑第一叢林也。然是役也，自經始至落成幾四十年，其用心亦勞矣哉。嗚呼，凡爲人子者，承先人之業，修先人之祠宇能如此用心，可不謂之孝乎？凡爲人臣者，受朝廷之職，理朝廷之政務，能如此用力，可不謂之忠乎？夫忠、孝二者，原於天而具於人，乃性分之所固有，職分之所當爲，而又有禮樂刑政治之教之，尚有未之能者。今佛氏以寂滅苦空之教，不待刑驅勢迫而其徒崇信之若此者，非惟無識者不知其然，雖有識者亦不能無惑於其間。予家食時嘗讀書於其中，因於朗、詠二公識，暇則與之語而觀其行，其所可取者殆非一二。噫！斯二公者，蓋尊其教而不爲教之所拘泥者與？朗公已去世矣，詠公一日以增修顛末屬於予，故不辭而爲之記。成化七年龍集辛卯八月吉日，賜進士、通議大夫、南京刑部左侍郎、邑人介庵王恕撰。

石渠橋記　石渠老人

夫石渠橋者，因磚渠橋之故址而爲之也。磚渠橋作於成化己丑之冬，其渠在先塋二門之前，先考西園府君神道碑之後，橋則架於渠之上也。其水自高渠來，至塋域後少西穴牆址以入，灌塋内松、柏、槐、榆畢，則灌塋西之園。既入渠，復東出灌塋東之園，注於塘。足乎東復南流，灌神道兩邊之松柏。足乎南復北流，灌左右二門之竹，又北由二小渠穴牆以入，灌享堂前四隅之竹、八株之柏與夫牡丹、芍藥。然斯橋也，周流乎塋域之中，土木由是而滋潤，花木得之而暢茂，此則所可有而不可無者。當是時，奉憲宗皇帝勑旨，遣官爲我君君造墳，〔二〕安葬工完，以羸餘之磚而作此橋、此渠，迄今已二十八春秋矣。其磚頗有傾圮，恐其愈久而傾圮也，於是謀爲石渠、石橋以圖堅且久也。其石大半乃塋中之故有，其不足者以直易之，工則傭之，皆不煩於官，不徒勞於人。

其渠長四丈三尺，深二尺七寸五分。橋兩頭渠濶三尺七寸五分，橋下渠濶二尺七寸五分。橋上兩頭有石欄杆，其爲柱有八，其爲欄板有六，其爲輔柱有四。柱頭刻以雲鶴，欄板内刻古之十二孝子，外刻條環。欄杆則爲六稜而承以俯仰荷葉。輔柱則爲象鼻之形，側倚其柱，取其固也。凡用石八十餘丈，大小二百餘塊，用石灰一千五百餘斤，磚五百餘塊。始事於弘治丙辰之八月，迄工於明年之二月。方其經營之初，命工度其地勢，東西固無高下。及其渠完放水試之，則西高於東幾一寸，遂改之，俾兩平而後已。

嗚呼，是渠、是橋之作，工價不足言，吾之用心則已勞矣。後之子孫尚當體吾心，嗣而葺之，疏而導之，庶幾此渠永久而不湮，此橋永久而不圮，則祖宗之慶澤亦永久而不替矣。可不勉哉！弘治十五年壬戌仲夏刻石。

〔二〕「遣官爲我君君造墳」有錯訛，疑爲「遣官爲我先君造墳」之誤。

墓誌銘

明故潘志學墓誌銘

志學，字明善，潘其姓，志學其名也。其先本吾邑豆村里人。其遷居於邑城中，今已五世矣。曾祖，復政。祖，彥華。父，義。咸安分治生，喜善重義，不求仕進，鄉邦稱之。義尤好岐黃之術，而不取資焉。志學甫八歲喪其父，即知哀毁，隨其兄拜謝弔者如成人，雖幼能自重。稍長，值母疾危，親供湯藥，日侍左右，不少離至廢寢食，且焚香籲天而禱曰：「志學不幸早喪父，所賴以爲生者母也。今又疾，其何以爲生？願以身代。」且禱且號，昊天不忍聞，母疾愈乃已。嘗行商於蜀，舟至黄龍崗遇羣盜，其勢甚凶。同舟者大恐，皆匿舟中不敢出。志學獨出問曰：「諸君何爲？」盜中有以「殺」爲言者。志學曰：「諸君之來，不過欲得吾輩財耳，舟中之物任其取去，何以殺爲？」盜去，衆皆稱其有膽量，至今人猶傳誦其事。其性直，負氣節，寡與人合，維經紀其家，教子讀書而已。自奉儉薄，或有以吝譏之者。志學曰：「吾布衣人，固宜如此。若奢，則僭，吾不敢爲也。」弘治丙辰六月十二日，以疾卒於家，距其生正統戊辰十月十八日，得年四十有九。配張氏，有内行，孝莊處士昶之女；河南按察使曉之妹；〔一〕吾繼室一品夫人乃其姑也。子男四：長天壽，次廷珪、廷璧、廷璋，皆俊秀。天壽爲儒學廩膳生，克勤於業，有文名，屢爲有司小試之案首，決科登庸可必。餘尚幼，亦有能治生者。女一，適賈九霄。孫男二：曰輪，曰輻。女一，〔二〕曰玉簪。天壽將以是年十月十七日奉其柩，葬於縣東雁坡鄉先塋之次；持司訓所述行狀，介舉人張原求老夫銘其墓。余以老耄不文辭，求之益懇，遂按其狀，序而銘之曰：

〔一〕「河南按察使曉之妹」：疑爲「河南按察使曉之妹」之誤。

〔二〕「女一」：疑有脱漏，爲「孫女一」之誤。

「早歲喪父，即知自重。勤於治生，薄於自奉。諭盜之言，至今傳誦。有子成材，行將致用。夫何不壽，哭之宜慟。其塋在東，指日殯送。安厝維吉，千秋不動。」

賜進士光禄大夫柱國太子太保吏部尚書經筵官邑人介庵王恕撰。

書榮壽堂碑下方

天順甲申，恕自江西右布政使轉河南左布政使，始迎二親就養。明年乙酉春，敕封先父爲大理寺左評事，先母爲太孺人。時二親年皆七十有九，此榮壽堂詩文所以作也。後恕進都察院右副都御史轉左副都御史至今官，伏蒙聖恩封贈父、祖俱左副都御史，且録子承祐爲國子生，又賜葬祭於其父母。天寵稠疊，視昔有加，此皆吾父母積善之徵。惜乎，吾父母不及見之矣。故恕每思父母罔極之德，朝廷莫大之恩，雖隕首捐軀不能報其萬一，乃稡諸縉紳詩文，刻之貞瑁以垂永久。凡爲吾之子孫者，宜世守而無忽焉。成化七年歲在辛卯秋八月吉日，南京刑部左侍郎王恕跋。

書西園草亭碑下方

西園草亭者，先考贈都察院左副都御史西園翁行樂之所也。亭作於正統初。景泰癸酉，先妻蓋夫人卒，始爲塋，於亭之北併葬祖考妣以下凡數喪。立石於其阡，亭與塋猶二也。成化戊子，先考卒。越明年己丑，奉敕造墳，而草亭遂在蕭墻之内，因撤而新之，更之以瓦，用圖悠久。恕爲寺副時，得諸名公之題詠於簡帙。爲副都御史時，御史高宗本接治陝右，爲記於其壁。噫，先考已矣。每登斯亭，讀斯文，因以思鞠育罔極之恩，未嘗不愴然於中，故刻茲石，使後之子孫知我先考隱德之高，獲寵之盛與夫草亭改作之由，以興起其景仰追思之意焉！時成化七年歲在辛卯秋八月吉日，南京刑部左侍郎王恕書。

王端毅公續文集卷之二

時文附詩

知者樂水　一節

聖人於知者、仁者，而詳發其藴也。夫仁、知之情不同，以體之有動静也，而爲樂、爲壽，有不以類應者哉。〔一〕且理在天下，知者得之而爲知，仁者得之而爲仁。仁、知不同，而所感與所效亦各得其性之所近矣。〔二〕何也？天下之物，其感於心而爲可樂之境何無限也！其遇於物而爲樂之之情何無盡也！吾嘗觀樂於知者，而見其水之外無好焉！〔三〕澄然者與目遇，而怡然者與神孚矣。吾嘗觀樂於仁者而見其於山之外無好焉！凝然者與目遇，而曠然者與心孚矣！〔四〕知者本忘物而不能忘情于水；仁者本無欲，而不能無欲於山。〔五〕何哉？蓋天地之化，〔六〕流而爲水，凝而爲山，各具乎動静之機。而吾心之

〔一〕此處文字有行間批注：「題中六『者』字一手綰定！」
〔二〕此處行間批注：「寬説一層。」
〔三〕此處行文「而見其水之外無好焉」或脱漏一「於」，疑爲「而見其於水之外無好焉」之誤。
〔四〕此處行間批注：「又襯托一層。」
〔五〕此處行間批注：「喝起中截！」
〔六〕此處行間批注：「看他綰帶承遞之法！」

體動而爲知，靜而爲仁，亦各得乎山水之致。其樂水者，其感動者也；　其樂山者，〔一〕其感靜者也。〔二〕知者惟動也，豈獨樂水已哉？心常足以應乎事，而事不足以累乎心。無心於樂而樂即在於動之中矣！〔三〕仁者惟靜也，奚時樂山已哉？物不足以役乎心，而心自足以立乎命。無心於壽而壽即在於靜之中矣！要之，樂水也，動與樂也。知之相因而見也，〔四〕故合之有以見其知。樂山也，靜與壽也。仁之相因而見也，故合之有以見其仁。夫子各極其妙而言之，其體知仁之深者哉〔五〕！〔六〕

譬如爲山　一節

聖人論爲學，而借喻進止之機焉，甚矣！學之進止由於己也。欲進則進，欲止則止，其機如此哉！夫子意曰：「世

〔一〕此處行間批注：「回顧法。」

〔二〕此處行間批注：「轉落。」

〔三〕此處行間批注：「又回顧中節。」

〔四〕此處行間批注：「收應小講成篇法。」

〔五〕此句話是行末空白批注。但從墨色判斷，這句話是刊刻上去的。其餘各處的批注，凡未特作說明的，都是刊刻文字，僅標明「此處行間批注：云云」或者「此處皆結尾空白批注：云云」。

〔六〕此處結尾空白批注：「於樂山用過叫下，復用走馬法遞出，上下合縫，大意知動、仁靜，只點綴作四句，便覺文體流轉。轉下知樂、仁壽，斷而不斷，續而不續。」——韓求仲「上一截順寫，下二截用蟬聯法，文局聯成一片。」——汪易齋「題本無重中二句，意爲是作欲得文局和動，借動、靜字原上生下寫來，不覺有似重扼中叚者然。然未嘗有樂水、樂山截預喝破動靜字，則亦未嘗破體，類今人之淩亂也。董文敏作，脫胎於此。不知先正何爲先已有此意外巧妙。」——明文商評「提中截作主，逐層脫卸，逐層纓帶，董元宰之藍也。制義以機法勝者，自王三原先生始。」——俞長城

之爲學者，非日進則日止矣！」〔一〕顧存一止心，豈必始學之日而止耶〔二〕？即使以垂成之學而決於自棄，將隨止矣。存一進心，豈必積學之日而進耶？即使以方成之學而決於自厲，將隨進矣。〔三〕吾試以止于垂成者譬之爲山焉。山而一簣未成，非有可阻之勢臨之於前，而乃愛須臾之逸；非有難就之形限之於後，而乃惜頃刻之勞。此其止爲自止。〔四〕吾願學者察其止之之機，而取以爲鑑也。吾試以進于方成者譬之平地焉。平地而一簣方覆，非有可因之勢誘之於前，而乃激昂其志氣；非有易就之形引之於後，而乃淬厲其精神。此其進，爲自進。吾願學者察其進之之機，而取以爲勉也。是何也？論效驗，〔五〕則爲山之進止與爲學進止同功過。論持循，則爲山之進止由於己，與爲學之進止由於己者同事機。能近取譬，〔六〕可知爲學之方也已。〔七〕

鄉人皆好之　一章

以好惡觀人者，稽諸好惡之人可也。夫好非善人，惡非不善人。其好惡不足憑者，而可取必於一鄉哉？〔八〕常謂鄉人有

〔一〕此處行間批注：「並提卻側注法。」
〔二〕此處行間批注：「補法雙妙！」
〔三〕此處行間批注：「緊接入題。」
〔四〕此處行間批注：「斷句老，急入正意，一句中千呼萬應。」
〔五〕此處行間批注：「三字發得『譬』字精神。」
〔六〕此處行間批注：「結法緊。」
〔七〕此處節尾批注：「急呼急應，方合題情，從首至尾，無懈可擊！」——艾千字。「正意喻意，對面互發，敲動『譬如』二字，醒極緊極！」——俞長城。
〔八〕此處行間批注：「老手挈全節，單刀直入。」

好惡，亦有善惡。故取人者，不當以好惡之善惡爲善惡，而當以善惡之好惡爲好惡也。乃子貢以鄉人皆好爲問，是求觀於衆好也。而不知以衆好觀人，將爲羣譽之所欺矣，未可也。子貢又以鄉人皆惡爲問，是求觀於衆惡也。而不知以衆惡信人，將爲羣毁之所激矣，未可也。夫鄉人皆好，固未可以觀人矣。〔一〕求其好之可以觀人者，其莫如鄉人之善者乎？鄉人皆惡，固未可以觀人矣。求其惡之可以觀人者，其莫如鄉人之不善者乎！蓋善者好之，則正大之情既以素孚于君子。而惡者惡之，則孤介之行又不苟同於小人。自好人惡人者而言，〔二〕好者好其人之所當好也；〔三〕惡者惡其人之所當惡也。一好一惡分而可否自見？自見好見惡〔四〕者而言，〔五〕則以己之所當好而見好于善人也，〔六〕以己之所不必惡而見惡于不善人也。一好一惡交，而人品始彰。吾是以謂取人於鄉人之皆好，不如取人于善人之好；吾是以謂取人於鄉人皆惡，不如取人于不善人之惡也。觀人者其準諸此哉！〔七〕

充仲之操 至末

……〔八〕齊人不能爲物，則亦不能充其所守矣！夫仲子之守，在不食不居也，而卒不免於食，不免于居焉！夫豈能以

〔一〕此處行間批注：「即借本色翻入。」

〔二〕此處行間批注：「善，好。不善，惡。好惡始，真不比皆好皆惡之附和也。」

〔三〕此處行間批注：「流水對開。」

〔四〕此處行間批注：「慶曆諸家之祖。」

〔五〕此處行間批注：「要知善人不變而鄉人自變耳。」

〔六〕此處行间批注：「即應好之可以觀人二句，一經翻剔，又覺改觀。」

〔七〕此處節尾空白批注：「極平、極淺、極顯、極亮，文境至此，尚何繁褥可以娱耳，粉黛可以悦目耶？」——俞長城

〔八〕此處行間批注：「破承渾，發大意，然扣得題住。」

蚓充其操者哉？孟子語匡章曰：「子以仲子爲廉乎？吾嘗〔一〕度其居，度其食，又度其所以不居不食，而知其廉矣！」夫〔二〕充仲子之操，以成仲子之廉，必蚓而後可者也。然蚓一物也，其居食無求也。若仲子則人也，其居食有待也，其所居之室果築自夷乎？抑築自蹠乎？所食之粟果樹自夷乎？抑樹自蹠乎？不能必其爲夷，亦不能必其蹠。〔三〕吾意仲子難乎爲居矣！吾意仲子難乎爲食矣！夫惟〔四〕于陵居也，而兄戴之室則以爲不義，而失世卿之家，弗恤焉。辟易食也，而母殺之鵝，則以爲不義而爲出哇之矯，弗顧焉。是其食之、居之何心也？其不食、不居又何心也？食之居之者爲是，〔五〕則不食、不居者爲非；不食不居者爲是，則食之居之者爲非。不然，〔六〕兄非蹠，而於陵非夷也，何爲有所居、有所不居也？母非蹠，而妻非夷也，何有所食有所不食也？吾故曰〔七〕：「若仲子者，必由其所不居，達之于其所居；由其所不食，達之於其所食，蚓而後充其操者也。」〔八〕

〔一〕此處行間批注：「吃緊中三節，而首尾以縮住。」
〔二〕此處行間批注：「此句下得突兀，再加一語不得！」
〔三〕此處行間批注：「頓住夫蚓節，下三節已輕輕帶起。」
〔四〕此處行間批注：「敍題簡妙。」
〔五〕此處行間批注：「輕輕較量，以漸而緊。」
〔六〕此處行間批注：「愈吟愈毒！」
〔七〕此處行間批注：「四句快利非常，出末句竟住不支。一筆興起處，突兀相應高絕。」
〔八〕此處節尾空白批注：「只在居、食上較量，便見仲子不能充其操。則題中無數說話，止作一句讀文章：『高潔、雪映、冰瑩！』」——俞長城

詩

題蘭坡卷

行到清幽處，忽聞香氣多。逢人須借問，可是舊蘭坡？

題蓬塘書屋卷

引水以爲塘，刈茅而作屋。塘中物可觀，屋中書堪讀。
觀物欲知天，讀書非爲禄。賢哉豸史君，與道日馳逐。

三原形勢

山勢嵯峨如筆架，田疇平衍似棋磐。清流環繞北關去，士習民風亦可觀。

弔李衛公

翊運成功屢出奇，文韜武略荷君知。故鄉居第今何在？獨有行人看古碑。

書院栽柏

稚柏一栽數百株，株株端直不須扶。日滋月長皆成就，誰謂大樹此地無。

過姑蘇梅堰留題

彩鷁西飛日未斜，江村兩岸有人家。顯忠寺中梅千樹，不到冬深不著花。

築祠堂詩

六郎爲我建祠堂，我本無功不可當。節次諭令停造作，再三乞請轉悲傷。臺基板築將三尺，樹木栽培已數行。勞費既多不能止，只宜樸素莫雕牆。

又

龍章刻石皆君賜，古柏參天爲我栽。學業勞神餘十載，居官盡瘁至三台。腰間束帶鑲金玉，海內虚名動草萊。切戒兒孫宜謹守，休將山門等塵埃。

寄乾州大理卿宋公

當年壽俊會中人，爾我歸來過八旬。望裏山川多秀氣，行邊杖履自精神。
路途平坦休嫌遠，時節往還莫厭頻。酒滿金樽須痛飲，前賢那得復青春。

送行人吴君玉榮還朝

嗣皇崇孝上尊號，存問老臣賜璽書。千里勞君將命至，一家稽首荷恩餘。
大加盛賚光閭里，薄效微忱謝使車。歸覲如承前席問，爲言感激愧空疏。

謝諸公卿贈言

解組歸來懶出門，幸延殘喘賴乾坤。統均無補叨高爵，存問有恩荷至尊。
感激仁賢珠玉句，光輝鄙拙竹梅園。不能造詣階庭謝，再拜將忱紙上言。

答蘇人沈石田

帝城春暖柳飛綿，水滿秦淮月滿船。都内公卿無我老，江南隱逸有誰賢？

多時不見常懸望，幾日相過便告旋。每憶西園欲歸去，不知重會在何年？

銘

涵碧池銘

琢石爲塘，引水栽蓮，錦鱗所息焉遊焉。

竹石銘

稱爾爲君子，以爾節操堅。少年不爾用，耆德惟爾憐。憐爾無他意，須爾相扶持。爾若肯盡力，庶幾免顛危。一或用於卿，一或用於國，一或用於朝，各因其齒德。用爾既如此，爾宜正爾身，爾若一傾斜，是爾誤拄人。

讚

馬文淵先生像讚

蚤承庭訓，弱冠啓蒙。執德無僞，作人有功。敦夫道義，擇乎中庸。身居畎畝，學兼明農。無俗塵氣，有古人風。斯人也，蓋深體乎成己成物之道，其亦庶乎有始而有終者耶！

介庵六十像自讚

執德不宏，信道不篤，無寸善之可稱，叨二品之冠服。待漏金門，戰兢莊肅，蓋將罄竭駑駘，效華封之三祝也歟！

裔孫王稭校字　裔孫王稷輯録

玩易意見

玩易意見序

玩易意見者，老夫玩易軒中所得之意見也。弘治壬戌春，老夫偶得寒疾，少愈，就於臥内牖間觀書，不甚明白，乃於屋前構一小軒。軒成移於其中，取易玩之，雖細字亦無不見，遂以玩易名其軒，作記以識之。夫易本四聖之書，義理深奥，未易通曉，自漢魏以來，諸儒訓釋不一。至宋，伊川程先生既爲之傳，晦庵朱先生又爲之本義。自是以來至於今，以二先生傳、義爲準的，師儒之講學、科目之取士，皆不外此而他求。然六十四卦、三百八十四爻之辭，二先生固已講貫，訓釋明白。老夫依文尋義間，有不愜於心者，乃敢以己意言之。言之非敢自以爲是，願與四方學者商榷之，或有可取，不爲無補。苟或不然，必因此以發高明真知灼見之至論於久藴深藏之餘，使四聖之道焕然大明於世，以淑諸人，亦老夫之志願也。毋徒誚曰「二先生傳、義已明白，何必多言」。

正德元年丙寅春正月望日，奉敕存問宿望舊臣九十有一石渠老人三原王恕序。

玩易意見卷上

明三原王恕著，邑後學李錫齡、孟熙校刊。

上經

乾卦彖曰：「大哉乾元，萬物資始，乃統天。」本義謂：「彖即文王所系之辭，卦下元亨利貞是也。」意見以爲，此彖曰者是彖。傳乃孔子釋彖之辭，非彖之本文也，餘卦放此。

乾六爻文言，皆是孔子自設爲問答之辭，不應稱「子曰」。意見以爲，「子」字乃後人之所加，非孔子自述也。

坤彖曰：「牝馬地類，行地無強。柔順利貞，君子攸行。」傳謂：「柔順利貞，乃坤之德也。君子之所行也，君子之道合坤德也」。本義謂：「柔順利貞，坤之德也。君子攸行，人之所行，如坤之德也。」意見以爲，「牝馬地類，行地無強，柔順利貞」當作一節解，是釋利牝馬之貞之義也。「君子攸行，先迷失道，後順得常」當作一節解，是釋君子有攸往先迷後得之義也。不知傳義如何如此分截如此解？

「東北喪朋，乃終有慶。」意見以爲，東北陽方，以陰往陽方，雖喪其陰之朋，然以陰從陽，則能成生育之功，乃終有慶也。本義謂：「東北雖喪朋，然反之西南，則終有慶矣。」不知如何反之西南也？不可曉。

初六象曰：「履霜，堅冰至，陰始凝也。馴致其道，至堅冰也。」魏志云：「初六，履霜，陰始凝也」爲是，其曰：「履霜，堅冰至，陰始凝也。」乃傳寫之誤耳。經中似此差誤者，多傳義，依文解之，多不通暢。

文言曰：「直，其正也；方，其義也。君子敬以直內，義以方外，敬、義立而德不孤。直，方，大；不習無不利，則不疑其所行也。」本義謂：「正，謂本體；敬則本體之守也。」意見以爲，「直，其正也」疑是「直，其敬也」之誤。「正，謂本體，敬則本體之守也」之說不無牽強。直、方、大上疑脫「易曰」二字。

「六三：含章，可貞；或從王事，无成有終。」傳謂：「或從上之事，不敢當其成功，唯奉事以守其終耳。」本義謂：「然居下之上，不終含藏，故或時出而從上之事，則始雖无成而後必有終。」意見以爲，或出而從上之事，始則內含才美而不露，以爲不能成功而後能終其事者，實本乎才美之在內也，故象申之曰：「知，光大也。」

屯：「元亨，利貞，勿用。有攸往，利建侯。」意見以爲，屯，難之時，豈有元亨之理？既元亨，如何又勿用有攸往？而「元亨」二字決是衍文，蓋傳寫之誤耳。彖又曰：「動乎險中，大亨貞。」且動乎險中，焉得大亨貞？而大亨貞，〔一〕亦疑是「利貞」之誤耳。

「六四：乘馬班如，求婚媾。往吉，无不利。」意見以爲，六四與初九爲正，應初九陽也，六四陰也。「乘馬班如，求婚媾」，是初九求六四爲婚媾也。「往吉，无不利」，是六四往從初九吉，无不利也。如此與象曰「求而往，明也」之意合。本義謂：「陰柔居屯，不能上進，故爲乘馬班如之象。」卻與求婚媾之意不貫通。又謂：「初九，守正居下，以應於己。故其占爲下求婚媾，則吉也。」似言六四求初九爲婚媾，與象「求而往，明也」之意又不合；況女求男又非婚媾之正也。其說未敢以爲然。

「九五：屯，其膏，小貞吉，大貞凶。」本義謂：「以處小事，則守正猶可獲吉；以處大事，則雖正亦不免於凶。」意見以爲，當屯難之世，紀綱紊亂，名分不正久矣，小改正之，猶可獲吉；大改正之，則必激成大變，其凶不可言。

蒙初六，「發蒙，利用刑人。用說桎梏以往，吝。」意見以爲，「利用刑人」，而人字疑衍。刑，即書所謂「撲，作教刑」；學記所謂「夏楚二物，收其威也」，只是用荆條之類責之，以警其怠惰，使之從教」。程傳謂「威之以刑者，所以說去其昏蒙之

〔一〕「大亨貞」：齊魯本卷七作「大子貞」。

桎梏」爲是。本義謂：「發蒙之道，當痛懲而暫舍之。」蓋以「痛懲」釋「利用刑人」，以「暫舍之」釋「用說桎梏」。如此說有甚于擊蒙，似拷訊罪囚，非發蒙之道也。

需象曰：「雲上於天，需；君子以飲食宴樂。」意見以爲，德成業就之君子，不奔競以求進，但飲食宴樂，似俟時而後動耳。无德業之君子，若不務進修，只管醉飽終日，時至將何爲也？

上六象曰：「不速之客來，敬之，終吉。雖不當位，未大失也。」本義謂：「以陰居上，是爲當位」，言不當位未詳。意見以爲，蓋言有不速之客來而能敬之，雖不當位，亦未爲大失，況上六當位，得不終吉乎？是乃發明爻外之義也。

訟六三：「食舊德，貞厲，終吉。或從王事，无成。」象曰：『食舊德』，從上，吉也。」意見以爲，象釋爻也。爻曰：「或從王事，无成。」象曰「從上，吉也」，不无相反。疑「從上，吉也」恐是「從正，吉也」之誤。本義謂「從上吉，謂隨人則吉。明自主事，則无成功也」，似乎乖謬不通。

師彖曰：「師，衆也。貞，正也。能以衆正，可以王矣。」本義謂：「以謂能左右之也。一陽在下之中，而五陰皆爲所以也。能以衆正，則王者之師矣。」意見以爲，「以」訓作用，亦通。言能用衆而得其正，則爲王者師矣，尤明暢。

彖又曰：「剛中而應，行險而順，以此毒天下而民從之，吉，又何咎矣？」傳、義皆謂：「師旅之興，不無傷財害人，毒害天下。」意見以爲，剛中而應，行險而順，乃王者伐罪救民之師。雖曰「勞民傷財」，不爲毒害天下。「以此毒天下」恐是「以其毒天下」之誤。蓋言賊寇毒害天下，故出師以征之，而民從之吉，又何咎矣？

「六三：師或輿尸，凶。」「輿尸」，傳謂：「衆主也。」〔一〕本義謂「師徒，撓敗輿尸而歸也」。意見以爲，行師，權不歸一而衆主之，所以凶也。以此言之，傳爲是。

「六四：師左次，无咎。」本義謂：「左次，退舍也。」意見以爲，「左次」言不遇敵而歸，所以无咎也；若遇敵而退舍，

〔一〕「衆主也」：齊魯本卷七作「衆三也」。

或知敵在前而退舍，豈得无咎？昔李陵答蘇武書曰：「出征絕域，五將失道，陵獨遇戰。」所謂「五將失道」者，蓋即「左次」也，所以得无咎也。

泰，大。象：「以左右民。」意見以爲，民欲左，則左之；民欲右，則右之。使民宜之，无不得其宜也。

否六二：「包承，小人吉，大人否，亨。」意見以「大人否，亨」，否字當音缶，不也。六二，當否塞之時，上應九五能包容承順小人則吉；大人則不亨。如此與「不利君子，貞」、「君子道消」之意合。若依本義以爲「君子守，否則亨」，則與「不利君子，貞」、「君子道消」之意相反，未敢以爲然。

同人九四：「乘其墉，弗克攻，吉。」本義謂：「剛不中正，亦欲同於六二而爲三所隔，故爲乘墉以攻之象。」意見以爲，「墉」，牆也。乘牆豈能相攻？而「乘墉以攻」之説未安。蓋四在三之上，爲乘墉之象然。以剛居柔，故不能攻而獲吉，似乎明白。

九五：「同人，先號咷而後笑，大師克相遇。」本義謂：「六二柔弱，而三四剛強。故必用大師以勝之，然後得相遇也。」似乎説「六二欲同於九五，而柔弱不能克，必用大師以勝之而後相遇」未安。意見以爲，九五欲同於二，而爲三四所隔，三四雖剛強而不中，九五陽剛中正，乃大師之象。故能勝三、四而能與六二相遇，故曰「大師克相遇」。

大有初九：「无交害，匪咎。艱則无咎。」意見以爲，「匪咎」言匪无咎也。蓋大有之初，雖无交結之大害，豈无過失之小咎？必艱以處之，則无咎也，爲順。若以爲匪咎艱，則无咎，則説不通矣。

豫彖曰：「剛應而志行，順以動，豫。」意見以爲，剛應而志行，疑是「柔應而志行」之誤。蓋卦以一陽統五陰，是柔，皆應乎剛。而剛之志得以行，是以「利建侯、行師」也，似乎順。若以爲剛應柔而志行，利以立君、用師，則説不通矣。

豫六二：「介於石，不終日，貞吉。」意見以爲，豫之諸爻，皆不得其正而溺於豫。惟六二爻居中得正，而不溺於豫，其節介，如石之堅。其處豫也，「不終日」，言不久也；久則反憂，所以「不終日，貞吉」也。

六三：「盱豫，悔。遲，有悔。」本義謂：「盱，上視也。陰不中正而近於四，四爲卦主。故六三上視於四而下溺於豫，宜有悔者也。」意見以爲，「上視於四」與「下溺於豫」不貫穿。蓋盱謂喜好貌，六三以陰居陽，不中不正而好逸豫，則爲「逸豫所溺而有悔矣」似乎順。

上六：「冥豫成，有渝，无咎。」意見以爲，本義謂「以陰柔居豫，極爲昏冥於豫之象，以其動體，故又爲其事雖成而能有渝之象」，則是矣。其言戒占者，如是則能補過而无咎，所以廣遷善之門也。竊疑事雖成而有渝變，則不成矣。如何能補過而无咎？所以廣遷善之門也。此乃遷就之說，與象曰：「何可長也」不相照應矣。以爻言「冥豫成有渝」及象言「何可長也」而觀之，則「无咎」二字，疑是「凶」字之誤。

隨象曰：「大亨，貞，无咎，而天下隨時。」傳謂：「天下所隨者，時也。故云天下隨時。」本義謂：「王肅本『時』作『之』，今當從之。」意見以爲，當從本文，傳爲是。或曰：「何以言之？」曰：「大象言：『君子以鄉晦入宴息。』非隨時，而何天地盈虛，與時消息，皆隨時之義也？『隨時』之說良是。」隨時之義大矣哉！亦當從本文。

隨初九：「官有渝，貞吉。出門交有功。」意見以爲，官有主守之義，謂初九爲震之主也；渝乃變動之義。謂「隨」也，言初九隨人而變動，得正則吉也；以陽居陽爲得其貞，是以吉也。出門交有功，言初九在下，隨人而動，爲出門而與人交之象，以其得正，故有功也。爻無有所偏主而變其常之義。本義謂：「既有所隨，則有所偏主而變其常矣。」不可曉。又以不私，其「隨」釋「出門交」，未敢以爲然。

臨九二：「象曰：『咸臨，吉，无不利。』未順命也。」傳引孟子、史記之言解「未」字，牽強不通。本義謂：「未詳。」意見以爲，「未」字疑是「大」字之誤。蓋言吉无不利，「大順命也」。易中言大字者，多如「大得民也」、「大有慶也」、「大有功也」之類，皆是。

觀：「盥而不薦，有孚顒若。」傳謂：「顒，瞻望也。」本義謂：「顒然，尊敬之貌。」意見以爲，顒，顯見貌。「顒若」者，言其孚誠在中，似乎顯見於外而爲人所瞻仰也。

觀六四：「象曰：『觀國之光』，尚賓也。」傳謂：「尚，謂尚志。其志意，願慕賓于王朝也。」意見以爲，尚與上同。

利，用。賓于王者，爲國家之上賓，言其職位近君也。

噬嗑六三：「噬臘肉，遇毒，小吝，无咎。」本義謂「陰柔，不中正，治人而人不服，爲噬臘遇毒之象。占雖小吝，然時當噬嗑，於義爲无咎也。」意見以爲，系辭云：「悔吝者，言乎其小疵也；无咎者，善補過也。」然噬臘遇毒，非无咎也。既小吝，如何又无咎？而「无咎」二字疑衍。「於義爲无咎也」之說，恐未安。

賁象曰：「柔來而文剛，故亨；分剛上而文柔，故小利有攸往；天文也。」傳謂：「陰陽剛柔相交者，天之文也。」本義謂：「剛柔之交，自然之象，故曰天文。先儒說天文上當有『剛柔交錯』四字，理或然也。」意見以爲，「以觀乎天文，以察時變」言之日月星辰，乃天文也。或曰：「何以言之？」曰：「堯典曰：『日中星鳥以殷仲春，日永星火以殷仲夏，宵中星虛以殷仲秋，日短星昴以殷仲冬』，此觀乎天文，以察時變之可徵也。」若剛柔交錯，無形跡可見，何以觀之以察時變也？

賁六四：「賁如皤如，白馬翰如，匪寇婚媾。」本義謂：「皤，白也；馬，人所乘；人白，則馬亦白矣。四與初相賁者，乃爲九三所隔而不得遂。故皤如而其往求之，心如飛翰之疾也。然九三剛正，非爲寇者也，乃求婚媾耳。故其象如此。」意見以爲，賁，文飾也。初與四爲正，應而爲九三所隔，不得相賁。皤如指四言白馬，指初言。蓋言雖爲三所隔，而初來求四之心，如飛翰，疾非爲寇也，乃求婚媾耳。如此說似爲得之，而「九三剛正非爲寇者」之說，不知以爲何如也。

无妄彖曰：「其匪正，有眚。不利有攸往，无妄之往，何之矣？天命不佑，行矣哉！」意見以爲，「无妄之往，何之矣」疑是「匪正之往，何之矣」之誤。若是无妄，何往而不可？如何又不利？「有攸往」其爲「匪正」之誤也，无疑矣。

大畜六四：「童牛之牿。」本義謂：「童者，未角之稱，牿施橫木於牛角，以防其觸。詩所謂『楅衡』者也。」意見以爲，童牛既無角，如何又施橫木於牛角，以防其觸？且今之童牛未見施橫木於牛角者，止有用八九寸長、寸半闊二片板系於頸上，垂於頷下，以繩系之而牽者，或以此爲牿也。楅衡恐亦只是如此。

大過上六：「過涉滅頂，凶，无咎。象曰：『過涉之凶，不可咎也』。」意見以爲，既滅頂，凶，如何又无咎？且无咎者，善補過也。若筮得此爻者，不知以凶斷之乎？以无咎善補過斷之乎？以此推之，「无咎」二字疑衍。而「不可咎也」之說，亦恐有誤，而非象傳之本意矣。

離初九：「履錯然，敬之，无咎。」意見以爲，「錯然」，敬貌，所謂「足躩如也」。敬之如此，所以免其咎也。

玩易意見卷上終。

玩易意見卷下

明 三原 王恕著，邑後學李錫齡、孟熙校刊。

下經

咸六二：「咸其腓，凶，居吉。」意見以爲，「居」，不動也，言腓動則凶，不動則吉也。

九三：「咸其股，執其隨。往，吝。」本義謂：「股隨足而動，不能自專者也；執者，主當持守之意，下二爻皆欲動者，三亦不能自守。而隨之往，則吝矣。」意見以爲，三在下卦之上，其象爲股。股，大腿也。在足腓之上，當執持之，使足腓隨之而動，是執其隨也。若不能執持往隨足腓，而動可羞吝也。

九四：象曰：「貞吉，悔亡未感害也。」本義謂：「感害，言不正而感，則有害也。」意見以爲，守正而無思慮，則吉而悔亡，未有所感之害也。

遯大象：「君子以遠小人，不惡而嚴。」傳謂：「君子觀其象以避，遠乎小人，遠小人之道。若以惡聲厲色，適足以致其怨忿。唯在乎矜莊威嚴，使之敬畏，則自然遠矣。」意見以爲，小人近之則不遜，遠之則怨。故易又曰：「見惡人无咎。」遠小人之道，未來則避之，既來則莊以接之，而彼自敬畏而不怨矣。

六二：「執之用黄牛之革，莫之勝説。」傳謂：「莫之勝説，謂其交之固不可勝言也。」意見以爲，遯以初二，二陰長而三、四、五、六四陽遯，爲義執之，用黄牛之革，言二與五交結之固而不遯也。本義謂：「人莫能解，必遯之志也。」不可曉。

大壯九三：「小人用壯，君子用罔。貞厲。羝羊觸藩，羸其角。」意見以爲，小人以勇猛角力爲壯，君子以蔑視禮法爲罔，雖正亦危。如羝羊觸藩，必傷其角也。此「君子」非有德之君子，乃有位无德之「君子」，實與小人无異也。若有德之君子，必不如此也。

晉：「康侯用錫馬蕃庶，晝日三接。」象曰：「晉，進也。明出地上，順而麗乎大明，柔進而上行，是以『康侯用錫馬蕃庶，晝日三接也』。」意見以爲，詳其文勢，蓋言賢者出而上進於大明之朝，康侯用錫馬蕃庶，晝日三接以待賢者，〔二〕非康侯多受大賜而顯被親禮也。

初六：「晉如摧如，貞吉。罔孚，裕无咎。」傳謂：「摧如，抑退也。」本義謂：「以陰居下，應不中正，有欲進見摧之象。」意見以爲，象曰：「晉如摧如，獨行正也」无抑退及見摧之義。「摧如」疑是「催如」之誤。蓋言初之進也，如人之催促進之不已。初六與九四剛柔相應，所以其進也，如人之催促而不已也。〔三〕

象曰：「晉如摧如，獨行正也。裕，无咎，未受命也。」意見以爲，「裕，无咎」，是言無官守之人進之以正，設不爲人所信，處之裕如，則无咎。若有官守之人，不爲上所信任，不得盡其職而處之裕如，未免素餐之恥，寧无咎乎？

家人上九：象曰：「威如之吉，反身之謂也。」本義謂：「非作威也，反身自治則人畏服之矣。」意見以爲，雖非作威而反身自治，亦不可無威嚴。

睽初九：象曰：「『見惡人』，以辟咎也。」或曰：「避惡如畏蛇蠍，今言『見惡人以辟咎也』，何歟？」意見曰：惡人來見就與之相見，則惡人不怨怒，是辟咎也。

蹇六二：「王臣蹇蹇，匪躬之故。」意見以爲，人臣當國家蹇難之時，鞠躬盡瘁，以救濟之，知有其君而不知有其身，是匪躬也。

〔二〕「晝日三接以待賢者」：齊魯本卷七作「晝日一接以待賢者」。

〔三〕「所以其進也，如人之催促而不已也」：文海本卷七和齊魯本卷七均作「所以其進如人之催促而不已也」。

解九二：「田獲三狐，得黃矢。貞吉。」本義謂：「此爻取象之意未詳。或曰：卦凡四陰，除六五君位餘三陰，即三狐之象也，而得黃矢无訓辭。」意見以爲，初三、六皆陰而不得正，是爲三狐，言邪媚也。而六五一爻，以陰居上，卦之中又當君位，是爲黃矢。黃言其中，矢言其直。九二處下卦之中，與六五陰陽相應，是君臣相遇而能濟時之解，是爲得黃矢之象，是以得正而吉也。

損：「有孚，元吉，无咎，可貞。利有攸往。」本義謂：「損下益上，損內益外，剥民奉君之象，所以爲損也。」意見以爲，卦辭無「剥民奉君」之義。傳謂「凡損，抑其過以就義理，皆損之道也」爲是。

「損益盈虛，與時偕行。」傳謂：「或損或益，或盈或虛，唯隨時而已。過者損之，不足者益之，虧者盈之，實者虛之，與時偕行也。」本義謂「時謂當損之時。」意見以爲，傳發明與時偕行之義无餘蘊矣。本義止言當損之時，而欠偕行之義。

九二：「利貞。征，凶。弗損，益之。」意見以爲，九二與六五剛柔相應，征亦不凶。況初至上諸爻俱無凶占，又弗損益之，亦是吉占。而「征凶」二字疑衍。象曰：「九二『利貞』，中以爲志也。」亦無釋征凶之義，亦可以見矣。

益彖曰：「利有攸往，中正有慶。利涉大川，木道乃行。」意見以爲，巽雖爲木，而益之利，豈止於木道之行？凡益之道，無不行也。傳謂「木字疑益字之誤」爲是。

六三：「益之用凶事，无咎。」傳謂：「居民上果於爲益，用之凶事，則无咎。凶事謂患難非常之事，三居下之上，在下當承稟於上，安得自任，擅爲益乎？唯於患難非常之事，則可量宜應卒，奮不顧身，力庇其民，故无咎也。」本義謂：「六三陰柔，不中不正，不當得益者也。然當益下之時，居下之上，故有益之以凶事者。蓋警戒震動，乃所以益之也。占者如此，然後可以无咎。」二說不同，而傳爲優。意見以爲，方面守令去朝廷遠，遇地方凶荒發府庫之財，以救濟下人，是益之用凶事也。雖不待報而行之，亦无咎也。若非凶事而擅爲，則有罪也。

九五：「有孚，惠心勿問，元吉。有孚，惠我德。」本義謂：「上有信以惠於下，則下亦有信以惠於上矣。不問而元吉可知。」意見以爲：孚，實也；惠，愛也。上有實愛民之心，不問民知不知，則大善而吉也；則民亦以實心愛上之德矣，此感應之自然也。

夬：「揚于王庭，孚號有厲，告自邑。不利，即戎。利有攸往。」本義謂：「以五陽去一陰，決之而已。然其決之也，必正名其罪而盡，誠以呼號，其衆相與合力，然亦尚有危厲不可安肆。又當先治其私而不可專尚威武，則利有所往也。」皆戒之之辭，與傳意同。意見以爲，既揚于王庭，正名小人之罪，方盡誠以呼號，其衆相與合力，恐説不通。且揚于王庭，是揚言小人之罪於朝廷之上，欲其置之於法也。「孚號有厲」，謂揚言小人之罪雖實，彼亦號呼不服而言之者，尚危厲不安也。「告自邑，不利，即戎」，言之者，當先點檢自己無過方可言，人不宜勇猛魯莽便去言人。若不顧自己過失就去言人，人必許己之過，彼此皆不能逃其罪。故欲言人者，不可不先點檢自己也。

「告自邑，不利，即戎，所尚乃窮也。」傳謂：「當先自治，不宜專尚剛武。即戎，則所尚當先自能治。夬，揚於王庭。剛，武也。」〔一〕意見以爲，所尚蓋指「揚于王庭」而言，言「告自邑，不利，即戎」者，恐所尚揚于王庭之事，至於窮困也。

九四：「臀无膚，其行次且，牽羊悔亡。聞言不信。」意見以爲，「牽羊悔亡」疑是「牽羊有悔」之誤。牽羊者，當其前則不進，豈得悔亡？若縱之使前，則可以行而悔亡矣。推此以「牽羊有悔」爲庶幾，且與「次且」、「不信」文意相類矣。

上六：「无號，終有凶。」意見以爲，上六「无號」正與象言「孚號」相照應。象因人揚言其罪而「孚號」。此雖「无號」，然小人之道已消盡矣，故終有凶也。

萃：「亨，王假有廟，利見大人。亨，利貞。用大牲，吉。利有攸往。」本義謂：「澤上於地，萬物萃聚之象，故爲萃。亨字衍文。」意見以爲，萃下亨字，疑不衍，言萃有可亨之道。象曰：「順以説，剛中而應」，疑是釋亨也。「故聚也」疑是「故亨也」之誤。「利見大人」下亨字疑衍。「利見大人，聚以正也」疑是釋「利貞」，非釋「亨」也。

「觀其所聚，而天地萬物之情可見矣。」意見以爲，此上疑脱「天地聖人所聚」之辭，且如「觀其所感而天地萬物之情可

〔一〕「即戎，則所尚當先自能治。夬，揚於王庭。剛，武也」：齊魯本卷七作「即戎，則所尚乃至窮極矣。夬之所尚，謂剛武也」。

見矣」與「觀其所恒而天地萬物之情可見矣」之上俱有「所感」、「所恒」之辭，此上必有「所聚」之辭而脱漏矣。

象曰：「澤上於地，萃；君子以除戎器，戒不虞。」本義謂：「除者，修而治之之謂。」意見以爲，「除」字恐無「修而治之」之訓釋，此説似乎牽強。疑「除」乃「儲」字之誤。儲，聚也。儲戎器謂聚戎器也，似乎文理貫通。

九四：「大吉，无咎。」象曰：「『大吉，无咎』，位不當也。」本義謂：「上比九五，下比衆陰，得其萃矣。然以陽居陰，不正；故戒占者，必大吉，然後得无咎也。」與傳意同。意見以爲，上九五，君也；下衆陰，民也。九四，上得乎君，下得乎民，是得所萃之善也，是以大吉无咎。雖以陽居陰爲位不當，不害其爲大吉耳。傳義謂：「必大吉，然後得无咎也。」不知如何必大吉也？不可曉。

困九二：「困于酒食，朱紱方來。利用亨祀。征，凶。无咎。」本義謂：「其占，利以亨祀。[二]若征行，則非其時，故凶，而於義爲无咎也。」意見以爲，既征凶，如何於義爲无咎？説不通。疑「无咎」二字當在征凶之上，言「利用亨祀无咎，征行則凶也」爲順。

井，大象：「木上有水，井；君子以勞民勸相。」本義謂：「勞民者，以君養民。勸相者，使民相養。」意見以爲，「君子」非止謂人君，凡有官守者皆是也；且「勞」非「養」也，而「勞民者，以君養民」之説，恐未安。蓋言慰勞其民，使之勸勉相助以相養也。

革：「已日乃孚，元亨，利貞。悔亡。」意見以爲，「已日」猶言非一日也，言事之當變革非一日而後變革之，人乃信之。本義謂：「變革之初，人未之信，故必已日而後信。若不當變革而變革之，雖過數十日，人豈信乎？」詳味九二「已日乃革之」及九三「革言三就，有孚」之言，則「已日乃孚」之義自明。

九三：「征，凶。貞厲。革言三就，有孚。」本義謂：「過剛不中，居離之極，躁動於革者也，故其占有『征，凶，貞厲』

[二]「利以亨祀」：齊魯本卷七作「利以享祀」。

之戒。然其時則當革，故至於『革言三就』，則亦有孚而可革也。」意見以爲，「征，凶。貞厲」是不可革，「革言三就，有孚」則又是可革。上下不貫通，或疑「征，凶」二字衍文。

鼎九二：「鼎有實，我仇有疾，不我能即。吉。」意見以爲，仇疑與逑同匹也。九二與初六，一陰一陽，雖相近可以爲匹，而非正應。若苟合之，非吉道也。今初六有顛趾之疾，不能就九二以苟合，是以吉也。恐不必將仇字作讎字說，若作讎字說，不知九二與初六有何讎也？

九四象曰：「覆公餗，信如何也？」本義謂：「言失信也。」意見以爲，卦爻俱無信與不信之說。傳雖有說，亦未敢以爲然。竊疑「信如何也」恐是「凶如何也」之誤。

六五：「鼎黄耳金鉉，利貞。」意見以爲，六五爲鼎之耳，上九爲鼎之鉉。五居上卦之中，黄中之色也。言黄耳爲宜，而「金、鉉」二字疑衍。本義謂：「金，堅剛之物。鉉，貫耳以舉鼎者也。六五虚中以應九二之堅剛，故其象如此。」若然，則是以九二爲金鉉，且二爲腹，上爲鉉。今又以二爲鉉，恐不然。

震象曰：「震，亨。」本義謂：「震，有亨道，不待言也。」意見以爲，「震，亨」下必有釋辭，疑脱漏。

「不喪匕鬯」，本義謂：「鬯以秬黍酒和鬱金，所以灌地降神者也。」意見以爲，不見說鬯是何器，蓋爵盞之類，但不知形制如何耳。

六二：「震來厲，億喪貝，躋於九陵。勿逐，七日得。」本義謂：「億字未詳。」意見以爲，億，蓋衆也。言震雷之來，衆皆喪其貨貝，與不喪匕鬯相反。言有德量可以爲祭主者，不喪匕鬯，衆人則喪其貨貝也。

「艮其背，不獲其身。行其庭，不見其人。无咎。」意見以爲，艮，止也；背，止之所也。此蓋言人心專在於所止之處，而不知身之所在，是不獲其身也。行其庭，除有人之處，亦不見其人也。

象曰：「艮，止也。時止則止，時行則行。動静不失其時，其道光明。」本義謂：「行、止各有其時。故時止而止，止也。時行而行，亦止也。」意見以爲，時之當止則止之，時之當行則行之。是以「動静不失其時，其道光明」。此非釋卦辭。

本義蓋矯專於止而不行之弊。必行止不失其時，然後可。而本義「時行亦止」之説，未敢以爲然。「艮其止，止其所也」以下乃是釋卦辭本義。

六五：「艮其輔，言有序，悔亡。」意見以爲，輔，口輔也。悔謂以六居五。「止其輔」則言不妄發而悔亡矣。

象曰：「艮其輔，以中，正也。」本義謂：「正字羨文，葉韻可見。」意見以爲，「以中，正也」疑是「以正，中也」之誤。于義爲是，於韻亦葉，而與上下爻、象辭「止諸躬也」、「以厚終也」又相稱。

漸彖曰：「止而巽，動不窮也。」意見以爲，卦無動義。「動不窮也」疑是「進不窮也」之誤。

六二：「鴻漸於磐，飲食衎衎。吉。」本義謂：「漸遠于水，進於干而益安矣。」意見以爲，「進於干」，疑是「進於磐」之誤。

豐彖曰：「豐，大也，明以動，故豐。」意見以爲，「明以動」是釋亨；「故豐」疑是「故亨」之誤，不然則無釋亨之辭。

九三：「豐其沛，日中見沬，折其右肱。无咎。」意見以爲，「折其右肱」，象既以爲終不可用也。雖不言凶，其凶可知，如何得无咎？「无咎」二字疑衍。傳謂「无所歸咎也」，本義謂「雖不可用，而非咎也」，皆説不通。

兑：「亨，利貞。」意見以爲，「亨」字疑衍；故彖曰：「兑，説也。剛中而柔外，説以利貞」，而無釋亨字辭。及觀六爻，亦無亨字義。是以知亨字爲衍文。傳、義雖解「亨」字，實非本旨，且説之爲「道有邪有正，故不可言亨也」。

九四：「商兑未寧，介疾有喜。」本義謂：「上承九五之中正，下比六三之柔邪，故不能決，而商度所説，未能有定。然質本陽剛，故能介然守正而疾惡柔邪也。如此，則有喜矣。」意見以爲，商度未定，是猶豫未決也。介疾有喜，是決然無疑也。既商度未定，必不能介疾也。蓋言若商度所説，則未定。九四以陽剛之德，不待商度而介然自守，疾惡柔邪以從中正，是以有喜也。

渙：「亨，王假有廟，利涉大川。利貞。」意見以爲，「利貞」二字疑衍，卦無「利貞」之義。傳無釋利貞之辭，是以疑其爲衍文也。本義謂：「其曰：利貞則占者之深戒也。」是隨文遷就而解，非卦象之本義也。

六四：「渙其羣，元吉。渙有丘，匪夷所思。」本義謂：「居陰得正，上承九五，當濟渙之任者也。下無應與，爲能散其朋黨之象。占者如是，則大善而吉，固無可疑。又言能散其小羣以成大羣，使所散者聚而若丘，則非常人思慮之所及也。」如此說，則是言聚有丘，非渙有丘也，恐非本旨。意見以爲，丘，聚也，蓋言能散其小羣使不至於滋蔓，固爲「元吉」。能散其所聚之大者，使不至於作亂，唯大智者能之，則非常人思慮所及也。

節象曰：「節，亨。剛柔分而剛得中。『苦節不可貞』，其道窮也。說以行險，當位以節，中正以通。」意見以爲，「說以行險，當位以節，中正以通」，當在「剛柔分而剛得中」之下，是釋節亨之義。「天地節而四時成」下疑脱「聖人節而天下治」七字。有此七字，方與天地節而四時成對待，而節以制度，不傷財，不害民，亦見得是聖人節之事。

初九：「不出戶庭。」本義謂「戶外之庭」。九二：「不出門庭」，本義謂「門內之庭」。或問：「戶外之庭」與「門內之庭」何以分別？意見以爲，戶庭、門庭一也，無所分別。門庭爲「門內之庭」可說，戶庭爲「戶外之庭」不可說。戶外豈有庭乎？

上六：「苦節，貞凶。悔亡。」意見以爲，謂之「貞凶」者，言雖正亦凶也。既雖正亦凶，如何又悔亡？「悔亡」二字疑衍。本義謂「然禮奢寧儉，故雖有悔而終得亡之也」，不无牽強。

小過：象曰：「小過，小者過而亨也。」意見以爲，「小過」下疑脱「亨」字，言「小過，亨。小者過而亨也」爲是。

未濟九二：「曳其輪，貞吉。」象曰：「九二貞吉，中以行，正也。」意見以爲，當未濟之時，九二以剛中之才應六五柔中之主，剛柔相應，此得志行道之時，而無曳輪不進之象。故占曰「貞吉」。而象復申之，曰「中以行，正也」，而「曳其輪」三字疑衍。傳謂「曳其輪，則得正而吉」。本義謂「以九二應六五而居柔得中，爲能自止而不進」，皆與「中以行，正也」之說不合，未敢以爲然。

六三：「未濟，征，凶。利涉大川。」意見以爲，既「征，凶」，如何又「利涉大川」？或疑「利」字上當有「不」字爲是。傳謂：「三以陰柔不中正之才而居險，不足以濟，未有可濟之道出險之用，而征所以凶也。」此說爲是。「然未濟有可濟之道，險終有出險之理，上有陽剛之應，若能涉險而往從之，則濟矣。故利涉大川也」，與「征，凶」之說全相反。此順爻解本義，謂「陰柔不中正居未濟之時，以征則凶」亦是。「然以柔乘剛，將出乎坎，有利涉之象」，亦是順文而解。二說皆非觀象系辭之本旨，未敢以爲然。

九四：「貞吉，悔亡。震用伐鬼方，三年，有賞於大國。」意見以爲，伐鬼方，是高宗時事。既濟九三，既云「高宗伐鬼方，三年克之」，此亦是「高宗伐鬼方，三年，有賞於大國」誤作「震用伐鬼方」。本義雖云「然以不貞之資欲勉而貞，非極其陽剛用力之久，不能也。故爲伐鬼方，三年而受賞之象」，然九四以陽居陰，非極其陽剛也。如此說，終是牽強不通。

「易簡而天下之理得矣。天下之理得，而成位乎其中矣。」本義只說「成位，謂成人之位；其中，謂天地之中」，不說「天下之理」如何得，箋注內亦不見說。意見以爲，蓋言人易則易知，簡則易從，則可以來天下之善而聞見多，而天下萬事萬物之理無不得之於心；既得之於心，則可以居上臨下，而成人君之位於天地之中，與天地參矣。中庸所謂「唯天下之至聖，爲能聰明睿知，足以有臨也」，亦此意耳。

「天下之動，貞夫一者也。」本義謂：「天下之動，其變無窮。然順理則吉，逆理則凶，則其所正而常者，亦一理而已矣。」意見以爲，不知所謂「一理」者，何所指也。竊謂「貞夫一者」，蓋言天下之動，不過一貞而已矣。

「危者，安其位者也。亡者，保其存者也。亂者，有其治者也。」意見以爲，今之「危」者，乃昔之以其位爲「可常安」而不慮危，以至於危也。今之「亡」者，乃昔之以其身爲「可常存」而不慮亡，以至於亡也。今之「亂」者，乃昔之以其世爲「可常治」而不慮亂，以至於亂也。是故君子安不忘危，存不忘亡，治不忘亂，是以身安而國家可保也。意見以爲，安不忘危，所以常安也。存不忘亡，所以常存也。治不忘亂，所以常治也。

「德薄而位尊，知小而謀大，力小而任重，鮮不及矣。」意見以爲，「鮮不及矣」說不通，或疑是「鮮不敗矣」之誤。

「幾者，動之微，吉之先見者也。」意見以爲，「吉」字下當有一「凶」字。「君子見幾而作，不俟終日。」言君子見吉之幾，即趨之；見凶之幾，即避之；所以不俟終日。「而後作」言趨避之速也。

「顏氏之子，其殆庶幾乎？有不善，未嘗不知；知之，未嘗復行也。易曰：『不遠復，无祇悔，元吉。』」本義謂：「殆，危也。庶幾，近意，言近道也。」意見以爲，殆，將也。言顏子將近於道，有不善，未嘗不知；知之，未嘗復行。此顏子近道之實事也。論語所謂「不貳過」，即此事也。復初九：「不遠復，无无祇悔，元吉。」惟顏子似之，故夫子即顏子之行以明之也。

「二與四，同功而異位，其善不同。二多譽，四多懼，近也。」意見以爲，「多譽」可以言善，而「多懼」亦可以言善乎？「其善不同」，疑是「其義不同」之誤。或曰：「其善不同」固非，而曰「其義不同」，何所據乎？曰：「六爻之義，易以貢。」據此而言「其義不同」無疑矣。

「能說諸心，能研諸慮，定天下之吉凶，成天下之亹亹者。」本義謂：「說諸心者，心與理會，乾之事也。研諸慮者，理因慮審，坤之事也。說諸心，故有以定吉凶。研諸慮，故有以成亹亹。」意見以爲，恐不必如此分說。蓋言人能將乾坤易簡之道說諸心，研諸慮，自能定吉凶，成亹亹者。

玩易意見卷下終。

石渠意見

石渠説

石渠者，吾自號也。吾爲誰？三原王恕，宗貫也。初，吾以介庵顔所居以自警，欲不易其介，因以爲之號。人知之，又以其頗有齒爵，故多以介庵先生稱焉。既納禄而歸，乃於先塋二門前造一石渠，以通灌溉，蓋欲圖堅久而導慶澤於無窮。喜其渠之成，而因以爲晚年之號。漢以石渠閣爲藏書之所，而吾所謂「石渠」者，既無閣，又無書可藏，不過泝其流求其源，以達其意焉耳。己未季秋自題。

石渠意見請問可否書

夫五經、四書皆載道之器。聖賢微言，義理深遠，不有儒先傳注，[一]初學之士未易通曉。然而諸儒傳注議論紛紜，有同有異，學者莫知適從。至南宋後議論始定。四書則以朱子章句集注爲主；易以程傳、朱子本義爲主；書以蔡傳爲主；詩以朱傳爲主；春秋以胡傳爲主；禮記以陳澔集説爲主。我太宗文皇帝崇儒重道，以人文化成天下，命時儒臣纂修五經四書大全，仍以前五子傳注爲主，而以其餘諸儒注釋分書之，以備參考，甚盛典也！恕自喿歲讀書，竊取傳注之糟粕爲文辭，取科第及入仕，亦嘗執此措諸行事。今老矣，致仕回家，復理舊學，其於傳注發揮明白，人所易知易行者，不敢重復演繹，徒爲無益之虚文。至於頗有疑滯，再三體認，行不去者，乃敢以己意推之，與諸生言之，評論其可否。諸生皆明理士也，以爲可，吾則筆之於書，藏諸私家以示子孫。以爲不可，即當焚之，無惑後學。

[一]「不有儒先傳注」：疑爲「不有先儒傳注」之誤。

弘治己未八月壬辰，石渠王氏書於宏道書院考經堂。

石渠意見卷一

明　三原　王恕著　　　邑後學李錫齡、孟熙校刊

大學[一]

「子曰：『聽訟，吾猶人也，必也使無訟乎！』無情者，不得盡其辭，大畏民志，此謂知本。」右傳之四章釋本末，且經言「物有本末，事有終始，知所先後，則近道矣。」章句謂：「明德爲本，新民爲末。」然傳之首章已釋明德，二章已釋新民，今又言釋本末，則是復釋明德、新民也。恐不然。若將下章「此謂知本」一句删去，將「此謂知之至也」一句續在此章「此謂知本」之後，將「物有本末」一節爲之首，繼之以「自天子以至於庶人」以後兩節，又繼之以「知止而後有定」一節終之，以此而通爲一章，釋格物致知，似乎文理接續。且大學經言三綱領八條目，而以「知止而後有定」及「物有本末」兩節間於其中，又以「自天子以至於庶人」及「其本亂而末治者，否矣」兩節綴之於後，似無倫序，恐是舊本錯簡尚有此在，而程、朱二夫子未及考定也。今欲如此次第之，似爲得之，而經、傳兩全，不須補矣。意見若此，不知有道君子以爲如何？

今定傳義：

物有本末，事有終始，知所先後，則近道矣。自天子以至於庶人，壹是皆以修身爲本。其本亂而末治者，否矣。其所厚者薄，而其所薄者厚，未之有也。

[一]「大學」：齊魯本卷之八作「大學意見」。

知止而後有定，定而後能静，静而後能安，安而後能慮，慮而後能得。

子曰：「聽訟吾猶人也，必也使無訟乎！」無情者，不得盡其辭，大畏民志，此謂知本，此謂知之至也。

右傳之四章，釋格物致知。

中庸

「是故君子戒慎乎其所不睹，恐懼乎其所不聞。」集注謂：「君子之心常存敬畏，雖不見聞，亦不敢忽，所以存天理之本，〔一〕然而不使離於須臾之頃也。」「莫見乎隱，莫顯乎微，故君子慎其獨也。」集注謂：「君子既常戒懼而於此尤加謹焉，所以遏人欲於將萌，而不使潛滋暗長於隱微之中，以至離道之遠也。」其言雖不見聞，亦不敢忽。」似乎說自己不見不聞。然人必睡熟，方不見聞，如何又戒慎恐懼得？且天理人欲相爲消長，有天理即無人欲，有人欲即無天理，如何前一段是存天理之本，然後一段是遏人欲於將萌？意見以爲，若於人所不見不聞、己所獨知之地而能戒慎恐懼，亦足以體道而不離矣。且隱微即人所不見聞，慎獨即戒慎恐懼。人雖不見聞而己獨知之，則天下之事無有著見明顯而過於此者，故不可以不慎獨也。以此推之，前後二段是一意，前一段是做慎獨體道的工夫，而存天理遏人欲皆在此矣。後一段是申明所以慎獨體道的意思。若謂前一段是存天理，後一段是遏人欲，則誤矣。

「致中和，天地位焉，萬物育焉。」集注謂：「自戒懼而約之，以至於至静之中無少偏倚，〔二〕而其守不失，則極其中而天地位矣。自謹獨而精之，以至於應物之處無少差謬，而無適不然，則極其和而萬物育矣。」此注極有文彩，讀之最中聽。余

〔一〕「所以存天理之本」：齊魯本卷之八作「所以在天理之本」。

〔二〕「以至於至静之中無少偏倚」：齊魯本卷之八行文作「以至於至静之中少偏倚」。

嘗體認之，則難行。且中和乃人性情之德，雖有動靜之殊，初非二物。戒懼謹獨皆是不敢忽之意，豈有彼此？如何自戒懼而約之止能致中，自謹獨而精之止能致和？如何致中獨能位天地，致和獨能育萬物？恐非子思之意。〔二〕意見謂中和之在人存之於心，無所偏倚，謂之中；發之於外，無所乖戾，謂之和。不獨於喜怒哀樂見之，而出入起居、發號施令未嘗無也。子思特舉喜怒哀樂以例其餘耳。爲人君者，誠能於修齊治平之道處之，事事合乎中，則事無不諧，人無不和。中和之氣格於上下，則日月不薄蝕，山川不崩竭，而天地位矣。雨暘時若，寒暑應候，而萬物育矣。

「君子之道，費而隱。夫婦之愚，可以與知焉。及其至也，雖聖人亦有所不知焉。夫婦之不肖，可以能行焉；及其至也，雖聖人亦有所不能焉。天地之大也，人猶有所憾。故君子語大，天下莫能載焉；語小，天下莫能破焉。」集注謂：「君子之道，近自夫婦居室之間，遠而至於聖人。天地之所不能盡，其大無外，其小無内，可謂費矣。然其理之所以然，則隱而莫之見也。蓋可知可能者，道中之一事。及其至，而聖人不知不能。則舉全體而言，聖人固有所不能盡也。」意見謂，若大而無外謂之費，而其中猶有隱者存可說。若小而無内謂之費，而其中猶有隱者存，則說不通矣。夫婦可以與知能行，似言費；聖人所不知不能，似言隱。天下莫能載，似言費；天下莫能破，似言隱。侯氏謂：「聖人所不知，如孔子問禮、問官之類；所不能，如孔子不得其位，堯、舜病博施之類。」意見謂子思言聖人所不知不能，蓋言理之隱者，雖天下之至聖，亦不能知，不能行，非止言孔子之聖也。若禮若官，孔子雖不知，而老聃、郯子則知之，如何謂聖人所不知？若天子之位，孔子雖不得，而堯、舜、禹、湯則得之，如何謂聖人所不能？詳此而侯氏之言未爲是。欲知此章之旨，要當深味子思之言。而以意會之，切不可全憑諸儒之注也。

「鬼神之爲德」，鬼神蓋言應祀之鬼神。爲德，如生長萬物，福善禍淫，其盛無以加矣。以其無形也，故「視之而弗見」；以其無聲也，故「聽之而弗聞」。「體物而不可遺」，言鬼神以物爲體，而無物不有，如門有門神，竈有竈神，木主爲鬼

〔二〕「恐非子思之意」句，齊魯本卷之八行文少一「意」字，作「恐非子思之」。

神之所棲是也。然其有感必應，是以使人敬畏而致祭祀，「如在其上，如在其左右」而不敢忽也。謂之「如在」，言非實有也。集注以「發見昭著」釋「如在」，恐非是。又引詩而言神之來不可測度，不可厭射而不加敬也。「夫微之顯，誠之不可掩如此夫。」意見言「微之顯」與首章「莫顯乎微」、末章「知微之顯」同。「誠之不可掩」與大學「此謂誠於中而形於外」同。蓋言人於至微之中而有至顯之幾。誠有是事於中，必形著於外，如鬼神之無形與聲，而無物不有，無事不見，其可不致謹乎？若將「夫微之顯，誠之不可掩如此夫」只說鬼神而不推之於人事，似非立言垂訓之意。

子曰：「武王、周公，其達孝矣乎！」蓋因上章言：「武王纘大王、王季、文王之緒，一戎衣而有天下，身不失天下之顯名，尊爲天子，富有四海之內，宗廟享之，子孫保之。武王末受命，周公成文、武之德，追王大王、王季，上祀先公以天子之禮。斯禮也，達乎諸侯、大夫及士。庶人父爲大夫，子爲士，葬以大夫，祭以士。父爲士，子爲大夫，葬以士，祭以大夫。期之喪達乎大夫。三年之喪，達乎天子。父母之喪無貴賤一也。」至此以達孝。贊之謂之「達孝」者，言武王、周公之孝達乎上下也。觀章內四「達」字，可見及下文言繼志述事與夫祭祀之禮，皆通行之孝也。集注：「武王、周公之孝，乃天下之人通謂之孝。」若舜之孝，天下之人豈不通謂之孝？何以不曰「達孝」而曰「大孝」乎？「通謂之孝」之說恐未是。

「誠者，自成也；而道，自道也。」蓋言誠者人之所以自成己，而道者人之所當自行也。集注謂：「誠者，物之所以自成。」物之一字似未通。觀下文「誠者非自成己而已」可知。

「故至誠無息，不息則久，久則徵，徵則悠遠，悠遠則博厚，博厚則高明。」蓋總言天地聖人也。「博厚，所以載物也；高明，所以覆物也；悠久，所以成物也。」地惟其博厚，所以載物。天惟其高明，所以能覆物。天地惟其悠久，所以能成物。言天地之體用。集注謂：「此一節言聖人與天地同其用。」恐非是。謂「博厚配地，高明配天，悠久無疆，聖人與天地同其體。」則是。以意見度之，如此者不見而章，不動而變，無爲而成者，方可言聖人與天地同其用。集注又謂：「不見而章，以配地而言也；不動而變，以配天而言也；無爲而成，以無疆而言也。」莫道上一段以配地、配天無疆而言，此一段又以配地、配天無疆而言？恐非是。

「詩云：維天之命，於穆不已。穆，深遠也。」意見：蓋言天之命，深遠而不息也。「於乎不顯！文王之德之純！」是言文王之德亦深遠而不彰顯也。集注[一]：「不顯，猶言豈不顯也？」恐未安。

「唯天下至誠，爲能經綸天下之大經，立天下之大本，知天地之化育。夫焉有所倚？」意見謂：「大經」不止於五品之人倫，如禮樂刑政九經之屬皆是也。「大本」者，身之謂也；身爲國家天下之本，故曰大本化育者，造化生物之功也。「倚」，偏也。「經綸天下大經」，[二]言至誠之聖人整頓天下之大經、大法，如治絲者分之、合之，皆有頭緒而不亂也。「立天下之大本」，言至誠之聖人立身於大中至正之地，而可以爲民表也。「知天地之化育」，言至誠之聖人知天地之化育，過則裁成之，[三]不及則輔相之。「夫焉有所倚」，言於此三者，處之皆得其中，而無所偏倚也。「惟天下至誠爲能」者，以見凡誠有未至者不能也。集注以「夫焉有所倚」謂「夫豈有所倚著於物而後能哉？」不可曉。

「故君子尊德性而道問學。」集注謂：「尊德性，所以存心而極乎道體之大。道問學，所以致知而盡乎道體之細。」意見謂：以存心致知言之固無容議，如何存心止能極道體之大？致知止能盡道體之細？又以下文致廣大、高明、溫故、敦厚四者爲「存心」之屬，盡精微、道中庸、知新、崇禮四者爲「致知」之屬，恐未穩然。致廣大、極高明、敦厚三者謂之存心之屬似矣，而溫故亦可謂之存心之屬乎？盡精微、道中庸、知新謂之「致知」之屬似矣，而崇禮亦可謂之「致知」之屬乎？此五句乃窮理修德之事，而爲凝道之本，不必分存心、致知說。未有不知而能行之者，故「尊德性而道問學，致廣大而盡精微」，是窮其大而不遺乎細，「道問學」事也。「極高明而道中庸」，是行欲高而不過乎中，「尊德性」事也。溫故而知新，亦道問學也。敦厚以崇禮，亦尊德性也。

石渠意見卷一終

[一] 「集注」：存目叢書本作：「集謂」。二者疑有脱漏，或爲「集注謂」之誤。
[二] 「經綸天下大經」句中疑脱「之」字，爲「經綸天下之大經」之誤。
[三] 「過則裁成之」：齊魯本卷八作「過則財成之」。

石渠意見卷二

明三原王恕著　　邑後學李錫齡、孟熙校刊

論語

「孝弟也者，其爲仁之本與？」或曰：「爲仁之仁，當作人。」蓋承上文「其爲人也孝弟」而言，蓋言孝弟乃是爲人之本最有理。集注之説似乎牽强費力。

「巧言令色，鮮矣仁！」意見謂：人固有飾巧言令色以悦人而亡心德者，亦有生質之美，言自巧、色自令而心德亦不亡者。此聖人所以言其鮮，以見非絶無也。集注謂：「專言鮮，則絶無可知。」恐非聖人意。

「敬事而信，節用而愛人，使民以時。」昔史佚告成王曰：「使之以時而敬順之，忠而愛之，布令信而不食言。」意見：聖人斯言，其原蓋出於此，而「節用」二字尤切當。然此五事施於政事之間，則政必成而民必安。若徒存諸心而不見諸行事，則政何由成而民何由安？集注謂：「此特論其所存而已，未及爲政也。」未詳何意。

「君子不重則不威，學則不固。主忠信。」意見以爲，「不重則不威」，「學則不固」，蓋無忠信以爲主也。若以忠信爲主，則自重厚，自有威嚴，所學自堅固。集注解「主忠信」不本上文而言，似乎脈絡不貫通矣。

「君子食無求飽，居無求安，敏於事而慎於言。」意見：蓋言君子飲食不暇求飽，居處不暇求安者，志於「敏於事而慎於言也」，就有道而正焉，就有道之人而正所言所行之是非。是者行之，非者改之，斯可謂好學之人也。蓋古之學者，其要在乎謹言慎行以修身，非徒記誦辭章而已。故夫子告子張曰：「慎言其餘，慎行其餘。」又曰：「言忠信，行篤敬。」中庸曰：「言顧行，行顧言。」易曰：「君子以言有物，而行有恒。」是皆以言行爲學也。今之學者，惟務記誦辭章以取科第而已，其於言行也，多不致謹，此其所以不及古人也歟？

「詩三百，一言以蔽之，曰『思無邪』。」集注謂：「蔽，猶蓋也。」他書有以「斷」字訓「蔽」字者。蓋言詩三百篇，一言以斷之，曰「思無邪」，尤切當。

「道之以政，齊之以刑，民免而無恥。道之以德，齊之以禮，有恥且格。」或問：「爲政者當先德禮而後政刑。今夫子先言政刑而後言德禮，何也？」曰：「夫子但言政刑德禮感人淺深之不同，非言政刑當先，德禮當後也。」

「二三子何患於喪乎？天下之無道也久矣。天將以夫子爲木鐸。」集注言：「亂極當治，天必將使夫子得位設教，不久失位也。」意見謂：木鐸乃徇于道路之物，非得位設教者之所振者也。此說非是。或曰：「木鐸所以徇于道路，言天使夫子失位，周流四方，以行其殺，如木鐸之徇于道路也。」此說爲是。

「子謂韶盡美矣，又盡善也。謂武盡美矣，未盡善也。」集注謂：「善者，美之實也。」或問：「何以見其美之實？」曰：「作樂以象成功。舜之樂舞樂歌，必形容其揖遜得天下之狀，故云『盡美盡善』。武之樂舞樂歌必形容其征伐得天下之狀，〔二〕故云『盡美，未盡善』。」

「朝聞道，夕死可矣。」意見以爲，孔子初學之時，急於聞道之言，非不惑之後之言也。且吾儒之徒之願聞道，皆欲成聖成賢，致君澤民也。若早朝聞得道一事，不曾成得到晚就死了，何益之有？則知此乃孔子初學之時急於聞道之言，非不惑之後之言也。

「吾道一以貫之。」意見以爲，一即心之理也。心爲神明之舍，虛靈不昧，所以具衆理而應萬事。夫子蓋謂吾之道不在乎他，在乎以一己之心貫通萬事。曾子蓋謂：「夫子之所謂一以貫之者，不過忠恕而已矣。」忠恕，乃盡己推己之謂，而爲

〔二〕「形容其征伐得天下之狀」：齊魯本卷之八作「形容其征代得天下之狀」。

吾心之權度，所以稱輕重、度長短而爲應事接物之本。人能盡己推己，則可以酬酢萬變而無不通矣。

「子使漆雕開仕。對曰吾斯之未能信。子說。」意見以爲，斯蓋指修己治人之道而言。未能真知無疑，未可以仕；仕則未免於冥行妄作，壞事殃民。開之用心如此，此夫子所以喜之也。程子謂：「漆雕開已見大意。」所謂大意者，不過修己治人之道，外此則惑人矣。

「夫子之文章，可得而聞也。」集注謂：「文章，德之見乎外者，威儀、文辭皆是也。」意見以「聞」字推之，又以下文「言」字證之，文章只是言語、文辭，非威儀也。若是威儀，只可言見，不可言聞。

「雍也，可使南面。」集注謂：「南面者，人君聽治之位，言仲弓寬洪簡重，有人君之度也。」意見以爲，南面不止爲人君聽治之位，而諸司衙門亦皆南面也。仲弓縱有寬洪簡重之度，聖人未必許其可使居人君之位，不過許其可使居南面爲正官也。集注之言，似爲過矣。觀仲弓居敬行簡以臨其民之言，可見不過爲親民官耳。

「據於德，依於仁。」若依集注解二句，辭雖殊而意則一，使學者如何體認用功？意見以爲，「仁」是仁者之人，「依」乃是親近之也。既執守其德，又當親近仁者，以輔成其德，即弟子章孝弟謹信，汎愛衆而親仁之意也。

「自行束脩以上，吾未嘗無誨焉。」意見以爲，聖人非爲束脩之禮而教人，且束脩亦非贄見之物。蓋言能自行檢束，修治其身者，是爲謹飭之人，有受教之地。「吾未嘗不誨焉。否則，誨之亦不入。故不誨焉。」即下章「不憤不啓，不悱不發，舉一隅不以三隅，反則不復也」之言而觀之，則知聖人之教人，不論束脩禮之有無也。又按：後漢馮衍傳注：「束脩，謂約束修身」，又可見非禮之物也。

「聖人，吾不得而見之矣。得見君子者，斯可矣。」且孔子嘗以「君子哉」許蘧伯玉、南宮適及子賤矣。今而曰：「聖人吾不得而見之矣。得見君子者，斯可矣。」似乎當時此三君子皆不在也。其他君子雖有之，而未之見耳，故發此歎。

「若聖與仁，則吾豈敢？抑爲之不厭，誨人不倦。」集注釋「爲之」謂「爲仁聖之道」。意見以爲，孔子既不敢當仁聖之名，又豈肯言我爲仁聖之事而不厭，以仁聖之道誨人而不倦乎？爲之「爲」猶學也。

「君子所貴乎道者三：動容貌，斯遠暴慢矣；正顏色，斯近信矣；出辭氣，斯遠鄙倍矣。籩豆之事，則有司存。」意見以爲，「斯」猶「須」也，是用力的字。動容貌須要遠暴慢，正顏色須要近信，出辭氣須要遠鄙倍。此乃君子之所當貴重者。若籩豆之事，則有司之所當管，非君子之所貴也。或以「斯」爲「不勉強」、「自然如此」，恐未安。

「仁以爲己任，不亦重乎？死而後已，不亦遠乎？」意見以爲，仁者，心之全德，當以爲己任。如人君付我以重任，我則盡心力爲之，雖過大利害亦不辭，豈不重乎？然既爲之，不可始勤終怠，必鞠躬盡瘁，至死而後已，豈不遠乎？

「興於詩」，意見以爲，詩本性情，有邪有正，讀之可以興起其好善惡惡之心，故曰「興於詩」。所謂詩可以興者，此也。「立於禮」，禮以謹節，文有曲禮、經禮，人能知之，則敬慎威儀，言動無失，可以立於鄉，立於朝，故曰立於禮。所謂「不知禮，無以立」者，此也。「成於樂」，樂以和神人，用之於郊廟，則祖考來格；用之於燕享，則賓主情洽。不特此也，事無大小，非和不成。故曰「成於樂」，諺所謂「筵前無樂不成歡」者，豈異此乎？集注謂學之初、學之中、學之終。若然，則是學之初不可立於禮，學之中不可成於樂，學之終不可興於詩也。恐未是。

「狂而不直，侗而不愿，悾悾而不信，吾不知之矣。」意見以爲，凡人狂者多直，無知者多謹厚，無能者多誠實，此中等人也。若直而不狂，謹厚而有知，誠實而有能，此上等人也。既狂而又不直，既無知而又不謹厚，既無能而又不誠實，全無可取，此下等人也。聖人曰「吾不知之」者，忠厚之意也。

「巍巍乎，其有成功也。煥乎，其有文章。」意見以爲：蓋謂成功中而有文章，非成功之外而別有文章也。

「禹，吾無閒然矣。〔二〕非飲食而致孝乎鬼神，惡衣服而致美乎黻冕，卑宮室而盡力乎溝洫。禹，吾無簡然矣〔三〕。」意見以爲，後之有天下國家者能如此，誰得而非議之乎？

〔二〕「吾無閒然矣」：齊魯本卷之八作「吾無間然矣」。
〔三〕「吾無簡然矣」：齊魯本卷之八作「吾無閒然矣」。

「子罕言利。孟子曰：何必曰利。」意見以爲，不須如此。若其事利於人，亦利於己，不害於衆，則當決意爲之，切不可以利字爲嫌而不行也。

「仰之彌高，鑽之彌堅，瞻之在前，忽焉在後。」意見以爲，顔子領夫子博約之教有得之後，追述在前未領聖教之時，以聖道爲高也。仰之，則彌高而不可見，以爲堅也；鑽之，則彌堅而不可入；瞻之若在前，忽焉若在後，蓋言己無定見，非聖道之有高堅前後也。集注謂：「此顔子深知夫子之道無窮盡，無方體而歎之也。」若然，則爲人君「止於仁」、爲人臣「止於敬」、爲人父「止於慈」、爲人子「止於孝」，與國人交「止於信」，非道歟？「知止而後有定」，又非道歟？

「出則事公卿，入則事父兄，喪事不敢不勉，不爲酒困，何有於我哉？」意見以爲，衆人只道聖人無所不能，盡觀於此言，恐聖人亦有未能盡處，非謙辭也。

「可與共學，未可與適道」，言人有與之共學以窮其理，而未可與之共行其道者。「可與適道，未可與立」，言人有可與之共行其道，而未可與之卓立乎其事而不爲事物之所搖奪者。「可與立，未可與權」，言人有可與之卓立乎其事，而未可與之權其輕重以適宜者。竊意此章與孟子論善、信、美、大、聖、神，又與「有事君人者」、「有安社稷臣者」、「有天民者」、「有大人者」，皆論人品之不同也。

「先進於禮樂，野人也。後進於禮樂，君子也。」集注謂：「先進於禮樂，文質得宜，今反謂之質樸。後進於禮樂，文過其質，今反謂之彬彬。」意見以爲，不知何所據而謂先進「文質得宜」？蓋先進於禮樂，質勝其文，故時人以爲「野人」；後進於禮樂「文過其質」，故時人以爲「君子」。或曰：何以知之？曰：商尚質，周雖尚文，其初猶因商之舊。如用之，則吾從先進。集注謂「蓋欲損過以就中也」。不然，蓋欲從質以矯其文之過也。或曰：何以言之？曰：觀「與其奢也，寧儉」與「其不遜也，寧固」，可以知聖人之意矣。

「所謂大臣者，以道事君。不可，則止。」集注謂：「以道事君者，不從君之欲。不可，則止者，必行己之志。」意見以爲，若以道事君而君不聽其言，固當去之。如不得去，則如之何？曰：「盡心」而已矣，「盡職」而已矣。用捨，惟君所命，決不阿諛取容食焉，〔二〕而怠厥事也。

「古之學者爲己，今之學者爲人。」集注謂：「爲己，欲得之於己。爲人，欲見知於人。」意見以爲，今之學者豈徒欲見知於人，恃其頗有知識，挾制人長短，議論人是非，而不顧自己長短是非者，比比皆是。所謂其終至於喪己者，此也。

「吾之於人也，誰毀誰譽？如有所譽者，其有所試矣。斯民也，三代之所以直道而行也。」意見以爲，想是當時有妄毀譽人者，故聖人言「吾之於人也，誰毀誰譽？」如有所譽者，則必當有以試之，而知其有可譽之實。因以歎今斯之民，即三代之民，而三代之民直道而行，不妄毀譽人。何今之民毀譽之過情也？集注謂：「吾之所以無所毀譽者，蓋以此民即三代之時，所以善其善，惡其惡，而無所私曲之民。故我今亦不得而枉其是非之實也。」恐非聖人之意。

「君子憂道，不憂貧。」蓋憂修齊治平之道有未能，所以不暇憂貧也。此余之所憂者，在此。

「君子有三變：望之儼然，即之也溫，聽其言也厲。」意見以爲，遠望之，則見其貌之壯；近就之，則見其色之和；聽其言語，則嚴厲而可畏。似乎有三變，實則無三變也。

石渠意見卷二終

〔二〕「決不阿諛取容食焉」：齊魯本卷之八作「決不可諛取容食焉」。

石渠意見卷三

明 三原 王恕著，邑後學李錫齡、孟熙校刊

孟子

「王亦曰：仁義而已矣，何必曰利？」意見以爲，惠王因孟子言求利之害與夫行仁義之利，遂然其言而亦曰：「仁義而已矣，何必曰利？」乃一時開悟之言，未必能行之也。蓋悅而不繹，從而不改者歟！集注謂：「重言之以結上文兩節之意。」似不通。

「無以則王乎？」集注謂：「以，已通用。無已，必欲言之而不止也。」意見以爲不然。「以」，當訓作「用」，蓋言不用論桓、文霸者之事，當論王天下之道似乎有理。

「『獨樂樂，與人樂樂，孰樂？』曰：『不若與人！』曰：『與少樂樂，與衆樂樂，孰樂？』曰：『不若與衆。』」意見以爲，上「樂」字當音洛，似乎理通。不知集注如何將下「樂」字音作洛？

「國君進賢，如不得已，將使卑踰尊，疏踰戚，可不慎與！」集注謂：「如不得已，言謹之至也。」意見以爲，國君用賢，當用尊者、親者。然或尊者、親者未必賢，不得已則用卑者、疏者之賢。將使卑者踰尊，疏者踰戚，可不慎與！若將「如不得已」解作「謹之至」，而下文又言「可不慎與」非惟辭理不順，且又重複。

「孟施舍之所養，勇也。」集注謂：「孟，姓。施，發語聲。舍，名也。」意見以爲，人姓名之中，如何用發語聲？恐非是。孟施舍，或是孟賁字。

「其爲氣也，配義與道。無是，餒也。」意見：蓋言氣配合義道，使其行之勇決而無所疑憚。若無義道，雖欲行之而氣自餒矣。然氣非道義則不充，道義非氣則不行。下文言：「是集義所生者，非義襲而取之也。行有不慊，於心則餒矣。〔二〕」是復申此一節之義。集注言：「若無此氣，則其體有所不充，不免於疑懼而不足以有爲矣。」是言「無氣則氣餒」。非是。

「人皆有不忍人之心。先王有不忍人之心，斯有不忍人之政矣。以不忍人之心，行不忍人之政，治天下可運之掌上。」集注以「人皆有不忍人之心」做一節解，是也。以「先王有不忍人之心」至「運之掌上」做一節解，似無分曉，且說辭不明白。所以，學者將後一節都說做先王的事，似無勸勉後人之意。意見以爲，將「先王有不忍人之心，斯有不忍人之政矣」做一節解，是說先王能之。「以不忍人之心，行不忍人之政，治天下可運之掌上」，言不難也。如此似明白易曉。

「或問井田之法，今可行乎？」意見以爲不可。曰：「何也？」曰：「今之時，人稠地狹，欲人人授田百畝，其可得乎？」曰：「何必百畝？或五十畝，或七十畝，使彼此均一，即井田之意。」曰：「戶口年年有消長，苟欲均之，必須年年取勘分授，經畫疆界。若然，則官民不勝其煩勞，又且妨誤農業，〔三〕受田之人必曰：『此田今年屬我，明年不知又屬何人？』由是人懷苟且之心，怠於耕作糞壅，田必瘦矣。」曰：「十年一分，可乎？」曰：「十年一分，止可均一年，其後戶口有消長，則又不均矣。」

或曰：「龍子曰：『治地莫善於助，莫不善於貢。』是知貢者，非取民之善者也。今之賦稅，何以踵而行之？」意見以爲，若隨歲之豐凶而取之，奸詐之徒瞞官作弊，賦稅年年有減而無增，將何以給軍國之用乎？今之賦稅，雖曰踵貢法而行

〔二〕「於心則餒矣」：齊魯本卷之八作「心則餒矣」。

〔三〕「又且妨誤農業」：齊魯本卷之八作「又旦妨誤農業」。

之，一遇災傷，則爲之減除賦稅，則又似助法之意也。

「子產聽鄭國之政，以其乘輿濟人於溱、洧。孟子曰：『惠而不知爲政』。」意見以爲子產乃鄭之賢大夫，其使民也義，其養民也惠，豈不能造橋梁？而以乘輿濟人於溱洧者，蓋橋梁壞而造未成，權時之用，非經久事也。孟子以謂〔一〕「惠而不知爲政」，不亦過乎？

「君子深造之以道，欲其自得之也。自得之，則居之安。居之安，則資之深。資之深，則取之左右逢其原。故君子欲其自得之也。」意見以爲，此章注釋雖不差，但辭語深遠，初學難曉。依注作文亦不失旨，求之於心，欲其怡然理順，渙然冰釋，則未也。且以讀書一事，俗說便曉其意。深造之以道者，只如今日讀一受書，讀了又讀，讀之熟者，欲其不用思想，自然得之於心也。自得之則不能忘失，是居之安矣。明日讀一受書，又如前不忘失，則積之多，是資之深矣。積之既多，是以人問之左則左應，問之右則右應，應如水之有原，不窮也。〔二〕故讀書「欲其自得之也」。

「君子之澤，五世而斬。小人之澤，五世而斬。」集注謂：「澤，猶言流風餘韻也。」意見以爲，流風餘韻，雖百世不絶，五世烏得绝乎？如云：「奮乎百世之上，百世之下聞者莫不興起也。」其言「聞」者，蓋聞流風餘韻也。今曰「五世而绝」，恐非「流風餘韻」也。「澤」，蓋謂人之色澤也。以父子相繼爲一世言之，五世不過百年。人身死百年之後，面貌色澤無人得見，故曰「五世而斬」。當孟子之時，孔子卒將百年，孟子必不得見，故曰：「予不得爲孔子徒也，予私淑諸人也。」言予雖不得爲孔子徒，予私淑諸人而得聞其道也。觀于此及觀終篇「然而無有乎爾，則亦無有乎爾」之言，可見孟子自任道統之意。

「曹交問曰：『人皆可以爲堯、舜，有諸？』孟子曰：『然。』『交聞文王十尺，湯九尺，今交九尺四寸以長，食粟而已，

〔一〕「孟子以謂」：疑爲「孟子以爲」之誤。

〔二〕「應如水之有原，不窮也」：齊魯本卷之八作「應如水之有原，不窮上」。文海本卷之八作「應如水之有原，不窮也」。

如何則可？』」意見以爲，曹交此問，亦可謂知所向慕，而謙己好學之心已躍然矣！故孟子答之曰：「奚有於是？亦爲之而已矣。」以至終章皆教之之意，似無貶辭。而集注謂：「曹交事長之禮既不至，求道之心又不篤，故孟子教之以孝弟，而不容其受業。」不知何所據？既曰「教之以孝弟」，又曰「不容其受業」，不知所謂「業」者何事也？似乎抑揚太過，非惟不知曹交，而亦錯認孟子教交之意矣。

「盡其心者，知其性也。知其性，則知天矣。」意見蓋言人能竭盡其心，思而窮究之，則能知其性之理。蓋性乃天之所命，人之所受，其理甚微，非盡心而窮究之，豈易知哉？既知其性，則知天理之流行而付於物者，亦不外是矣。與下文「存其心，養其性，所以事天也」文勢相同。集注言：「人有是心，莫非全體。然不窮理，則有所蔽，而無以盡乎此心之量。故能極其心之全體而無不盡者，必其能窮夫理而無不知者也。」是言知性乃能盡心，不無顛倒，又與下文文勢不同，恐未安。

「人之有德、慧、術、知者，恒存乎疢疾。」集注言：「人必有疢疾，則能動心忍性，增益其所不能也。」意見以爲，此說似非此章本旨，且無「恒存」之意，又與下文意不相屬。詳其文理，蓋言人之有德、慧、術、知者，常存思患預防之心，故能免其憂患。惟獨孤臣孽子身處憂患之地，故其操心也尤危，其慮患也尤深，故能於事理無不通達，似是本意。

「子莫執中，執中爲近之。」意見以爲，蓋言子莫執中爲近於道也，與孔子稱「回也，其庶乎」之意同，是許之之辭，非貶之也。「執中無權，猶執一也」是泛說，非說子莫不知。集注何以曰：「子莫執爲我兼愛之中而無權」？程子又曰：「中不可執也。」若然，則堯、舜、禹「允執厥中」，皆非也！

「久假而不歸，惡知其非有也。」集注：「竊其名以終身，而不自知其非眞有。或曰：『蓋歎世人莫覺其僞者』，亦通。舊說『久假不歸，既爲眞有』，則誤矣。」意見以爲，「久假而不歸，惡知其非有」，蓋設言人能久假仁義而不歸，則仁義即此而在矣，安知其非眞有也？是由勉強而至於自然也。推此，則舊說亦有理，不爲誤矣。

「有伊尹之志則可，無伊尹之志則篡也。」意見以爲，伊尹相湯以王天下，湯崩之時，託孤之命不付之伊尹而付之誰歟？是以太甲之放、之歸，伊尹必有所受，非擅爲也。使其不受湯之付託，雖有其志，何敢爲哉？

「好名之人，能讓千乘之國。苟非其人，簞食豆羹見於色。」集注謂：「本非能輕富貴之人，則於得失之小者，反不覺其真情之發見矣。」意見以爲，苟非好名之人，雖一簞食、一豆羹必見於色，似是。

石渠意見卷三終

石渠意見卷四

明 三原 王恕著　　邑後學李錫齡、孟熙校刊

易經[一]

程子易傳發明四聖畫卦、繫辭與夫贊易之旨，極爲詳悉。朱子謂：「易乃卜筮之書。是以解易只就卜筮上説，以便占者之稽疑，故謂之本義。」然不讀程傳，則義理之精微不明；不讀本義，則卜筮之奥妙無考。是知二子之傳、義可參考而不可偏廢也。正統以前，學者於傳、義俱讀。場屋文字，或主程傳或主本義俱取。其後，主司偏見，主本義者取之，主程傳者不取。遂使學者不看程傳，只讀本義。坐此書房，只將本義刊印發賣，而程傳初學之士有未之見者。噫！易之書廣大悉備，變化無窮。大而修齊治平之理，小而宴飲起居之節，靡不該載，故爲六經之首，卜筮云乎哉。

九三：「君子終日乾乾，[二]夕惕若厲，无咎。」蓋言九三，君子處危疑之地，將何爲哉？惟終日乾乾不息，以進德修業爲事。至夕雖可休矣，而其心猶惕然不放，故雖處危地而无過咎也。

「大明終始，六位時成。時乘六龍以御天。」意見以爲，聖人大明乾卦終、始之二爻，則其中之四爻亦無不明也。既明之，則見其六爻之位，各以時而成也。六龍，即潛見躍飛之六龍也。聖人時乘六龍，當潛則潛，當見則見，或躍或飛，俱不違

[一]「易經」：齊魯本卷之八和文海本卷之八均作「易」。
[二]「君子終日乾乾」：齊魯本卷之八作「君乎終日乾乾」。

乎時，是以能當天運也。讀者當以傳、義並觀，而「始即元，終即貞」之説，可不必用。「初九、九二之半，即所謂元；九二之半與九三，即所謂亨；九四與九五之半，即所謂利；九五之半與上九，即所謂『貞』」之説，尤不可曉。

「君子進德修業。忠信，所以進德也。修辭立其誠，所以居業也。」本義謂：「雖有忠信之心，然非修辭立誠，則無以居之。」亦不見發明「居」字之義，不知所「居」者何事？近來學者多以居之謂「居忠信」。意見以爲不然。「居業」，蓋謂處事也。「修辭立其誠」，所以能處事也。若言語不誠實，豈能處事乎？

「乾，始能以美利利天下。不言所利，大矣哉！」意見以爲，程傳與本義二説不同。程傳爲是。

「君子學以聚之，問以辨之，寬以居之，仁以行之。」意見以爲，「學以聚之」，廣其見聞也。「問以辨之」，別其是非也，致知事也。「寬以居之」，從容處之也。「仁以行之」，不爲私意繫累而爲之，力行事也。

損卦：「損兑澤之深，益艮山之高；損下益上，損内益外，剥民奉君之象」，故爲損。曰：「賦税，國之所需，民之所供，若不取諸下，上何由足？」曰：「什一而税，天下之中正也」。不過什一，不爲剥民。過什一，則是剥民也。

益卦：「損上卦，初畫之陽；益下卦，初畫之陰」，是爲益。象曰：「損上益下，民説無疆。」曰：「上之所用，皆下之所供，若不用下之供，而專以上之所有賚於下，民固説矣。不知上之所有，從何來？」曰：「不是全不要下之供，只是以常賦取之耳。倘遇災荒，民有不足，則散所積以賑之，便是損上益下，民心自然悦懌，豈有窮盡？」

「君子以施禄及下，居德則忌。」程傳謂：「居德，安處其德，則約也。忌，防也，謂約立防禁。有防禁，則無潰散也。」本義謂「居德則忌，未詳」。意見以爲，當決，決之時，君子體之，則當施恩澤以及下。若自以爲德，則人必疾忌之，似爲得之。

「聖人之大寶曰位。何以守位？曰仁。」意見以爲：天下之寶莫大於天子之位。以聖人居天子之位，則九州四海罔不臣妾，九夷八蠻莫不朝貢，其爲寶孰加焉？然欲守大寶之位，必須得人心。苟得人心，則是位非止一身可以久居，而聖子神孫亦可以相繼而居之矣。若失人心，則一身尚不能保，何敢望百世之弗替乎？省刑薄賦，顯忠遂良，得人心之道也。

窮奢極欲、信讒說色，失人心之道也。有天下國家者，可不戒哉！

書經〔一〕

「金作贖刑。」蔡傳謂：「蓋罪之極輕，雖入於鞭撲之刑，而情法猶有可議者也。」然罪既極輕，則用鞭撲之刑，不知又有何情法之可議，而以金贖之？恐未是。意見以爲，「金作贖刑」，蓋贖老幼篤廢之不能受刑者。

「稽于衆，〔二〕捨己從人」：「不虐無告，不廢困窮。惟帝時克。」人皆謂：「稽於衆人之言，捨己從人也。」意見以爲，考於衆人之中，捨己從人，不虐無告，不廢困窮。惟帝堯能之，我豈能也？益曰：「帝德廣運，乃聖乃神，乃武乃文。皇天眷命，奄有四海，爲天下君。」蓋益因舜尊堯而遂美舜之德以勸之，言不特堯能如此，帝亦能如此。此說最是，不必致疑。上文「祗承於帝」，是禹言敬承於舜，舜既謙言惟帝堯時克。益若又歸美帝堯，則顯得舜不及堯，而不足爲君也。舊說非是。

「皋陶曰：都在知人，在安民。禹曰：籲，咸若時，惟帝其難之！知人則哲，能官人。安民則惠，黎民懷之。能哲而惠，何憂乎驩兜？何遷乎有苗？何畏乎巧言、令色、孔壬？」意見以爲，堯「若能哲而惠，何憂乎驩兜？何遷乎有苗？何畏乎巧言、令色、孔壬？」惟其不能，是以有憂，遷且畏也。蔡傳言：「能哲而惠，則智仁兩盡，是三者舉，不足害吾之治。」極言仁智功用如此其大也。不說堯不能，卻以能者言之，似乎支離。

「天聰明，自我民聰明。天明畏，自我民明威。達於上下，敬哉有土。」蔡傳言：「天人一理，通達無間。〔三〕民心所存，

〔一〕「書經」：齊魯本卷之八和文海本卷之八均作「書」。
〔二〕「稽于衆」：齊魯本卷之八和文海本卷之八均作「稽丁衆」。
〔三〕「通達無間」：齊魯本卷之八和文海本卷之八均作「通達無間」。

即天理之所在。而吾心之敬，是又合天民而一之者也。有天下者，可不知所以敬之哉！」語意含糊，人所難曉。意見以爲，言人君所行之善惡在乎民，民之喜怒通乎天，民喜則天喜而降之祥，民怒則天怒而降之殃。有國家者可不敬哉！如此說似乎明白易曉。

皋陶謨，碧梧馬氏曰：「此篇首尾皆與禹問答。而謂之『謨』者，實陳於帝之前也。」意見以爲，此謨是禹受命居攝時，皋陶爲禹陳之，非陳於帝之前也。若陳於帝之前，如何帝無一言問答？

益稷，傳謂：「今文合於皋陶謨。帝曰：『來，禹！汝亦昌言。』正與上篇末文勢接續。古者，簡册以竹爲之，而所編之簡不可以多，故釐而二之，非有意於其閒〔一〕也。以下文禹稱益稷二人佐其成功，因以名篇。」意見以爲，益稷是雜記典謨之未備者。故不曰「典」，亦不曰「謨」，而以篇內益、稷二字名其篇。若依林氏之說，則謨之一字似無意思。若以爲皋陶謨、益稷文勢接續，以其「所編之簡不可以多，故釐而二之」，則當均分爲二。今計皋陶謨止有三百五十九字，益稷有六百二十字，其非釐而二之也明矣。

「下管鼗鼓」，蔡傳以「下」謂「堂下之樂也」。意見以爲不然。柷敔非堂下樂，而亦列於鼗鼓之下，可見非堂下樂也。下管恐是樂器名。

「王敬作所，不可不敬德。」蔡傳謂：「所猶所，其無逸之所。王能以敬爲所，則動靜語默，出入起居，無往而不居敬矣。不可不敬德者，甚言德之不可不敬也。」意見以爲，王既以敬爲處所，又言「不可不敬德」，似乎既稱其能敬，又以「不可不敬」勉之也，似不通。意見以爲，觀洛誥王曰：「公不敢不敬天之休，來相宅」之言，則知「所」即處所之所，指洛邑而言。蓋言王既敬天之休，而作此洛邑，不可不敬德。苟不敬德，雖有洛邑不足恃。蓋勉之也，似乎順。

「文王卑服，即康功、田功。」意見以爲，蓋言文王以卑賤之事自服役也。康功、田功，即其事也。言此可見文王之無

〔一〕「非有意於其閒」：齊魯本卷之八和文海本卷之八均作「非有意於其間」。

逸，非言其儉也。蔡傳謂：卑服，猶禹所謂惡衣服也。且宫室可言卑，衣服豈可言卑乎？

詩經[一]

「南有喬木，不可休息，漢有游女，不可求思。」傳謂：「上竦無枝曰喬。」意見以爲，「喬」字只可訓「高」字。若「上竦無枝」解「喬木」之喬或可，解「喬嶽」之喬則説不通矣。言「上竦無枝」者，蓋遷就不可休息而解之也。何必如此？只説南有喬木，本可以休息，今則不可以休息矣；漢有游女，本可以求之，今則不可求之矣，亦自明白通暢。

「投我以木瓜，報之以瓊琚。匪報也，永以爲好也。」傳言：「人有贈我以微物，我當報之以重寶，而猶未足以爲報也。」意見以爲，不知更將何物爲可報乎？蓋言不以是爲報也，其意欲彼懷我德，長以爲好而不忘耳。此似歌詠交鄰國之道之詩，非男女相贈答之辭。又「蒹葭蒼蒼，白露爲霜。所謂伊人，在水一方。遡洄從之，道阻且長。[二]遡遊從之，宛在水中央。」傳謂：「此詩不知何指。」意見以爲，似聘隱者不得，而行人歌之之詩。

春秋

春秋者，魯之所以名史也。孔子修春秋者，修魯史也。作魯史者何人？曰魯太史也。魯太史爲誰？曰左丘明也。左丘明既作魯史，孔子何爲而修焉？且史爲記事之書，左丘明作史，特記其事耳，而未嘗褒善貶惡，以示勸懲。孔子修之，

[一]「詩經」：齊魯本卷之八和文海本卷之八均作「詩」。
[二]「道阻且長」：齊魯本卷之八和文海本卷之八均作「道阻長」。

其於善者則褒之，榮於華衮。其於惡者則貶之，嚴於斧鉞。或於諸侯則書其名，於大夫則書其字。賞功罰罪，明白無隱，以示勸懲於將來。孟軻氏所謂「孔子修春秋，而亂臣賊子懼」者，此也。以此言之，則是孔子因左丘明所作魯史而修之也，何爲以左氏爲傳，而與公羊傳、穀梁傳並傳？今觀公羊、穀梁傳不過發明孔子筆削褒貶之意，未嘗外左氏所記之事而鑿空爲之說。此左氏不可爲傳一也。孔子曰：「巧言、令色、足恭，左丘明恥之，丘亦恥之。匿怨而友其人，左丘明恥之，丘亦恥之。」觀此，則知左丘明生乎孔子之前，而爲孔子之所敬信者也。不應生乎後者爲之經，而生乎前者爲之傳以釋經也。此左氏不可爲傳二也。然則誰爲之歟？曰此必子貢之徒續經而以左氏爲傳，以尊孔子也。且孔子因魯史以修春秋，正猶朱文公因温公通鑑而作綱目也。自漢以來至宋歐陽修、劉恕等，皆說左傳是左丘明作。近世人卻說不是左丘明，不知是何人。若是别人有如是筆力，如何不著名？詳此，其爲左丘明也無疑矣。

宣公二年經云：「趙盾弒其君。」左氏記其事甚詳，謂：「晉靈公不君，趙盾等諫。不聽，欲殺趙盾，盾走而免。趙穿弒靈公，盾未出山而復。太史董狐書曰：『趙盾弒其君』，以示於朝。盾曰：『弒君非我也。』對曰：『子爲正卿，亡不越竟，反不討賊，非子而何？』盾曰：『我之懷矣，自貽伊慼，其我之謂矣。』孔子曰：『董狐，古之良史也。書法不隱。趙宣子，古之良大夫也，爲法受惡。惜也！越竟乃免。』」意見以爲，此時孔子尚未生，不知此言從何來？蓋孔子後來修春秋時，論之而附於傳內，必非左氏所記之言。又襄公三十一年，子産答然明「何爲毁鄉校」之言，有曰：「夫人朝夕退而游焉，以議執政之善否，其所善者，吾則行之，其所惡者，吾則改之。是吾師也，若之何毁之？我聞忠言以損怨，不聞作威以防怨。豈不遽止？然猶防川，大決所犯，傷人必多，吾不克救也。不如小決使道，不如吾聞而藥之也。」然明曰：「蔑也，今而後知吾子之信可事也。小人實不才。若果行此，其鄭國實賴之，豈惟二三臣？」仲尼聞是語也，曰：「以是觀之，人謂子産不仁，吾不信也。」意見以爲，當時孔子方十歲，豈能聞是語而爲是言？蓋亦後來論之也。

禮記

「五十養於鄉，六十養於國，七十養於學，達於諸侯。」意見以爲，雖止云「五十養於鄉」，而六十、七十之庶老居於鄉者，有德行可以爲一鄉之表率者，亦不可不養於鄉學，以厲風俗也。若七十以上有德有爵之國老，可以爲天子之師者，則養之於太學，以問治道。其養也，或歲一行之，或二行之，非常行也。漢明帝以李躬爲三老，桓榮爲五更，後周武帝以于謹爲三老。其禮，天子有迎拜跪，設醬豆親自袒割，跪授爵，以酳公卿；有捨席施几、正舄、祝哽、祝噎之禮。然後天子問道，三老答焉。

「六十歲制，七十時制，八十月制，九十日修。惟絞紟衾冒，死而後制。」集說謂：「此言漸老則漸近死期，當預爲送終之備也。歲制謂棺也，不易可成，故歲制。衣物之難得者，須三月可辨，〔一〕故云時制；衣物之易得者，則一月可就，故云月制。至於九十，則棺、衣皆具，無事於制作，但每日修理之，恐或有不完整也。」意見以爲，人至六十，棺、椁、衣、衾皆當歲制也。至七十，棺、椁、衣、衾皆當時制也。至八十，棺、椁、衣、衾皆當月制也。至九十，棺、椁、衣、衾皆當日修也。若六十者，止制棺椁，不制衣衾。倘有不諱，止有棺椁，而無衣衾可乎？謂之歲制、時制、月制者，蓋死期愈近，而備之愈速也。

石渠意見卷四終

〔一〕「須三月可辨」：顯系「三月可辦」之誤。

石渠意見拾遺卷上

明三原王恕著　邑後學李錫齡、孟熙校刊

中庸

「中也者，天下之大本也。和也者，天下之達道也。」意見以爲，天下之事，處之得中則成，不得中則不成，故中爲天下處事之大本。天下之事，行之以和則行，不和則不行，故和爲天下行事之達道。此雖俗説，似爲得之。

「南方之強」不及乎中，「北方之強」過乎中。惟「和而不流」，「中立而不倚」。「國有道，不變塞焉」。「國無道，至死不變」。合乎中而爲，君子之強國有道，不變塞焉。國無道，至死不變，則是夷險一節。守死善道尤爲難也，非勇於義者不能也。

「道不遠人。人之爲道，而遠人不可以爲道。」意見以爲，此章言治人之道，而此三句爲之綱。己之能知能行，人亦能之。己之不能，人亦不能。是己之道，曷嘗遠於人哉！人之行道不能推己度物，而以人之難知難行之事治人，則是不近人情，而遠人以爲道也，則非所以爲道矣。注謂：「若爲道者，厭其卑近，以爲不足爲，〔一〕而反務爲高遠難行之事，則非所以爲道矣。」恐非本義。

詩云：「伐柯伐柯，其則不遠。」此豳風之詩，引之以喻道不遠人也。

〔一〕「以爲不足爲」：齊魯本卷之九和文海本卷之九均作「以不足爲」。

「執柯以伐，柯睨而視之，猶以爲遠。」此釋詩之詞，以喻人之爲道而遠人也。

「故君子以人治人，改而止。」言君子以人之可知可能之事，治人之不知不能者，使之能知能行而已。此不遠人以爲道也。

「忠恕違道不遠。施諸己而不願，亦勿施於人。」言忠恕去治人之道爲不遠。施諸己而不願，亦勿施於人，忠恕之事也。知己之所欲，人亦欲之；己之所不欲，人亦不欲。若以此心治人，人其有不改乎？

「君子之道四，丘未能一焉。所求乎子以事父，未能也；所求乎臣以事君，未能也；所求乎弟以事兄，未能也；所求乎朋友先施之，未能也。庸德之行，庸言之謹；有所不足，不敢不勉；有餘不敢盡；言顧行，行顧言；君子胡不慥慥爾！」意見以爲，孔子聖人也，於此四者，豈真未能也？今而曰「丘未能一焉」者，蓋謙己以勉人也。「慥慥」，言行相顧貌。孔子言我於事父、事君、事兄、先施之道雖未能，而於平常之德無不行，平常之言無不謹；行或不足，不敢不勉；言或有餘，不敢盡言。言焉必顧其行，恐其言過於行也；行焉必顧其言，恐其行不及言也。我致謹於言行如此，凡爲學之君子，何不言行相顧乎？蓋勉之也，非贊美之也。注謂：「君子之言行如此，豈不慥慥乎？贊美之也。」語意欠通，未敢以爲然。

「敬其所尊，愛其所親，事死如事生，事亡如事存。」意見以爲，「所尊」、「所親」蓋謂先王存時所尊、所親之人。先王雖沒，其人尚在，猶當敬之，愛之。此亦「事死如事生，事亡如事存」也。如云「父母之所愛亦愛之，父母之所敬亦敬之」，言孝子於親之所尊所親之人愛之，敬之，無間於生死存亡也。〔二〕若言「所尊謂先王之祖考」，且先王之祖考則沒在先王之前，已在廟祀之中，其所當敬也，有不待言矣。注謂「所尊，先王之祖考」，未安。

「誠者自成也，而道自道也。」誠，實也，言人之心無不實，乃能自成其身。而道之所在我者，自無不行矣。注：「以誠

〔二〕「無間於生死存亡也」：齊魯本卷之九和文海本卷之九均作「無間於生死存亡也」。

與道對言，以人與物爲二事。」意見以爲，「而」之一字以連上接下，言分而言之，〔二〕恐非也。

「誠者，物之終始，不誠無物。是故君子誠之爲貴。」意見以爲，物猶事也。蓋言人之誠實者，作事自然有始有終者。不誠實者，則雖有所爲，始勤終怠，所以成不得事。故曰「不誠無物」，故君子以誠之爲可貴也。若依集注說，則上下不貫穿，吾未敢以爲是。

「誠者，非自成己而已也，所以成物也。成己，仁也；成物，知也。性之德也，合內外之道也。故時措之宜也。」章首：「誠者，自成也。」注謂：「誠者，物之所以自成。」觀此「誠者，非自成己而已也」，則知章首「誠者」乃人之所以自成，非物之所以自成也。「成己，仁也；成物，知也。」仁、知皆吾性固有之德，而無內外之殊。然己內也，物外也。成己成物，則合內外之道而一之者，誠也。誠之成己、成物，隨時措之，無不得其宜也。

「萬物並育而不相害，道並行而不相悖，小德川流，大德敦化，此天地之所以爲大也。」注謂：「所以不害不悖者，小德之川流；所以並育並行者，大德之敦化。」意見以爲，「小德川流」蓋言「萬物並育而不相害，道並行而不相悖」，如川之流，脈絡分明而往不息也。「大德敦化」蓋言天地無不持載，無不覆幬，敦厚其化，根本盛大而出無窮也。

孟子

「無已，則有一焉。」注謂：「無已，解見前篇。」前篇：「無以則王乎？」注謂：「以，已通用。『無已』，必欲言之而不止也。」意見以爲，前篇「無已則王乎」，蓋言不用說齊桓、晉文霸者之事，當言王道，故下文曰：「德何如則可以王矣？」此言「無已」蓋言不得已也。孟子因滕文公事齊、事楚之問，則曰：「是謀非吾所及也」。「無已」，不得已，則有一事：

〔二〕「言分而言之」：齊魯本卷之九和文海本卷之九均作「分而言之」。

「鑿斯池也，築斯城也，與民守之，效死而已。」以與已字不同，意亦不同。各從本文解爲是，通用則不是。

「齊卿之位，不爲小矣。」注謂：「王驩，蓋攝卿以行，故曰齊卿。」意見以爲，上文「孟子爲卿於齊，出弔於滕」，王驩爲「輔行」，則副使也，又何以攝齊卿？「攝齊卿」之說未安。蓋言孟子居齊卿之位不爲小，何以不滿意，不與王驩言？

「聖人既竭目力焉」，已知方員平直，猶恐未的，又用規矩、準繩以校之，其爲方員平直也，的然無差矣。「既竭耳力焉」，已知五音也，猶恐未的，又用六律以正之，其爲五音也，的然不謬矣。「既竭心思焉」，已可以仁民矣，猶恐澤不及民，又行「不忍人之政，而仁覆天下矣」。意見以爲，如此說似是本文之意。集注謂：「古之聖人，既竭耳目心思之力，然猶以爲未足以遍天下及後世，故制爲法度以繼續之，則其用不窮，而仁之所被者廣矣。」此擴充而言之，非本義也。

「博學而詳說之，將以反說約也。」注謂：「有以反而說到至約之地。」意見以爲，「反說約」蓋謂反復詳說，以求其要約而行之也。

「言無實，不祥。不祥之實，蔽賢者當之。」意見以爲，或曰「言無實，不祥。故蔽賢者爲不祥之實」爲是。

「君子不亮，惡乎執？」注謂：「惡乎執，言凡事苟且，無所執持也。」意見以爲，此必有爲而言，蓋言「君子言不必信，何必固執也」以通。[一]

「親親，仁也。敬長，義也。無他，達之天下也。」意見以爲，此承上文而言親親之爲仁，敬長之爲義，而仁義無他道，惟此二者而已，乃天下人人之所能知、能行者也。

「食之以時，用之以禮，財不可勝用也。」注謂：「教民節儉，則財用足矣。」意見以爲，上之人自能節儉，方可教民節儉。若奢用，則取於民無制，何以能教民乎？

「人能不以飢渴之害爲心害，則不及人不爲憂矣。」意見以爲，此言人能不以飢渴貧賤動其心，則大本立，而過人遠矣。

[一] 「『何必固執也』以通」：齊魯本卷之九和文海本卷之九均作「『何必固執也』亦通」。

其他小事末節雖不及人，不爲憂矣。

「口之於味也，目之於色也，耳之於聲也，鼻之於臭也，四肢之於安佚也，性也。有命焉，君子不謂性也。仁之於父子也，義之於君臣也，禮之於賓主也，智之於賢者也，聖人之於天道也，命也。有性焉，君子不謂命也。」意見以爲，前五者，雖性之所欲，然得不得，有命焉。故君子不說性，須要聽乎命也。後五者雖命有得不得，然皆吾性之固有。故君子不說命，須要盡乎性也。

「動容周旋中禮者，盛德之至也。哭死而哀，非爲生者也。經德不回，非以干祿也。言語必信，非以正行也。」注謂：「細微曲折，無不中禮，乃盛德之至。自然而中，而非有意於中也。經，常也；回，曲也。三者亦皆自然，非有意而爲之也，皆聖人之事，性之之德[一]也。」意見以爲，「動容周旋中禮者，盛德之至也」，是「聖人之事，性之之德也」。「哭死而哀」以下三者，皆天理之當然，君子所以復其性反之之事也，故曰「君子行法以俟命而已矣」。何也？「哭死而哀」言哭死當哀，非爲生而哀也。「經德不回」，經德當不回，非以干祿而不回也。「言語必信」，言語當必信，非以正行而必信也。是皆行其天理之當然也。

石渠意見拾遺卷上終

[一]「性之之德」：疑爲「性之至德」之誤。後面的「性之之德」，亦同此例。

石渠意見拾遺卷下

明　三原　王恕著　　邑後學李錫齡、孟熙校刊

易經

「君子進德修業。忠信，所以進德也。修辭立其誠，所以居業也。知至，至之，可與幾也。知終，終之，可與存義也。」意見以爲，「忠信」謂存諸心者無不誠也。「修辭立其誠」，謂出諸口者亦無不誠也。「忠信」非德也，所以進德者，忠信也。「修辭立其誠」非業也，所以居業者，修辭立其誠也。「知至，至之」，知德之所至，而進以至之，故「可與幾」也。「知終，終之」，知業之所終，而修以終之，故「可與存義」也。以知行言之，知至、知終，似知也。至之、終之，似行也。傳謂：「知至，至之致知也。知終，終之力行也。」不能無疑。

「九五：顯比，王用三驅，失前禽，邑人不誡，吉。」傳謂：「待物之一，不期誡于居邑，如是則吉，是言上之人不期誡于居邑之人也。」本義謂：「蓋雖私屬，亦喻上意，不相警備以求必得也。」是言邑人曉得上意，不相警備以求必得我之比也。意見以爲，邑人知上之比人如開一面之網，失前禽，聽其自來自去，不相期約，皆來親輔於上，是以吉也。所謂寬則得衆也。

「方以類聚，物以羣分。」本義言：「方，謂事情所向，言事物善惡，各以類分。」是以「類聚羣分」爲一事混言之，不見言何者爲類聚，何者爲羣分。意見以爲，上文以「天尊地卑，卑高以陳，動静有常」及下文以「在天成象，在地成形」，俱是二事對言之，何獨於此混言之？恐此一節亦是以「方以類聚，物以羣分」爲二事對言之。蓋「方以類聚」，言人之向於善者聚爲

一類」;「物以羣分」,言物之善者分爲一羣,惡者分爲一羣,而善者吉,惡者凶也。

「一陰一陽之謂道,繼之者善也,成之者性也。」意見以爲,道者,化育之道也,獨陰不生,獨陽不成。故一陰一陽,乃爲化育之道。繼,續也,猶言交構也,言陰陽交構而爲胚胎,無有不善。故曰「繼之者善」也。「成」謂成形也,言已成形而五性具焉,故曰「成之者性也」。然「繼之者善」不離乎陰陽,「成之者性」亦不離乎陰陽。本義以「繼之者善」爲「陽之事」,以「成之者性」爲「陰之事」。未敢以爲然。

「顯諸仁,藏諸用,鼓萬物而不與聖人同憂,盛德大業,至矣哉!」意見以爲,萬物之生也,是彰顯造化之仁。萬物之成也,是收藏造化之用。用即仁也;生之曰仁,成之曰用;一理而已,初非有二也。「鼓萬物而不與聖人同憂」,言造化以一氣鼓動萬物,使之各遂其生成者,一自然而已。初曷嘗有心哉?非若聖人之憂國憂民之有心也。「盛德大業,至矣哉」,言天地之德,極其盛業,極其大而無以加矣。「至矣哉」者,贊美之辭也。

書經

「惇德允元,而難任人。」傳謂:「難,拒絕也。任,古文作壬,包藏凶惡之人也。」意見以爲,不必如此說,只說難於任人亦通。又與「其難」、「其慎」意同,〔一〕豈不省力?

「陟方乃死。」傳謂:「陟方,猶言昇遐也。」又云「陟方乃死,猶言殂落而死也。且乃殂落,殂落,死也。」是言帝堯之死爲「殂落」,未嘗言「殂落而死」也。若以「陟方」爲死,不當於下又言「乃死」。意見以爲,「陟」,進也。「方」,方岳也。「陟方」蓋言進於方岳,謂巡守也。史記言:「舜巡守,崩于蒼梧之野。」今零陵九疑有舜冢。當以史記之言爲是,而「陟方,猶

〔一〕「又與『其難』、『其慎』意同」:齊魯本卷之九作「又與『其進』、『其慎』意同」。

言昇遐也」之説，未爲是。

「庶頑讒説，若不在時，侯以明之，撻以記之，書用識哉，欲並生哉。」傳謂：「此因上文而慮庶頑讒説之不忠、不直也。時，是也。在時，指忠直而言。侯，射侯也。明者，欲明其果頑愚讒説與否也。」意見以爲，既知是庶頑讒説之人必不忠、不直，何必侯以明之？然「在」字當訓作「察」字，蓋言初不察識其人是庶頑讒説之人，則用侯以明之爲是。

「無若丹朱傲，惟慢遊是好，敖虐是作。罔晝夜頟頟，罔水行舟朋淫於家，用殄厥世。予創若時，娶於塗山。」傳謂：「殄，絶也。世者，世堯之天下也。丹朱不肖，堯以天下與舜而不與朱，故曰殄世。」程子曰：「夫聖莫聖於舜，而禹之戒舜，至曰無若丹朱好慢遊，作傲虐。且舜之不爲慢遊傲虐，雖愚者亦當知之，豈以禹而不知乎？蓋處崇高之位，所以儆戒者當如是也。創，懲也。禹自言懲丹朱之惡而不敢以慢遊也。」意見以爲不然。舜既爲天子矣，禹豈宜以丹朱「用殄厥世」之事戒之？蓋以是告舜，于以儆戒商均也。「予創若時」，蓋禹言：我始初時娶於塗山，生子不遑顧，既往治水，蓋因父鯀治水無功殛死，故不敢慢遊也。非懲丹朱之惡而不敢慢遊也。

「導渭自鳥鼠同穴。」傳謂：「孔氏曰：『鳥鼠共爲雌雄，同穴而處。』其説怪誕不經，不足信也。」意見以爲，其説不爲怪誕。曾聞其地人説實有是事。蔡氏不知，以爲怪誕不經，誤矣。

「説築傅巖之野，惟肖。」傳謂：「築，居也，言傅説居傅巖之野也。」孟子云：「傅説舉於版，築爲生。」二説不同。意見以爲，孟子之説爲是。何也？且「築」之爲言，擣也，謂之卜築者，言占卜築牆作舍以居之。未聞「築」訓「居」也。蔡氏之説誤矣。

「惟學遜志，務時敏，厥修乃來。允懷于茲，道積于厥躬。」傳謂：「遜，謙抑也。」意見以爲，爲學之志若謙抑，則爲之必不敏。雖引以虚受人爲説，終是與「務時敏」脈絡不貫通。蓋「遜」，從也。「遜志」猶言「從心」也，言爲學從其心志，所欲務在時。「時敏」，速以求之，則有「厥修乃來」之效。允懷于茲而不間斷，則道積于厥躬矣。

「惟教學半。念終始，典于學，厥德修罔覺。」意見以爲，師教之所及，學者止得其半。然必念茲在茲，終始常在于學而無間斷，自然浹洽透徹，不自知其德之修，斯爲學之至。傳謂：「始之自學，學也；終之教人，亦學也。」如此，則是傳說欲高宗先自學得其學之半，然後教人再得其學之半，恐非本旨。

「五皇極皇，建其有極。」傳謂：「皇，君。建，立。極，猶北極之極，至極之義，標準之名，中立而四方之所取正焉者也。言人君當盡人倫之至，以至一事一物之接，一言一動之發，無不極其義理之當然而無一毫過不及之差，則極，建矣。」意見以爲，君位曰「極」。言其至尊猶天之有北極也。故人君即位曰「登極」。君道亦曰「極」，言其至中至正，爲四方之所取正者也。謂之「建其有極」者，不特盡人倫之至，若禮樂刑政皆當建之于至中至正，使人易知易行，遵守而不敢犯。〔一〕若止盡人倫而無禮樂刑政以維持之，以勸懲之，如有強梗弗率者，將何以處之？以此言之，治天下不可無禮樂刑政。孟子曰：「徒善不足以爲政，徒法不能以自行」者，亦猶是耳。

「斂時五福，用敷錫厥庶民。」傳謂：「人君集福于上，非厚其身而已，用敷其福以與庶民，使人人觀感而化。所謂敷，錫也。」不知人君如何集福于上？意見以爲，五福在人。若無禮樂法度，則強淩弱，衆暴寡，富吞貧，或放僻邪侈，自陷于罪，豈能安享五福？惟人君建極，有禮樂刑政，是以天下之人不犯于有司，得以安享五福，則是人君收斂敷布以與之也。

「惟時厥庶民于汝極，錫汝保極。」傳謂：「當時之民，亦皆于君之極與之保守，不敢失墜，所謂錫保也。」意見以爲含糊未明。「惟時厥庶民于汝極」者，蓋言人君斂福與民，〔二〕是以當時之人，皆歸于汝皇極治道之中。「錫汝保極」者，言民皆與汝保守天位，而無離叛之心也。

「少師、少傅、少保曰三孤。貳公弘化寅亮天地，弼于一人。」傳謂：「公論道，孤弘化；公燮理陰陽，孤寅亮天地；公論於前，孤弼於後。公、孤之分如此。」意見以爲，公、孤恐非如此之分。「貳」，副也。「弘化寅亮天地」言三孤副貳，三公

〔一〕「遵守而不敢犯」：齊魯本卷之九作「遵守而不教犯」。

〔二〕「蓋言人君斂福與民」：齊魯本卷之九和文海本卷之九均作「蓋言因人君斂福與民」。

弘化寅亮，非是三公職專論道燮理，三孤職專弘化寅亮也。「弼予一人」者，言公、孤輔弼一人也，非專言孤也。〔一〕

詩經

「孑孑干旄，在浚之郊。素絲紕之，良馬四之。彼姝者子，何以畀之？」傳謂：「子，指所見之人也，言衛大夫乘此車馬，建此旌旄，以見賢者。『彼』，其所見之賢者。將『何以畀之』而答其禮，意之勤乎！」意見以爲，此詩三章，一言在浚之郊，一言在浚之都，一言在浚之城。「子」蓋指浚邑之大夫而言，言汝受命爲大夫，乘此車馬旌旄之美，出入于浚之郊、之都、之城。榮耀如此，將何以答君恩乎？若依傳說，止是見賢，未曾尊而用之，輒望其報，不亦急乎？況章内無見賢之意。

「將仲子兮，無踰我里，無折我樹杞。豈敢愛之，畏我父母。仲可懷也，父母之言，亦可畏也。」鄭氏曰：「此淫奔之辭。」意見以爲，此男子有求於女子，而女子不從，善卻之之言。然此女子亦可謂能強制其欲，而不爲他人所污矣。

「不嫁不穡，胡取禾三百廛兮？不嫁不穡，胡取禾三百億兮？不嫁不穡，胡取三百囷兮？」傳云：「一夫所居曰廛；十萬曰億。囷，圓倉也。」意見以爲，一夫耕穡，取禾三百囷或亦有之；若取三百廛、三百億，力豈能哉？曰「廛」，曰「億」者，特言其多，實無此數。讀者不可以辭害意也。

伐木三章，意見以爲，只依本文首章言朋友，次章言諸父，三章言兄弟解爲是。傳謂「次章言諸父朋友之同姓而尊者也。三章言兄弟朋友之同儕者也。」然既爲朋友，如何又言尊者又言同儕者？似乎多此說。

「南山有臺，北山有萊。樂只君子，邦家之基。樂只君子，萬壽無期。」傳謂：「此燕享通用之詩。」意見以爲，燕享朋友兄弟豈可用此乎？蓋燕享賢者之詩。

〔一〕「非專言孤也」：齊魯本卷之九和文海本卷之九均作「非專孤也」。

「湛湛露斯，匪陽不晞。厭厭夜飲，不醉無歸。」傳謂：「此亦天子燕諸侯之詩。」意見以爲：天子與諸侯，非朝覲會同不燕享。而爲長夜之飲，豈治世之禮哉？疑此乃僚友兄弟夜飲之詩，非天子燕諸侯之詩也。

「玁狁匪茹，整居焦獲。」傳謂：「焦，未詳所在。獲，郭璞以爲瓠中，則今在耀州三原縣也。」意見以爲，今三原縣有焦吳里，疑即古之焦獲而誤傳也。一統志又云：「焦獲澤，在涇陽縣西北，亦名瓠口，蓋古之焦獲藪也。」二說未知孰是。

「兄及弟矣，式相好矣，無相猶矣。」傳謂：「猶，謀也。言居是室者，兄弟相好而無相謀，則頌禱之辭也。」意見以爲，「猶」，多疑也。言兄弟相好而無相疑，無相疑猶不相計較似乎順。若「兄弟相謀」，則不弟甚矣。

「君子攸芋。」傳謂：「芋，尊大也。」芋固訓尊大，此言築室牢密，無風雨鳥鼠之害。君子居之，以爲尊且大，則不通矣。意見以爲，「芋」，猶安也。言君子居之則安，似乎意圓而辭順。

「文王在上，於昭于天。周雖舊邦，其命維新。有周不顯，帝命不時。文王陟降，在帝左右。」傳謂：「不顯，猶言豈不顯也？不時，猶言豈不時也？言文王既沒而其神在上，昭明于天，是以周邦雖自后稷始封，千有餘年，而其受天命則自今始也。夫文王在上，則其德顯矣。周雖舊邦，則其命時矣。故曰：有周豈不顯乎？帝命豈不時乎？」如此，則是言文王身沒之後而始受天命也，恐說不通。意見以爲，文王生爲西伯，其位在臣民之上，〔二〕其德昭明于天。周雖舊邦而文王始受天命，故曰「其命惟新」。「有周不顯，帝命不時」，蓋言有周繼世之君，其德不顯，則帝命不常在於周，而將移之於他姓矣。「文王陟降，在帝左右」，文王沒，其神或升或降，在上帝之左右，亦昭臨于下。爲繼世之君者，其可不修德乎？此是戒勉成王之意。若依傳注，殊無戒勉之意，是爲空言也。

「明明在下，赫赫在上。天難忱斯，不易維王。天位殷適，使不挾四方。」傳謂：「在下者有明明之德，則在上者有赫赫之命。」意見以爲，如此說，則天不難忱而王則易矣，而與下文「天難忱斯，不易維王」文理不貫通矣。蓋言人君有德無

〔二〕「其位在臣民之上」：齊魯本卷之九作「其位在臣民之」。

德，萬姓明明然觀瞻于下，天命赫赫然昭臨于上。有德則天必命之，人必歸之；無德則天必不保，人必離叛。此天之所以難忱，而王之所以不易也。「天位殷適」，言紂在天位，豈不是殷之適子乎？以其無德也，人怨天怒，遂失天下而不有四方也。如此說，似乎上下文理貫穿而不相悖，且「天位殷適，使不挾四方」，實乃「天難忱斯，不易維王」之明驗也。

「柞棫拔矣，行道兑矣。」傳謂：「柞、棫，皆叢生有刺之物，挺拔而上，不拳曲蒙密也。」意見以爲，叢生有刺之物雖挺拔使上，豈能得上而不拳曲蒙密乎？謂之「拔」者，是拔去也。拔去此物，則道路通行而無礙矣。

「虞、芮質厥成，文王蹶厥生。」蘇氏曰：「虞在陝之平陸，芮在同之馮翊。」意見以爲，平陸在大河東，芮城亦在大河東，與平陸接界。二邑田地相鄰，所以致爭也。若以爲芮在同之馮翊，卻在大河西，又繫西伯封內，與平陸隔遠，田土不相鄰，如何致爭？以此言之，芮即今之芮城，不在同之馮翊也，明矣。

「皇矣上帝，臨下有赫。監觀四方，求民之莫。維此二國，其政不獲。」傳謂：「莫，定也。二國，夏、商也。」意見以爲，「莫」蓋與瘼通用，言求民之瘼也，比求民之安定似乎順。「二國」不知所指。若謂夏、商，然當時夏國已絕六百餘年，而猶云「維此夏、商二國，其政不獲」恐說不通。況此篇八章自始至終，皆不及夏、商之事，是以知二國非夏、商也。「二國」蓋指所伐密、崇二國而言，亦不知其是否？

「下武維周，世有哲王。三后在天，王配于京。」意見以爲，哲王蓋指成、康而言。蓋言周自武王而下，世有成王、康王明哲之主以繼以續，其上又有大王、王季、文王三后在天，是以武王克配三后而作君於鎬京也，似乎明白。傳謂：「哲王通言大王、王季也。三后，大王、王季、文王也。」既以大王、王季爲哲王，又以大王、王季、文王爲三后而不言「世有」，其義未明。

「上帝不寧，不康禋祀。」傳謂：「上帝豈不寧乎？豈不康我之禋祀乎？」意見以爲，「不康」猶不堪也，蓋言上帝見后稷生之之易，其心不安，以爲不堪繼承禋祀，徒生是子，故棄之。若上帝既寧既康我之禋祀，如何又棄之隘巷，寘之平林，寘之寒冰乎？「豈不寧、豈不康」之說未安。

「上帝板板，下民卒癉。」傳謂「板板，反也。言天反其常道而使民盡病矣。」意見以爲，「上帝板板」，蓋怨天之辭，言天如板在上，不能視聽，使其君暴虐而民受其害，無所控訴也。猶今人怨天言「天無眼」、「天不開眼」也。

「咨爾殷商，天不湎爾以酒，不義從式，既愆爾止。」傳謂：「止，容止也，不可曉。」意見以爲，「義」，宜也。「愆」，過也。「止」，已也。蓋言天命爾爲君，不使爾沈湎於酒，爾不宜從而用之。若沈湎於酒，則失儀誤事而有過愆矣。爾宜止之也。

「不殄心憂，倉兄填兮。」傳謂：「倉兄與愴怳同，悲憫之意也。填，未詳。舊説與陳塵同，蓋言久也。或疑與瘨字同，爲病之義。但召旻篇内二字並出，又恐未然，姑闕之。」意見以爲，「填」，塞也。「倉兄填兮」，蓋言悲憫之意塞乎心胸之間，言其憂之甚也，亦通。

「維嶽降神，生甫及中。」傳謂：「甫，甫侯也，即穆王時作呂刑者。或曰此宣王時人，而作呂刑者之子孫也。」意見以爲，甫，即仲山甫也。然申伯、仲山甫，皆宣王時名卿，故尹吉甫於此既作詩以送申伯，而於烝民篇又作詩送仲山甫。是知甫即仲山甫也。若謂甫是甫侯，如何詩中無一言及甫侯？禮記引此詩，注云：甫是仲山甫。其非甫侯也，無疑矣。

「人亦有言，德輶如毛，民鮮克舉之，我儀圖之。維仲山甫舉之，愛莫助之。衮職有闕，維仲山甫補之。」傳謂：「愛莫助之，是以心誠愛之，而恨其不能有以助之。蓋愛之者秉彝好德之性也。而不能助者，能舉與否，在彼而已，固無待於人之助，而亦非人之所能助也。」意見以爲，「助」與「補」二字意同。前一節言德雖輕而人不能舉，唯仲山甫能舉之。後一節言人雖有愛君之心，而不能補君之闕，唯仲山甫能補之。如此分截，前後正相照應，似乎辭順理明。傳將「愛莫助之」依表記分截在上一節解，全無意味。表記多出於漢儒，恐未爲是。

禮記

「國君撫式，大夫下之。大夫撫式，士下之。禮不下庶人。」注謂：「君與大夫同途而出，君過宗廟而式，則大夫下車。士與大夫猶大夫與君也。庶人卑賤，且貧富不同，故經不言庶人之禮。」意見以爲，宗廟乃祖廟也。君過祖廟，就車上撫式而不下，大夫過君之祖廟或家之祖廟亦就車上撫式而不下，恐非禮也。此說非是。經雖不言庶人之禮，而冠昏喪祭之禮，豈專爲士大夫制乎？而以「經不言庶人之禮」解「禮不下庶人」亦非。一說「此爲相遇於途，君撫式以禮大夫，則大夫下車；大夫撫式以禮士，則士下車」之說爲是。「庶人則否，故云禮不下庶人也」之說，亦含糊不明。

「刑不上大夫。」注謂：「言不制大夫之刑，猶不制庶人之禮也。」若然，大夫犯十惡可不加刑乎？庶人於五倫及昏喪可無禮乎？言「不制大夫之刑，猶不制庶人之禮」之說全謬。蓋「五刑」、「五禮」上下通行。「禮不下庶人」者，言撫式之禮不下及於庶人也。「刑不上大夫」者，言鞭撲之刑不上加於大夫也。

「子碩欲以賻布之餘具祭器，子柳曰：不可。吾聞之也，君子不家於喪，請班諸兄弟之貧者。」意見以爲，「以賻布之餘具祭器」亦是爲親，比之置產業爲家者不同，有何不可？

「歌於斯，哭於斯，聚國族於斯」。此張老因晉文子成室頌禱之言。注謂：「歌，祭祀作樂也。哭，死喪哭泣也。」意見以爲，「室」非祭祀之所；「歌於斯」，蓋言燕樂賓客歌於斯，非祭祀作樂歌於斯也。

「曾子問曰：將冠子，冠者至，揖讓而入，聞齊衰大功之喪，如之何？孔子曰：內喪則廢，外喪則冠而不醴。」或謂「內喪」是本宗之喪，「外喪」是外親之喪。但外親無齊衰大功之服，內喪蓋是同居之親喪。外喪是異居之親喪，或同居之親出亡在外者，亦是。

「婿免喪，女之父母使人請。婿弗取，而後嫁之，禮也。」意見以爲，有父母喪，固不可取。既免喪，女之父母又請而弗取，不亦迂乎？

「女之父母死，婿亦如之。」意見以爲，如此尤爲迂也。不知此女終不嫁乎？亦嫁乎？

「女未廟見而死，則歸葬于女氏之黨。」意見以爲，取婦三月而廟見，如爲婦二月有餘但未滿三月而死，使歸於女氏之黨，則似被出之婦，而女氏必不願也。且三月而廟見，不亦遲乎？

冠、昏兩段雜在郊特牲篇。養老一段載在王制篇，又重出於内則篇。「庶子不祭」與「别子爲宗既說」見喪服小記，又重出於大傳。其餘重出雜亂者亦多。當纂修大全時好改正删定而不爲者，蓋謂經不可改，改之恐人議之也。然大學、中庸原在禮記中，程子取出定爲章句，與論、孟並傳，孰得而議之乎？只是當時無程子般有定見的人，惜哉！

石渠意見拾遺卷下終

石渠意見拾遺補缺序

恕昔食禄於朝，夙夜匪懈以事一人，不遑他及，以致舊學荒蕪。及其致事而歸，年已衰暮，目力不足。幸爾天假以年，修理先隴之暇，就於隴次小室之中搜閲典籍，編集歷代名臣諫議録一百二十四卷，藏之私家，復涉獵經書傳注。夫傳注乃釋經之辭，其依文尋義，不背經旨，明白通暢，可言可行者，恕固尊信之以探聖賢之道而施於政事之間矣。間有與經文稍異而體認不通者，乃敢以管見妄議一二，名曰石渠意見。謂之意見者，乃意度之見耳，非真知灼見也。蓋嘗與宏道書院諸生商議可否，不意西安太守華容嚴君永濬得之，命工刊行，雖欲收藏，不可得已。及其已行之後，再閲傳注，復得一二，名曰拾遺二卷而行之。其後又有所得，名曰補缺。或曰：「先生之于傳注，何不通看了畢而總爲一帙，何爲先爲意見四卷而行之，又爲拾遺二卷而行之，今又爲補缺一卷乎？」然余之初爲意見也，年已八十有四矣。惟恐無來日，是以汲汲乎欲速成之。後爲拾遺也，年已八十有六矣。又恐無來日，亦欲速成之。今爲補缺也，年已八十有八矣。不知來日又如何，是以不得不爲之速成也。學如不及，幼學且然，況耄年乎？噫！恕之述此意見也，奚敢與先儒辯論是非而望後學之我從乎？不過盡一己之見，以塞吾飽食終日無所用心之責耳。弘治癸亥二月戊戌光禄大夫、柱國、太子太保、吏部尚書致事三原王恕序。

石渠意見補缺

明　三原　王恕著　邑後學李錫齡、孟熙校刊

論語

「二三子以我爲隱乎？吾無隱乎爾。吾無行而不與二三子者，是丘也。」注謂：「與，猶示也。」意見以爲，聖人之意若曰：吾之適陳、蔡、楚、衛等國，無行而不與二三子同行動靜云。爲衆所共見共聞，曷嘗有所隱乎？如此說，「與」字不作示字解，亦通。

「曰：『山梁雌雉，時哉時哉，子路共之，三嗅而作。』」注：「邢氏曰：梁，橋也。」意見以爲，「山梁」，猶人之鼻梁、脊梁，言其高；所謂山脊是也，非橋也。橋乃人行之路，非雉棲之所。「共」，向也。「嗅」，謂雉鳴也。「作」，起也。雉棲山梁之上，飲啄以時，防人害己也。一旦，子路向山梁而仰視，雉以爲將害己也，於是鳴三聲飛起而避之。此鳥之色，斯舉矣，猶人之見義而作也。

「以吾一日長乎爾，毋吾以也。」意見以爲，以已通用，止也。蓋言毋以我年長，止而不言。是誘之使言志也。

「克己復禮爲仁。」注謂：「克，勝也。己，謂身之私欲也。故爲仁者，必有以勝私欲而復於禮。」意見以爲，不知以何物勝私欲而復於禮？「勝私欲」之説不可曉。蓋「克」，治也，言克治其身之私欲，使之不存，則天理之本然者復歸於我矣。爲仁之道豈外是哉？故曰「克己復禮爲仁」。

「定公問：『一言而可以興邦，有諸？』孔子對曰：『言不可以若是其幾也。』」注謂：「幾，期也。言一言之間未可

必期其效。如知爲君之難也，不幾乎一言而興邦乎！」注謂：「因此言而知爲君之難，則必戰戰兢兢，臨深履薄而無一事敢忽。然則此言也，豈不可以必期於興邦乎？」如此則是前說「一言不可以必期其興邦」，後說「一言可以必期其興邦」，何相反之若是也？意見以爲，「言不可以若是其幾也」，「幾」字與大學「其機如此」之「機」同，謂發動所由，言其速也。「不幾乎一言而興邦乎？」「幾」字是「庶幾」之幾，言近也。蓋謂一言未必如此之速就能興邦。如知爲君之難，庶幾乎一言可以興邦，猶未能便興邦也。

「曰：今之成人者何必然？見得思義，見危授命，久要不忘平生之言，亦可以爲成人矣。」注謂：「復加『曰』字者，既答而復言也。胡氏曰『今之成人』乃子路之言，未詳是否。」意見以爲，如是既答而復言，何以曰「何必然」？謂之「何必然」者，以見何必如上文所言兼四子之長，又文之以禮樂，然後爲成人也。胡氏以爲，「今之成人」以下「乃子路之言」爲是，不必致疑。

「公伯寮愬子路於季孫。子服景伯以告曰：『夫子固有惑志於公伯寮，吾力猶能肆諸市朝。』子曰：『道之將行也與？命也；道之將廢也與？命也。公伯寮其如命何？』」意見以爲，此蓋孔子爲魯司寇時，公伯寮愬子於季孫。子字下「路」字疑衍。如答之如此，以此推之，其爲愬子也無疑矣。

「子擊磬於衛，有荷蕢而過孔氏之門者曰：『有心哉！擊磬乎！』既而曰：『鄙哉！硜硜乎！莫己知也，斯已而已矣。深則厲，淺則揭。』」注謂：「以衣涉水曰厲，攝衣涉水曰揭。」意見以爲，水淺則攝衣涉之爲是。水深若以衣涉水則手足難動而溺矣。「以衣涉水曰厲」恐不然。且「厲」者，嚴厲也。水深可畏，猶人之嚴厲可畏也。深則當畏而止之，不可涉也。蓋譏孔子人不己知，〔二〕不能止而猶欲行，不能適淺深之宜也。

「直哉史魚，邦有道如矢，邦無道如矢。」注謂：「史官，名魚，衛大夫，名鰌，不言其字。」意見以爲，史雖是官名，古人

〔二〕「蓋譏孔子人不己知」：齊魯本卷之九和文海本卷之九均作「益譏孔子人不己知」。

有以官爲姓者。若成王之時，史佚是也。若將史爲官名，佚爲姓乎？爲名乎？以此推之，則知史爲姓，佚爲名。正猶此言，史魚者，史爲姓，魚爲名，而鰌其字也。如此説亦不知然否？

「人無遠慮，必有近憂。」注引蘇氏之説，以爲「人之所履者，容足之外皆爲無用之地而不可廢也」。此説與本文無干，恐不必用。「故慮不在千里之外，則患在几席之下矣」亦不必如此説。只説人之處事無深遠之慮，處之不停當，〔一〕必有後患，是爲近憂也，亦自明白。

「人能弘道，非道弘人。」注謂：「故人能大其道，〔二〕道不能大其人也。」人亦難曉。只説「人能擴充而行其道，道不能擴充而行其人」似乎易曉。苟非其人，道不虚行，待其人而後行即此意也。

「子路曰：『不仕無義。長幼之節不可廢也。君臣之義如之何其廢之，欲潔其身而亂大倫？君子之仕也，行其義也。道之不行，已知之矣。』」注謂：「子路述孔子之意如此，又有國初時寫本，路下有『反、子』二字，以此爲子路反，而夫子言之也。未知是否？」意見以爲，詳其文義，而路下當有「反、子」二字，爲「夫子之言也」爲是。不然，子路不見隱者而回，向何人述夫子之意而言之如此？

「逸民：伯夷、叔齊、虞仲、夷逸、朱張、柳下惠、少連。」意見以爲，聖人於伯夷等六子作三等而品題之，而獨不詳論朱張者，可見逸民之稱此七子者，蓋傳自往昔，非始於孔子也。若始於孔子，孔子何以不知朱張之爲人而不評論也？

「博學而篤志，切問而近思，仁在其中矣。」意見以爲，志不篤則學不博，思不近則問不切。蓋篤志爲博學之本，近思乃切問之基。仁者心之德，人能從事于此四者，則心之德在此四者之中矣。

〔一〕「處之不停當」：齊魯本卷之九作「慮之不停當」。
〔二〕「故人能大其道」：齊魯本卷之九作「故人大其道」云。

孟子

「以一服八，何以異於鄒敵楚哉？」蓋亦反其本矣。」注謂：「蓋，發語辭。」意見以爲，蓋乃盍字之誤。

「夫二子之勇，未知其孰賢，然而孟施舍守約也。」意見以爲，守約蓋守氣之誤。觀下文「孟施舍之守氣，又不如曾子之守約也」，可知不然。孟施舍何以既守約又守氣？又不如曾子之守約也與？

「自反而不縮，雖褐寬博，吾不惴焉。」注謂：「縮，直也。惴，恐懼之也。」言自反諸己而不直，雖褐寬博，吾不恐懼之。欠通。意見以爲，「吾不惴焉」，蓋「吾亦惴焉」之誤，言「自反諸己而不直，雖褐寬博，吾亦恐懼」似是。

「夫志，氣之帥也。氣，體之充也。夫志，至焉。氣，次焉。」注謂：「若論其極，則志固爲心之所之，而爲氣之將帥。然氣亦人之所以充滿於身，而爲志之卒徒者也。故志固爲至極，而氣即次之。」意見以爲，「志爲至極」之說恐未然。蓋言志之所至之處，氣即隨之而至，如帥之所至之處，而卒徒亦隨之而至也。故云：「志，至焉；氣，次焉。」

「必有事焉而勿正，心勿忘，勿助長也。」注謂：「此言養氣者，必以集義爲事，而勿預期其效。其或未充，但當勿忘其所有事，而不可作爲以助其長，乃集義養氣之節度也。」意見以爲，必有事焉，不但言養氣，必以集義爲事。凡人之將有爲也，將有行也，皆事也。言人之作事不可預期其效，但不可忘其義。苟事之合義而行之，事必成。不合義而強行之，不惟不可成，而又有後患，猶揠苗助長也。故戒之曰「勿助長」，言不可強行以取禍也。

「國家閒暇，及是時明其政刑，雖大國必畏之矣。」注謂：「國家閒暇，可以有爲之時也。」意見以爲，國家之事，一日二日，萬幾至廣，如何得閒暇？謂之閒暇者，蓋指無敵國外患而言，非言無常行事也。

「市，廛而不征，法而不廛，則天下之商，皆悅而願藏於其市矣。」注謂：「廛，市宅也。張子曰：『或賦其市宅之廛，而不征其貨，或治之以市官之法而不賦其廛。』蓋逐末者多，則廛以抑之，少則不必廛也。」意見以爲，前注含糊，人所難曉。

且以俗說解之：「市，廛而不征」言止取市宅之稅，而不取貨物之稅。「法而不廛」言市廛之人有犯法者，該罰之物若重於市宅之稅，止取該罰之物，而不取市宅之稅，即所謂用其一而緩其二之意也。

「仁者如射，射者正己而後發。發而不中，不怨勝己者，反求諸己而已矣。」意見以爲，此與「愛人不親反其仁」意同。中庸言：「射有似乎君子失諸正鵠，反求諸其身。」亦此意也。集注引「爲仁由己而由人乎哉」解此節，不切。

「進不隱賢，必以其道。」注謂：「不隱賢，不枉道也。」意見以爲，「進不隱賢」，蓋言進居其位，見賢必薦而不隱也。「必以其道」，蓋言行事必以其道。非其道，不行也。

「然友反命，定爲三年之喪。父兄、百官皆不欲，曰：吾宗國魯先君莫之行，吾先君亦莫之行。至子之身而反之，不可。且志曰：『喪祭從先祖。』曰：『吾有所受之也。』」注謂：「志，記也，引志之言而釋其意，以爲所以如此者，蓋謂上世以來有所傳受，雖或不同，不可改也。」如此說則是以「吾有所受之也」爲父兄、百官之言。意見以爲，非父兄、百官之言，乃世子之言也。世子以爲，吾之所以定爲三年之喪者，非自爲之，有所受於孟子而爲之也。

「有王者起，必來取法，是爲王者師也。」注謂：「滕國偏小，雖行仁政，未必能興王業。然爲王者師，則雖不有天下，而其業亦足以及天下矣。聖賢至公無我之心，於此可見。」意見以爲，前言貢、助、徹是三代養民之法，庠、序、學校是三代教民之法。此言「有王者起，必來取法，是爲王者師也」，蓋言後之有王者起，必來取三代教養之法以爲法。是三代教養之法爲後來王者之師也。及觀下文：「周雖舊邦，其命維新，文王之謂也。子力行之，亦以新子之國。」則是孟子教滕文公法古行仁政。以此言之，可見前注之誤也。

「且許子何不爲陶冶，舍皆取諸其宮中而用之？何爲紛紛然與百工交易？何許子之不憚煩？」注謂：「舍，止也。或讀屬上句，舍謂作陶冶之處也。」意見以爲，「舍」猶何不也，當讀屬下句，何不皆取諸其宮中而用之？何許子之不憚煩？似乎上下紋路通暢。若讀屬上句，謂「作陶冶之處」，而以「皆取諸其宮中而用之」爲一句，上下文理全不通暢矣。

「子夏、子張、子遊以有若似聖人，欲以所事孔子事之，強曾子。曾子曰：不可。江漢以濯之，秋陽以暴之，皓皓乎不可尚已！」意見以爲，曾子蓋言孔子生知安行道德，自然明著，就使有若江漢以濯之，秋陽以暴之，使之潔白，亦不能及孔子自然之潔白，不可以所事孔子事有若也。亦通。

「孟子曰：『可以取，可以無取，取傷廉。可以與，可以無與，與傷惠。可以死，可以無死，死傷勇。』」注謂：「先言可以者，略見而自許之辭也。後言可以無者，深察而自疑之辭也。」意見以爲，不必如此說。只說：可以取，取之；可以無取，取傷廉。可以與與之，可以無與，與傷惠。可以死，死之；可以無死，死傷勇。如此，說理自明，人亦易曉。

「孟子曰：『天下之言性也，則故而已矣。故者，以利爲本。』」注謂：「故者，已然之跡。利，猶順也。天下之言性者，但言其故而理自明，如此則天下之人皆知性之理。」意見以爲，恐不然。蓋言天下人之言性，只說已然之跡，便是性而已矣，更無餘辭。然人之已然之跡有善有惡，而不知順理而善者，爲性之本；不順理而惡者，非性之本。故孟子言「故者，以利爲本。」

「夫公明高以孝子之心，爲不若是恝，我竭力耕田，共爲子職而已矣。父母之不我愛，於我何哉？」注謂：「于父母，亦書辭，言呼父母而泣也。恝，無愁之貌。於我何哉，自責不知己有何罪耳，非怨父母也。」意見以爲，若公明高以孝子之心，不若是無愁，我竭力耕田，共爲子職而已矣。父母之不我愛，於我何哉？恐說不通。恝，蓋助語辭，如今人言「甚麽恝」、「無有恝」，恐是此恝字。若是，蓋指號泣于旻天、于父母，而言公明高以孝子之心，不若是號泣于旻天、于父母：「我竭力耕田，共爲子職而已矣。」

「湯崩，太丁未立，外丙二年，仲壬四年。太甲顛覆湯之典刑。」注：「趙氏曰：『太丁，湯之太子，未立而死。外丙立二年；仲壬立四年；皆太丁弟也。太甲，太丁子也。』程子曰：『古人謂歲爲年。湯崩時，外丙方二歲，仲壬方四歲。惟太甲差長，故立之也。』二說未知孰是。」意見以爲，長子死，當立長孫。太甲既爲湯之長孫，若年又差長，湯崩之後，自當立太甲，則外丙、仲壬之年歲不必論也。蓋湯崩之時，太甲尚幼，未堪立，故立外丙。外丙死，立仲壬。二君共立六年。斯時太甲必出幼可立，故立之。由是論之，則趙氏之說爲是。若湯崩之時，外丙二歲，仲壬四歲，則是仲壬長外丙二歲，仲壬爲兄，外丙爲弟。何以先言弟而後言兄也？如外丙是兄，仲壬是弟，何以弟長于兄二歲？此言不通之論也。

「孔子不悅於魯、衞，遭宋桓司馬將要而殺之，微服而過宋。是時孔子當阨，主司城貞子爲陳侯周臣。」注謂：「司城貞子，亦宋大夫之賢者也。[一]陳侯，名周。」意見以爲，孔子既遭宋桓司馬將要而殺之，微服而過宋，如何又主宋大夫之家？史記以爲，孔子去，至陳，主於司城貞子爲是。司城貞子，蓋陳侯，周臣也。

「晉平公之亥唐也，入云則入，坐云則坐，食云則食。雖蔬食菜羹，[二]未嘗不飽，蓋不敢不飽也。然終於此而已矣，弗與共天位也，弗與治天職也，弗與食天祿也。士之尊賢也，非王公之尊賢也。」意見以爲，平公徒能敬賢，不能用賢，且失貴貴之義。孟子以爲，此士之尊賢，非王公之尊賢也。蓋言士之尊賢當如此致敬，王公之尊賢當與共天位，治天職，食天祿，不當聽賢者之命至於如此也。

「萬章問曰：『敢問交際，何心也？』孟子曰：『恭也。』」意見以爲，「曰『卻之』」是萬章問也。「卻之爲不恭」，是孟子答也。「何哉？」又是萬章問也。曰：「尊者賜之」是孟子答也。「其所取之者，義乎不義乎？而後受之，以是爲不恭，故弗卻也」，是萬章言也。曰：「請無以辭卻之，以心卻之」，是孟子言也。曰：「其取諸民之不義也，而以他辭無受，不可乎？」是萬章問也。曰：「其交也以道，其接也以禮，斯孔子受之矣。」是孟子言也。注謂：「卻，不受而還之也。再言之，未詳。」注又謂：「萬章以爲彼既得之不義，則其饋不可受，但無以言辭，間而卻之。直以心度其不義，而託以他辭以卻之。」是將「請無以辭卻之」與「其取諸民之不義也」兩節俱作萬章言，恐未然。

「爲是，其智弗若與？曰：『非然也。』」意見以爲，此承上文「雖與之俱學，弗若之矣」而言。蓋言學弈者與彼俱學而不如彼者，非其智不若彼也，蓋由思射鴻鵠而不專心學弈，所以不若彼也。言此以譬齊王非不智也，蓋由信讒遠賢，好貨好

[一]「亦宋大夫之賢者也」：齊魯本卷之九作「赤宋大夫之賢者也」。

[二]「雖蔬食菜羹」：齊魯本卷之九作「雖蔬菜羹」。

色蔽其聰明，奪其心志，所以不能成其德也。

「學問之道無他也，求其放心而已矣。」意見以爲，求放心者，爲學問之本。大學云：「心不在焉，視而不見，聽而不聞，食而不知其味，況學問乎？」人能求放心，使心常在腔子內而不外馳，有弗學，學之必成。有弗問，問之必知也。此學問無他道，惟求其放心，乃可以學問也。

「『孟子曰』、『張、鄒皆云』，羨文。『王子宮室、車馬、衣服多與人同。而王子若彼者，其居使之然也。況居天下之廣居者乎』？」意見以爲，「宮室」二字亦是羨文。若非羨文，王子宮室既與人同，不知更有何居與人異而使之然也？注云：「居，謂所處之位。」未必居專爲處之位而不爲所居之宮室也。

「食而弗愛，豕交之也。愛而不敬，獸畜之也。」此一節言能養而不能敬。「恭敬者，幣之未將者也。恭敬而無實，君子不可以虛拘。」此一節言能敬而不能養，皆非待賢之道。必如孔子所謂「忠信重祿」，斯爲待士之道。意見如此，雖與集注之說不同，未必不是孟子立言之意。

「仁也者，人也。義也者，宜也。禮也者，履也。智也者，知也。信也者，實也。合而言之，道也。」即中庸所謂五者「天下之達道」也。外國之本为是。若以「仁也者，人也」爲合而言之，則似仁在人身之外。合而言之，方爲之道欠通。[一]

「士憎茲多口。」注謂：「按此則憎當從土，今本皆從心，蓋傳寫之誤。」意見以爲，士多爲衆口所憎惡，亦通。憎字從心，不爲誤。

「『何如斯可謂之鄉原矣？』曰：『何以是嘐嘐也？言不顧行，行不顧言，則曰古之人。行何爲踽踽涼涼？生斯世也，爲斯世也，善斯可矣。閹然媚於世也者，是鄉原也。』」意見以爲，「曰：何以是嘐嘐」至「古之人」當在上文，其志「嘐嘐然曰：『古之人，古之人，夷考其行而不掩焉者也』」之下是問「何以是嘐嘐」之辭。「言不顧行，行不顧言，則曰：『古之

[一]「合而言之，方爲之道欠通」：齊魯本卷之九两字被挖，作「合而言之，方爲之道□□」。

人』」似答辭，亦有脫誤。「行何爲踽踽涼涼」當在「欲得不屑不潔之士而與之，是獧也，是又其次也」之後，上文必有「踽踽涼涼」之說。「行何爲踽踽涼涼」亦是問辭而無答辭。「生斯世也，爲斯世也，善斯可矣。閹然媚於世也者，是鄉原也」是答「何如斯可謂鄉原矣」之辭。集注謂：「鄉原譏狂者曰：『何用是嘐嘐，行不掩言而徒每事必稱古之人耶？〔二〕』又譏獧者曰：『何必踽踽涼涼，而無所親厚哉？』且鄉原是同流合污之人，又何譏議人乎？』」集注之說不無牽強。以愚意度之，狂獧自是一章，鄉原又是一章。因是錯亂脫誤，混作一章，所以不通暢也。

「由孔子而來至於今，百有餘歲也。去聖人之世若此，其未遠也。近聖人之居若此，其甚也。〔三〕然而無有乎爾？則亦無有乎爾？林氏曰：『孟子言孔子至今時未遠，鄒、魯相去又近，然而已無有見而知之者矣。則五百餘歲之後，又豈復有聞而知之者乎？』」意見以爲，如此說則是決然不復有見知、聞知之人，非孟子意也。謂之「無有乎爾」者，是反說之辭，猶言豈無有也？蓋孟子之意以爲，孔門弟子速肖者七十二人，豈無有見而知之者？既有見而知之者，則今日豈無有聞而知之者？觀於此言，則孟子隱然以聞而知之自任也，意在言表。及觀「予未得爲孔子徒也」、「予私淑諸人也」之言，則其以聞而知之自任之意，豈不益可見？林氏之說，似乎不知孟子之言。不知文公何爲取之以誤來學？惜哉！

石渠意見補缺終

〔二〕「行不掩言而徒每事必稱古之人耶」句，齊魯本卷之九作「行不掩言而徒每事必稱之人耶」。

〔三〕「其甚也」：疑脫「邇」字，爲「其甚邇也」之誤。

典籍格言

典籍格言題識〔一〕

此書多能益人性情，長人學識，推單言復語，正易記玩。端毅一代名臣，尚勤勤於此，則後學豈可淺視！惟版本殘缺，無從補鈔，當訪求之。同治庚辰〔二〕春三月晦日，復齋識。

典籍格言引

太上立德，其次立功，又其次立言。恕也，雖嘗學聖人之道，而資質庸下，終不能以立德。雖居廟堂之高，而才智踈淺，終不能以立功。及其致政郊居，天又假以歲月，似可以立言矣。然而學不能窮性命之理，識不能盡事物之變，雖欲立言而無其本。惟其無本，所以終不能立言也。故觀古昔聖賢垂世之格言載諸典籍者，心誠好之，不啻若自其口出。是以取其切於處事輔治者日録之，積之既久，遂成編帙。于戲！恕以衰殘待盡之年，録此固無所用，亦可以遺諸後。後之人苟能由此擴充其識見，而用之於處事輔治之際，以垂不朽之令名，與恕之用也，又何異哉？

弘治乙丑秋七月甲申石渠老人引。

〔一〕原文爲行草書體，無標題。此標題系校點者所加。

〔二〕「同治庚辰」：同治在位共十三年，其間並無「庚辰年」。

典籍格言　石渠老人輯録

丹書曰：敬勝怠者吉，怠勝敬者滅。義勝欲者從，欲勝義者凶。〔一〕

君子禍至不懼，福至不喜。

君者，舟也；庶人者，水也。水所以載舟，亦所以覆舟。

薰、蕕不同器而藏，堯、桀不共國而治。○思仁恕則樹德，加嚴暴則樹怨。○負重涉遠，不擇地而休；家貧親老，不擇禄而仕。○恭而敬可以懾勇，寬而正可以懷強，愛而恕可以容困，溫而斷可以抑奸。

有君不能事，有臣而求其使，非恕也；有親不能孝，有子而求其報，非恕也；有兄不能敬，有弟而求其順，非恕也。

○聰明睿智，守之以愚；功被天下，守之以讓；勇力振世，守之以怯；富有四海，守之以謙。

小辯害義，小言破道。○關雎興於鳥，而君子美之，取其雌雄之有別；鹿鳴興於獸，而君子大之，取其得食而相呼。

聰明深察而近于死者，好譏議人者也；博辯閎達而危其身，好發人之惡者也。○明鏡所以察形，往古所以知今。○無多言，多言多敗。無多事，多事多惡。安樂必戒，無所行悔。勿謂何傷，其禍將長。勿謂何害，其禍將大。勿謂不聞，神將伺人。焰焰不滅，炎炎若何？涓涓不壅，終爲江河。綿綿不絶，或成網羅。毫末不札，將尋斧柯。強梁者不得其死，好

〔一〕「丹書曰：敬勝怠者吉，怠勝敬者滅。義勝欲者從，欲勝義者凶。」王恕將該文句輯録入孔子家語項内。但今本孔子家語並未載有這段文字。據查，此語見之于大戴禮武王踐阼：「師尚父道丹書之言曰：『敬勝怠者吉，怠勝敬者滅，義勝欲者從，欲勝義者凶。』」再，史記周本紀：「生昌，有聖瑞」。張守節史記正義引尚書帝命驗云：「季秋之月甲子，赤爵銜丹書入於酆，止於昌户。其書云：『敬勝怠者吉，怠勝敬者滅，義勝欲者從，欲勝義者凶。』」未知王氏究竟是所據版本不同，抑或記憶輯録出錯？僅此存疑。

勝者必遇其敵。

以衆攻寡，無不克也。以貴下賤，無不得也。

知爲吏者，奉法以利民；不知爲吏者，枉法以侵民。治官莫若平，臨財莫如廉。○言人之善，若己有之；言人之惡，若己受之。

良藥苦口而利於病，忠言逆耳而利於行。湯武以諤諤而昌，桀紂以唯唯而亡。○丹之所藏者赤，漆之所藏者黑。鳥窮則啄，獸窮則攫，人窮則詐，馬窮則佚。○言人之惡，非所以美己；言人之枉，非所以正己。以容取人，則失之子羽；以辭取人，則失之宰予。○知而弗爲，莫如勿知；親而弗信，莫如勿親；樂之方至，樂而勿驕；患之將至，思而勿優。○攻其所不能，備其所不足。毋以其所不能疑人，毋以其所能驕人。

爲善者，天報之以福；爲不善者，天報之以禍。○受人施者常畏人，與人者常驕人。忿數者，獄之所由生也。距諫者，慮之所以塞也。慢易者，禮之所以失也。怠墜者，時之所以後也。奢侈者，財之所以不足也。專獨者，事之所以不成也。○水至清則無魚，人至察則無徒。

刳胎殺夭，則麒麟不至其郊；竭澤而漁，則蛟龍不處其淵；覆巢破卵，則鳳凰不翔其邑。○不覌高崖，何以知顛墜之患？不臨深泉，何以知沒溺之患？不觀巨海，何以知風波之患？

凡治君子，以禮御其心，所以屬之以廉恥之節也。故古之大夫，其有坐不廉汙穢而退放之者，不謂之不廉汙穢而退放，則曰「簠簋不飾」；有坐淫亂男女無別者，不謂之淫亂男女無別，則曰「帷幕不修」也；有坐罔上不忠者，不謂之罔上不忠，則曰「臣節未著」；有坐罷軟不勝任者，不謂之罷軟不勝任，則曰「下官不職」；有坐干國之紀者，不謂之干國之紀，則曰「行事不請」。

賢不肖者，材也；遇不遇者，時也。

良賈深藏若虛，君子盛德如愚。〔一〕

【家語】

君子事親孝，故忠可移於君；事兄悌，故順可移於長；居家理，故治可移於官。

孝弟之至，通於神明，光干四海。〔二〕

君子之事上也，進思盡忠，退思補過；將順其美，匡救其惡。

【孝經】

人莫知其子之惡，莫知其苗之碩。○其所令反其所好，而民不從。○君子有諸己，而後求諸人；無諸己，而後非諸人。○言悖而出者，亦悖而入；貨悖而入者，亦悖而出。○仁者以財發身，不仁者以身發財。

【大學】

莫見乎隱，莫顯乎微。○故君子居易以俟命，小人行險以徼幸。○自誠明，謂之性；自明誠，謂之教。○誠者，物之終始；不誠，無物。是故，君子誠之爲貴。○君子尊德性而道問學，致廣大而盡精微，極高明而道中庸。○君子不動而

〔一〕「良賈深藏若虛，君子盛德如愚」句，遍查当今通行的魏王肅注本孔子家語四十四篇，未見有此行文。倒是史記老莊申韓列傳中記載，老子對前往「觀周」的孔子說：「吾聞之，良賈深藏若虛，君子盛德，容貌若愚」。另外，大戴禮記曾子制言上章第五十四：「良賈深藏若虛，君子有盛教如無。」

〔二〕「光干四海」：疑爲「光于四海」之誤。

敬，不言而信。

【中庸】

禮，與其奢也，寧簡；喪，與其易也，寧戚。○祭如在，祭神如神在。○君使臣以禮，臣事君以忠。

不患無位，患所以立；不患莫己知，求爲可知也。○見賢思齊焉，見不賢而內自省也。

己欲立而立人，己欲達而達人。

用之則行，舍之則藏。○無而爲有，虛而爲盈，約而爲泰，難乎有恒矣。○奢則不孫，儉則固。與其不孫也，寧固。○君子坦蕩蕩，小人長戚戚。

君子篤于親，則民興於仁。故舊不遺，則民不偷。○士不可以不弘毅，任重而道遠。○危邦不入，亂邦不居。○不在其位，不謀其政。○學如不及，猶恐失之。

食不厭精，膾不厭細。○食不語，寢不言。○席不正，不坐。

大臣者，以道事君，不可則止。

己所不欲，勿施於人。○君子不憂不懼。○生死有命，富貴在天○百姓足，君孰與不足？百姓不足，君孰與足？○愛之欲其生，惡之欲其死。○君子成人之美，不成人之惡。○子帥以正，孰敢不正？○攻其惡，無攻人之惡。○君子以文會友，以友輔仁。

故君子名之，必可言也；言之，必可行也。○其身正，不令而行；其身不正，雖令不從。○爲君難，爲臣不易。○無欲速，無見小利○父爲子隱，子爲父隱。

愛之，能勿勞乎？忠焉，能勿誨乎？○貧而無怨難，富而無驕易。○以直報怨，以德報德。

言忠信，行篤敬，雖蠻貊之邦行矣。○可與言而不與之言失人，不可與言而與之言失言。○志士仁人無求生以害仁，有殺身以成仁。○人無遠慮，必有近憂。○君子疾沒世而名不稱焉。○君子求諸己，小人求諸人。○君子不以言舉人，不以人廢言。○衆惡之，必察焉；衆好之，必察焉。○人能弘道，非道弘人。○君子謀道不謀食，憂道不憂貧。○當仁，不讓於師。○事君，敬其事而後其食。

有官守者，修其職；有言責者，盡其忠。〔一〕

不患寡而患不均，不患貧而患不安。○見善如不及，見不善如探湯。○隱居以求其志，行義以達其道。

君子學道則愛人，小人學道則易使也。

往者不可諫，來者猶可追。

百工居肆以成其事，君子學以致其道。○仕而優則學，學而優則仕。○君子一言以爲知，一言以爲不知。

不知命，無以爲君子也。不知禮，無以立也。不知言，無以知人也。

【論語】

權然後知輕重，度然後知長短。

樂天者，保天下；畏天者，保其國。○樂民之樂者，民亦樂其樂；憂民之憂者，民亦憂其憂。

雖有知慧，不如乘勢；雖有鎡基，不如待時。○飢者易爲食，渴者易爲飲。○夫仁，天之尊爵也，人之安宅也。

天時不如地利，地利不如人和。○域民不以封疆之界，固國不以山谿之險，威天下不以兵革之利。得道者多助，失道者寡助。○朝廷莫如爵，鄉党莫如齒，輔世長民莫如德。○有官守者，不得其職則去。有言責者，不得其言則去。○君子

〔一〕「有官守者，修其職；有言責者，盡其忠」句並非論語原文，而是朱熹在四書集注論語集注中對論語衛靈公「事君，敬其事而後其食」的注解。

不怨天，不尤人。

上有好者，下必有甚焉者矣。君子之德，風也。小人之德，草也。草尚之風必偃。○人倫明於上，小民親於下。○無君子，莫治野人；無野人，莫養君子。○勞心者治人，勞力者治於人。治於人者食人，治人者食於人。

志士不忘在溝壑，勇士不忘喪其元。○富貴不能淫，貧賤不能移，威武不能屈。

徒善不足以爲政，徒法不能以自行。○爲高必因丘陵，爲下必因川澤。○責難於君謂之恭，陳善閉邪謂之敬，吾君不能謂之賊。○規矩，方圓之至也。聖人，人倫之至也。○三代之得天下也以仁，其失天下也以不仁。○愛人不親，反其仁；治人不治，反其智；禮人不答，反其敬。○夫人必自侮，然後人侮之；家必自毀，而後人毀之；國必自伐，而後人伐之。○民之歸仁也，猶水之就下，獸之走壙也。○仁，人之安宅也。義，人之正路也。○道在爾而求諸遠，事在易而求諸難。○至誠而不動者，未之有也；不誠，未有能動者也。○恭者不侮人，儉者不奪人。○事孰爲大？事親爲大。守孰爲大？守身爲大。○君仁，莫不仁；君義，莫不義；君正，莫不正。一正君而國定矣。○有不虞之譽，有求全之毀。○不孝有三，無後爲大。○不得乎親，不可以爲人；不順乎親，不可以爲子。

非禮之禮，非義之義，大人弗爲。○養生者不足以當大事，惟送死可以當大事。○君子以仁存心，以禮存心。用下敬上謂之貴貴，用上敬下謂之尊賢。○位卑而言高，罪也；立乎人之本朝而道不行，恥也。○志士不忘在溝壑，勇士不忘喪其元。

人無有不善，水無有不下。○冬日則飲湯，夏日則飲水。○故理義之悅我心，猶芻豢之悅我口。○操則存，舍則亡。○仁，人心也；義，人路也。○仁義忠信，樂善不倦，此天爵也；公卿大夫，此人爵也。古之人脩其天爵，而人爵從之。○大匠誨人必以規矩；學者亦必以規矩。

堯、舜之道，孝悌而已矣。○長君之惡，其罪小；逢君之惡，其罪大。○君子之事君也，務引其君以當道，志於仁而已。○好善優於天下，而況魯國乎。

窮則獨善其身，達則兼善天下。○以佚道使民，雖勞不怨。以生道殺民，雖死不怨殺者。○善政得民財，善教得民心。○大人者，正己而物正者也。○觀於海者難爲水，游於聖人之門者難爲言。○居仁由義，大人之事備矣。○居移氣，養移體。○天下有道，以道殉身；天下無道，以身殉道。○其進鋭者，其退速。○親親而仁民，仁民而愛物。

梓匠輪輿能與人規矩，不能使人巧。○古之爲關也，將以御暴；今之爲關也，將以爲暴。○身不行道，不行於妻子；使人不以道，不能行於妻子。○不信仁賢則國空虛，無禮義則上下亂，無政事則財用不足。○有布縷之征，有粟米之征，有力役之征。君子用其一，緩其二；用其二而民有殍；用其三而父子離。○養心莫善於寡欲。

【孟子】

積善之家，必有餘慶；積不善之家，必有餘殃。○天道虧盈而益謙，地道變盈而流謙，鬼神害盈而福謙，人道惡盈而好謙。

天地養萬物，聖人養賢，以及萬民也。○天地感而萬物化生，聖人感人心而天下和平。○君子以言有物而行有恒。○天地節而四時成，節以制度，不傷財，不害民。

言出乎身，加諸民；行發乎邇，見乎遠。言行，君子之樞機；樞機之發，榮辱之主也。○二人同心，其利斷金。同心之言，其臭如蘭。○君不密則失臣，臣不密則失身，機事不密則害成。○慢藏誨盜，冶容誨淫。○天之所助者順也；人之所助者信也。○書不盡言，言不盡意。

君子藏器于身，待時而動。○君子安而不忘危，存而不忘亡，治而不忘亂，是以身安而國家可保也。○君子上交不諂，下交不瀆，其知幾乎？○君子見機而作，不俟終日。○君子知微知彰，知柔知剛，萬夫之望。○君子安其身而後動，易其心而後語，定其交而後求。君子修此三者，故全也。

【周易】〔一〕

罔違道以干百姓之譽，罔咈百姓以從己之欲。○宥過無大，刑故無小；罪疑惟輕，功疑惟重；與其殺不辜，寧失不經。○克勤於邦，克儉於家。○汝惟不矜，天下莫與汝爭能；汝惟不伐，天下莫與汝爭功。○四海困窮，天禄永終。○惟德動天，無遠弗届。滿招損，謙受益。

無教逸於有邦，〔二〕兢兢業業，一日二日萬幾，無曠庶官。

予違汝弼。汝無面從，退有後言。○元首明哉，股肱良哉，庶事康哉！

民爲邦本，本固邦寧。○怨豈在明，不見是圖。

火炎崑岡，玉石俱焚。○殲厥渠魁，脅從罔治。

德日新，萬邦惟懷；志自滿，九族乃離。○以義制事，以禮制心。

與人不求備，檢身若不及。○惟上帝不常。作善降之百祥，作不善降之百殃。爾惟德罔小，萬邦惟慶；爾惟不德罔大，墜厥宗。

慎乃儉德，惟懷永圖。

民非后，罔克胥匡以生；后非民，罔以辟四方。○天作孽，猶可違；自作孽，不可逭。

惟天無親，克敬惟親；民無常懷，懷於有仁；鬼神無常享，享於克誠。○德惟治，否德亂。與治同道，罔不興；與亂同事，罔不亡。○無輕民事，惟難；無安厥位，惟危。○有言逆於汝心，必求諸道；有言遜於汝志，必求諸非道。○弗

〔一〕明嘉靖版本頁上有眉批：「有師保，如臨母。」
〔二〕語出尚書皋陶謨。「無教逸於友邦」，尚書正義皋陶謨作「無教逸欲有邦」。

慮胡獲？弗爲胡成？一人元良，萬邦以貞。○君罔以辯言亂舊政，臣罔以寵利居成功，邦其永孚於休。

天難諶，命靡常。常厥德，保厥位；厥德匪常，九有以亡。○德惟一，動罔不吉；德二三，動罔不凶。○任官惟賢材，左右惟其人。臣爲上爲德，爲下爲民。其難其慎，惟和惟一。○德無常師，主善爲師；善無常主，協於克一。○無自廣以狹人，匹夫匹婦不獲自盡，民主罔與成厥功。

人惟求舊，器非求舊，惟新。

若金，用汝作礪；若濟巨川，用汝作舟楫；若歲大旱，用汝作霖雨；啓乃心，沃朕心。若藥弗瞑眩，厥疾弗瘳；若跣弗視地，厥足用傷。○惟木從繩則正，后從諫則聖。

惟治亂在庶官。官不及私，昵惟其能；爵罔及惡，德惟其賢。○慮善以動，動惟厥時。有其善，喪厥善。矜其能，喪厥功。惟事事，乃其有備；有備無患。無啓寵納侮，無恥過作非。○非知之艱，行之惟艱。

學于古訓，乃有獲。事不師古以克永世，匪說攸聞。○監於先王成憲，其永無愆。○股肱惟人，良臣惟聖。○惟后非賢不乂，惟賢非后不食。

建官惟賢，位事惟能。

德盛不狎侮。狎侮君子罔以盡人心；狎侮小人罔以盡其力。○玩人喪德，玩物喪志。志以道寧，言以道接。不作無益害有益，功乃成。不貴異物賤用物，民乃足。○不寶遠物則遠人格。所寶惟賢則邇人安。○不矜細行，終累大德。

惟聖罔念作狂，惟狂克念作聖。

制治於未亂，保邦于未危。○欽乃攸司，慎乃出令，令出惟行，弗惟反。○蓄疑敗謀，怠忽荒政，不學牆面，蒞事惟煩。○功崇惟志，業廣惟勤。惟克果斷，乃罔後艱。○位不期驕，祿不期侈。恭儉惟德，無載爾僞。作德，心逸日休；作僞，心勞日拙。○居寵思危，罔不惟畏，弗畏入畏。○舉能其官，惟爾之能。稱匪其人，惟爾不任。

黍稷非馨，明德惟馨。○無依勢作威，無倚法以削；寬而有制，從容以和。○必有忍，其乃有濟；有容，德乃大。

政貴有恒，辭尚體要。〇世禄之家，鮮克由禮。

爾身克正，罔敢弗正；民心罔中，惟爾之中。〇思其艱以圖其易，民乃寧。

繩愆糾謬，格其非心。〇僕臣正，厥后克正；僕臣諛，厥后自聖。后德惟臣，不德惟臣。〇德威惟畏，德明惟明。

【尚書】

〇天保定爾，俾爾戩穀。罄無不宜，受天百禄。降爾遐福，維日不足。〇民之質矣，日用飲食。羣黎百姓，徧爲爾德。

〇王事多艱，不遑啓居，豈不懷歸，畏此簡書。

〇樂只君子，邦家之基。樂只君子，萬壽無期！

〇之子於征，有聞無聲。允矣君子，展也大成。

〇他山之石，可以攻玉。

〇弗躬弗親，庶民弗信。

〇赫赫宗周，褒姒滅之。

〇萋兮斐兮，成是貝錦，彼譖人者，亦已大甚。

〇缾之罄矣，維罍之恥。

〇周道如砥，其直如矢；君子所履，小人所視。〇維南有箕，不可以簸揚；維北有斗，不可以挹酒漿。

〇旅力方剛，經營四方。

〇祀事孔明，先祖是皇。神保是饗，孝孫有慶，報以介福，萬壽無疆。

〇上天同雲，雨雪雰雰；益之以霢霂，既優既渥；既霑既足，生我百穀。

〇左之左之，君子宜之；右之右之，君子有之；維其有之，是以似之。

○之屏之翰，百辟爲憲；不戢不難，受福不那。

○營營青蠅，止於棘，讒人罔極，交亂四國。

○文王在上，於昭于天。周雖舊邦，其命維新。有周不顯，帝命不時。文王陟降，在帝左右。

○明明在下，赫赫在上。天難忱斯，不易維王。天位殷適，使不挾四方。○上帝臨汝，無貳爾心。

○豈弟君子，求福不回。

○既醉以酒，既飽以德。君子萬年，介爾景福。○昭明有融，高朗令終。○孝子不匱，永錫爾類。

○不愆不忘，率由舊章。

○我言維服，勿以爲笑；先民有言，詢於芻蕘。○匪我言耄，爾用憂謔。多將熇熇，不可救藥。

○靡不有初，鮮克有終。○匪上帝不時，殷不用舊。雖無老成人，尚有典刑。曾是莫聽，大命以傾。○殷鑑不遠，在夏后之世。

○敬慎威儀，維民之則。○白圭之玷，尚可磨也；斯言之玷，不可爲也。

○朋友以譖，不胥以穀；人亦有言，進退維谷。

○天生烝民，有物有則；民之秉彝，好是懿德。○維仲山甫，柔亦不茹，剛亦不吐，不侮矜寡，不畏強禦。○愛莫助之，袞職有闕，維仲山甫補之。

○四方既平，王國庶定，時靡有爭，王心載寧。

○不顯維德，百辟其刑之。

○我其夙夜，畏天之威，于時保之。

○在彼無惡，在此無斁。庶幾夙夜，以永終譽。

○婚姻不備，則貞女不行；禮樂不備，則賢者不處。

○無私恩，非孝子；　無公義，非忠臣。

【毛詩】

敖不可長，欲不可從，志不可滿，樂不可極。○愛而知其惡，惡而知其善。○臨財毋苟得，臨難毋苟免。○禮從宜，使從俗。○禮聞來學，不聞往教。○人有禮則安，無禮則危。○貧者不以貨財爲禮，老者不以筋力爲禮。○君子不盡人之歡，不竭人之忠。○禮不下庶人，刑不上大夫。○四郊多壘，此卿大夫之辱也；　地廣大荒而不治，此亦士之辱也。○詩書不諱，臨文不諱。○入竟而問禁，入國而問俗，入門而問諱。

【曲禮】

事親有隱而無犯。事君有犯而無隱。○喪禮，與其哀不足而禮有餘也，不若禮不足而哀有餘也。祭禮，與其敬不足而禮有餘也，不若禮不足而敬有餘也。

【檀弓上】

苛政猛於虎。

【檀弓下】

國無九年之蓄曰不足，無六年之蓄曰急，無三年之蓄曰國非其國也。○司徒修六禮以節民性，明七年之教以與民德齊，齊八政以防淫，一道德以同俗；養耆老以致孝，恤孤獨以逮不足；上賢以崇德，簡不肖以絀辱。〔二〕○春秋教以禮、樂，冬夏教以詩、書。○七十不與賓客之事，八十齊喪之事弗及也。○君子耆老不徒行，庶人耆老不徒食。

【王制】

知爲人子，然後可以爲人父；知爲人臣，然後可以爲人君；知事人，然後能使人。

【文王世子】

用人之知去其詐，用人之勇去其怒，用人之仁去其貪。○人藏其心，不可測度也；美惡皆在其心，不見其色也；欲一以窮之，舍禮何以哉？

【禮運】

忠信，禮之本也；義理，禮之文也。無本不立，無文不行。○至敬無文，父黨無容，大圭不琢，大羹不和。

【禮器】

父母之愛亦愛之，父母之敬亦敬之。至於犬馬盡然，而況於人乎？

【內則】

〔二〕「簡不肖以絀辱」：禮記正義作「簡不肖以絀惡」。

爲人臣下者，有諫而無訕，有亡而無疾；頌而無諂，諫而無驕；怠則張而相之，廢則埽而更之，謂之社稷之役。○執虛如執盈，入虛如有人。

【少儀】

玉不琢，不成器。人不學，不知道。○學然後知不足，教然後知困。○入學鼓篋，遜其志也。夏楚二物，收其威也。○善歌者，使人繼其聲。善教者，使人繼其志。○善學者，師逸而功倍，又從而庸之。不善學者，師勤而功半，又從而怨之。○良冶之子，必學爲裘。良弓之子，必學爲箕。始駕馬者反之，車在馬前。

【學記】

禮以道其志，樂以和其聲，政以一其行，刑以防其姦。○大樂與天地同和，大禮與天地同節。○土敝則草木不長，水煩則魚鱉不大；氣衰則生物不遂，世亂則禮慝而樂淫。○姦聲亂色，不留聰明；淫樂慝禮，不接心術；惰慢邪辟之氣，不設於身體。○禮樂不可斯須去身。

【樂記】

一張一弛，文武之道。

【雜記】

夫聖王之制祭祀也，法施於民則祀之，以死勤事則祀之，以勞定國則祀之，能御大菑則祀之，能捍大患則祀之。

【祭法】

祭不欲數，數則煩，煩則不敬。祭不欲踈，踈則怠，怠則忘。○致愛則存，致慤則著。○生則敬養，死則敬享。○君子有終身之喪，忌日之謂也。○孝子之有深愛者，必有和氣；有和氣者，必有愉色；有愉色者，必有婉容。○立愛自親始，教民睦也。立敬自長始，教民順也。○居處不莊，非孝也。事君不忠，非孝也。涖官不敬，非孝也。朋友不信，非孝也。戰陣無勇，非孝也。

【祭義】

先祖無美而稱之，是誣也；有善而弗知，不明也；知而弗傳，不仁也；此三者，君子之所恥也。

【祭統】

君子禮以坊德，刑以坊淫，命以坊欲。○制國不過千乘，都城不過百雉，家富不過百乘。○天無二日，土無二王，家無二主，尊無二上。○善則稱人，過則稱己，則民不爭。

【坊記】

君子莊敬日強，安肆日偷。○先王謚以尊名，節以壹惠，恥名之浮於行也。○事君遠而諫，則諂也；近而不諫，則尸利也。○事君欲諫而不欲陳。○事君，難進而易退，則位有序；易退而難進，則亂也。

【表記】

好賢如緇衣，惡惡如巷伯，則爵不瀆而民作願。○下之事上也，不從其所令，從其所行。○王言如絲，其出如綸，王言如綸，其出如綍。○上人疑則百姓惑，下難知則君長勞。○大臣不親，百姓不寧，則忠敬不足而富貴已過也。大臣不治而邇臣比矣。○民以君爲心，君以民爲體。

【緇衣】

親戚既沒，雖欲孝，誰爲孝；年既耆艾，雖欲悌，誰爲悌；故孝有不及，悌有不時。

【大戴禮】

石碏曰：「愛子教之以義方，弗納于邪，驕奢淫泆，所自邪也。四者之來，寵祿過也。夫寵而不驕，驕而能降，降而不憾，憾而能眕者，鮮矣。且夫賤妨貴、少陵長、遠間親、新間舊、小加大、淫破義，所謂六逆也。君義臣行，父慈子孝，兄愛弟敬，所謂六順也。去順效逆，所以速禍也。君人者，將禍是務去而速之，無乃不可乎？」

儉，德之共也。侈，惡之大也。○違命不孝，棄事不忠。○無喪而戚，憂心讎焉。無戎而城，讎必保焉。子父不奸之謂禮，守命共時之謂信。○輔車相依，唇亡齒寒。○背施，無親。幸災，不仁。貪愛，不祥。怒鄰，不義。○報者倦矣，施者未厭。○兵作於內爲亂，作於外爲寇。寇猶及人，亂自及也。○叛而不討，何以示威；服而不柔，何以示懷；非威非懷，何以示德？○見有禮於君者，事之如孝子之養父母也；見無禮於君者，誅之如鷹鸇之逐鳥雀也。○牽牛以蹊人之田而奪之牛。牽牛以蹊者，信有罪矣。而奪之牛，罰已重矣。○雖鞭之長，不及馬腹。○諺曰：「高下在心，川澤納汙，山藪藏疾，瑾瑜匿瑕，國君含垢。」○君能制命爲義，臣能承命爲信。○惟名與器，不可以假人，君之所司也。

○史佚之志有之，曰：「非我族類，其心必異。」樹德莫如滋，去疾莫如盡。○國之興也以福，其亡也以禍。○盜憎主人，民惡其上。子好直言，必及於難。○夫上之所爲，民之歸也。上所不爲，而民或爲之，是以加刑罰焉，而莫敢不懲。若上之所爲而民亦爲之，乃其所也，又可禁乎？○志有之：「言以足志，文以足言。」不言，誰知其志？言之無文，行不及

遠。〔二〕

忠信，禮之器也。卑讓，禮之宗也。辭不忘國，忠信也。先國後己，卑讓也。○仁人之言，其利博哉。苟利社稷，生死以之。○劉子曰：「吾聞之：『民受天地之中以生，所謂命也。是以有動作禮義威儀之則，以定命也。能者養之以福，不能者敗以取禍。是故君子勤禮，小人盡力。勤禮莫如致敬，盡力莫如敦篤。敬在養神，篤在守業。國之大事，在祀與戎。祀有執膰，戎有受脤，神之大節也。』今成子惰，棄其命矣，其不反乎？」

【春秋左傳】

春秋貴義而不貴惠，通道而不信邪。○尊不親小事，卑不屍大功。○苞人民，毆牛馬，曰「侵」。斬樹木，壞宮室，曰「伐」。○誥誓不及五帝，盟詛不及三王。○聽遠音者，聞其疾而不聞其舒。望遠人者，察其貌而不察其形。〔三〕善爲國者不師，善師者不陳，善陳者不戰，善戰者不死，善死者不亡。○古之君人者，必時視民所勤，民勤於力則功築罕；民勤於財，則貢賦少；民勤於食，則百事廢矣。

【穀梁傳】

不貴難得之貨，使民不爲盜；不見可欲，使心不亂。

功成、名遂、身退，天之道。

五色令人目盲，五音令人耳聾，五味令人口爽，馳騁田獵，令人心發狂。○師之所處，荊棘生焉；大軍之後，必有凶

〔二〕「行不及遠」：左傳襄公二十五年作「行而不遠」。

〔三〕「望遠人者」：穀梁傳桓公十四年作「望遠者」。

年。○知人者智，自知者明。○知足不辱，知止不殆。○大直若屈，大巧若拙，大辯若訥。○禍莫大於不知足，咎莫大於欲得。故知足之足，常足。○治大國若烹小鮮。○民之饑，以其上食稅之多，是以饑。民之難治，以其上之有爲，是以難治。民之輕死，以其求生之厚，是以輕死。○飄風不終朝，驟雨不終日。○自是者不彰，自伐者無功。○大音希聲，大象無形。○修之於身，其德乃真；修之於家，其德乃餘；修之於鄉，其德乃長；修之於國，其德乃豐；修之於天下，其德乃普。○合抱之木，生於毫末；九層之臺，起於累土；千里之行，始於足下。○天道無道，常與善人。○信言不美，美言不信。

【老子】

水之積也不厚，則負大舟也無力；風之積也不厚，則負大翼也無力。○朝菌不知晦朔，蟪蛄不知春秋。○日月出矣，爝火不息；時雨降矣，而猶浸灌。○鷦鷯巢林不過一枝，偃鼠飲河不過滿腹。○魚相忘於江湖，人相忘於道術。○鳧頸雖短，續之則憂，鶴頸雖長，斷之則悲。○圓者中規，方者中矩。○尸居而龍見，淵默而雷聲。○入無窮之門，遊無極之野。○天地雖大，其化均也。萬物雖多，其治一也。○上如標枝，下如野鹿。○孝子不諛其親，忠臣不諂其君。○天道運而無所積，故萬物成。帝道運而無所積，故天下歸。聖道運而無所積，故海内服。○衆人重利，廉士重名，賢人尚志，聖人貴精。○不爲軒冕肆志，不爲窮約趨俗。○井鼃不可以語於海者，拘於虚也；夏蟲不可以語於冰者，篤於時也；曲士不可以語於道者，束於教也。○計四海之在天地間也，不似礨空之在大澤乎？計中國之在海内也，不似稊米之在太倉乎？

○堯舜讓而帝，之噲讓而絶。湯武爭而王，白公爭而滅。○褚小者不可以懷大，綆短者不可以汲深。○直木先伐，甘井先竭。○功成者墮，名成者虧。○君子之交淡若水，小人之交甘若醴；君子淡以親，小人甘以絶。○人之所舍，謂之天民；天之所助，謂之天子。○以賢臨人，未有得人者也；以賢下人，未有不得人者也。○狗不以善吠爲良，人不以善言爲賢。○古之君人者，以得爲在民，以失爲在己。○非其義者，不受其祿；無道之世，不踐其土。○或聘於莊子，莊子應其使曰：「子見夫犧牛乎？衣以文繡，食以芻菽，及其牽而入於太廟，雖欲爲孤犢，其可得乎？」

【莊子】

天地無全功，聖人無全能，萬物無全用。故天職生覆，地職形載，聖人職教化，物職所宜。○周諺有言：「察見淵魚者不祥，智料隱匿者有殃。」

【列子】

青出之於藍而青於藍；冰水爲之而寒於水。○木受繩則直，金就礪則利。○不登高山，不知天之高也；不臨深谿，不知地之厚也；不聞先王之遺言，不知學問之大也。○居必擇鄉，遊必就士。○質的張，而弓矢至焉。林木茂，而斧斤至焉。樹成陰，而衆鳥息焉。醯酸，而蜹聚焉。○積土成山，風雨興焉；積水成淵，蛟龍生焉。○不積跬步，無以致千里。不積小流，無以成江河。○鍥而舍之，朽木不折。鍥而不舍，金石可鏤。

【荀子】〔二〕

百川學海而至於海。○捨舟航而濟乎瀆，末矣；捨五經而濟乎道，末矣。

【楊子】

圓者動，方者靜。○君子之學進於道，小人之學進於利。○古之從仕者養人，今之從仕者養己。○同不害正，異不傷

〔二〕明嘉靖版第十四頁有眉批：「公生明，偏生闇。」（語出荀子不苟）「有治人，無治法。」（語出荀子君道）「天不爲人之惡寒而輟冬；地不爲人之惡遠而輟廣；君子不爲衆小人之匈匈也而輟其行。」（語出莊子天地）「流丸止於甌臾，流言止於智者。」（語出荀子大略）

物。○居近識遠，處今知古。○恭則物服，慤則有成，平則物化。○服人之心，不服人之言；服人之言，不服人之身。

【文中子】

師道立，則善人多；善人多，則朝廷正而天下治矣。○聖德修而萬民化。○心純則賢才輔，賢才輔則天下治。○治天下有本，身之謂也。治天下有則，家之謂也。

【周子】

國政無禮則不行，王事無禮則不成。國無禮則不寧，王無禮則死亡無日矣。○國亡而弗知，不智也。知而不爭，非忠也。亡而不死，非勇也。○智者不爲，非其事。廉者不求，非其有。○枯魚銜索，幾何不蠹。二親之壽，忽如過隙。○水濁則魚喁，令苛則國亂。城峭則崩，岸峭則潰。○賢者重進而輕退，廉者易愧而輕死。○君子見人之困則矜之，小人見人之困則幸之。○君子盛德而謙卑，虛己以受人。旁行不流，應物而不窮。○政亂國危，君子憂也；軍敗卒亂，將之憂也。○食其食者，不毁其器；陰其樹者，不折其枝。○妖者，禍之先；祥者，福之先也。見妖而爲善，即禍不至；見祥而爲不善，則福不臻。○劍雖利，不礪不斷。材雖美，不學不高。雖有旨酒佳餚，不嘗不知其甘。雖有善道，不學不達其功。故學然後知不足，教然後知不究。○夫泰山不讓礫石，江海不辭小流，所以成其大也。○豐膏不獨樂，磽确不獨苦。○六馬不和，造父不能以致遠。弓矢不調，羿不能以中微。士民不親附，湯武不能以戰勝。○智者，不出戶而知天下；不窺牖而見天道。非目能視乎千里之前，非耳能聞乎千里之外；以己之情量之也。己飢寒焉，則知天下之欲衣食也。己惡勞苦焉，則知天下之欲安佚也。己惡衰乏焉，則知天下之欲富貴也。○善御者不忘其馬，善射者不忘其弓，善爲人上者不忘其下。○道雖近，不行不至。事雖小，不爲不成。○王者之政：賢能不待次而舉，不肖不待須臾而廢，元惡不待教而誅，中庸不待政而化。○君者，民之源也。源清則流清，源濁則流濁。○故獨視不若與衆視之明也，獨聽不若與衆聽之聰也，獨慮不若與衆慮之切也。○傳曰：「驕溢之君寡忠，口惠之人鮮信。」○水淵深廣，則龍魚生之；山林茂盛，則禽獸歸之；禮義修明，則君子懷之。○福生於無爲，患生於多欲。○黄帝學乎大顛，顓頊學乎録圖，帝嚳學乎赤松子，堯學乎務成子附，舜學乎尹壽，禹學乎西王國，湯學乎貸乎相，文王學乎錫疇子斯，武王學乎太公，周公學乎虢叔，仲尼學乎老聃。○朝廷之士爲禄，故入而不出。山林之士爲名，故往而不反。○民勞思佚，治暴思仁，刑危思安，國罷思天。[一]

瓠巴鼓瑟而潛魚出，聽伯牙鼓琴而六馬仰秣。○雷霆之起也，破竹折木，震驚天下而不能使聾者卒有聞。日月之明，遍照天下，而不能使盲者卒有見。○珠出於江海，玉出於崑山，無足而至者，猶主君之好也。士有足而不至者，蓋主君無好士之意耳，無患乎無士也。○千羊之皮，不若一狐之腋。衆人唯諾，不若直士之諤諤。○左右者爲社鼠，用事者爲惡狗。○爵高者，人妬之；官大者，主惡之；禄厚者，怨歸之。○有國者，未嘗不以恭儉也。失國者，未嘗不以驕奢也。○子得罪於父，可因姑姊妹謝也，父乃赦之。臣得罪於君，可使左右而謝也，君乃赦之。昔者，桀得罪於臣也，至今未有爲謝也。○畏鞭笞之嚴而不敢諫其父，非孝子也。懼斧鉞之誅而不敢諫其君，非忠臣也。

【外傳】

大道容衆，大德容下。○有文無武，無以威下；有武無文，民畏不親。○仁昭而義立，德傳而化廣。故不賞而民勸，不罰而民治。○近者親之，遠者安之。○知人者，王道也。知事者，臣道也。王道知人，臣道知事。○君好聽譽而不惡讒也，以非賢爲賢，以非善爲善，以非忠爲忠，以非信爲信。其君以譽爲功，以毀爲罪；有功者不賞，有罪者不罰，多黨者進，少黨者退。是以羣臣比周而蔽賢，百吏羣黨而多奸；忠臣以誹死於無罪，邪臣以譽賞於無功。○惡聞其情而善聞人之情，惡聞其惡而喜聞人之惡。○君好之，則臣服之；君嗜之，則臣食之。○春致其時，萬物皆及生。君致其道，萬人皆及

[一]「國罷思天」：韓詩外傳卷六第十章作「國亂思天」。

治。○權不兩錯，政不二門。○脛大於股者，難以步。指大於臂者，難以把。○賤不謀貴，外不謀內。○儀狀齊等，而飾貌者好；質性同倫，而學問者智。○砥礪琢磨非金也，而可以厲金。詩書辟立非我也，而可以厲心。○水積成川則蛟龍生焉，土積成山則橡樟生焉。○親賢學問，所以長德也；論交合友，所以相致也。○順風而呼，聲不加疾而聞者衆；登丘而招，臂不加長而見者遠。○有陰德者必有陽報，有隱行者必有昭名。○王國富民，伯國富士。○水廣則魚大，君明則臣忠。○上不玩兵，下不廢武。○吏勝其職則事治，事治則利生也。不勝其職則事亂，事亂則害成也。○意不並銳，事不兩隆。○親踈則害，失衆則敗。○水出於山而入於海，稼生於田而藏於廩。○蛟龍雖神，不能以白日去其倫；飄風雖疾，不能以陰雨揚其塵。○至神無不化也，至賢無不移也。○樹高者鳥宿之，厚德者士趨之。○十步之澤，必有香草。十室之邑，必有忠士。○天與不取，反受其咎；時至不迎，反受其殃。○言疑者無犯，行疑者無從。○蠹蝝僕柱梁，蚊蝱走牛羊。○義士不欺心，廉士不妄取。○衣食足，知榮辱；倉廩實，知禮節。福生於微，禍生於忽。○一生一死，乃知交情。一貧一富，乃知交態。一貴一賤，交情乃見。一貧一富，交情乃出。○敗軍之將，不可言勇。亡國之臣，不可言智。○下士得官以死，上士得官以生。禍福非從地中出，非從天上來也，己自生之。○窮鄉多曲學，小辯害大智。○爲人上者，患在不明。爲人下者，患在不忠。○知命者不怨天，知己者不怨人。○官尊者憂深，禄多者責大。○高山之巔無美木，大樹之下無美草。

進賢受上賞，蔽賢蒙顯戮。○吞舟之魚，蕩而失水，治於螻蟻者，離其居也。猿猴失木，治於狐貉者，非其處也。

【劉向說苑】

外舉不避仇讎，內舉不回親戚。○楚莊王曰：「諸侯自擇師者王，自擇友者霸，足己而君臣莫之若者亡。」○忠臣不用，用臣不忠。下才處高，不肖臨賢而君不悟。○使賢者爲之，與不肖者議之；使智者圖之，與愚者謀之。○市虎成於三夫，孝子疑於再至。○諸侯夢惡則修德，大夫夢惡則修官，士夢惡則修身，如是而禍不至矣。○喜者無賞，怒者無刑。○鴻鵠保河海之中，厭而欲移徙之小澤，則必有丸繒之憂。黿鼉保深淵，厭而出之淺渚，則必有羅網鈎射之憂。○路人反裘而負芻也，將愛其毛，不知其裏盡而毛無所恃也。○下不安者，上不可居也。○仁不輕絶，智不輕怨。○諺曰：「厚者不損人以自益，仁者不危軀以要名。」故覆人之邪者，厚之行也；救人之過者，仁之道也。

賢聖之君，不以禄私親，功多者授之；不以官隨愛，而當者處之。故察能而授官者，成功之君也。論行而結交者，立名之士也。○賢聖之君，功立不廢，故著於春秋。蚤知之士，名成而不毁，故稱於後世。○善作者不必善成，善始者不必善終。○君子絶交無惡言，去臣無惡聲。○忠無不報，信不見疑。○玉人獻寶，楚王誅之；李斯竭忠，胡亥極刑。○諺曰：有白頭而新，傾蓋而故。○女無美惡，入宫見妬。士無賢不肖，入朝見嫉。○百里奚乞食於道路，繆公委之以政；甯戚販牛於車下，而桓公任之以國。○偏聽生姦，獨任成亂。昔魯聽季孫之説逐孔子，宋聽子冉之計逐墨翟。○衆口鑠金，積毁銷骨。○秦用戎人由余而霸中國，齊用越人子臧而强宣威。故意合則胡越爲兄弟，由余、子臧是也。不合則骨肉爲仇讎，朱象管蔡是也。○晉文公親其仇而强霸諸侯，齊桓公用其仇而一匡天下。○秦用商鞅之法，東弱韓、魏，立强天下而卒車裂；越用大夫種之謀，擒勁吴，霸中國卒誅其身。○孫叔敖三去相而不悔，於陵仲子辭三公爲人灌園。○明月之珠，夜光之璧，以暗投人於道路，衆無不按劍相眄者，何則？無因至前也。蟠木根柢，輪囷離奇而爲萬乘器者，以左右先爲之容也。

盛飾入朝者，不以私污義；砥礪名號者，不以利傷[行]。

知名之士，見利不動，臨死不恐。

有高人之行者，固負非於世。有獨知之慮者，必見謷於民。語曰：「愚者暗成事，智者見未萌。」民不可與慮始，可與樂成功。郭偃之法曰：「論至德者不和於俗，成大功者不謀於衆。」法者，所以愛民也；禮者，所以便事也。〔二〕是故聖人

〔二〕本頁此處行文上部有眉批：「不由□（自？親？）身做出，不知此道。無世界眼光，做不□（來？）此事。」按，圓括弧内文字系點校者所加。從墨色看，該眉批墨色較重。從字體看，該眉批爲手寫行草。因此可以斷定，此段眉批較大的可能是藏書者所作。

苟可以治國，不法其故；苟可以利民，不循其禮。○甘龍曰：「聖人不易民而教，智者不變法而治。因民而教者，不勞而功成。據法而治者，吏習而民安。」○常人安於所習，學者溺於所聞。○智者作法，愚者制焉；賢者更禮，不肖者拘焉。更禮之人不足與言事，制法之人不足以論治。杜摯曰：「利不百不變法，功不十不易器。」○法古無過，循禮無邪。○治世不一道，便國不必古。○窮鄉多恠，曲學多辯。愚者之笑，知者哀焉。狂夫之樂，賢者憂焉。○爭名者於朝，爭利者於市。○欲富者務廣其地，欲強者務富其民，欲王者務博其德。

【劉向新序】

千人之諾諾，不如一士之諤諤。[一]

智者不倍時而棄利，勇士不怯死而滅名，忠臣不先身而後君。○語曰：「庸主賞所愛，而罰所惡。明主則不然，賞必加於有功，而罰必斷於有罪。」

【戰國策】

史記

泰山不讓土壤，故能成其大；河海不擇細流，故能就其深；王者不卻衆庶，故能明其德。○所謂借寇兵而齎盜糧者也。○輕慮者不可以治國，獨智者不可以存君。誅殺忠臣而立無節行之人，是內使羣臣不相信，而外使鬥士之意離也。

[一]「千人之諾諾，不如一士之諤諤」：此語實出自史記商君列傳，爲客士趙良奉勸商鞅積德行善、急流勇退以全性命之語。

【以上秦時人〔二〕】

知天之天者，王事可成；不知天之天者，王事不可成。王者以民爲天，而民以食爲天。

【酈食其傳】

千金之子，坐不垂堂，百金之子不騎衡，聖王不乘危，不儌倖。

【爰盎傳】

漢書

忠臣之事君也，言切直則不用而身危；不切直則不可以明道。故切直之言，明主所欲急聞，忠臣所以蒙死而竭智也。

〇故地之美者，善養禾；君之仁者，善養士。雷霆之所擊，無不摧折者，萬鈞之所厭，無不糜滅者。今人主之威非特雷霆之勢，重非特萬鈞也。

【賈山傳】

蛟龙襄首奮翼，則浮雲出流，霧雨咸集。聖王底節修德，則遊談之士歸義思名。

【鄒陽傳】

〔二〕從「泰山不讓土壤」到「鬭士之意離也」爲止，王恕未注明輯録行文出處，而只注明「以上秦時人」。

得全者昌，失全者亡。○夫以一縷之任繫千鈞之重，上懸無極之高，下垂不測之深，雖甚愚之人猶知哀其將絕也。○泰山之霤穿石，單極之統斷幹。水非石之鑽，索非木之鉅，漸靡使之然也。○夫銖銖而稱之，至石必差。寸寸而度之，至丈必過。石稱丈量，徑而寡失。○夫十圍之木，始生如蘖，足可搔而絕，手可擢而拔，據其未生，先其未形也。○磨礱砥礪，不見其損，有時而盡。種樹蓄養，不見其益，有時而大。積德累行，不知其善，有時而用。棄義背理，不知其惡，有時而亡。

【枚乘傳】

烏鳶之卵不毀而後鳳凰集，誹謗之罪不誅而後良言進。○鳳鳥乘於風，聖人因於時。〔二〕用兵者以飽待飢，正治以待其亂，定舍以待其勞。○衝風之衰不能起毛羽，強弩之末不能入魯縞。○草木遭霜，不可以風過。清水明鏡，不可以形逃。

【韓安國傳】

明者遠見於未萌，智者避危於未形。禍故多藏於隱微，而發於人之所忽。

【司馬相如傳】

〔二〕「烏鳶之卵不毀而後鳳凰集，誹謗之罪不誅而後良言進。鳳鳥乘於風，聖人因於時。」此句出自漢武帝時期名臣路溫舒的尚德緩刑書（見漢書卷五十一路溫舒傳），漢書卷五十二韓安國傳並未載有此語。

農夫勞，而君子養焉；愚者言，而智者擇焉。[一]

【淮南王傳】

正其誼不謀其利，明其道不計其功。

【董仲舒傳】

明主不惡切諫以博觀，忠臣不避重誅以直諫，是以事無遺策而功流萬世。○周書曰：「安危在出令，存亡在所用。」

【主父偃傳】

後宮盛色，則賢者隱處；佞人用事，則諍臣杜口。

【賈捐之傳】

謙遜靜慤，天表之應，應之以福。驕溢靡麗，天表之應，應之以異。

【東方朔傳】

[一] 「農夫勞，而君子養焉；愚者言，而智者擇焉。」此語其實並未出自漢書淮南王傳，而是出自淮南王劉安：諫發兵誅閩越書。但該文載於漢書卷嚴助傳。

突曲徙薪無恩澤，焦頭爛耳爲上客。〔一〕

【徐福傳】

虞有宮之奇，晉獻不寐；衛青在位，淮南寢謀。故賢人立朝，折衝厭難，勝於亡形。〔二〕

【何武傳】

論大功者不録小過，舉大美者不疵細瑕。〔三〕

【劉向傳】

楚有子玉、得臣，文公爲之側席而坐。趙有廉頗、馬服，強秦不敢窺兵井陘。漢有郅都、魏尚，匈奴不敢南向沙漠。由是言之，戰克之將，國之爪牙，不可不重也。〔四〕

明王垂寬容之德，崇諫爭之官，廣開忠直之路，不罪狂狷之言，然後百僚在位，竭忠盡謀，不懼後患；朝廷無諂諛之士，元首無失道之愆。〔五〕

〔一〕「突曲徙薪無恩澤，焦頭爛耳爲上客」句，史記、漢書並無徐福傳；此語實出自漢書霍光金日磾傳。

〔二〕「虞有宮之奇，晉獻不寐；衛青在位，淮南寢謀。故賢人立朝，折衝厭難，勝於亡形。」漢書何武王嘉師丹傳内並無此語的任何記載。此語出自漢書辛慶忌傳。

〔三〕「論大功者不録小過，舉大美者不疵細瑕。」查核漢書楚元王傳（附劉向傳）内並無此語，它其實出自漢書陳湯傳。

〔四〕查核漢書谷永杜鄴傳，内中並無此語。此語實載於漢書陳湯傳，爲谷永引經據典褒揚名將陳湯之語。

〔五〕考之漢書谷永傳，内中並無此言。此語實出自漢書劉輔傳，是谷永爲因言得罪繫獄的宗室劉輔的開脱辯護詞。

褒姒用國，宗周以喪。閻妻驕善，日以不臧。〇昔舜飭正二女以崇至德，楚莊忍絕丹姬以成霸功。幽王惑於褒姒，周德降亡。魯桓脅於齊女，社稷以傾。〇穀不登虧膳，災屢至損服。

【谷永傳】

存人所以自立也，壅人所以自塞也。善惡之報，各如其事。

【梅福傳】

聖王宣德流化，必自近始。朝廷不備，難以言治。左右不正，難以化遠。

【王吉傳】

救亂誅暴，謂之「義兵」，兵義者王。敵加於己，不得已起者，謂之「應兵」，兵應者勝。爭恨小故，不忍憤怒者，謂之「忿兵」，兵忿者敗。利人土地貨寶者，謂之「貪兵」，兵貪者破。恃國家之大，矜民人之衆，欲見威於敵者，謂之「驕兵」，兵驕者滅。〇明王在上，賢輔在下，則君安虞而民和睦。

【魏相傳】

心之精微，口不能言也。言之微妙，書不能文也。〇秦王好淫聲，葉陽后爲不聽鄭衛之樂。楚嚴好田獵，樊姬爲之不食鳥獸之肉。

【張敞傳】

以刑餘爲周、召，以法律爲詩、書。

【蓋寬饒傳】

山有猛獸，藜藿爲之不采。國有忠臣，奸邪爲之不起。〔二〕

【鄭昌傳】

伯奇孝而棄於親，子胥忠而誅於君，隱公慈而殺於弟，武叔弟而殺於兄。

【諸葛豐傳】

天之所與，必先賜以符瑞；天之所違，必先降以災變。

【劉輔傳】

朝無爭臣，則不知過；國無達士，則不聞善。

【蕭望之傳】

朝有變色之言，則下有爭鬥之患。上有自專之士，則下有不讓之人。上有克勝之佐，則下有傷害之心。上有好利之

〔二〕漢書並未爲鄭昌立傳。經查核，鄭昌爲漢宣帝時諫大夫。時司隸校尉蓋寬饒因批評宣帝重用宦官是「以刑餘爲周、召，以法律爲詩、書」，有忤帝意，被有司劾以大辟。語見漢書蓋寬饒傳。

臣，則下有盜竊之民。此其本也。〇國風之詩，周南、召南被賢聖之化深，故篤於行而廉於色。鄭伯好勇，而國暴虎；秦穆貴信，而士多從死；陳夫人好巫，而民淫祀；晉侯好儉，而民畜聚；大王躬仁，邠國貴恕。由此觀之，治天下者，審所尚而已。〇治性之道，必審己之所以有餘而強其所不足。蓋聰明疏通者，戒於大察；寡聞少見者，戒於壅蔽；勇猛剛強者，戒於大暴；仁愛溫良者，戒於無斷；沉靜安舒者，戒於後時；廣心浩大者，戒於遺忘。必審己之所當戒而齊之以義，然後中和之化應，而巧僞之徒不敢比周而望進。

【匡衡傳】

千人所指，無病而死。

【王嘉傳】

後漢書

繩墨棄而不用，斧斤廢而不舉。

【蔡茂傳】

國之廢興，在於政事；政事得失，由於輔佐。

【桓譚傳】

明君不惡切慤之言，以測幽冥之論；忠臣不顧爭引之患，以達萬機之變。〇兵久則力屈，人愁則怨生。〇德不累積，人不爲用。備不豫具，難以應卒。

【馮衍傳】

救奢必於儉約，拯薄無若敦厚。○上不儉下不節。○賢者，化之本；雲者，雨之具。

【郎顗傳】

物暴長者，必夭折；功卒成者，必急壞。

【朱浮傳】

春秋之義，功在元帥，罪止首惡，故賞不僭溢，刑不淫濫，五帝、三王所以同致康乂也。

【梁商傳】

春秋以天反時爲災，地反物爲妖，人反德爲亂，亂則妖災生。

【鄭興傳】

至音不合衆聽，故伯牙絕弦；至寶不同衆好，故卞和泣血。○明者獨見，不惑於朱紫；聽者獨聞，不謬於清濁。故離朱不爲巧眩移目，師曠不爲新聲易耳。○人君患在自驕，不患驕臣；失在自任，不在任人。是以文王有日昃之勞，周公執吐握之恭。

【陳元傳】

習與善人居，不能無善；猶生長於齊，不能無齊言也。習與惡人居，不能無惡；猶生長於楚，不能無楚言也。是以聖人審所與居，而戒慎所習。〔一〕

【賈誼傳】

忠不隱諱，直不避害。○苦身待士，不如爲國；戴盆望天，事不兩施。○衆煦飄山，聚蚊成雷。

【第五倫傳】

築室道旁，三年不成。○儀禮之家如聚訟。○孔子忍渴於盜泉之水，曾參回車於勝母之閭，惡其名也。〔二〕

【鍾離意傳】

當今中官近習，竊持國柄，手握王爵，口含天憲。運賞則使餓隸富於季孫，呼噏則令伊顔化爲桀蹠。○假貂璫之飾，處常伯之任。

〔一〕「習與善人居，不能無善；猶生長於齊，不能無齊言也。習與惡人居，不能無惡；猶生長於楚，不能無楚言也。是以聖人審所與居，而戒慎所習。」：該段文字出自後漢書卷七十班彪傳而文字略有出入：「賈誼以爲『習與善人居，不能無爲善，猶生長於齊，不能無齊言也。習與惡人居，不能無惡；猶生長于楚，不能無楚言也。』是以聖人審所與居，而戒慎所習。」這是班彪引漢書卷四十八賈誼傳所載賈誼疏言，以建議設立師保之職的議論。但班彪引文與漢書賈誼傳所載疏言原文又有出入：「夫習與正人居之，不能毋正，猶生長於齊，不能不齊言也；習與不正人居之，不能毋不正，猶生長於楚之地，不能不楚言也。」

〔二〕本節共三段文字。王恕將第一、第二兩段文字：「築室道旁，三年不成」和「議禮之家如聚訟」均輯録入鍾離意傳條目内。其实，除了第三段，前面兩段文字都非出自後漢書鍾離意傳。不僅如此，甚至整個後漢書中也很難找到確切的行文載録。相似的說法僅見之於後漢書曹褒傳：「諺言：『作舍道邊，三年不成。』會禮之家，名爲聚訟，互生疑異，筆不得下。」

【朱穆傳】

事以議從，策以衆定，誾誾衎衎，德禮之容，寢嘿抑心，更非朝廷之福。○功有難啚，不可豫見，事由易斷，較然不疑。○言行，君子之樞機；賞罰，理國之綱紀。

【袁安傳】

輕者重之端，小者大之源。故堤潰蟻孔，氣洩針芒。是以明者慎微，知者識幾。書曰：「小不可不殺。」詩云：「無縱詭隨，以謹無良。」蓋所以崇本絕末，鈎深之慮也。○孝文皇帝定約禮儀之制，光武皇帝絕告寧之典。貽則萬世，誠不可改。○籍田之耕，起於孝文。孝廉之貢，發於孝武。郊祀之禮，定於元、成。三雍之序，備於顯宗。大臣終喪，行於陛下。謂安帝。〔二〕○君使臣以禮，臣事君以忠。故三公稱曰「冢宰」，王者待以殊敬。在輿爲下，御坐爲起。入則參對而議政事，出則監察而懂是非。漢典舊事，丞相所請，靡有不聽。

【陳忠傳】

狐死首丘，代馬依風。

【班超傳】

周納狄女，襄王出居於鄭；漢立飛燕，成帝胤嗣泯絕。

〔二〕 本節四段語出後漢書卷七十六陳忠傳。但本傳內並無第三段「謂安帝」三字，恐爲衍文。

【應奉傳】

刑罰威獄，以類天之震耀殺戮也；　溫慈和惠，以放天之生殖長育也。春一草枯則爲災，秋一木華亦爲異。〔一〕

【應邵傳】

春秋之義，原情定過，赦事誅意。故許止雖弑君而不罪，趙盾以縱賊而見書。○療飢於附子，止渴於酖毒，未入腸胃，已絶咽喉，豈可爲哉？

【霍諝傳】

愛之則不覺其過，惡之則不知其善。所以事多放濫，物情生怨。故王者賞人必酬其功，爵人必甄其德。善人同處，則日聞嘉訓；　惡人從遊，則日生邪情。

【爰延傳】

鷙鳥累百，不如一鶚。〔二〕

〔一〕「春一草枯則爲災，秋一木華亦爲異。」語出後漢書卷七十八應劭傳。但王端毅公輯録入典籍格言時脱漏「是故」二字。原文爲：「是故春一草枯則爲災」云。再，應邵傳爲應劭傳之誤。

〔二〕「鷙鳥累百，不如一鶚。」後漢書卷六十二樊準傳内並無此語。然而，後漢書卷八十一龐參傳載有此語。這是樊準引用漢書卷五十一鄒陽傳中的語言来褒揚薦舉龐參。唐李賢注：「前書鄒陽諫吴王之辭也。鶚，大雕也。」

【樊準傳】

或見信之佐，括囊守禄；　或踈遠之臣，言以賤廢。是以王綱縱弛於上，智士鬱伊於下。○故聖人能與世推移，而俗士苦不知變，以爲結繩之約可復理亂秦之緒；　干戚之舞，足以解平城之圍。夫熊經鳥伸，雖延曆之術，非傷寒之理。呼吸吐納，雖度紀之道，非續骨之膏。蓋爲國之道，有似理身，平則致養，疾則攻焉。夫刑罰者，治亂之藥石也；　德教者，興平之粱肉也。夫以德教除殘，是以粱肉理疾也；　以刑罰理平，是以藥石供養也。

【崔寔傳】

枳棘，非鸞鳳所棲；　百里，豈大賢之路？

【王渙傳】

政以得賢爲本，理以去穢爲務。

【楊震傳】

女謁行，則讒夫昌；　讒夫昌，則苞苴通。○或得神以昌，或得神以亡。國家休明，則鑒其德；　邪僻昏亂，則視其禍。○周書曰：「天子見怪則修德，諸侯見怪則修政，卿大夫見怪則修職，士庶人見怪則修身。」

【楊賜傳】

人非天地，無以爲生。天地非人，無以爲靈。是故帝非人不立，人非帝不寧。○目不視鳴條之事，耳不聞檀車之聲。

天災不有痛於肌膚，震食不即損於聖體。故蔑三光之謬，輕上天之怒。○秦之將亡，正諫者誅，諛進者賞。嘉言結於忠舌。國命懸於讒口。○良田盡於蝗螟之口，〔一〕杼柚空於公私之求。○事之急者不能安言，心之痛者不能緩聲。

【劉陶傳】

和氣應於有德，災異生於失政。〔二〕上天告譴，則王者思其愆。政道或虧，則奸臣當其罰。

【謝弼傳】

鴻范傳曰：「政悖德隱，故風發屋折木。」坤爲地道，易稱「安貞」。陰氣憤盛，則當靜反動，法爲下叛。夫權不在上，則電傷物；〔三〕政有苛暴，則虎狼食人。貪利傷民，則蝗蟲損稼。○昔劉向奏曰：「夫執狐疑之計者，開羣枉之門；養不斷之慮者，來讒邪之口。」

【蔡邕傳】

天者務剛其氣，君者務強其政。○忠臣懼死而杜口，萬夫怖禍而木舌。

【黃瓊傳】

〔一〕「良田盡於蝗螟之口」：後漢書劉陶傳作「良苗盡於蝗螟之口」。

〔二〕「災異生於失政」：後漢書謝弼傳作「妖異生乎失政」。

〔三〕「則電傷物」：後漢書卷九十下蔡邕傳作「則雹傷物」。

王道得則陰陽和穆，政化乖，則崩震爲災。斯皆關之天心，效於成事者也。夫化以職成，官由能理。

【李固傳】

有功不賞，爲善失其望。姦回不詰，爲惡肆其凶。故陳鑕斧而人靡畏，[一]班爵位而物無勸。

【杜喬傳】

吉凶之效，存乎識善；成敗之機，在於察言。○言不直而行正，則爲欺乎天而負乎人。危言極意則羣姦側目，禍不旋踵。

【陳蕃傳】

三國志

坐而論道，謂之王公；作而行之，謂之士大夫。

【王肅傳】

大臣太重者國危，左右太親者身蔽。○大舜佐治，戒在比周。周公輔政，慎於其朋。齊侯問災，晏嬰對以布惠。魯君

[一]「故陳鑕斧而人靡畏」：後漢書卷九十三杜喬傳作「故陳資斧而人靡畏」。章懷太子李賢注：「資斧，前漢書音義曰：『資，利也。』」

問異，臧孫答以綏役。

【蔣濟傳】

開誠心，布公道。○勿以善小而不爲，勿以惡小而爲之。〔一〕

【孔明傳】

孤論難持，獨欲難成，衆怨難積，疑似難分。○語曰：世有亂人而無亂法。若使法可專任，則唐虞不須稷契之佐，殷周無貴伊呂之輔矣。○古人稱：廊廟之材非一木之枝，帝王之業非一士之略。○聖人不擇世而興，不易民而治。○毀人不實其所毀，而必曰私報其所憎。譽人不實其所譽，而必曰私愛其所親。〔二〕

【杜恕傳】

起煙於寒灰之上，生華於已枯之末。〔三〕物不答施於天地，子不謝生於父母。可以死効，難用筆陳。

【劉廙傳】

〔一〕王恕將本節兩段均輯録入典籍格言孔明傳条目。第一段的確出自三國志蜀志卷三十五諸葛亮傳，是諸葛丞相前出師表對蜀漢後主劉禪的政治忠告。而第二段則出自三國志蜀志卷三十二先主傳，是先主劉備臨終對子嗣劉禪的政治遺囑。

〔二〕本節五段語出三國志魏書卷十六杜恕傳。第一段「獨欲難成」，三國志魏志卷十六杜恕傳作：「犯欲難成」。第二段「則唐虞不須稷契之佐」，三國志魏志卷十六杜恕傳作：「則唐虞可不須稷契之佐」。再，本頁上部有眉批：「日十人亂」。

〔三〕「生華於已枯之末」：三國志魏志卷二十一劉廙傳作「生華於已枯之木」。

天地以四時成功，元首以輔弼興治。成湯仗阿衡之佐，文王憑旦望之功。○尊道重學，[一]聖人弘訓；褒文崇儒，帝者明義。

【高柔傳】

帝王者萬國之元首，天下之所繫命也。是以居則重門擊柝，以戒不虞；行則清道案節，以養威嚴。蓋所以存萬安之福，鎮四海之心。

【薛綜傳】

德均則衆者勝寡，力侔則安者制危。

【陸抗傳】

興國之君，樂聞其過；荒亂之主，樂聞其譽。聞其過者，過日消而福日臻；聞其譽者，譽日損而禍日至。[二]

【賀邵傳】

君子恥當年而功不立，疾沒世而名不稱。故曰：「學如不及，猶恐失之。」○甯越之勤，董生之篤，漸漬德義之淵，棲

[一]「尊道重學」句，上海古籍出版社據「殿閣本」影印二十五史第二冊三國志魏志卷二十四高柔傳作：「遵道重學」。

[二]「聞其過者，過日消而福日臻；聞其譽者，譽日損而禍日至」，三國志吳志卷六十五賀邵傳作「聞其過者，過日消而福臻；聞其譽者，譽日損而禍至」。

遲道藝之域。○卜式厲志於耕牧，〔一〕黄霸受道於囹圄，終有顯榮之福，以成不朽之名。

【韋昭傳】

三王不相因禮，五帝不相沿樂。○飢者不待羔饌而後飽，寒者不待狐貉而後溫。滋味者口之奇，文繡者身之飾也。○極粉黛，窮盛服，未必無醜婦；廢華采，去文繡，未必無美人也。〔二〕

【華覈傳】

晉書

疑心而信耳目，〔三〕疑耳目而信簡書。

【杜預傳】

天得一以清，地得一以寧，王侯得一以爲天下貞。

【裴楷傳】

〔一〕「卜式厲志於耕牧」：三國志吳志卷六十五韋昭傳作「卜式立志於耕牧」。

〔二〕典籍格言將本節三段輯録入華覈傳條目內。但是第一段「三王不相因禮，五帝不相沿樂」其實出自三國志吳志韋昭傳，是華覈上書孫皓爲韋昭的辯解救護辭。第二段「滋味者，口之奇」在三國志吳志卷六十五華覈傳作：「爲味者，口之奇」。

〔三〕「疑心而信耳目」：晉書卷三十四杜預傳作「疑諸心而信耳目」。

善御者，必識六轡盈縮之勢；善政者，必審官方控帶之宜。故仲由以兼人被抑，冉求以退弱被進，漢高八王以寵過夷滅，光武諸將由抑損克終。非上有仁暴之殊，下有愚智之異，蓋抑揚與奪使之然耳。○夫婦之道，父不能得之於子，子不能得之於父。

【張華傳】

若以后妃外親任以朝政，則有王氏傾漢之權，呂產專朝之禍。若以同姓至親，則有吴、楚七國逆亂之殃。

【王渾傳】

近不重施，遠不遺恩。

【段灼傳】

道化隆於上，清議行於下。魏武好法術，而天下貴刑名；魏文慕通達，而天下賤守節。

【傅玄傳】

魯僖公以恭儉節用聲列雅頌，蚡冒以篳路藍縷用彰楚國。文子相魯，妾不衣帛；晏嬰相齊，鹿裘不補。

【江統傳】

【陶璜傳】

宋文失禮，華樂荷不臣之罰；齊靈孌孽，高厚有從昏之戮。〔一〕

【溫嶠傳】

善戰者不怒，善勝者不武。

【周顗傳】

内管銓衡，外忝傳訓，質輕蟬翼，事重千鈞。

【虞預傳】

燕重郭隗，而三士競至；魏式干木，而秦兵退舍。

君舉必書，將軏物垂則。〔二〕書而不法，後嗣何觀？○政道陵遲，由乎禮廢；憲章頹替，始於容違。

【顧和傳】

漢儀：祭天於雲陽，祭地於汾陰。○寅畏上通，則宋災退度；德禮增修，則殷道以隆。

〔一〕「宋文失禮，華樂荷不臣之罰；齊靈孌孽，高厚有從昏之戮」。此段文字並非出自晉書陶璜傳，而是出自晉書周札傳。

〔二〕「將軏物垂則」：疑爲「將軌物垂則」之誤。

【江逌傳】

圓通貴於無滯，明哲尚於應幾。○蠖屈以待龍申之會，潛蟠以俟風雲之期。

【桓溫傳】

陳書

同姓爲主，聞於公羊之說；申服不繫，[一]顯於詩人之篇。

【袁樞傳】

魏書

若王猛之治國，苻堅之管仲也。慕容恪之輔少［主，慕容暐之霍光也。劉裕之平逆亂，司馬德宗之曹操也。］[二]

【崔浩傳】

[一] 「申服不繫」：陳書袁樞傳作「車服不繫」。

[二] 「若王猛之治國，苻堅之管仲也。慕容恪之輔少……」句，出自魏書卷三十五崔浩傳而文字略有出入，是崔浩奏對其「私論近世人物」之語：「若王猛之治國，苻堅之管仲也；慕容玄恭之輔少［主，慕容暐之霍光也；劉裕之平逆亂，司馬德宗之曹操也。］」（按，明嘉靖版典籍格言缺第四十八頁。該條目據魏書崔浩傳補齊。方括弧內文字即屬補缺部分）。

張鋅惡鶴，賈誼忌鵬。〔一〕

【崔光傳】

察孝廉惟論章句，不及治道；立中正不考人才行業，空辨姓氏高下。〔二〕

【崔亮傳】

三殺九親，別疎昵之敍；五服六術，等衰麻之心。○近樞尅維允之寄，居槐體論道之名。〔三〕故以功餘九錫，褒假鑾纛。

【張普惠傳】

北史

錦縠雖輕，不委之以學割。瑚璉任重，豈寄之以弱力？

【薛琡傳】

〔一〕語出魏書崔光傳，但句中「張鋅惡鶴」实爲「張鋅惡鵂」之誤。

〔二〕「空辨姓氏高下」：魏書崔亮傳作「空辨氏姓高下」。

〔三〕「居槐體論道之名」：魏書張普惠傳作「居槐體論道之明」。

周書

古人有言：「明王聿興，不降佐於昊天。大人基命，不擢才於后土，常引一世之人，理一世之務。」故殷周不待稷契之臣，魏晉無假蕭曹之佐。〇良玉未剖，與瓦石相類；名驥未馳，與駑馬相雜。及其剖而瑩之，馳而試之，玉石駑驥自有分別。〇昔呂望之屠釣，百里奚之飯牛，甯生之扣角，管夷吾之三敗，當此之時，悠悠之徒豈謂其賢？及升王朝，登霸國，積數十年功成事立，始識其奇士也。〇士必從微而至著，功必積小以至大。〇語曰：「官省則事省，事省則人清。官煩則事煩，事煩則人濁。」清濁之由，在於官之煩省。〇語曰：「一夫吁嗟，王道爲之傾覆。」〔一〕

【蘇綽傳】

故南史抗節，表崔杼之罪；董狐書法，明趙盾之愆。班固致受金之名，陳壽有求米之論。〔二〕

【柳虯傳】

〔一〕 本節六段語出周書卷二十三蘇綽傳。第一段「理一世之務」，周書蘇綽傳作「治一世之務」。第二段「玉石駑驥自有分別」，周書本傳作「玉石駑驥然後始分」。第五段「……事省則人清……事煩則人濁」，周書本傳作「……事省則民清……事煩則民濁」。差異原因可能是王氏所用版本或源自唐本。

〔二〕 「故南史抗節，表崔杼之罪；董狐書法，明趙盾之愆。班固致受金之名，陳壽有求米之論」，語出周書柳虯傳而有節略（北史柳虯傳亦有載）。

隋書

文王以憂勤損壽，武王以安樂延年。

【楊尚希傳】

北史

老禾不早收，餘種穢良田。古人云：耕當問奴，織當問婢。〔二〕

【柳彧傳】

鑽燧改火，責以居喪之速；朝祥暮歌，譏其忘哀之早。〔三〕

【楊素傳】

隋書

川澤納汙，所以成其深。山嶽藏疾，所以就其大。

〔二〕「老禾不早收」：北史和隋書本傳均作「老禾不早殺」。

〔三〕「鑽燧改火，責以居喪之速；朝祥暮歌，譏其忘哀之早」，隋書與北史本傳，均無該文字的任何載録。其實，該文出自隋書王誼傳（北史王誼傳亦載）。

【長孫平傳】

新唐書

易曰：「知進退存亡，得喪不失其正者，惟聖人乎？」蓋進有退之義，存有亡之機，得有喪之理。傳曰：「知足不辱，知止不殆。」〔一〕

【房玄齡傳】

禮曰：「爲上易事，爲下易知，則刑不煩。」上多疑，則百姓惑；下難知，則君長勞。○今之刑賞或有喜怒，或出好惡。喜則矜刑於法中，怒則求罪於律外。好則鑽皮出羽，惡則洗垢索瘢。刑濫則小人道長，賞謬則君子道消。○昔州犁上下其手，而楚法以敝；張湯輕重其心，而漢刑以謬。○監形之美惡，必就止水；監政之安危，必取亡國。詩曰：「殷鑑不遠，在夏后之世。」臣願當今之動靜，以隋爲鑑，則存亡治亂可得而知。思所以危則安矣，思所以亂則治矣，思所以亡則存矣。存亡之所在，在節嗜欲、省遊畋、息靡麗、罷不急、慎偏聽、近忠厚、遠便佞而已。〔二〕

【魏徵傳】

〔一〕「……得喪不失其正者，惟聖人乎！……得有喪之理」，新唐書本傳爲：「……不失其正者，其惟聖人乎！……得有喪之理，爲陛下惜者此也。」

〔二〕本節語出新唐書魏徵傳而行文有出入。第二段「今之刑賞或有喜怒」，新唐書本傳作「今之刑賞或由喜怒」。底本缺第五十二頁。第四段「監形」以下爲所缺的部分文字。本次點校據新唐書魏徵傳補齊，方括弧內文字即屬補缺部分。

習與正人居，不能無正。習與不正人居，不能無不正。○聖賢以簡素爲貴，皇王以菲薄爲德。

【姚班傳】

舜葬蒼梧，弗變其肆。禹葬會稽，不改其列。周武葬畢陌，無丘隴處。漢文葬霸陵，不起山墳。禹非不忠，啓非不順，周公非不悌，景帝非不孝，其奉君親皆以儉觳爲無窮計。宋文公厚葬，春秋書華元爲不臣。桓魋爲石槨，夫子以爲不如速朽。由是觀之，有德者葬薄，無德者葬厚。

【令狐峘傳】

昔阿房成，秦人散。章華就，楚衆離。乾陽畢功，隋人解體。○君子不失言於人，明主不失言，于戲！故言則史書之，禮成之，樂歌之。

【張玄素傳】

奄官者，體非全氣，專柔便佞；託親近，爲威權；假出納，爲禍福。故伊戾敗宋，易牙亂齊，趙高亡秦，張讓傾漢。近高齊任鄧長顒爲侍中，陳德信爲開府，内預宴私，外干朝政，齊卒顛覆。

【于志寧傳】

朋友深交者易怨，父子滯愛者多愆。

【褚遂良傳】

微子既去，殷已亡；張華不死，晉不亂。〔一〕

【韓瑗傳】

人君養人，在省其征役而已。〔二〕

【來濟傳】

懲沸羹者吹冷齏，傷弓之鳥驚曲木。

【傅奕傳】

尚德行者無凶險，務公正者無邪朋。廉者憎貪，信者疾僞。智不爲愚者謀，勇不爲怯者死，猶鸞隼不接翼，薰蕕不共器。〔三〕〇勞臣不賞不可勸功，死士不賞不可勸勇。

【陳子昂傳】

李陵降而隴西慚，干木隱而西河美。名勝於利，則偷競日銷；利勝於名，則貪暴滋煽。冀缺以禮讓升而晉人知禮；

〔一〕「晉不亂」：舊唐書本傳作「晉不及亂」。

〔二〕「人君養人，在省其征役而已」，該文非出自舊唐書本傳；而新唐書本傳則云：「由是言之，省徭役，馭下之宜也。」其文字出入亦較大。文字最爲接近的是資治通鑑卷二百唐紀十六夏四月己未：來濟奏對曰：「故人君之養人，在省其征役而已。」

〔三〕「薰蕕不共器」：新唐書本傳作「薰蕕不共氣」。

文翁以經術教而蜀士多儒。

【薛登傳】

藥不毒，不可以蠲疾。詞不切，不可以補過。故習甘旨者，非攝養之方；邇諛佞者，非治安之宜。○賞一人而千萬人悅者，賞之。罰一人而千萬人勸者，罰之。○政以賄成，官以寵進。言正者獲戾，行殊者見疑，海內寒心，人用不保。○驕奢起於親貴，紀綱亂於寵倖。禁之於親貴，則天下從；制之於寵倖，則天下畏。○羞淫巧者拒之，則淫巧息；進忠讜者賞之，則忠讜進。○富不與驕期，而驕自至。驕不與罪期，而罪自至。罪不與死期，而死自至。○露臺無費，明君不忍。象箸非大，忠臣憤歎。

【柳澤傳】

王者養民，逸則富以安，[一]勞則怨以叛。

【張文瓘傳】

漢元帝納賈捐之之謀而罷珠崖，宣帝用魏相之策而棄車師田。○民猶水也，雍則爲淵，疏則爲川。通塞隨流，豈有常性？○持大國者不可以小治，事廣地者不可以細分。[二]人主所務，弗檢常法。

【狄仁傑傳】

刻薄可施於進趍，變詐可陳于攻戰。天下已平，故可易之以寬簡，潤之以淳和。○急趍者無善跡，促柱者無和聲。拯

[一]「逸則富以安」：新唐書張文瓘傳作「逸則富以康」（舊唐書本傳行文同）。
[二]「事廣地者不可以細分」：新唐書狄仁傑傳作「事廣者不可以細分」。

溺不規行，療飢不鼎食。即向時祕策，今之芻狗也。願監秦法之失，考時事之宜，毀蘧廬，遺糟粕，下寬大之令，流曠蕩之澤；去萋菲之角牙，頓姦險之芒刃，塞羅網之妄源，掃朋黨之險跡，然後使天下更始。〔一〕

【朱敬則傳】

冬無愆陽，夏無伏陰，春無淒風，秋無苦雨。今草木黃落而木復華，瀆陰陽也。

【杜景佺傳】

多難興邦，殷憂啓圣。事危則志銳，情苦則慮深。〔二〕○或謂天戒不足畏，而上帝憑怒，風雨迷錯，荒饉日甚，則以濟下矣。或謂人窮不足卹，而億兆攜離，愁苦昏墊，則無以奉上矣。

【張廷珪傳】

賞罰所不加，則考行立謚以褒貶之。臣議其君，子議其父曰靈、曰厲者，不敢以私亂公也。

【韋湊傳】

〔一〕「……願監秦法之失，……塞羅網之妄源，……然後使天下更始」：新唐書朱敬則傳作「……願監秦漢之失……，塞羅織之妄源，……曠然使天下更始」。

〔二〕「多難興邦，……事危則志銳，情苦則慮深」：新唐書張廷珪傳行文作「多難興國，……蓋事危則志銳，情苦則慮深」。而舊唐書張廷珪傳作「多難興王，……者，皆以事危則志銳，情迫則思深」。

以計勝色者昌，以色勝計者亡。

【韋謏傳】

後王聞過〔一〕罔不興，拒諫罔不亂。樂聞過則下情通，下情通則政無缺，此所以興也。拒諫則羣議壅，羣議壅則上孤立，此所以亂也。

【宋務光傳】

賞不僭，官不濫；士有完行，家有廉節，朝廷餘奉，百姓餘食。

【辛替否傳】

除天下之害者，常受天下之利。共天下之樂者，常享天下之福。

【裴潾傳】

神慮澹，則血氣和；嗜欲勝，則疾疹作。〔二〕

【張皐】

〔一〕「後王聞過」：新唐書宋務光傳作「後王樂聞過」。

〔二〕此語實出自新唐書裴潾傳，是布衣張皐勸唐穆宗勿惑於方士仙藥之語。

恩崇者議積，位厚者釁速。故月滿必虧，日中則移；時不再來，榮難久藉。〇病之在四體者，跡分而易逐。居心腹者，候遽而難治。政刑乖舛，四支疾也。親權猜間，心腹疾也。

【武平一傳】

昔，魯用孔子幾霸，戎有由餘而疆。齊、秦遺以女樂，故孔子遂行，由餘出奔。

【賈曾傳】

兵多則難用，將衆則不一。

【白居易傳】

養由基射能穿楊，〔二〕不止鄢陵之奔。陸機識能辨亡，無救河橋之敗。〇物有不求，未有無物之歲。士有不用，未有無士之時。〇人無常俗，政有治亂；軍無常勝，將有能否。〇陰陽不和，揠士爲相；蠻貊不庭，擢校爲將。〇賞者禮之基，罰者刑之本。禮崇則謀夫竭其能，賞厚則義士輕其死。刑正故君子勗其心，罰重則小人懲其過。賞罰者軍國之綱紀，政教之藥石〇故國無賞罰，雖堯舜不能爲。〇神州化首，文昌政本，治亂攸關。〇慈父多敗子，嚴家無格虜。

【魏元忠傳】

穰苴出師，而誅莊賈；孫武習戰，猶戮宮嬪。守珪法行於軍，禄山不宜免死。

〔二〕「養由基射能穿楊」：新唐書魏元忠傳作「養由基射能穿札」。

【張九齡傳】

人臣不諫則國危，諫則身危。○漢高帝赦周昌桀紂之對，晉武受劉毅桓靈之譏。○人將疾，必先不甘魚肉之味。國將亡，必先不甘忠諫之說。

【吴兢傳】

傳曰：「女子十四有爲人母之道，四十九絶生育之理。男子十六有爲人父之道，六十四絶陽化之理。」〔一〕

【李叔明傳】

小人多，譖言常勝；正人多，直道常不勝。〔二〕

【李絳傳】

一人征行，十室資奉。居者疲饋轉，行者苦鋒鏑。○農桑廢於追呼，膏肉竭於笞捶。○昔人有因噎而廢食者，又有懼溺而自沉者。其爲防患，不亦過哉？○入則造膝，出則詭辭，姦由此滋，善由此沮。○古之人君，德合於天曰皇；合於地曰帝；合於人曰王。父天母地以養人，治物得其宜者，曰天子。皆大名也。○故誠不至者物不感，損不極者益不臻。○非功而獲爵則輕，非罪而肆刑則褻。○立國惟義與權，誘人惟名與利。

〔一〕底本原第五十六頁上有毛筆行楷眉批：「言男子言有此理，而事之所有，或禮之所無也」。

〔二〕「正人多，直道常不勝」：新唐書李絳傳作「正人少，直道常不勝」。

【陸贄傳】

容直言，廣視聽，躬勤庶務，委信大臣，使左右近習不得蔽疏遠之人，此治象也。大臣不親，直言不進，抵忌諱者殺，犯左右者刑，與一二近習決事深宮中，羣臣莫與，此亂萌也。

【元禎傳】

烏鳶遭害仁鳥逝，誹謗不誅良臣進。[一]○進忠若趍利，論政若訴冤。

【楊虞卿傳】

宋史

戰者危事，難保其必勝。兵者凶器，深戒於不虞。○上古聖人，心無固必，事不凝滯，理貴變通。

【趙普傳】

求賢若渴，從諫如流。○官由德序，位以才升。

【竇貞固傳】

[一]「誹謗不誅良臣進」句，疑脫「不」字，爲「誹謗不誅，良臣不進」之誤。

古人云：「賞不勸，謂之止善；罰不懲，謂之縱惡。」又曰：「法不可移，令不可違。」

【錢若水傳】

曳裾之懇切，斷鞅之狂愚。○然臍不足弭其患，擢髮不足數其罪。

【李至傳】

位高則威名著，識遠則勛勞立。○臨敵命將則貴專任，出師應敵則約束將校。

【王顯傳】

藥石之論不達於聖聰，而邪佞之徒取容於左右。

【楊昭儉傳】

陳湯統西域而郅支滅，常惠用烏孫而邊部寧。

【何承矩傳】

人不率則不從，身不先則不信。○春秋：隕霜，不殺菽。天威暫廢不能殺小草，猶人主不斷不能制臣下。○欲兵之強，莫如多穀與財；欲士訓練，莫如擇將帥；欲人樂鬭，莫如賞重罰嚴。〔二〕

〔二〕本節第二段「春秋」，宋史宋祁傳作「春秋書」。第三段「莫如一擇將帥」，宋史宋祁傳作「莫如善擇將帥」。

【宋祁傳】

事有雖小而可以建大功，理有雖近而可以爲遠計。

【陳彭年傳】

以姑息爲安，以避謗爲智。○天下皆稱賢而陛下不用者，左右毀之也；皆謂憸邪而陛下不知者，朋黨蔽之也。

【孫沔傳】

人心逸於久安，而患害生於所忽。故立防於無事，銷變於未然。〔一〕○臨事尚乎守，當機貴乎斷，兆謀先乎密。能守則姦不能移，能斷則邪不能惑，能審則事不能撓。

【宋綬傳】

虎豹非自相搏，〔二〕則未易取也。癰疽非其自潰，則未易攻也。

【程戡傳】

聖人不務廣疆土，惟務廣德業。聲教遠被，自當來賓。○動靜之機不可妄舉，安危之理不可輕言。厲害相生，變易不

〔一〕「銷變於未然」：宋史宋綬傳作「銷變於未萌」。

〔二〕「虎豹非自相搏」：宋史程戡傳作「豺虎非自相搏」。

定；取捨無惑，思慮必精。

【田錫傳】

一穀不收謂之饉，五穀不收謂之飢。饉則大夫以下皆損其禄，飢則盡無禄，廩食而已。

【王禹偁傳】

自古兵之法，在明賞罰而已。賞不可以獨任，罰不可以少失。〔二〕故兵法曰：「罰之不行，譬如驕子之不可用。」又曰：「善爲將者，威震敵國，令行三軍。盡忠益時者，雖讎必賞。犯法敗事者，雖親必罰。」故孫武斬隊長而兵皆整，穰苴斬監軍而敵遂退。以此言之，兵法不可不正也。

【梁顥傳】

蜂蠆有毒，豺狼無厭。今契丹西畏大兵，北無歸路。獸窮則搏，物不可輕。

【孫可傳】

君子、小人之進退，繫王道之消長。勿以同異爲喜怒，喜怒爲用捨。〔三〕〇財聚於上，人散於下。

【富弼傳】

〔二〕「自古兵之法……。賞不可以獨任……」：宋史梁顥傳作「自古兵之道，……。然而賞不可以獨任……」。

〔三〕「……勿以同異爲喜怒」：對照宋史富弼傳原文，録文有些出入。

巧言者無犯而易進，言直者有犯而難立。○國之文章，應於風化；風化厚薄，見乎文章。文章之薄，則爲君子之憂；風化其壞，則爲來者之資。○經曰：「禍兮福所倚，福兮禍所伏。」又曰：「防之於未萌，治之於未亂。」聖人當福而知禍，在治而防亂。○以德服人，天下欣戴；以力服人，天下怨望。堯舜以德服人，則人愛君如父母；秦以力服人，則人視君如仇讎。○忠臣骨鯁而易疏，佞臣柔順而易親。柔順似忠，多爲美言。骨鯁似強，多所直諫。美言者得進，則佞人滿朝；直諫者見疏，則忠臣避世。○獨斷則千慮或失，偏聽則衆心必離。人心離則社稷危而不扶，聖慮失則政教差而彌遠。

【范仲淹傳〔一〕】

人情貧則思富，苦則思樂，困則思息，鬱則思通。誠能常以利民爲本，則民富；常以憂民爲心，則民樂；賦役非人力所堪者去之，則勞困息；法禁非人情所便者蠲之，則鬱塞通。

【韓維傳】

正士在朝，羣邪所忌；謀臣不用，敵國之福也。

【歐陽修傳】

非理之福，不可徼幸。

〔一〕典籍格言將此節六段文字輯入范仲淹傳項下。但宋史本傳無載，其文實出自范氏奏上時務書。第四段「秦以力服人」，奏上時務書作：「秦以力」。

【蔡襄傳】

汲黯在廷，以平津爲多詐；張昭論將，以魯肅爲粗踈。漢皇、吴主熟聞訾毁，兩用無猜，豈損令德？

【余靖傳】

周以冢宰制國用，唐以宰相判鹽鐵、度支，宋中書主民，樞密主兵，三司主財，各不相知。財已匱，樞密益兵無窮；民已困，三司取財不已。范鎮言：「請使二府通知兵民大計，與三司同制國用。」〇備契丹，莫若寬三晉之民；備靈夏，莫若寬秦隴之民；備西南，莫若寬越蜀之民；備天下，莫若寬天下之民。夫兵所以衛民而反殘民，臣恐異日之憂不在四夷，而在兵冗與民窮也。〇願陛下集羣議爲耳目，以除壅蔽之姦；任老成爲腹心，以養和平之福。〔一〕

【范鎮傳】

智出天下而聽於至愚，威加四海而屈於匹夫。〇未信而諫，聖人不與；交淺言深，君子所戒。〇木無根則槁，燈無膏則滅，魚無水則死，農無田則飢，商賈無財則貧，人主失人心則亡。〇衆怒難犯，專欲難成。〇驅鷹犬而赴林藪，語人曰「我非獵也」，不如放鷹犬而獸自馴。操網罟而入江湖，語人曰「我非漁也」，不如捐網罟而人自信。〇智者所圖，貴於無跡。漢之文、景，紀無可書之事；唐之房、杜，傳無可載之功。而天下之言治者與文、景，言賢者與房、杜。〇曹參，賢相也，曰：「慎無擾獄市。」黄霸，循吏也，曰：「治道去泰甚。」〇若以口舌捷給而取士，以應對遲鈍而退人，以虚誕無實爲能

〔一〕本節三段語出宋史卷三百三十七范鎮傳。第一段「宋中書主民」，宋史本傳作：「今宋中書主民」。第二段「莫若寬秦隴之民」，宋史本傳作：「莫若寬秦民」。

文，以矯激不仕爲有德，則先王之澤，遂將散微矣。○忠厚近於迂闊，老成初若遲鈍。○諫官言及乘輿，則天子改容；事關廊廟，則宰相待罪。○養猫以去鼠，不可以無鼠而養不捕之猫；畜狗以防盗，不可以無盗而畜不吠之狗。〔一〕

【蘇軾傳】

以錢貸民，使出息二分，本以援民之困，非爲利也。然出納之際，吏緣爲姦，雖有法不能禁。錢入民手，雖良民不免妄用。及其納錢，雖富不免逾限。如此，則鞭棰必用，州縣之事不勝煩矣。○親君子，遠小人，則主尊國安；疏君子，任小人，則主憂國殆。

【蘇轍傳】

古者三公無職事，惟有德者居之；内則論道於朝，外則主教於鄉。古之大人當是任者，必將以斯道覺斯民，成己以成物，豈以爵位進退、體力盛衰爲之變哉？

【吕大臨傳】

廣言路，然後知得失。達民情，然後知利病。

【林旦傳】

〔一〕典籍格言將本節十一段文句輯録入蘇軾傳項下有誤。第一至第四段、第六至第八段諸文句，不見宋史本傳收録記載；第五、第九段文句雖見之載録而語序有差異，只有第九和第十一兩段文字與宋史本傳相同。再查閲蘇氏上神宗皇帝書，王氏所輯該十一段文句均含在内，且語言順序亦完全相同。

法無新陳，便民者良。論無彼己，可久者確。

【李常傳】

法行之公，則人樂而氣和；行之偏，則人怨而氣乖。

【洪擬傳】

爲君者不以堯舜自期，則無善治。告君者，不陳堯舜之道，則無遠猷。

【鄭性之傳】

人主之患，莫大乎處危亡而不知。人臣之罪，莫大乎知危亡而不言。

【王伯大傳】

習與智長，化與心成。

【程頤傳】

廢法度，則變亂之事起；恃德澤，則驕佚之心生。

【羅從彥傳】

金史

納諫者昌，拒諫者亡。

【完顏伯嘉傳】

禮官當守禮，法官當守法。

【范拱傳】

元史

盤圓則水圓，盂方則水方。有太宗納諫之君，則有魏徵敢諫之臣。

【安童言〔二〕】

貞觀政要

求木之長者，必固其根本；欲流之遠者，必浚其泉源；思國之安者，必積其德義。

〔二〕 此語並非出自元世祖時宰相安童（元史安童傳未載），而是出自其孫拜住回答元英宗「今亦有如唐魏徵之敢諫者乎」提問的奏對之言（見元史拜住傳）。

五帝、三王，不易人而理。行帝道則帝，行王道則王。○治國猶如栽樹。本根不摇，則枝葉茂榮。君能清淨，百姓何得不安樂乎？

古人云：「未信而諫，則以爲謗；已信而不諫，則謂之屍禄。」○雕琢害農事，纂組傷女紅。

天之所輔者仁，人之所助者信。

俸禄不入私門，妻子不之官舍。班條之貴，食不舉火；剖符之重，居惟飲水；南陽太守，弊衣裹身；萊蕪縣長，凝塵生甑。○爵非世及，用賢之路斯廣。民無定主，附下之情不固。○政欲絶之也，則子文之理猶在；〔二〕政欲留之也，而欒黶之惡已彰。與其毒害於見存之百姓，寧使割恩於已亡之一臣。

郊迎四方，孟侯所以成德。齒學三讓，元良由是作貞。○紆寶思于天文，則長河韜映；摛玉筆於仙札，則流霞成彩。固以錙銖萬代，冠冕百王。屈、宋不足以升堂，鍾、張何階於入室。

見善思齊，足以揚名不朽。聞惡能改，庶得免乎大過。

宏道在於學古，學古必資師訓。○從善如流，尚恐不逮。飾非拒諫，必是招損。○克儉節用，實弘道之源；崇侈恣情，乃敗德之本。是以淩雲概日，戎人於是致譏；峻宇雕墻，夏書以之做誡。○上天蓋高，日月光其德；明君至聖，輔佐替其功。是以周誦升儲，見匡毛、畢；漢盈居震，取資黃、綺。姬旦抗法於百禽，賈生陳事於文帝。咸殷勤於端士，皆懇切於正人。

雖桀犬吠堯，有乖倒戈之志；疾風勁草，實表歲寒之心。

昔諸葛孔明小國之相，猶曰「吾心如稱，不能爲人作輕重。」○道德之厚，莫尚於軒、唐；仁義之隆，莫彰於舜、禹。欲繼軒唐之風，將追舜禹之跡，必鎮之以道德，宏之以仁義。○惠下以仁，正身以義。○管子曰：「聖君任法不任智，任公不

〔二〕「則子文之理猶在」：貞觀政要卷三論封建第八原文爲「則子文之治猶在」。

在私。」○取捨在於愛憎，輕重由乎喜怒。愛之者，罪雖重強爲之辭；〔一〕惡之者，過雖小而深探其意。法無定科，任情以輕重；人有執論，疑之以阿僞。故受罰者無所控告，當官者莫敢正言。○淫泆盜竊，百姓之所惡也。我從而刑罰之，雖過乎當，百姓不以我爲暴者，公也。怨曠飢寒，亦百姓之所惡也。遁而陷之法，我從而寬宥之，百姓不以我爲偏者，公也。○賞輕而勸善，刑省而禁姦。○孔子曰：「古之聽獄，求所以生之也。今之聽獄，求所以殺之也。」故析言以破律，任案以成法。○淮南子曰：「豐水之深十仞，金鐵在焉，則形見於外。非不深且清，而魚鱉莫之歸也。」故爲治者以苛爲察，以攻爲明，以刻下爲忠，以訐多爲功。○欲人不知，莫若不爲。欲人不聞，莫若勿言。爲之而欲人不知，言之而欲人不問，此猶捕雀掩目，盜鐘而掩耳，祇以取誚，將何益乎？○齊桓好服紫，而合境無異色。楚王好細腰，而後宮多飢死。

孫卿所謂「使智者謀與愚者論之，〔二〕使修潔之士行之，與汙鄙之人疑之，欲其成功可得乎哉？」夫中智之人，豈無小惠？然才非經國，慮不及遠，雖竭力盡誠，猶未免傾敗；況內懷姦利，承顏順旨，其爲禍患，不亦深乎？

以欲從人者昌，以人樂己者亡。○唐堯，聖帝也，穀林有通樹之說。秦穆，明君也，橐臺無丘隴之處。仲尼，孝子也，防墓不墳；延陵，慈父也，嬴、博可隱。斯皆懷無窮之慮，成獨決之明，乃便體於九泉，非徇名於百代也。洎乎闔閭違禮，珠玉爲鳧雁；始皇無度，水銀爲江海；季孫擅魯，斂以璵璠；桓魋專宋，葬以石槨，莫不因多藏以速禍，由有利而招辱。玄廬既發，致焚如於夜臺；黃腸再開，同暴骸於中野。詳思曩事，豈不悲哉？由此觀之，奢侈者可以爲戒，節儉者可以爲師矣。〔三〕

〔一〕「罪雖重強爲之辭」：貞觀政要卷五論公平第十六行文爲「罪雖重而強爲之辭」。

〔二〕「使智者謀與愚者論之」：貞觀政要卷五論誠信第十七行文爲「使智者謀之，與愚者論之」。

〔三〕本節總段數目尚不清楚。因爲陝西省圖書館藏明嘉靖版典籍格言缺損第六十七頁；所以本節能夠點校者僅有兩段對校文字。該兩段行文源於貞觀政要卷六論儉約第十八。本節第二段「橐臺無丘隴之處」，在貞觀政要原文作「橐泉無丘隴之處」。本節第二段文字據貞觀政要卷六論儉約第十八輯補。

珍玩技巧，爲喪國之斧斤；　珠玉錦繡，實迷心之酖毒。○漆器非延叛之方，桀造之而人叛。玉杯豈招亡之術？紂用之而國亡。○作法於儉，猶恐其奢；　作法於奢，何以制後？〔一〕

【貞觀政要】

東萊博議

同有畏，其勢必合；　同有欲，其勢必爭。〔二〕

賤不與勞期，而勞自至；　貧不與困期，而困自至；　難不與辱期，而辱自至。

鄰國之賢，敵國之讎也。權門之良，公門之蠹也。

人臣之憂，在於諫之未善，不在於君之未從。諫之道大矣哉！○誠之未至，未善也；　理之不明，未善也；　辭之不達，未善也；　氣之不平，未善也；　行之不足以取重於君，未善也；　言之不足以取信於君，未善也。

觀政在朝，觀俗在野。政之所及者淺，俗之所得者深。此昔之善覘人之國者，未嘗不先其野而後其朝也。〔三〕

〔一〕本節總段數目尚不清楚。因爲陝西省圖書館藏明嘉靖版典籍格言脱漏第六十七頁；　所以本節能夠點校者僅有兩段。對校文字，該兩段行文源於貞觀政要卷九議征伐第三十五。第一段文字即據以輯補。

〔二〕「同有畏，其勢必合；　同有欲，其勢必爭」：　東萊博議卷之三齊魯鄭人許原文爲「同有畏心，其勢必合；　同有欲心，其勢必爭」。

〔三〕「觀政在朝，觀俗在野。政之所及者淺，俗之所得者深。此昔之善覘人之國者，未嘗不先其野而後其朝也。」東萊博議卷之八齊仲孫湫觀政原文爲：「觀政在朝，觀俗在野。將觀其政，野不如朝；　將觀其俗，朝不如野。政之所及者淺，俗之所持者深。此昔之善覘人之國者，未嘗不先其野而後其朝也。」王氏節略了雙劃線部分文字。

【東萊博議】[二]

典籍格言終。

[二] 底本原第六十八頁有眉批：「王道之外無坦途，舉皆荆棘；仁義之外無功業，舉皆禍殃。」再，原版本頁有五個藏書圖章。其一篆書：「芙草山民」；其二篆書：「暮煙耕稼」；其三篆書：「精麓學印」；其四篆書：「覽瑞慶章」；其五有篆書七字，但字跡漫漶不清。

王端毅公奏議

提要

臣等謹按：王端毅公奏議十五卷，明王恕撰。恕有石渠意見，已著録。恕吏部奏議九卷，宏治四年文選郎孫交編次，李東陽序之。後兵部尚書王憲取其自大理寺左寺副至南京兵部尚書時奏議六卷，刻於蘇州；御史程啓元又刻於三原。此本則正德辛巳，三原知縣王成章合二本而刻之者。第一卷爲大理寺及巡撫荆、襄、河南時所上；二卷爲南京刑部、戶部及總理河道時所上；三卷爲雲南巡撫時所上；四卷爲前參贊機務時所上；五卷爲巡撫南直隸時所上；六卷爲後參贊機務時所上；七卷至十五卷皆吏部所上。劉昌懸笥瑣探稱：「恕歷仕四十五年，凡上三千餘疏，則此猶汰而存之者矣。」明史恕本傳稱其「敭歷中外五十餘年，[一]剛正清嚴，始終一致。」集中所載，如參奏鎮守太監，及論中使擾人等疏，皆剴切直陳，無所回護。又如處置地方及撥船事宜諸狀，皆籌畫詳盡，具有經略。其他亦多有關一時朝政，可資史傳之參証。沈德符顧曲雜言稱：「邱濬作五倫全備雜劇，王恕謂其『程學大儒，[二]不宜留心詞曲』。濬大恨之。遂謂：『恕所刻疏稿，凡成化間留中之疏，俱書不報，故彰先帝拒諫之失。』」侍醫劉文泰以此事疏攻恕，恕因去位，所以報恕之輕詆也。明史恕傳則謂：「二人因爭坐位，故搆是獄案。」濬本狠忮，恕一日不去，則濬一日不得快其私。其忌恕未必以此數語，亦未必以此一事。然恕亦殊乖避人焚草之意，故史謂其「昧於遠名之戒」。今刊本已無此二字，或後來削之歟？

[一]「敭歷中外五十餘年」：明史本傳作「敭歷中外四十餘年」。

[二]「程學大儒」：沈德符萬曆野獲編卷二十五詞曲邱文莊填詞作「理學大儒」。

王端毅奏議序

周官冢宰，即唐虞百揆之職。雖列於六曹，而實總衆務。歷代宰相之設，則別立六曹以隸之。迨於我朝，始不置相。然所謂吏部尚書者，獨爲六部之長，所領人才，又天下首務，非他政事比，蓋大臣之最重者也。故非德足以格君正國、才足以察理辨物者，莫宜爲之。顧世遠制異，天下事不盡于都俞吁咈之間，則必假於辭而後能達。於是，謨訓之體變爲章疏爲題爲奏，代代有之。晉山濤有所詮注，必先啓而後奏。宋趙普有所薦而不用，則拾殘稿復上之者，皆是物也。今部曹所奏，朝報所録，人皆傾耳而聽之。今日行某事，事之善者，必曰「吾君之仁」也。明日用某人，人之賢者，必曰「吾君之明」也。是雖書簿格例之細，而所謂格君正國者，亦於是關焉。固諸曹之所同，而在吏部爲尤重也。

今天子御極之初，三原王公復召爲吏部尚書，進太子太保，天下翕然望之。而公亦毅然以天下人才爲己任，凡有會議，必手自屬稿。雖部曹所擬，官屬所具，亦親爲改訂。四三年來，散於諸司者不可悉記。文選員外郎孫君交擇其關於政之大者，萃爲一編，以藏於家。東陽得而觀之，則歎曰：「於乎！盛哉！皋陶論知人，必曰載采；孟子言尚友，必曰論世。後之人聞公之風，不獲見其人而接其論言者，必於是觀之。而一代之盛，亦從可識矣。」東陽承乏翰林，修兩朝實録，皆在史館。蓋自正統以來迄於成化，選舉之典式，人才之名籍，未嘗不得與也。聖天子之休風善政，大臣元老之嘉謨偉績，乃復於今日見之，敢不爲天下賀哉！且難進易退，公之夙心。而眷注方切，未可以言去，則所以益於君與國者尚多，又敢不益爲天下望之哉！公自立朝，累有獻納。在南部者，尤爲天下所傳誦。則既編爲別卷而序之者已詳，故獨識於此，庶公之任以天下者，有所參考云。

弘治四年夏四月望日，賜進士出身、奉議大夫、左春坊左庶子兼翰林院侍講學士、經筵講官兼修國史長沙李東陽序。

王端毅公奏議卷一

大理寺

申明律例奏狀

臣備員棘寺，叨司審録，常愧無分寸之補，奚敢有出位之思！竊見法寺中日逐擬斷之事，揆之律例，雖無不合，退之人情，亦有未宜。今略舉一二，昧死妄言。伏望聖明少賜裁決，著爲定例，庶幾事得其宜，而人易遵守。開坐具本，謹題請旨。

一件：祛除凶德事

臣惟姦盜，凶德也。凡人有一於身，人皆賤之，恥與爲伍。況堂堂清朝，豈可容此之徒承襲世禄而玷辱聖化乎？竊照軍職中間，守分盡職者固多，而爲姦作盜者不少。且姦與盜名雖不同，實則相等。查得見行事例，軍職犯縱容及抑勒妻女與人通姦者，俱照敗倫傷化事例革職爲民，許令應襲弟男子侄替職。其犯竊盜、掏摸、搶奪、盜官畜産者，法司因無事例，止照常例發落，仍令還職，實是玷辱名爵，有傷風化。如蒙准言，乞敕該部同三法司計議，除已發落外，合無將今後軍職又犯竊盜、掏摸、搶奪、盜官畜産者，如律罪之；亦照敗倫傷化事例革職爲民，許令應襲弟男子侄替職。如此，則世禄及忠良之士在官，無凶德之人矣。

一件：抑勒爲娼事

伏睹大明律内一款：「抑勒妻妾及乞養女與人通姦者，本夫、義父各杖一百，姦夫杖八十，婦女不坐，并離異歸宗。其抑勒子孫之婦與人通姦者，罪亦如之。欽此。」竊照有等無廉恥之徒，抑勒妻妾及乞養女并子孫之婦與人通姦，討錢使用。其妻妾及乞養女并子孫之婦堅執不從，被其逼打不過，纔方將情具告。法司因見不曾成姦，律不該載，止坐不應杖罪，仍令婦人隨住。竊詳此等婦女，思係良家，不肯從伊爲娼，志節貞潔，誠爲可嘉。今既具告到官，意在脱免污辱。若謂未曾成姦，仍令隨住，彼必得志，仍前抑勒。稍有不從，輒加棰楚。以此婦女剛強不屈者，必至死地。柔善軟弱者，終被污辱；實是敗壞人倫，有傷風化。如蒙准言，乞敕三法司計議，合無將今後但係抑勒妻妾及乞養女并子孫之婦與人通姦，雖未成姦，取問明白，就令令婦、女離異歸宗。若婦女誣告，亦依律罪之。如此則凶徒不得肆姦，而良善庶免污辱矣。

一件：　囚人納紙事

照得法司見行事例：「除真犯死罪，竊盜并逃軍、逃匠、逃囚不納紙劄外，其餘一應罪囚，各納紙一分入官。」竊詳立法初意，蓋謂逃軍、逃匠、逃囚多是窮苦小人，以此免其納紙。今照報效義勇民壯、舍餘勇士、力士人等，名雖與軍不同，其實與軍一般操備征進爲事，一般照例發遣守哨。法司因見前例不曾除豁，亦令納紙，未免破費盤纏，實是窮苦不堪。及有一家同居人口被牽告，三兩口在官者有之，五七口者亦有之。發落之時，每人各納紙一分，且民紙一分直銀三、四錢，官吏紙一分直銀一兩。富貴者固不爲事，貧難者從何措辦？甚至傾財破產，鬻男賣女。若此窮苦，實可矜憐。如蒙準言，乞敕三法司計議，合無將今後問擬在逃報效義勇民壯、舍餘勇士、力士人等，俱照逃軍事例，免其納紙。及一家同居人口有犯，不分人數多少，只令納紙一分。如此則窮苦小人不致失所矣。

一件：　囚徒會赦事

伏睹景泰三年五月初二日詔書内一欵：「官吏、軍民人等，爲事問發運米、做工等項，悉行放免。欽此。」該衙門因見詔書不曾開有煎鹽、炒鐵、充軍伴、儀從、膳夫之類，止將運米、做工等項放免，卻將煎鹽、炒鐵之類，仍前拘役。竊詳運米、做工與煎鹽、炒鐵等項囚徒，俱係犯該徒流并雜犯死罪人數，止是一時發落，有此頭項不一。矧詔書明開運米做工等項，竊恐煎鹽、炒鐵之類亦在其中。若止將運米、做工、囚徒放免，其餘煎鹽、炒鐵等項不行放免，非惟有違詔書事意，且使囚徒不得均霑曠蕩之恩。況煎鹽、炒鐵等項，多是窮苦軍民，在工日久，未免逃躲。及至挨拏，又不出官。工役處所既不得其出力，原籍、原衛又不得伊當差。兩廂擔閣，俱不得用。徒有虛名，實未便益。如蒙準言，乞敕三法司計議，合無將曾經赦煎鹽、炒鐵、從役、從軍伴、膳夫等項囚徒，悉與做工、運米等項一體放免。如此，則赦例無彼此之分，囚徒霑均一之恩矣。

一件：　除姦革弊事

竊照在京五府，并各衛軍職官員俸糧折支銀、絹、椒、木等物，每季俱係各衙門差委指揮、千、百戶等官赴內府總領，出外分散。中間有等無知委官，不以錢糧爲重，惟務貪圖肥己，多方侵漁，略無忌憚。有指以置買什物而侵欺者，有假以抵還私債而尅落者，或見彼軟弱而全不給與，或因人不在而就不送還，宿弊百端，難以枚舉。及至事發到官，依法追問，却乃輾轉支吾，不服招認。錢糧被其侵欺，官府被其攪擾，蓋緣給散之際，無有文職糾察，得以縱意自由故也。照得年例，當賜軍士冬衣、布花，俱差給事中、御史并戶、兵部官，親臨該衛，眼同委官逐一唱名給散，以此委官無由侵欺，軍旗受其實惠。弊源既塞，詞訟自息。此法最善，實爲便益。如蒙準言，乞敕該衙門計議，合無今後每季關領軍職折俸銀、絹、椒木之時，照舊各差委官，赴內府關領到衛，仍照給散冬衣、布花事例，差給事中、御史并戶、兵部官，分投督令委官，將銀兩照數分鑿成塊，絹疋每分綑作一束，椒木每分包作一處，[二]如法封記，眼同委官，逐一唱名給散。如此則侵欺之弊可革，而告訐之風自息矣。

一件：　僧道犯罪事

伏睹大明律內一款：「僧道犯罪，曾經決罰者，并令還俗。欽此。」切照法司日逐問過僧道，但犯一應大小罪名，不分故失并曾否決罰，悉令還俗。其僧道官有犯，因見律不該載，止照常例運糧、運灰等項發落，仍令還職。臣惟僧道官主典教門，表率叢林，比之僧道戒行，尤宜精嚴持身，尤宜端謹。僧道有犯，既令還俗，僧道官有犯，豈可仍令還職？且人誰能無

[二]「絹疋每分綑作一束」、「椒木每分包作一處」，句中「分」疑爲「份」之誤。

過？若將過誤既犯罪及因人連累致罪，并犯罪不曾決罰僧道一既令其還俗，竊恐禁綱太密，下無全人。如蒙準言，乞敕該部同三法司計議，除已發落外，合無將今後僧道官并僧道有犯公罪、并過誤犯罪，及因人連累致罪者，俱照常例運糧、運灰等項發落，仍令還職復業。其犯姦盜、詐僞并一應故犯罪名，俱照常例運糧、運灰決罰等項發落。不分僧道官與僧道，一體罷職還俗。如此則事例得適中之宜，僧道少故犯之徒矣。景泰五年九月初三日題。奉聖旨：「三法司計議停當行。」

撫治荊襄

處置地方奏狀

先準兵部咨：該本部奏準，行令臣等「候賊寇搜勦盡絶之日，就行會議區畫久長安治良策，差人奏請定奪」。除欽遵外，臣會同監督軍務太監唐慎、右少監林貴、提督軍務工部尚書白圭、總兵官撫寧伯朱永，左參將都督同知喜信、右參將都督僉事鮑政等議得：荊襄一帶，山林深險、土地肥饒，刀耕火種，易於收穫。各處流民、僧道人等，往往逃移其中，用強結庵立產。官吏不敢科徵，里甲不敢差遣，以致驕慢日生，縱橫日熾。荼毒生靈，以天命爲不足畏；謀爲不軌，以國法爲不足遵。茲者仰賴皇上聖德神威，賊寇俱已殄滅。若不乘時處置，抑恐餘蔓復滋，重貽後患。緣係該部奏準，行令臣等「會議區畫久長安治良策，奏請定奪」事理，未敢擅便。今將處置地方緣由逐一開坐具本，順差指揮同知石湧親齎，謹題請旨。

一、襄陽荊州三衛并夷陵千戶所官軍，永樂、宣德年間俱在本處操守地方。彼時，山中雖有流民，畏懼軍衛，不敢嘯聚爲非。正統十四年，爲因摘調鎮遠、靖州等衛官軍前去麓川、雲南等處征進，致令邊城缺守，苗賊出沒。該總督軍務都御史王來等奏准，暫將荊、襄等衛官軍調去彼處，分作兩班，輪流備禦。候邊衛清勾，軍士足伍之日，另行定奪。隨後，又將三班軍餘亦調前去征進，今已十五六年。邊衛隊伍計必完足，前項官軍仍舊輪班。一向本處城池空虛，武備廢弛，以致賊首千斤劉等得以伺隙爲非。今雖殄滅，勞費實多。看得前項衛所除運糧、并頭班備禦官軍外，其二班、三班官軍餘丁，每衛不過七八百名。合無令頭班官軍照舊前去備禦，將二班、三班官軍餘丁存留本處，操守城池，振揚武威，遇有警急，易於調用。如此，則賊知所畏懼，而地方可以永寧矣。

一、襄陽府房縣僻在萬山之中，離府八日之程。所轄地方有歇馬、大市、螃蠏溪、格垉坡、潭頭坪、馬腦關、三扒峪、梯兒崖、頭沙河、湯家河、洞庭廟、玉女廟、長口、梛口、馬欄、青峰、壽陽、栢木、前坪、後坪、洪坪等處，土地肥饒，道路險阻。各處流移人戶在彼潛住者，不下萬數。近者，賊首千斤劉等一起，衆皆響應，相從爲非。查得比先年間，因見本縣山水險惡，流民數多，盜賊不時生發，所以設立一千戶所，在彼守禦。後因節將官軍餘丁差調各邊，備禦征進并漕運去訖，止留老弱殘疾之人，不勘防禦，致賊窺伺爲患。且前項地方，溪水雖多，灘浪峻急，舟楫不通，漕運艱難。合無將本所原調各邊備禦征進并運糧官軍，盡數掣回本所，操守城池，振揚軍威；遇賊生發，易爲調遣撲滅。其該所原發運糧官軍，宜從巡撫、三司等官計議，於各衛另行照數撥補。如此則城池有人操守，而緩急不致悞事矣。

一、襄陽府均州地里當四方之中，與竹山、房縣、上津、鄖縣、穀城、光化相爲唇齒。本州地方流民，比竹山、房縣等處流民不相上下。彼有警則此戒嚴，此缺守則彼警擾，自然之勢，無足怪者。本州原設一千戶所官軍，一以守禦本處地方，一以控制附近縣分。永樂年間，奉敕全存修理宫觀，一應備邊征進軍糧等項，俱不差調。切緣太嶽、太和山宫觀，在前用工修蓋完固，即今煥然如新。中間縱有損壞，用工不多。查得本所實有食糧正軍一千二百餘員名，餘丁三千餘名，雖稱有輪班修理之名，其實歇役在閑，不曾做工。合無將正軍盡數令其在城，日逐操練，振揚軍威。遇有本處并鄰近縣分賊盜生發，聽分巡、分守等官調度勦捕。各處并邊方有警及運糧等項，不許一概差調。其餘丁三千餘名照舊輪班修理，遇有大營造之時，仍令正軍盡數用工。如此，非惟可以保障一方軍民，亦可以防護各山宫觀矣。

一、襄陽府均州、南漳、穀城、竹山、鄖縣、上津、房縣等處，荆州府當陽、遠安等處，俱有各處流移人戶并逃軍、逃囚人等，帶領家小在彼耕種趁食，躲住遞年，結搆爲非。均、房二處各有千戶所守禦；鄖縣、上津、竹山三處俱離均、房二千戶所不遠；穀城、南漳離襄陽衛不遠；當陽離夷陵千戶所不遠。惟遠安縣西北抵房縣千戶所五百餘里；西南抵夷陵千戶所二百八十里；東南抵荆州三衛三百四十餘里；又離荆州、南漳、當陽等縣俱各窵遠。況本縣止有一里半民，遇賊盜生發，急無官軍救援。照得已革去荆州護衛官軍見在荆州三衛帶管，合無於內查屯田近遠安者，摘調一千戶所發去遠安縣，與民相兼用工，修築城池，設立千戶所衙門，守禦地方。如全所不勾一千戶所，就於別處輳撥，遇賊生發，隨即撲捕。如此則軍威彼此相接，而盜賊不敢輕動矣。

一、襄陽府房縣、南漳、穀城、襄陽四縣，荆州當陽縣，地方接連陝西、四川、河南，疆域廣闊，道路險阻。要害去處，因無巡司盤詰，以此各處流移人戶、逃軍、逃囚、僧道人等，往往來彼，或開山耕種，或結庵居住。停藏年久，聚集爲非。看得房縣板橋山，穀城縣石花街，南漳縣七里頭，襄陽縣油枋灘，當陽縣漳河口，俱係強賊出沒，流民經行緊關去處。合無前項地方每處設立一巡檢司，照例銓官撥吏，就於該縣僉點弓兵一百名，令其常川盤詰，往來巡視。除住種年久，附籍已定流民聽其本分生理外，其不肯附籍者，發回原籍當差。造作非爲者，拏送官司治罪。私自結庵僧道，就將庵舍拆毀。有度牒者，遞送原出家寺院識認住坐；無度牒者，解發本管官司問罪還俗。遇有賊盜生發，就便相機撲滅，仍仰嚴加禁約。今後各處趁食流民、僧道一應無文引之人，俱不許擅入前項山場。巡司官兵人敢有假公營私、生事害人者，許巡按御史并按察司、分巡官拏問如律。如此，則控制有人而流移不復聚衆，關防嚴謹而賊盜日漸消沮矣。

一、襄陽府均州、竹山、鄖縣、上津、南漳、穀城、棗陽、光化、宜城，荆州府當陽、遠安等州縣，在前因是土民不及里數，俱係裁減衙門。州設知州、判官、吏目，縣設知縣、典史。竊照各州縣土民雖少，而地土廣闊，中間趁食流民、屯田軍餘與土民參雜住種者，不計其數，詞訟日逐紛紜，盜賊不時生發。原設官員俱全，尚且分理不周，一遇公差考滿等項，輒委雜職官員署事。非惟不能幹辦公務，抑且因而侵漁百姓，以致事多耽悞，民多受害。合無將前項裁減州縣，州添設同知一員，縣添設縣丞一員，令其專一撫安人民，緝捕盜賊，防革姦弊。如此，不惟撫捕二事責有所歸，而一應公務，舉無所失矣。成化十月初十日具題。奉聖旨：「俱准行。」

查勘失機官員功罪奏狀

准兵部咨該欽差都察院右副都御史王恕題：先准兵部咨該襄王奏：「成化元年九月初八日，臣爲封内房縣賊人殺傷差去勦捕軍人，攻犯本縣城池，已差百戶胡榮具奏。其後，強賊縱横，自房縣至南漳數百里内，放火劫掠，殺傷軍民，搶去盔甲、火藥等器；攻陷南漳，燒毁縣城内居民房屋。官吏、人民驚慌奔走，深被其害。」等因具奏。該本部官於奉天門欽奉聖旨：「前日王奏賊情，已敕湖廣總兵等官調兵勦捕。今又奏賊情緊急，武備多缺，且將荆、襄、安陸五衛運糧官軍存留本部，操守殺賊，還寫書報王。該部知道，欽此。」欽遵抄出送司，案呈到部。看得襄王所奏，除已欽遵聖斷施行外，照得湖廣都、布、按三司等衙門，怠慢悞事。都指揮王英、參議劉子鐘、簽事郁文博并知府干璠、指揮孫能，千戶曹宗、李俊、李全，百戶曹政、韓忠、尹釗等，雖該本部已先議奏：「行令都御史王恕查勘明白，參奏究治。緣今既因各官互相怠慢，致賊如此。若不另爲處置，誠恐各官無所畏懼，因而愈加悞事未便。合無行移都御史王恕，著令各官住俸，做爲事官，上緊協力殺賊。候前賊勦捕畢日，將各官前項悞事實跡，并有無殺賊功勛緣由，通行查勘明白，具奏定奪。」等因具題。

成化元年十月二十日，本部尚書王復等於奉天門奏，奉聖旨：「是，即行文書去。欽此。」欽遵。移咨到臣。」除行湖廣都、布、按三司等衙門，將指揮王英、參議劉子鐘、簽事郁文博、知府干璠、指揮孫能，千戶曹宗、李俊、李全，百戶曹政、韓忠、尹釗俸給，俱自成化元年十一月初七日住支，令做爲事官，上緊協力殺賊外，行據分巡荆南道簽事黄謹呈：「據襄陽府呈准，本府通判趙茂牒准，本府牒抄，蒙荆南道案驗，會同襄陽衛委官指揮簽事薛通親詣南漳、房縣查勘，行據房縣申據原日捕盜老人向友恭，并民壯地方知見人等王名等供結得：先前強賊蔣虎等三十三名，在河南南陽府打劫民人李穩家財。蒙鄧州守禦千戶所差委，應捕百戶周閶帶領旗軍緝至襄陽府穀城縣，會合本縣應捕委官醫學訓科李守忠督令火甲人等押帶原首人孫興等，指引到金牛山挨捉賊首蔣龍等。各賊知覺，糾合強賊劉長孫等拒敵，將委官劉守忠打傷、被賊搶去騎坐馬匹；及將應捕軍餘郝瑞、陳亮殺死。各賊逃往陝西漢中府洵陽縣去乞，後被守備漢中等處都指揮吴榮官軍追趕，於成化元年七月内復回襄陽府竹山縣地面文峪河，搶劫民人任皮家財。該縣委陰陽訓術袁璧帶領總甲盛謙等，與和尚招師一同向前，與賊對敵。内火夫柳廣等用藥箭將賊射死三人，中傷五、六人。各賊發狠向前，將原帶火夫聶景等并招師一十名殺傷身死。本縣申府轉達右副都御史王恕處，行委襄陽府知府干璠、襄陽衛指揮孫能帶領官軍民壯人等，協同前去被劫處所緝捕前賊。當有捕盜老人向友恭等走報，有前賊在湯頭關駐札[一]。指揮孫能不候知府干璠到來商議，就行輕率百戶曹政、韓忠、尹釗，房縣千戶所應捕千戶曹宗，各帶旗軍拘同老人向友恭帶領火夫人等前去捕。至馬欄鋪與賊對敵，各不奮勇殺賊，被賊殺死旗軍鄭信等一十名民夫，五名被傷。旗軍將所執軍器，盡行丢棄各散。有知府干璠委的未到，不曾策應。本年八月二十三日，前賊復到房縣城外攻城。知府干璠、指揮孫能并本所副千戶李全、曹忠等，右所百戶曹政、韓忠、尹釗因見賊勢兇惡，關閉城門，率領官軍民壯在於城上用火鎗、弓箭射傷強賊五、六人，被賊在於城外刼掠財物，燒毀軍民馮子智等一十七人家房屋。至晚各賊退散去訖」等因。行間隨據均州守禦千戶所申準：「本所副千戶李俊關奉衛帖，該抄蒙右副都御史王恕案驗，備行本職照選精壯軍餘二百名，各帶鋒利器械，聽候本衛指揮孫能親臨調用。依準點選過旗軍王槐等二百名，於成化元年八月十九日跟隨本衛指揮使孫能前到地名外朝山。」據本所原差探信小旗時常等報稱：「強賊在於後川屯地名月竹關圍營宿歇，轉往站川去訖。當蒙指揮孫能分撥本職與同千戶高嶽、周鼎、姜禎，旗軍蔣泰等一百五十三名員，分路徑往月竹關追捕。内將旗軍鄭信等五十名跟隨指揮使孫能前往房縣截捕前賊，與賊對敵，被賊殺死旗軍鄭信等五名。其千戶李俊在於月竹關捕賊，未曾到於房縣。

又據南漳縣申準原委捕盜陰陽訓術羅道呈：「查得成化元年十月初四日，強賊到於本縣之時，比有知府干璠先奉贊

[一]「扎」：原作「劄」，據文意改。下同。

理軍務巡撫湖廣都察院左僉都御史王儉劄付，爲水患事坐取回府，踏勘災傷，賑濟饑民。指揮使孫能在於中途舊縣鋪駐扎，不曾到縣。房山千戶所曹宗、李全，均州千戶所千戶李俊，彼時俱各回所，未曾到縣。止有襄陽衛百戶曹政、韓忠、尹釗等在於本縣，領旗軍人等與賊對敵。被賊殺死本縣并穀城縣民壯劉原等五名，燒毀民人徐剛等一十五家房屋，劫去在監輕重囚犯鄒政等八名口，搶去民人單政等家馬六匹，虜去民人鍾魁等家男女四名口。及查得前項強賊在於房縣、南漳等處殺傷官軍，攻劫縣治之時，有原委都指揮王英回司管事，參議劉子鐘在均州撫民，僉事郁文博蒙巡按湖廣監察御史王璽取回科場去訖。俱各不在，不曾嚴督各官殺賊，以致賊人將官軍民壯殺死。」等因。取具該縣所官吏、委官、民壯、火甲并原日對敵處所當地知見人等，結狀回繳。

得此案照先准本府牒，該承蒙准荆南道故牒，奉右副都御史王恕劄付前事備由移牒到職，會同襄陽衛指揮蔣通行查勘去後。今照前因，擬合會案，各另回報。爲此，今將會勘過緣由并取具各該官吏等結狀，移牒本府，轉繳到道。據此案照先節奉右副都御史王恕劄付案驗，爲強賊在山拘捕，殺傷軍民等事，查勘各官悮事實情，及轉行鎮守湖廣總兵官都督同知李震、分守荆、襄等處右參將都指揮王信，通查各官有無功勤去後。今據繳報，行間續又節據襄陽府呈抄，蒙分守荆、襄等處右參將都指揮王信案驗開查：「先於成化元年十一月二十一日，本職分哨督統官軍前到房縣進兵勦寇間，十二月初九日，強賊在於門樓頭駐扎。與同僉事郁文博設意，使令官軍前去劫營，殺死賊人一百五十名。內生擒賊人四十四名，器械二十八件，官軍全勝回還有功。成化二年正月二十三日，忽有賊來房縣。本職督同本官領軍在於城東外與賊對敵，殺退賊衆，奪回賊馬四匹、器械三十二件。至二十四日、二十五日，賊衆擁來攻城。連日分投在於城上戰敵，殺退賊衆，殺死賊人五十五名。保全孤城後，有大軍進兵，本官隨軍儹運糧儲，節次勤勞有功千戶李全、李俊、曹宗，於成化二年正月二十二日，賊衆擁來房縣攻城之時，連日在於城上與賊對敵，殺退賊衆，保全城池。」

及奉鎮守湖廣總兵官都督同知李震劄付查得：「成化元年十一月十四日，攻進隘門關、大木廠等處，殺獲有功官軍內，有都指揮僉事王英，擒斬賊級二名顆；右參議劉子鐘，生擒賊人一名；知府干璠，生擒賊人二名；指揮孫能，斬獲琛、荆州右衛指揮使秦昭、武昌衛指揮同知李隆、武昌護衛指揮僉事于鏞俸給住支，令其做爲事官協力殺賊外，行據分巡荆南道僉事黄謹呈：據委官襄陽府襄陽縣主簿曾忠呈抄，蒙本道紙牌，該奉臣劄付前事，行準南漳縣牒，拘得資坪地方里老吴敬等到職。審據各人供稱：「成化二年二月初五日，有健步尤繼海等報，有强賊前來攻劫南漳縣，當蒙太監、總兵、都御史等官議調都指揮陳昶等統領官軍二千員名，於二月初七日出哨，到於資坪河北駐扎，竪立排栅爲營。初八日，果有賊人前來，委的都指揮陳昶預先分付指揮黄琛、秦昭、李隆、于鏞等不許輕易出敵，只在排栅内待賊到來方用火器、弓弩擊殺。有賊石和尚等先令數十餘賊從河南岸前來誘敵，陳昶、黄琛等俱在營内，不敢出戰。有指揮梁昱不能料敵，獨領官軍二百員名渡水前去逆戰，隨有快手總甲許真統領快手八十名前來策應。賊人因見出戰軍快數少，舉衆前來，四面夾攻。軍快奮勇，殺死賊人約有四十餘名，不曾斬得首級，奪回賊馬四匹。被賊殺死快手二十六名，軍人十名。後太監、總兵、都御史等官又差都指揮蔡昇統率官軍二千員名前去策應。賊勢稍却，本日晚收軍回營。當夜，賊人復來劫營，節被官軍用弩箭、石砲打退。初九日早，太監、總兵、都御史等官又差指揮蔡英統領官軍一千員名前去應援，舉放信砲，鼓噪而進。有賊首石和尚等聞知，纔方向前，詐説『願投降』等語，隨即投散入山去訖。今蒙查勘，所供是實。」

據供猶恐不的，又據拘鄉導陳華等到官，再三研審，覆實相同等因，呈報到道。案照先奉右副都御史王恕劄付，準兵部咨前事，仰本職即照開去爲事官員從實查勘。原先失機悮事實情，有無殺賊功勤緣由，依奉已經行委本官查勘各官悮事實情，并行把總安陸衛指揮僉事蔡英查勘各官有無功勤去後。今據前因行間，又據委官指揮蔡英呈：「查得指揮梁昱、于鏞、李隆，各於月日不等，前進白洛河及格垗坡等處，俱各斬首。三功數内，秦昭亦係督軍殺賊之數；黄琛進哨之時，蒙撥守備南漳并資坪等處往來防護，搭架橋梁，開修道路；都指揮同知陳昶統領官軍，自南漳起至潭頭坪、擺堡，往來哨護糧料，擒獲賊人一名有功。」等因。爲照都指揮陳昶、梁昱、于鏞、李隆生擒賊犯，并斬獲首級，中間恐有不的。行據襄陽府呈抄，蒙紀工監察御史孫珂、鄧本端案驗，查得辰州衛指揮梁昱先於白洛河斬獲首級一顆，後於格垗坡斬獲首級二顆；及武昌衛指揮于鏞斬獲首級各三顆，俱驗明白，皆准功。次都指揮陳昶擒賊一名，李友俱各有功，回報到道，備呈到臣。參照都指揮陳袒、指揮梁昱、于鏞、李隆、秦昭、黄琛前項失機悞事實情，既已查勘明白，論法固當究治。緣今賊情寧息，數內陳袒、梁昱、于鏞、李隆已有前項生擒斬首功次，秦昭亦曾督軍殺賊，黄琛亦曾守備南漳，搭架橋梁，開修道路，頗效勤勞，共成殺賊之功。緣係該奉欽依「候賊情寧息之日，將各失機悞事實情并有無殺賊功勤緣由，通行查勘明白，具奏定奪」事理，未敢擅便。具題。成化二年十一月初八日，該通政司官於奉天門奏：「奉聖旨：『該衙門知道。欽此。』欽遵抄出送司，案呈到部。參照右副都御史王恕奏稱：『都指揮王英擒斬賊級二名顆，參議劉子鐘生擒一名，知府干璠生擒二名，指揮孫能斬首一顆，百戶尹釗、曹政、韓忠，俱當先奪關。僉事郁文博設意，使令官軍刼營，殺死賊人一百五十名，生擒賊人一十四人。千戶李全、李俊、曹宗與對敵保全城池，各官頗有功勤。兼且悞事之罪犯在赦前』，及稱：『都指揮等官陳袒生擒賊人一名；梁昱、李隆、于鏞俱斬獲首級三顆；秦昭亦曾督軍殺賊；黄琛亦曾守備南漳，搭架橋梁，開修道路，頗效勤勞，共成殺賊之功』一節。緣各官先因失機悞事，已該本部節次議奏，令其住俸做爲事官戴罪殺賊。令副都御史王恕候賊平之日，將各官失機悞事實情并有無殺賊功勤查勘明白，通行具奏定奪。今彼處地方既已寧息，其右副都御史王恕自合照依比先節次奉欽依內事理，各將官查勘，見某人有何功績堪以贖罪，某人應該奏問，却乃將奪關并與賊對敵及督軍殺賊、開修道路等項一既作殺賊功勤，朦朧具奏。合無本部仍行本官，令其公同巡按監察御史，將各官逐一查勘。要見某人功過相準，相應寬貸；某人罪重功微，相應究問，再行查勘明白，各另具奏定奪。」等因具題。

成化二年十一月十五日，本部右侍郎李震等於奉天門奉聖旨：「是。欽此。」欽遵行移到臣。查得：兵部前項奏內，先一次止稱：「合無行移都御史王恕，著令各官住俸做爲事官，上緊協力殺賊，候前賊勦捕畢日，將各官前項悞事實情，并有無殺賊功勤緣由，通行查勘明白，具奏定奪。」後一次止稱：「合無行移都御史王恕，著令各官住俸，做爲事官在彼領軍勦賊；候賊情寧息之日，將各失機悞事實情，并有無殺賊功勤緣由，通行查勘明白，具奏定奪。」別無令臣查勘各官某人有何功蹟勘以贖罪，某人應該究問緣由。況賞罰乃人君之大柄，非臣下所敢專。奏內不曾令臣如此擬奏，臣豈敢輕易妄擬？以此，臣止照欽依內事理，將各官失機悞事實情，并數內王英、劉子鐘、陳袒、梁昱等獲到功次，及尹釗等當先奪關、秦昭督軍殺賊、黃琛開修道路等項勤勞具奏，取自上裁。

今該前因欽遵，公同巡按湖廣監察御史王璽查得：　指揮孫能委的不候知府干璠到來商議，輕率百戶曹政、韓忠、尹釗、千戶曹宗各帶旗軍、火夫人等，捕至房縣馬欄鋪與賊對敵，各不奮勇殺賊，被賊殺死旗軍鄭信等一十名、民夫五名。彼時知府干璠、指揮孫能、千戶李全、曹宗，百戶曹政、韓忠、尹釗委因賊勢兇惡，關閉城門，率領官軍、民壯在於城上用火鎗、弓弩射傷強賊五六人。被賊在於城外劫掠財物，燒毀軍民馮子智等一十七家房屋，至晚退散去訖。千戶李俊委在月竹關捕賊，不曾到於房縣。其後強賊到南漳之時，知府干璠委蒙巡撫僉都御史王儉取回，踏勘災傷，賑濟饑民。指揮孫能委在中途舊縣鋪駐扎，不曾到縣。千戶曹宗、李全、李俊彼時各俱回所，止有百戶曹政、韓忠、尹釗在彼領軍與賊對敵。被賊殺死民壯劉原等五名，燒毀民人徐剛等一十五家房屋，劫去在監囚犯鄒政等八名口，搶去民人覃政等家馬匹，擄去民人鍾魁等家男女四名口。及勘得前項強賊在於房縣、南漳等處殺傷官軍，攻劫縣治之時，有原委都指揮王英回司管事，參議劉子鐘在均州撫民，僉事郁文博蒙巡按監察御史王璽取回科場去訖。俱各不曾督軍殺賊，以致賊人殺死官軍、民壯。其後，官軍攻隘門關等處，都指揮僉事王英擒斬賊級二名顆；　右參議劉子鐘生擒賊人一名；　知府干璠生擒賊人二名；　指揮孫能斬獲首級一顆；　僉事郁文博在於房縣設意，使令官軍前去劫營，殺死賊人一百五十名，生擒賊人一十四名；　又督軍與賊對敵，殺退賊衆，奪獲賊馬，殺死賊人五十五名。千戶李全、李俊、曹宗，百戶尹釗、曹政、韓忠委與賊人對敵，當先奪關，曾效勤勞。

又查得：　都指揮陳昶等統軍到於資坪遇賊，委的陳昶同指揮黃琛、秦昭、李隆、于鏞等俱在營內，不敢出戰。有指揮梁昱不能料敵，獨領官軍二百名渡水前去逆戰。隨有快手總甲許真統領快手八十名前去策應，共殺死賊人約有四十餘名，被賊殺死軍快二十六名。其後，指揮梁昱、李隆、于鏞在於白洛河等處俱各斬首三功。都指揮同知陳昶領軍擺墅護哨、護糧料，擒獲賊人一名。指揮秦昭委的督軍殺賊，指揮黃琛委的守備南漳間開修道路，曾效勤勞。看得都指揮黃英、陳昶，參議劉子鐘，僉事郁文博，知府干璠，指揮孫能、梁昱、于鏞、李隆既有前項殺賊之功，勘以贖日前悞事之罪，相應寬貸。指揮秦昭、黄琛，千戶李全、李俊、曹宗，百戶尹劍、韓忠、曹政罪重功微，具該究問。緣數内李全、李俊、曹宗、尹劍、曹政俱犯在成化元年十一月二十七日大赦以前，緣係欽依「再問，查勘明白，具奏定奪」事理，未敢擅便。具本謹題。

繳撫治流民敕諭奏狀

成化三年二月二十三日，節該欽奉敕諭：「今特命爾巡撫河南地方。欽此。」照得先奉敕諭，命臣撫治河南、襄陽、荆州三府流民，已經欽遵督同司、府、州、縣、衛所官吏，委官取勘，撫治無田地者，區畫撥與無牛耕者，措辦分給無衣食者，設法賑濟。愿入籍者，編成里甲。愿復業者，省令秋成回還。及將編過里甲，安插過戶口，撥過田地，給過牛種賑濟，并愿復業人戶數目具題外，去年賊平之後，又經督令各該委官，將被賊驚散者招撫復業。詐冒鄉貫、漏報戶口等項者，取勘明白。應改正者，就與改正。應附籍者，仍編里甲。應發遣者，照例發遣去後。今該欽奉前因，除欽遵及行湖廣布政司撫民參議劉子鐘徑自督屬委官撫治外，今將原奉撫治流民敕諭進繳，謹具奏聞。

計繳敕諭一道。

陞左副都御史謝恩奏狀

成化三年三月十五日，準本院咨爲功次事。該兵部題節該欽奉聖旨：「是。王恕陞左副都御史。欽此。欽遵。」臣恕猥以庸材，濫膺重寄。偶遇山賊之狂悖，幸賴天兵之勦除，慚無調度之功。遽荷陞遷之寵，感恩莫既，揣分奚勘？愿傾葵藿之誠，敢效涓埃之報！除望闕謝恩外，謹具奏聞。

巡撫河南

區畫未完税糧奏狀

行據河南布政司呈送造完天順八年以前未完税糧文册到院。看得册内起運京倉等處未完者少，存留各府州縣未完者多。伏睹成化元年十一月二十七日，節該欽奉詔書内一款：「各處軍民解納糧草、農桑、人丁、絲絹、門攤、商税、戶口食鹽、米鈔并諸色課程，除已到倉庫上納外，有納欠年久追賠未完者，自成化元年十一月以前，悉皆宥免。欽此。」除欽遵外，今照前項拖欠天順八年以前各年税糧，除起運京倉等處另行外，其存留未完之數中間，雖有已經起解被里甲大戶侵欺者，亦有輕收輕賫到於臨倉糴買，攬頭誆騙不能完納者。亦有逃亡死絶人戶遺下之數，里甲賠貱不起，因被上司催併，緊急捏作徵完虚文起解者。亦有委被水旱災傷，申告後時不蒙准理，仍前催徵不曾上納者。亦有責令細戶自行送納不曾到倉者。求其拖欠之故雖不同，大抵皆是納欠年久，追賠未完之數。遵依前項詔書事例，俱該宥免。但緣有司惟恐倉廩匱乏，供費不足，又恐下人作弊，將已徵錢糧捏作未完，希冀蠲免。以此一既不與分豁，節次行文催併去訖。

竊謂前項税糧，若是里甲大戶侵欺，雖令典田賣地，賠貱完納，亦不爲過。果係小民拖欠，例該宥免者，若猶追徵，非惟逼迫人難，實是孤負恩典。況河南地方連年災傷，人民艱窘。原經收人戶有名無實，家道消乏者多。雖稱在前侵欺糧價，年久亦皆費用不存。若追徵本色，縱使傾財破産，鬻男賣女，亦恐賠納不起。兼且本布政司官庫銀兩盡數送赴荆、襄軍前，給賞軍士，即今無他儲積。非惟買辦等項缺價支給，萬一有緊急之用，實難措置。若不設法從宜處置，錢糧殆難完結，官徒自紛擾。如蒙乞敕該部計議，合無行移河南布、按二司，各委堂上公正官員會同前去所屬欠糧府、州、縣，督同各該官吏從公審勘天順八年以前各年存留税糧。除已納完外，未納之數，果係徵收在官已經起解，被里甲大戶侵欺者，照例每糧一旦折收銀二錢五分，煎銷成錠解赴本布政司上納收銷，以備支用。若是小民拖欠者，俱照欽奉詔書内事理宥免。如布、按二司委官不行用心查勘，縱用下人通同作弊，許巡按監察御史參奏拏問。如此，庶幾錢糧明白，而小民得霑恩惠，庫藏贏餘而緩急不致悞用。緣係委官查勘未完稅糧折納銀兩事理，未敢擅便。成化三年四月十五日具題。

蝗生境内請避位因勸上去奢崇儉奏狀

據開封、漳德、衛輝等府睢、鄭等州滎澤、陽武、尉氏、通許、杞縣、祥符、儀封、河陰、新鄭、陳留、長葛、蘭陽、臨漳、安陽、新鄉等縣申：「各准委官、判官等官王憲等牒，成化三年六月内，巡視得恒山等地方間有飛蝗過落及蝗蝻生發，食傷禾稼，督令火甲人等打捕，移牒轉達」等因到職。行間又據河南布政司并河南按察司分巡河北道僉事王霽亦呈前因。案照先據衛輝等府備胙城等縣申稱「蝗蝻生發」，已經具題。及通行都、布、按三司原委分巡、分守、參政等官王高分投前去督屬委官，設法打捕去後。今據前因除嚴督原委官員打捕另行外，臣竊惟蝗蝻生發，固雖天災，實關人事。人事修則天意可回，而災不爲災矣。昔卓茂令密邑而蝗不入境，茂能修其職也。今蝗蝻爲患於河南者，豈無故乎？良由臣巡撫失職，不能敷宣聖化以安民人，是致上天以此而譴告耳。況臣管内地方連年水旱，加以去歲堤荆、襄盜起，軍勞於征調，民困於轉輸。及又今年起運稅糧，并勘合買辦物料等件，比之往年數多。今又遭此蝗蝻之災，軍民何以聊生？考之於史，宋真宗罷諸營建，而飛蝗盡絶。此真宗能修德政以應天，是以天災隨之而消也。伏望陛下以天戒爲可畏，以地方爲當重，將臣罷歸田里，另選賢能代理其事。尤望陛下去奢崇儉，除祭祀、軍需之外，其餘一應不急之務，無益之事，可減省者減省之，可停止者停止之。使財不妄費，民困少舒。庶幾天意可回，而災沴可弭矣。臣受國重寄，值兹災異，不敢循默，爲此具題。

激勸賢能奏狀

節該欽奉敕諭：「今特命爾巡撫河南地方，官吏有能奉公守法，修舉政務者，量加獎勸。欽此。」欽遵及節該欽奉詔書內一款：「府州縣官有廉能公正、撫字勤勞、深得民心者，上司以禮相待，仍具其政蹟奏聞，以憑旌擢。欽此。」欽遵除河南布政司所屬州縣，見任廉能知州謝光、知縣尚璣、王璽、胡澄，先該巡撫都御史賈銓奏請旌異不開外，今體得開封府中牟縣知縣王敩、商水縣知縣羅楫，河南府孟津縣知縣丁政、新安縣知縣魏恭，俱各廉能公正，撫字勤勞，深得民心，未經旌擢。除欽遵詔書內事理以禮相待外，如蒙乞敕吏部將各官照例量加旌擢，庶使廉能者益加勸勉，不才者有所感發。緣係激勸官員事理，未敢擅便。今將各官略節政蹟開坐具本，謹題請旨。計開：

開封府：中牟縣知縣王敩，處事公勤，持身廉介，耄倪感德，遠近知名。商水縣知縣羅楫，不剛不柔，無私無僞，令行禁止，事妥民安。

河南府：孟津縣知縣丁政，操持端謹，政令公平，庶事康哉，羣黎樂只。新安縣知縣魏恭，外無浮華，中則純確，令嚴政善，吏畏民懷。

代書辦吏賈儀等請冠帶奏狀

臣先任右副都御史，奉敕諭撫治河南、襄陽、荊州三府流民，彼因缺人書辦，行該吏部題准，撥令史賈儀、典史陸曷跟隨書辦。後因荆、襄盜賊，節次敕命臣公同太監、尚書、總兵等官唐慎等計議征勦。師出數月，賊寇殄滅，地方底寧。伏蒙聖恩，念臣前項薇勞，陞臣右副都御史，緣令、典賈儀、陸曷一向隨臣在於軍前書辦公文，催糧督軍，蹈危履險，同受辛苦，未霑天恩。況各吏係是吏部考中，例該歷俸三年滿日，冠帶正八品出身人數。今已歷俸三年三十個月，止有六個月未滿。照得提督軍務白圭帶去令史陳廉，總兵官撫寧侯朱永帶去掾史黄宣和等，俱未及三年，已蒙冠帶。今賈儀等與各吏事體相同，如蒙乞敕吏部照例令各吏冠帶，辦事挨次取用，如是則勤勞者知所感激而益樂於效力矣。緣係激勸事理，未敢擅便。具題。

言吏部不覆請給誥命未當奏狀

臣因父年老，於成化三年九月初二日具奏，乞請誥命。奏奉聖旨：「吏部知道，欽此。」太醫院使施安、院判方賢各爲母老，於本月初三日具奏，乞請誥敕。亦奉聖旨：「吏部知道，欽此。」該部已與施安、方賢覆奏，奉聖旨「准他」，却不肯與臣覆奏，以致臣不蒙恩典。竊思臣與施安、方賢同位在京堂上官，同爲親請給誥命敕，而該部與施安、方賢覆奏，不與臣覆奏。非惟不遂臣之私，實於體未宜。伏望皇上憐臣親老，一視同仁，特敕吏部照依施安、方賢事例，以臣應得誥命先行給賜，使臣父生被光榮。非惟臣感恩於無窮，而天下之爲臣子皆知所勸矣。臣爲親之心激切，干冒天威，不勝戰慄之至。爲此。成化三年九月十三日具題。

陞南京刑部左侍郎謝恩奏狀

臣先任都察院左副都御史，欽差巡撫河南。近准吏部咨，欽陞前職。臣猥以庸材，屢蒙顯擢，備員兩省，殊無異政。持憲三年，未有奇勳，方虞物議之未平，詎料宸衷之不棄，特降綸音於北闕，俾弼邦教於南京，寵命非常，驚懷失次。臣敢不公忠是勉，敬慎自持，尊賢哲「得情勿喜」之言，體聖明視民如傷之意，庶裨無爲之至治，少酬莫大之洪恩。臣下情無任，除望闕謝恩前去到任外。具題。

王端毅公奏議卷二

南京刑部

彗見地震乞休致奏狀

臣見年五十三歲，係陝西西安府耀州三原縣人。由進士改庶吉士。正統十四年欽除大理寺左評事，歷陞寺副、知府、左右副都御史及今官。屢被朝廷莫大之恩，叨享禄位二十餘年。雖夙夜兢惕，欲圖報稱，奈學術淺陋，終無裨益。竊惟災異莫大於彗見、地震，而招致之由，無踰於刑獄之冤濫。兹有彗見、地震於下，固由臣等諸司官吏不能上體聖心，欽崇天道，恪修職務之所致，而司刑之官失職之罪，比衆尤爲甚也。伏蒙聖慈，特賜優容，不加譴罰，勉臣等省身修職以回天意。臣雖至愚，豈不知感？但臣年力衰憊，才德罔稱，不能效用，無補明時，徒糜廩禄。若復包羞固位，將來隳政廢事，取譏於人，獲譴於天，恐不止此。伏望聖恩憐憫，將臣放歸田里，苟全微體，另任先能，大新至治，庶幾優劣得所而天意可回矣！臣下不勝戰慄之至。具題請旨。

聞父喪復請給誥命奏狀

臣係陝西西安府耀州三原縣人，由進士改庶吉士，歷任評事、寺副、知府、左右布政使。成化元年，欽蒙聖恩，陞都察院右副都御史。成化三年，爲功次事，陞本院左副都御史，巡撫河南。成化四年四月十六日，實歷左右副都御史俸三十六個月。三年考滿給由間，本月十七日，準吏部咨爲缺官事，陞今職。命臣就彼赴任管事。臣以此不曾赴京給由，就於本月二十九日到任管事訖。彼因先任都御史應得誥命，未曾請給，爲念臣父年已八十有一，惟恐不能有待，已經具奏，乞恩請給，急欲得之以爲臣父生前一日之榮。吏部因臣三年考滿未曾赴京給由，不蒙請給。臣父果不能有待，於本年十二月二十六日在家病故，於成化五年二月十一日聞喪。今臣雖欲爲父求生前一日之榮，不可得矣。仰惟聖朝以孝治天下，凡兩京官曾經三年考滿者，照依品職給與誥敕，封贈祖父母、父母，俾各隨其孝親之心，誠隆古所無之恩典也。中間有爲親乞恩者，雖未滿三年，亦蒙聖慈給與誥敕，光被存沒。臣先任副都御史三年已滿，誤蒙聖恩，陞擢今職又降一年。任内別無違障，止因未曾赴京給由之故，而應得恩典不及其親。人子之情，豈能自已？伏思臣任江西右布政時，流賊高安、吴廣華等千有餘徒，屯聚廣東程鄉縣地方，劫掠贛州府縣。臣同都指揮王貴督令勦捕。任右副都御史時，強徒梁溫、江四等千百餘人在南陽府雙廟兒爭占銀礦，擅立營寨，私造軍器，幾生他變。臣到彼調度，設法撫捕，俱獲渠魁，具奏處置訖。況在荆、襄殺賊，臣亦曾效勞。

夫爲臣伐功，固非美德，爲親乞恩，實乃至情。伏望聖恩念臣節次微勞，憫臣愚悃，恕臣死罪，敕該部給臣先任副都御史應得誥命，臣父雖沒，得以贈官題寫銘旌，榮于殯葬之時，光于泉壤之下。臣生當隕首，死當結草。臣急於爲親自陳無狀，干冒天威，不勝戰慄之至。謹具奏聞。

蒙賜誥命謝恩奏狀

近者欽蒙聖恩，賜臣先任都察院左副都御史誥命，進臣階通議大夫，贈臣祖父惟真、父仲智，具通議大夫、都察院左副都御史。祖母張氏、母周氏、妻蓋氏、繼室張氏俱淑人。伏念臣資質凡庸，學問膚淺，過蒙録用，常切慚惶。志雖不忘乎公，才實無補於治，況此憂服之日，值此曠蕩之恩，龍章降自九重，豸服被於三世，光榮罕儷，寵幸何加！臣敢不殫犬馬之勞，答乾坤之造！除望闕謝恩外，謹具奏聞。

蒙賜葬祭謝恩奏狀

臣父仲智先蒙敕封文林郎、大理寺左寺左評事。成化四年十二月二十六日在家病故，復蒙聖恩，給賜誥命，贈通議大夫、都察院左副都御史。遣進士蔡晟造墳安葬，陝西布政司右參政賈傑諭祭。今已事畢，伏念臣素乏才猷，誤蒙任使，雖竭駑駘之力，曷酬覆載之仁？夙夜兢慚，莫知攸措。值慈父違榮於三釜，致湛恩降賜於九重。既葬既祭，逮下之禮無以加。載馳載驅，報上之誠罔敢後。除望闕謝恩外，謹具奏聞。

總理河道

論報管河工程及乞禁馬快船附搭私貨奏狀

節該欽奉敕諭，令臣管理一帶河道。臣自通州直抵儀真等處，往來嚴督郎中等官陸鏞等，將一應河道事宜，但係日前廢弛損壞者，令其逐一漸次修復。及將淮安、揚州二府等處淺澁難行河道，俱已挑浚深闊。但緣淮、陽一帶運河別無泉源，止藉高郵、邵伯等湖所積雨水。奈何彼處地方，自去歲秋冬以來，至今一向少雨，湖水消耗，慮恐閘通閘河，走泄水利，愈致淺涸。已令淮安府暫於清江閘、越河并新莊閘下添設二壩，車盤船隻。及令揚州府委官前去瓜州、儀真等處，車戽江水接濟。臣在揚州府躬率官吏人等，設壇祈禱雨澤，待有水之時，撤去新莊壩，方開閘河。照得去年因是揚州等處久旱不雨，遂致糧運遲滯。今又似前乾旱。臣以爲當斯之時，北有守凍回還等項船隻，南有白糧并各衛所兑運船隻，一往一來，相挨而行。又有南京裝運官物馬快船隻，日逐相繼而來。每起或五七十隻，或三四十隻，且又船大載重，難爲撐駕。其餘運糧等項船隻，一見前來，舉皆退避讓路，動經數日不敢前進。及到閘河積水，雖不滿板亦須通閘開放，閘内運船不無淺閣，兼且往年江北衛所運船俱在瓜州、淮安等處交兑，比及三月已完八九。完者就行，尚以爲遲。今年俱往蘇、松等處兑運。今有三月將半，兑完而回者僅見一二。若不預爲處置，誠恐糧運遲滯。非惟負累軍士，抑且有誤國計。如蒙乞敕該部計議，合無速行南京守備内外官員，將年例該進鮮物，依期撥與快便船隻裝送，仍禁約夫甲人等，不許裝載江米、板片、瓷器等項重物在内。其餘裝運竹木、馬槽等項物件者，暫候有水時月，逐起發運，庶幾京儲不致遲誤，軍民得其便益。成化八年三月十二日具題。

言開河事宜并乞先修舊塘水閘奏狀

臣看得揚州一帶河道，南臨大江，北抵長淮，别無泉源，止藉高郵、邵伯等湖所積雨水接濟。湖面雖與河面相等，而河身比之湖身頗高。每遇乾旱，湖水消耗，則河水輒爲之淺澁，不能行舟。若將河身浚深三尺則湖水自來、河水自深，雖遇乾旱，亦不阻船前向。河道自南至北四百五十餘里，中間除深闊不用挑浚外，其淺窄可挑浚去處，尚有二百餘里，約用九萬餘人六十工可完。每人日給口糧二升，該用糧米一十萬八千餘石。捲埽打壩共用樁木一萬六千餘根，草二十餘萬束。

及看得高郵湖自杭家嘴至張家溝南北三十餘里，俱係磚砌堤岸。每遇西風大作、波濤洶湧，損壞船隻，失落錢糧、人命，不可勝計。況前堤堤岸之外，地勢頗低，若再浚深三尺，闊一十二丈起土以爲外堤，就將内堤原有減水閘三座改作通水橋洞，接引湖水於内行舟，仍於外堤造減水閘三座，以節水利。雖遇風濤，亦無前患。若興此役，約用一萬三千餘人，六十餘工可完。每人日給口糧二升，該用糧米一萬五千六百餘石。合用筑堤椿木五萬四千餘根，草二十七萬餘束，造減水閘并改造通水橋洞約用椿木、磚石等料并工價銀二百餘兩。

又看得揚州灣頭鎮迤東河道，內通通、泰等五州縣二千戶所，富安等二十四鹽場。其間有漁鹽、柴草之利。在前河道疏通之時，二千戶所運糧船隻俱在本所艙脩。客商引鹽裝至儀真，每引船錢不過用銀四五分；揚州柴草每束止賣銅錢二三文。近年以來，河道淤淺，不曾挑撈，加以天旱雨少，河水乾斷，舟楫不通。魚、鹽、柴、米等項，俱用旱車裝載。二所運糧船隻不得回還，本所牛車腳貴，柴米價高，以致客商失陷本錢，軍民不得聊生。前項河道，自灣頭起至通州白浦，止三百四十餘里，俱用挑闊八丈、深三尺，約用八萬五千六百餘人，六十工可完。每人日給口糧二升，該用糧米十萬二千七百九十餘石。

再看得雷公上、下塘，勾城陳公塘，俱係漢唐以來古蹟，各有放水、減水閘座。年久坍塌，遺址見在。近年以來，止是打造土壩攔水，隨修隨坍，不能蓄積水利。若每塘修造板閘一座、減水閘二座，潦則減水，不致衝決塘岸；旱則放水，得以接濟運河。以上四塘，共造放水板閘四座，減水閘八座。除舊有磚石外，約用磚石椿木等料價值并匠作工價銀二千餘兩。

臣雖無識，詢之于衆，咸以謂：「若將以上三件河道依前整理，庶幾舟楫疏通，永無淺阻風濤之患，而爲往來軍民無窮之便也。」但係前項工程浩大，合用人力錢糧数多。況揚州府地方連年災傷，人民窮困已極，倉庫錢糧不敷。兼且邇來玄象示警，邊境不寧，人心驚疑。如斯之役，未易輕舉，須候時和歲豐，人力寬舒，方可爲之。惟修理陳公等塘閘座一事，既不起倩人夫，止用前項工價，爲之頗易。如蒙乞敕該部計議，合無於本府收貯解京船料、銅錢內，委官支給，收買物件，修造閘座，亦可以蓄積水利，接濟運河。爲此，成化八年三月二十一日具題。

乞罷巡河管泉等項官員奏狀

准本部咨准吏部咨：該欽差印綬監太監韋煥題：「裏河一帶自通州直抵儀真等處，雖有巡河御史等官，因無專主等待更替，致使河道連年淤淺，阻碍船行。具題。」抄出該吏部會同戶、工部計議，奏奉欽依：「自通州至德州一帶河道，著郎中陸鏞專管；自德州至濟寧一帶，著副使陳善專管；自沛縣至儀真、瓜州一帶，著郎中郭昇專管。」仍請敕命臣總理其事，「嚴督沿河一帶巡視等官，并軍、衛有司人等，凡前項河洪、閘壩、泉源、鋪夫、井樹及一應河道事宜，根究本末，設法措置，以次修復。不許諸人侵占阻滯，務在通行，經久利便。其見在管河、巡河、管泉等項官員，應否去留，宜從總理河道官處置定奪。」行移到臣，除領敕前去沿河一帶提督、郎中等官陸鏞等，并軍、衛有司人等，將河洪閘壩、湖泊泉源、鋪夫井樹及一應河道事宜，根究本末，設法措置，漸次修復。候工程完日另行具奏外，查得：揚州府一帶河道，見有主事催陞管理，淮安府一帶河道，見有漕運衙門問刑主事游佐，并清江浦提舉司督造船隻主事屠勛兼管，徐州洪有主事王道專管，呂梁洪有主事謝敬專管，濟寧南、北天井等二十閘，主事過璘專管，臨清至荆門一十五閘，衛河提舉司督造船隻主事南鵬兼管，濟寧迤南至儀真、瓜州，又有御史方中專管巡河，迤北至直沽等處，又有巡鹽御史兼管巡河，兗州等處，又有主事張盛專管泉源。

臣看得徐、呂二洪，濟寧州天井、在城趙村三閘，臨清縣新開等四閘最爲緊要，不可一日無人管理。其餘河道、閘壩、泉源，今既令郎中陸鏞、副使陳善、郎中郭昇等專管，若又存留管河、巡河、官泉主事、御史管理，非惟甲可乙否，掣肘難行，抑恐互相推脫，因而悮事。合無令主事王道專管徐州洪，謝敬專管呂梁洪，過璘專管濟寧天井、在城趙村三閘并上新、下新、宮村、吴泰四閘，南鵬兼管臨清縣新開等四閘。其餘一應河道閘壩、泉源等項，著令陸鏞、郭昇、陳善，各照原分地方管理。將管河主事催陞、管泉主事張盛、巡河御史方中取回。其餘問刑、造船主事、巡鹽御史兼理河道者，令其止管本等事務，不必似前兼理，庶幾事體歸一，易於責成。緣係該部奏奉欽依：「見在管河、巡河、管泉官員，應否去留，宜從總理河道官處置定奪」事理，未敢擅便，具題。

言詔令不可失信奏狀

臣聞信者，國之寶，民之所依以立者也。詔者，國之號令，敷恩澤、感人心，而示之以必信者也。易曰：「渙汗其大號。」言號令如汗之出而不反也。書曰：「慎乃出令，令出惟行，弗爲反。」言號令之出不可不謹，行之不可不信也。魏文侯，小國之君，不失虞人之期。商鞅，霸者之佐，不廢徙木之信。矧爲億兆之君師者乎？庸言亦信，庸行亦謹，矧布詔令於四方者乎？

臣伏睹詔書内一款：「成化七年十一月十六日，昧爽。以前官吏軍民人等有犯謀反、大逆、謀叛，子孫謀殺祖父母、父母，妻妾殺夫、奴婢殺主、蠱毒魘魅、毒藥殺人、强盗人命、妖言不赦外，其餘已發覺、未發覺，已結正、未結正，罪無大小，咸赦除之。敢有以赦前事相告言者，以其罪罪之。欽此。」臣聞順德府知府黎永明止因毆公差人員獲譴，浙江布政使等官劉福等止因織造段疋不如法致罪，别無另項重情。况又犯在革前，今却以降調等項發遣。是前項明詔不信於天下也。設或此事傳播四方，使懼罪逃躲，反側不安者聞之，誰肯自首求免乎？臣恐由是幅員之内，人懷危疑。倘有不虞之事，發咫尺之書，求濟一時之急，誰復肯信？不信則不從，豈不誤朝廷之大事乎？議者以爲，生殺予奪由朝廷，臣下豈宜妄議？臣愚以爲，理之當生殺予奪而生殺予奪之可也，不當生殺予奪而生殺予奪之，未可也。若賞一人而千萬人勸，則賞之。若罰一人而千萬人懼，則罰之。此公天下之賞罰，則所謂理之當生殺予奪而生殺予奪者也。賞一人而千萬人不勸，則謂之淫賞；罰一人而千萬人不懼，則謂之濫罰。此非公天下之賞罰，即所謂理之不當生殺予奪而生殺予奪者也。且君以聽言爲明，臣以進言爲忠。朝廷賞罰合乎宜，臣固當將順之。未合乎宜，亦當匡救之，豈可以越人視秦人之肥瘠忽焉，而不加喜戚於其心乎？然黎永明等之事，雖曰出自一時聖斷，而執法之官亦不能辭其責。何則？漢文帝時，張釋之爲廷尉，文帝欲重犯蹕之罪，釋之曰：「當罰金。」文帝怒。釋之曰：「法者，天下之公共也。今法如是，更重之，是法不信於民也。且廷尉，天下之平也。一傾，天下用法皆爲之輕重，民安所措其手足？」文帝從之。其後，文帝又欲族盜高廟器者，釋之曰：「當棄市。」文帝怒。釋之謝曰：「法如是足也，今盜高廟器而族之，假令愚民取長陵一杯土，陛下且何以加其法乎？」文帝許之。至今百世之下，莫不稱文帝之仁明，釋之之執法。設若初發落黎永明等之時，法司能如釋之之執法以奏，陛下聖明寬仁，未有不賜俞允，黎永明等未有不蒙曠蕩之恩，天下後世未有不稱陛下如文帝，稱今之法司如釋之者。然而此事雖小，害信爲大。臣之所以懇懇爲陛下言者，不但爲黎永明等惜，爲天下惜。不但爲天下惜，實爲朝廷惜也。倘蒙陛下不棄芻蕘之言，將黎永明等并依革前宥之，使復其職，庶明詔可以取信於天下，而不誤事於將來矣。

臣愚更望陛下自今伊始，凡罪之當罰者，雖貴近必罰。功之當賞者，雖疏遠必賞。發一號令，出一詔旨，亦宜熟思審處，求合人心，然後付之有司，行之天下。如金石之堅，如四時之信，使萬姓咸悅，遠近歸心。又何患中國之不安，四夷之不服哉！若賞罰過當，號令不一，曰治曰安，非臣之所能知也。臣以菲材叨司邦刑，知而不言，是謂有隱。伏乞皇上憐其直，赦其罪，不勝大幸！

言運船前進回淮陽修理河塘壩座奏狀

臣先準戶部咨提督分管河道、郎中等官，并沿河一帶軍、衛有司，整理河道，催儹糧船。七月十八日等日，淮陽地方風雨大作，山水泛漲，衝決河塘壩座，損壞堤岸，隨即提督各該委官整理修築。緣工程浩大，卒急難完，已將糧船俱過揚州月日，及修理河塘壩座略節緣由，各另具題外，近准吏部左侍郎尹旻咨爲督催漕運事，臣又公同本官并總督漕運左僉都御史張鵬等往來提督，催儹糧船。昨在德州，已將河道近頗有水并糧船所過地方緣由具題外，今臣已抵直隸河間府靜海縣地方，查得各衛所糧船已到京、通州等倉上納。及過天津迤北者，約有十之七；過臨清者，約有十之九。俱已晝夜前進無阻。況有侍郎尹旻等催儹處置，事必停妥。臣欲候糧船俱到通州之日，前去督修淮陽河塘壩座，誠恐冬深土凍，前工難成，有悮來年漕運之計未便。除於十月初一日前去淮陽督修河塘壩座外，謹具題知。

言管河官應否添設奏狀

準工部咨都水清吏司案呈：準戶部四川清吏司手本，奉本部送戶科抄出巡按直隸監察御史婁謙題五事內一件：「整理河道事：看得管河官員原無額設，俱係沿河軍、衛有司委官管理，各多懦弱無爲，更易不常，以致責無所歸，事鮮成效。見今雖有工部郎中陸鏞等官分投管理，〔二〕然亦不過提其大綱而已。若欲事有定規，必須官有專主。查得臨清、濟寧沿河一帶府、州、縣分，俱有額設管河官員，如蒙乞敕該部計議，合無自通州直抵臨清，除各府、州并仝設縣分，照舊委官管理外，其餘裁減縣分，照依臨清迤南事例，添設管河官一員，不許別項差使，各另專一管理河道。」等因。該通政使司官奏奉聖旨：「該部知道，欽此。」欽遵備由手本，到司案查。近該欽差總理河道、刑部左侍郎王題稱：「自儀真直抵通州一帶河道閘座、泉源，照依原擬分與郎中等官陸鏞等管理，要將管河主事崔陞、管泉主事張盛、巡河御史方中取回。其餘造船主事、巡鹽御史兼理河道者，令其止管本等事務，庶使事體歸一，易於責成。」等因。本部已經依擬覆奏，通行遵守去後。今巡鹽御史婁謙又奏前因，案呈「參照所奏，要於裁減縣分照依清河迤南事例，添設管河官員」一節，未審有無相應違礙，合就移咨，斟酌應否，務合時宜，逕自施行。備咨準此，照得通州直抵臨清一帶河道委的多有灘淺，旱則阻滯船隻，潦則衝決堤岸，常要扒撈修築。必如御史婁謙所言，前項地方裁減縣分，照依臨清迤南事例，添設管河官員，專一管理，方能有濟。但沿河順天府所屬七州縣，河間府所屬十州縣，廣平府所屬中間，止有武清一縣原設淺鋪、修堤等項人夫二百三十名，却係全

〔二〕「投」：據文意，疑作「頭」。

設衙門。其餘裁減縣分，人夫多者不過百餘名，少者止有三五十名，比之臨清迤南縣分河道工程，人夫數目不及十之一、二。若各添設官一員專管，俸禄、僕馬不無煩擾。查得沿河揚州府所屬四州縣，淮安府所屬六州縣，徐州并所屬沛縣中間，閘壩、洪淺、湖塘等項，最爲緊要。每處所設各項人夫，多者數千名，少亦不下數百名。每歲修堤打壩等項費用，椿草等料數百萬計，前項府、州、縣亦無添設管河官員，止是委官管理。若府、州、縣所委官員專一往來，督屬整理，亦不誤事。奈何常被巡撫、巡按等官差委，勘理別事，動經旬月，不到河塘。況所屬委官，多不得人，雖有分管河道、郎中等官，地方廣遠，一時照管不及，未免有誤。如蒙乞敕該部計議，合無照例將順天、河間、揚州、淮安四府，各添設管河通判一員；徐州添設管河判官一員，專一督同所屬官吏，委官整理河道一應事務，俱不許別項差遣。仍令分管河道郎中、副使等官往來提督比較。如此，則官亦不繁，事亦可集。緣係工部行令，臣斟酌應否，務合時宜，徑自施行。事理未敢擅便，具題。

言裏河一帶災異奏狀

去年，自京師直抵揚州，南北三千餘里，水旱災傷，五穀薄收，軍民艱食。今歲正月初間，止得一雪。自雪後止今八十餘日，雨澤少降，狂風迭作，飛沙揚塵，遮天蔽日，彌月不止。田地乾燥，河水耗散，麥苗出土，多被沙壅。穀種雖下，未曾萌芽。臣又訪得，臨清、武城至德州一帶地方，三月初四日申時分，有黑氣自西北而來，忽然晝晦，出手不見掌，比之夜間天陰無星月之時，黑暗尤甚，移時方退。民心十分驚愕不寧。臣雖不通術數，亦知其非休徵也。但沿河一帶軍民，目今已自十室九空，缺食糊口。父母兄弟離散，妻子不相顧，流移死亡，不可勝數。若到四月間再不降雨，二麥恐無所望，富者亦難存活。臣往來河道之間，目擊耳聞，豈忍循默！伏望皇上以宗社爲念，特降香帛，遣官分祭各處山川之神，祈禱雨澤以濟枯涸，以慰民望，以固根本。仍詔廷臣講究弭災卹患之策，求其至切至要，可以回天意，可以安民心，可以延國祚於億萬年者而力行之，必有效驗。臣不勝大願，爲此具題。該禮部覆奏，奉聖旨：「山東百姓既十分艱難，須行實惠，便降詔將今年稅糧等項盡行蠲免。順天等府有災傷處，也量宜減免。祭告遣侍郎劉吉，就著關領香帛銀兩去。」

山東得雨河道疏通奏狀

今年三月十二日，臣自通州南下，本月二十五日到東昌府武城縣，已將沿河地方自正月以來雨澤少降，狂風迭作，田地乾燥，河水耗散，請香帛祈禱等項緣由具題外，四月初四日，臣至濟寧，訪得本州於三月二十八日夜得雨一陣，不久而止。至魚臺，詢訪得雨日期與濟寧同，而其勢頗大。其雨止可潤地，河水無增。四月十五日晚，至古城驛遇雨，至次日早方止，河水頗增。自古城而下至淮安、至揚州，河水深闊，船隻無阻。臣復自揚州北上，整理河道，催儹糧船。五月初五日到宿遷縣地方，偶遇河水泛漲，比舊約增五六尺之深。詢問北來公差官員，皆說近日山東、徐州等處得雨，閘河一帶俱有飽水。臣又訪得，未得水時，泗州、淮安等衛糧船到宿遷等縣，陸家墩等淺，俱曾起剝。得水之後，臣親見懷遠、沔陽、新安、鳳陽、儀真、留守左等衛糧船，至彼皆不見剝。又得順風，俱各張帆而行，滔滔無阻，略不費力。軍民懽悅，皆曰今年得水早，糧船比舊年定然早到，此皆朝廷洪福，軍民賴之。臣職專河防，久旱之餘，遇茲大水，豈勝忻忭！除儹糧船日夜前進外，緣係河道得水，糧運疏通事理，具題。

改南京戶部左侍郎謝恩奏狀

臣先任刑部左侍郎，欽差總理河道。近准本部咨准吏部咨，欽改前職。伏念臣材質凡庸，學術疏淺，偶中春闈之選，麄紬秘閣之書，任評事，任寺副，恒憂讞議之未明。爲知府，爲布政，每懼承宣之無狀。兩副都憲而佐以右陞，再佐秋官而北由南轉，食禄年久，感恩日深。雖迫桑榆之年，難忘聖主。豈知錢穀之託遽及愚臣？撫己若驚，靦顔就列，臣不敢不堅持晚節，益勵初心。竭犬馬之薇勞，答乾坤之大德，臣無任感天荷聖激切屏營之至！除望闕謝恩前去到任管事外，謹題。

南京户部

處置運糧餘丁月糧奏狀

廣東清吏司案呈，抄蒙欽差南京守備太監安寧等節該欽奉敕：「爾等會同將南京各該衛、所旗軍，并新江口等處寄操旗軍查勘，酌量選補運糧。若正軍數少，即將殷實餘丁點凑，照依正軍事例，免其一丁。差使邦帖，月支米一石，養贍家口。行糧賞賜，一體關給。欽此。」欽遵除該年依敕選補外，自是以後，各衛所餘丁因見運糧者月支米一石，又有行糧賞賜，别差者無有糧賞，所以皆願運糧而不願别差。衛、所官吏受其請囑，凡遇運糧旗軍逃故，多不於正軍内選差，輒將餘丁撥補。甚有將在運旗軍捏故掣回改差，就以餘丁更替。及至逃故等項旗軍復役、補役，又不送去上運替回餘丁改差。所以，食糧餘丁一年多似一年，在倉糧儲一歲少如一歲。又如，在外衛所旗軍，有月支本色米八斗者，有月支本色米六斗者。而運糧餘丁，一例俱支米一石，比運糧正軍支米反多。若不處置，非惟錢糧妄費，抑且恩澤不均。案呈如蒙乞敕該部計議，合無通行内外軍衛衙門，今後不許將運糧旗軍捏故掣回改差。果有逃故等項，仍照先奉敕書内事理，先儘操備等項旗軍查勘，酌量選補。若正軍數少，方許將餘丁點凑。如運糧逃故正軍復役、補役，即令上運替回餘丁改差在外衛所運糧餘丁。若該衛所正軍食糧一石者，亦與一石食糧，八斗者亦與八斗食糧，六斗者亦與六斗食糧，不可使餘丁食糧多於正軍。其選補運糧旗軍、餘丁，俱於運糧完足回營之日選補，仍將選過餘丁造册。南京各衛所送南京户部。在外衛所，送所在有司查照收糧。敢有不先儘正軍選補，及將運糧正軍捏故掣回改差，濫點餘丁頂替虛費錢糧者，參奏拏問。如此則錢糧不至於虛費，而恩亦庶乎均一矣。具題。

申明茶法奏狀

陝西清吏司案呈：卷查應天府批驗茶引所，直隸常州府宜興縣張渚批驗茶引所、浙江杭州府批驗茶引所，節次關去茶引，自成化元年起至成化十年止，陸續共關過茶引五十八萬三千六百六十一道前去發賣。各處茶商照賣茶觔，累催不見銷繳。

查得：本部先於景泰五年，爲因各處茶商人等多將舊引影射私茶，不行銷繳，查照清理監法事例具奏。該戶部依擬奏准，出榜曉諭，及行各處巡按、巡鹽、巡河、巡江監察御史、監收船料提督、洪閘郎中等官，禁治搜檢各批驗所追繳退引等因已經通行遵守外，今照前項退引累催不繳，其故蓋因批驗所不置簿籍附寫茶商姓名貫址，或不照茶商路引，聽其冒名開報。或將引由賣賫，產茶地方轉賣與人。如此，欲得的確名籍，行追繳引難矣。況茶貨出山經過官司，既不從公盤詰，又不依例批驗。縱有夾帶觔重，多是受財賣放，彼何畏憚而不停藏舊引，影射私茶？又如南直隸常州府、廬州府、池州府、徽州府，浙江湖州府、嚴州府、衢州府、紹興府，江西南昌府、饒州府、南康府、九江府、吉安府，湖廣武昌府、寶慶府、長沙府、荆州府，四川成都府、保寧府、重慶府、夔州府、嘉定州、瀘州、雅州等處，俱係產茶地方，相去前項三批驗所，遠者數千里，近亦不下數百里。若照引內條例，聽茶商徑赴產茶府州納課買引照茶，於人爲便，理必樂從，誰肯不買引由，公犯茶禁？今却令茶商皆來此三所買引，路途寫遠，往返不便，欲其一一遵依，不作前弊亦難矣。況批驗所退引該與截角，今前項三所卻管賣引，不行批驗，照退名實不稱，有乖職掌。呈乞施行，等因到部。臣等竊惟印造茶引、鹽引，禁治私茶、私鹽，係是太祖高皇帝舊制。今官不修職，民不守法，茶禁廢弛，一至於斯。若不申明禁約，非惟虧國家之課程，亦恐壞祖宗之制度。合無請給聖旨，榜文通行天下，曉諭今後園戶賣茶，及茶商興販茶貨，造引給由與夫批驗納課等項，務要俱遵引由內條例。數內惟買引一事，免其納錢，只照見行事例，每引一道，納鈔一貫，中夾紙一張。仍令前項產茶府州斟酌所管地方每歲可出茶貨若干，合用引由若干，預先具數，差人赴本部關領前引，回還收貯。出榜召商中買，仍要辨驗茶商路引，果無詐僞，即將其人姓名貫址附簿，將引給與。年終，該府州各將賣過前引造册，就將收過紙鈔差人一同解繳本部，抄送該庫交收。紙劄造引，仍具數領關。次年合用引由，各批驗所如遇茶商經過，務依例逐一批驗，將引截角。如無夾帶，即便放行；若有夾帶，就連人茶拏送本處官司問理。年終將批驗過客商姓名、貫址并引數目及盤獲私茶起數、緣由造册，申達所轄轉繳本部查考。如有日前停藏舊引未曾繳報者，榜文到日，限三個月以裏赴所在官司告繳，與免本罪。敢有不遵條件興販私茶者，許巡按、巡鹽、巡河、巡江監察御史，監收船料提督、洪閘郎中等官及各該軍衛有司守把關隘人員，拏問挑擔、馱載及引領牙行停藏之家，俱依律治罪。盤獲私茶并車船頭畜等物，俱入官。如將引由照茶依例批驗，截角賣畢，隨將赴往賣所在官司告繳，封送原引衙門，通類解部查銷。若有過期不繳者，原領引衙門查報各該巡按監察御史、按察司提問追繳。如此則職掌定而政務修，法令明而姦蠧息。緣係申明舊例，清理茶法事理，未敢擅便，今將茶引由內條例開坐具題。

計開

一、茶引由內引一道，納銅錢一千文。照茶一百觔，茶由一道，納銅錢六百文。照茶六十斤見行事例，每引由一道，納鈔一貫，中夾紙一張。

一、諸人但犯私茶，與私鹽法一體治罪。如將已批驗截角退引入山影射照茶者，同私鹽論。

一、客商興販茶貨，先赴產茶府、州具報所賣斤重，依例納課買引照茶，出境發賣。如至住賣去處賣畢，隨即於所在官司繳納原引。如或停藏影射者，同私茶論。

一、山園茶主將茶賣與無引由客商興販者，初犯笞三十，仍追原價沒官。再犯笞五十，三犯杖八十，俱倍追原價沒官。

一、茶引不許相離。有茶無引、多餘夾帶，并依私茶定論。

一、客商販到茶貨經過批驗所，須要依例批驗，將引由截角，別無夾帶，方許放行。違越者，笞二十。

一、僞造茶引者處死，籍沒當房家産。告捉人，賞銀二十兩。

一、賣茶去處，赴宣課司依例三十分抽一分。芽茶、葉茶，各驗價直納課。

一、販茶不拘地方。

欲令兩淮山東長蘆三運司將鹽引紙每張納鈔一貫奏狀

陝西清吏司案呈，照得本部先行收貯各運司送納印刷鹽引紙張數多，奏准行移兩淮、山東、長蘆三運司，每紙一張折收鈔一貫，解送本部轉送南京内府收貯，以爲文武官員、旗役人等折俸支用。其餘兩浙等運司仍用紙張。後因紙有不敷，又經奏准照舊納紙外，今查得本部遞年收到各運司送納印刷鹽引紙，除支用外，見有七百一十餘萬張在庫，約彀七八年支用外，若再收紙，積之年久，不無損壞。況今南京内府收貯鈔貫數少，不彀折俸買辦等項支用。案呈如蒙乞敕該部計議，合無照例仍行兩淮、山東、長蘆三運司，自文書到彼日爲始，各將該納印刷鹽引紙張暫且停止，令其每紙一張納鈔一貫，差人解部轉送南京内府交納，本部照數换與鹽引。兩浙等運司仍照收紙。如此則紙張不致損壞，而鈔貫亦可以備用矣。緣係處置鹽引紙張易鈔備用事理，未敢擅便，具題。

欲令公侯駙馬伯具印信文書關支禄米奏狀

陝西清吏司案呈：「照得南北二京公、侯、駙馬、伯禄米，遞年差人俱赴本部關支。本部照依户部咨文内開來數目，於蘇、松、常三府運到秋糧内撥支。緣各官差來舍人、家人人等，俱無印信公文投部，止是照驗各人路引撥與。及至關支完日，原引隨身帶回，本部無可備照。設若有等冒名告關，無憑查考。且如已故寧陽侯陳潤妻唐氏與新襲爵寧陽侯陳瑛告爭禄米，只爲頂名關支，至今爭訟未息。恐今後亦有此弊。若不處置，深爲未便。」案呈到部，查得北京大小文職官員，差人關支三分、四分俸糧，俱各賫有本衙門印信手本到於南京。該衙門造來糧册查對相同，然後給與俸帖，照數關支。所以事無差池，卷亦明白。如蒙乞敕該部計議，合無行移兩京公、侯、駙馬、伯，今後關支禄米，亦照前例，不分坐府、管事、不管事、公差在外，合行移該府或附近相應衙門，令首領官吏具印信手本。若衙門品級亞於本部者，令堂上官吏具印信手本，各開該支禄米數目，并差來關領之人姓名，就付本人賫執前來關支，仍照先年奏准，限期赴部查對明白，立案關支。如此則真僞易於查考，而禄米不至冒支矣。爲此具題。

改左副都御史巡撫雲南謝恩奏狀

臣先任河南布政使司左布政使。成化元年欽蒙聖恩，陞都察院右副都御史，仍支從一品俸。歷陞本院左副都御史、南京刑部左侍郎，改刑部左侍郎，再改南京戶部左侍郎。今又蒙聖恩改臣前職，巡撫雲南。伏念臣本草茅賤士，樗櫟庸材，誤蒙聖恩，節次遷轉，粉骨碎身，不能補報。雖雲南遠在萬里之外，夷情不常，難於撫治，臣敢不罄竭駑鈍，敷宣德意，以圖萬一之報。除望闕謝恩，前去理事外，成化十二年九月十二日具題。

欲帶男承禄隨侍奏狀

臣原任南京戶部左侍郎。欽蒙聖恩，改臣前職，巡撫雲南。竊緣雲南遠在萬里之外，古謂之不毛之地，水土與北方不同，人到彼難爲調理。臣生長北方，況今年踰六十，日漸衰老，非親人隨行不可。伏望聖慈憐憫，容臣帶男王承禄前去朝夕扶持，看視飲食，勉力圖報，不勝感戴之至！成化十二年九月十二日具題。

王端毅公奏議卷三

巡撫雲南

處置邊務奏狀

節該欽奉敕諭，命臣巡撫雲南地方，仍禁約接連交阯等處地界。官吏軍民，不許私通商旅，往來交易。除欽遵通行外，近訪得交阯着頭目換易服飾，裝作客商潛入臨安等處地面，聽探消息。又訪得三五年前，有一江西人王姓者，曾到雲南，要冒籍報名科舉，所司不容。隨後，其人奔往交阯，受彼僞御史職事，爲之運籌畫策，提兵巡邊。且彼不特此一人而已，亦有僞總兵等官往來巡守。又聞交人以蓮花灘爲市，專一收買雲南販去生銅，鑄造短槍。曩者，跟隨太監錢能、京衛指揮郭景齎敕道由雲南而往，遂使交人有假道赴京之舉。然此雖由郭景誘致，實乃彼之欲爲。今又聞交阯走回軍人說稱：在前交阯吞了占城之時，就要乘勢來犯天朝地方。觀此數事，則交人奸謀詭計，不言可知。明者睹未萌，況已著耶？今臨安府密邇交阯，本處雖設一衛，實在官軍除屯種、守哨等項差撥外，見操止有二百餘人。通計雲南二十五衛所，實在官軍除屯種、守哨等項差拔外，見操不及一萬三千人。每處見操官軍，多者不過七八百人。其他諸夷雜處，該徵稅糧數少，且又不通舟楫。官軍糧餉，止靠屯田供給，別無來處。見今所在食糧不彀一年支用。況兼頻年以來，災荒不收，今歲尤甚。軍民憔悴，日不聊生，盜賊在在生發，動輒劫掠殺人，東備西出，殆無寧日。加之以廣西、廣南、元江、麗江、羅雄等處土官連年讎殺，不聽撫化。再加之以閘辦銀課，索取進貢等項，地方騷擾，人心失寧。況臨安雖委指揮一員在彼守備，名位不重，難以節制衛所。金齒雖有副總兵都督同知沐瓚在彼，止可鎮守金齒、騰衝二處，控制外夷地方，亦不能兼制臨安。又照得迤東曲靖、六涼等處，迤西洱海、大理等處，在前俱有守備都指揮專一提都操練，禁防盜賊。其後一向缺官操守。及照都司止有都指揮僉事方明掌管印信，監理馬政；周佐協同管事，兼管操。吳瑢操備，近又爲事問發，帶俸差操。王倫奉敕提都屯種，亦已病故。俱各缺人替補。然事機之殷，盜賊之多，兵力之寡，財用之乏，征科之繁，軍民之困，守職之缺如此。又況臣才識凡庸，年力衰憊。恪守憲綱，固所當勉，經略邊務，實非所長。萬一交人跳梁寇兵北向，難稱爲手足之疾，未免貽宵旰之憂。除行都、布、按三司，分巡、分守官禁約接連交阯等處地界。官吏軍民不許私通商旅，交易銅鐵等物。及提都各處官軍時常操練，慎固封守，嚴加堤備。及將前項都指揮員缺會同鎮守、巡按等官，推舉相應人員另行奏請定奪外，伏望聖明憐憫地方，特勑該部計議，合無將雲南都司所轄衛所，除金齒、騰衝二邊衛官不動外，其餘二十二衛所見操官軍，於內量調四千員名，分兩班令其輪流前去臨安，協同本處官軍、舍餘，在彼操守，半年一換。上班之日，照例給與行糧，下班住支。仍添設才識老成副使一員，專一在彼整飭兵備，公同守備官操習人馬，振揚威武，一以防腹裏之盜賊，一以備外夷之侵侮。

及將雲南安寧黑白鹽井等鹽課提舉司成化四年、五年、六年、七年、八年存積鹽課，就於布政司招商開中十萬余引，每引令其納足色白銀六錢，於本布政司官庫收貯，以備糴買軍餉。不許權豪勢要之家占中侵奪民利，剝削竈戶。仍將閘辦銀課及進貢寶石等項，暫且停止。仍簡命年力精強、才兼文武大臣一員代臣巡撫其地，將臣放歸田里，以終餘年。如此則任用得人，武備不期修而自修；軍民安業，盜賊不期息而自息矣。緣系處置邊務事理，未敢擅便，具奏僅題。

奏解犯人及參鎮守官奏狀

准兵部咨內開：「安南走回軍丁楊四說稱：『舊年三月內，見有朝廷差指揮等三十餘人到安南地方，送與交阯王馬二匹、細狗二隻，弓一張，箭一綑。』干碍地方軍機重情，合當查究。但不曾指實是何指揮姓名，合無行巡撫雲南左副都御史王恕會同雲南巡按監察御史，查勘是何衛分指揮帶領三十餘人前去安南？有何公幹？緣何饋送國王馬匹、弓箭等物？要見的確明白，一名名行提到官，取問如律。情輕者，就彼先行照例發落內指揮；與情重者枷釘，差人押送赴京再問，另行奏請定奪。」奏准移咨前來。

行據雲南都、布、按三司呈：「查得有原跟欽差鎮守雲南太監錢能名下金吾左衛指揮使郭景，齎捧敕書前來雲南，帶領人伴戎達等往安南國開諭。當將戎達等行提到官監侯。查得郭景先該太監差往千崖等處公幹未回。」委據雲南按察司僉事方進呈稱：「前到金齒司提獲本犯，懼罪投井身死。將跟隨人伴時瑛等，并求索夷方寶石等件，強奪伯夷人口罕擺等解報到院。臣會同巡按雲南監察御史甄希賢問得，犯人戎達招係雲南都司廣南衛右所百戶陳宗原、總旗錢聚下小旗。成化十年八月內，有達跟隨鎮守雲南太監錢能名下金吾左衛已故指揮郭景公差到京，蒙差本官齎捧敕諭前去交阯。有本官明知廣西是出使交阯路道，不合枉道回至雲南，就在太監衙內住坐。有錢太監與達并今在官小旗劉全、孫千戶家人孫得兒、完千戶家人羅順兒、已故總旗李俊說稱：『差你每跟郭景往交阯去，你可作急收拾衣鞋。』達等不合依聽。本月二十一日早，郭景令人叫領人夫從衙內擡出黑木櫃六個、竹籠三個。又牽出白點子大馬一匹，火食果品一担，并弓箭、腰刀等件在外。達等跟隨本官當日起身，衙內又差百戶蔣雄，亦不合依聽，護送前去。本月二十三日到通海驛歇，郭景不合挾持索要火千戶虎黎細狗一隻。又叫前所久慣下番已故軍人史義跟隨通行。二十五日到臨安衛歇。郭景又索要本衛指揮華鐸驃騮馬一匹、清沙馬一匹、銀十兩，軍人葉周白花細狗一隻。又令本衛差今在官總旗任能、張水，小旗潘原（未到官），千戶葉春，百戶鄒斌、總旗陳名、王瑄、小旗李貴帶領軍人鄭忠等四十四名，各不合依聽，各帶器械護送。又帶今在官華鐸家人華通、識字軍人孟達并伊家人孟海、餘丁王成（未到官）、總旗鄒鑑、小旗詹鉞、軍餘李景各不合跟隨前去。又差建水州失記名民人段麻子先去交阯地界上報信。

二十八日，臨安起身。二十九日，到蒙自縣土官祿剛家安歇。又將伊家牛一隻宰殺吃用。本年十二月初四日，到交阯地界清水河曠野去處，搭蓋窩鋪安歇。本月二十五日，交阯差頭目人帶領官軍不知其數，到蠻來寨駐扎。二十六日，差通事帶三四十人到清水河往來答話。三日至三十日，有船二十隻來接，有蔣雄、葉春、鄒斌帶領旗軍任能等并孟海回還。達同李俊、劉全、孫得兒、羅順兒、華通、鄒鑑、詹鉞、孟達、王成、李景、史義各亦不合越度邊關，跟隨郭景上船過河，到鑾來驛安歇。有交阯頭目來見，就令官軍將館驛圍住。

成化十一年正月初四日上船，行一日半，又到亦不知名館驛安歇，仍令官軍將館驛圍住。初五日，行半日，過蓮花灘，灘下有船二百餘隻，每船有軍十餘人，亦有吹鼓手。達等每人坐一船，就裝載原帶行李、馬匹等件。又行數程，失記日期，到歸化衛，又有大船數隻來接。二十日，到紫連州，交阯王先在彼下營接待，江中又有大小船三、四百隻。郭景見王在彼，輒將敕諭置於船內，輕身先去拜見。王見郭景先來拜見，因說我身上不安，免拜。本日，王回城。郭景同達等仍在船内歇。次日，又行三十餘里，王又在灯岸上立迎。郭景即奉勑諭上岸，置於龍亭。王先回，郭景隨勑諭進王城。官軍將達等圍送天使館安歇。郭景見王畢，亦到館內。二十二日，王遣送下程。二十三日，[二]郭景於前項木櫃内取出紅寶石頂子、青紵絲瓦隴帽一頂、金廂起花玉帶一條、金廂寶石絲環二付：一付紅寶石心，一付綠寶石心；各色寶石十包，約一升有餘；大紅紵絲彩綉蟒龍衣服二件；各色上樣紵絲二十疋，中樣紵絲十疋，各色上樣羅二十疋，各色上樣紗二十疋，中樣紗十疋，白三梭布五十疋，洗白夏布三十疋，真色夏布三十疋，紅氈子五疋，皂麂皮靴十五雙，氊襪十五雙。竹籠内取出減金事件馬鞍轡一付，減銀事件馬鞍轡二付，并隨身帶去銀結束腰刀二把，撒帶一付，弓一張，箭一綑，馬三匹，細狗二隻，進與交阯王。二十四日，交阯王差人送卓面、酒飯到天使館宴郭景，有頭目二十餘人來陪。宴畢，郭景却詣王國，行五拜三叩頭禮謝恩。二十五日，王回送郭景銀五十兩、扇一百十把、茄南香三塊。與達等跟隨人伴每人銀一兩。達等自到天使館，官軍日夜防守，不得自在。交阯王說要整理方物，差頭目同郭景等從兩廣路赴京進貢。郭景怕去兩廣無由脫身，却設計與交阯王，詐說：『我又齎駕貼來雲南討禽鳥、藥材，這幾個伴當都是黔國公差來送我的，也要交還。他若是進貢，就同我從雲南去赴

[二]「三」：原誤作「二」，據文意改。

京，比兩廣路又近便，沿途都有驛站、人夫、馬匹，又無大海風波之險。』交阯王依聽，收拾方物，差陪臣何宣、陳瑾帶領軍馬一千餘名，隨同郭景雲南入貢，因而窺瞰我中國虛實。行至蓮花灘，有郭景又詐與何宣等說：『我先去蒙自，去整理人夫、馬匹，前來迎接。』郭景同達等脱身，連夜走回，報知蒙自縣。當有千戶段忠同土官舍人帶領土兵人等，前去阻當。[一]有何宣等已到本縣管轄判村駐扎。有段忠等到彼，把住道路，不容何宣等前進。又差人報知太監總兵，差指揮馬玄等亦到判村守把。何宣并本國節次移文堅執要從雲南經過，以致沿邊一帶及腹裏寧州、通海等處軍民聞知驚疑，皆欲流徙躲避。其後，太監總兵并三司差官齎文前去，再三撫諭，何宣等方纔回還。

郭景等前項情罪，一向不曾事發。本年十一月初八日，遇蒙赦宥。成化十二年十二月內爲地方事，錢太監又差郭景，黔國公差千戶龔遂會同金齒副總兵委官指揮侯勇，前去千崖宣撫司地方公幹。有郭景帶領今在官家人時英、伴當劉祥、屠名、趙福（未到官）、軍人楊海不合依聽，越度邊關。成化十三年正月十一日，到千崖宣撫司。郭景不合索要宣撫怕開法馬二匹、銀三十兩、頭目罕歪小廝一口（名喚刺泥）。本月十二日，到南甸宣撫司，又索要宣撫舍人刁落過金廂寶石帽頂子一個。本月十六日，到蠻莫，又索要頭目刁孟扛銀一百五十兩、小女一口（名喚阿你）、馬二匹。本月二十四日，勘事了畢，龔遂、侯勇回還。郭景又要去各處外夷地方求索財物，仍領時英等於本年二月初一日到孟密。有頭目曩罕弄并男思賓不出。本月二十日，郭景到寶井，見得本井已故，頭目混鏊，即混你，今在官第三妾喚名罕擺，係曩罕弄孫女，生有姿色，使令楊海等探知本婦出外挑水，強擠到窩鋪內姦宿一夜，一向在鋪姦占不放。本年閏二月初一日，曩罕弄使人請郭景回至孟密。郭景索要曩罕弄銀二百兩，就將原求索前項銀兩收買寶石，并曩罕弄餽送寶石共二十二斤零八兩六錢。又買象牙二十四斤、檀香一十六斤、寶石屑二百二十三斤。又索要失記名夷人碧玉絛環一付、碧玉包指事件二付、碧玉甜瓜四個、金盞一個（重四錢）、銀廂楪子一十八個、銀廂碗四個、緬茄兒鬼見愁共一十三斤、虎牙二個、伯夷銀一百零二兩。趙福亦取買寶石五兩，

[一]「當」：疑爲「擋」。

收拾行李起身。囊罕弄要將罕擺留住，不容郭景帶回。郭景言説：『若你不與我帶去，不許你在這地方住食。若與我去，我討冠帶與你管事。』囊罕弄意圖冠帶管事，只得依從。郭景隨帶罕擺一路姦宿。本月失記日期，到隴川宣撫司。郭景將玉帶二條送與宣撫（失記名），舍人本舍回奉伯夷銀一包。郭景嫌少不受。到芒市長官司，郭景將青拱線織金尾撒一件、青紵絲圓領一件、白紵絲直身一件、大紅羅尾撒一件、葱白羅直身一件、大紅紗織金蟒龍尾撒一件，送與在前拜認爲男百夫長放斌，接受放斌銀壺二把、銀罐一個。

本年三月十七日，到潞江安撫司。郭景將黑籠一個（内有錦褥一床、靸鞋一雙、枕頭一個）并黄騸馬一匹，寄在千戶尹宣家。本月十九日回到金齒歇息。本月二十一日夜，有巡撫雲南王都御史劄委僉事方進，亦到金齒挨提郭景。次日，方僉事設法邀請郭景到司，與伊説稱：「『有一人在巡撫處告你，着我來取你回去。』郭景回説：『交阯事務，先已有人報我知道，干我何事？都是錢公收拾異樣物件差我去。我是聽使之人，敢不依從』等語。方僉事當令指揮胡亮將郭景行李擡赴分司月臺上，眼同副總兵、沐督都，并金齒大小官員盤驗將完，副總兵回去。方僉事當將郭景鎖杻，發仰鎮撫俞銓，令人防守在傍。有俞銓不合不行嚴謹，止令已問發軍人李祐看守。亦不合將郭景引放廂房内，却去上後，以致郭景投在本司井内身死。令人撈出身屍，委官相視明白，浮坵在彼。將時英等并原占婦女二口、小廝一口、馬四匹，同點揀見數寶石等物，通解到院。惟恐郭景身屍不明，牌仰金齒司將屍擡至雲南西門外，委官覆相明白，責令屍親領埋訖。」

取問罪犯外，結得：郭景雖帶官軍蔣雄等六十員名，内蔣雄等五十四員名到於安南界上先回，止有戎達等十二名跟隨前去，並無三十餘人到安南國。達等每人受銀一兩，在路花費無存。郭景委因懼罪，自行投井身死，別無他故。招結是實十七名。劉全、孫得兒、羅順兒、華通、孟達、王成、時英、劉祥、屠名、趙福、任能、張永、潘源、孟海、罕擺、刺泥、阿你供招，與戎達招結内相同。

議得：戎達、劉全、孫得兒、羅順兒、華通、孟達、王成俱合依越度緣邊關塞因而出外境者律，絞，秋後處決。時英、劉祥、屠名、趙福俱除不應輕罪外，依越度緣邊關塞者律，各杖一百，徒三年。任能、張永、潘源、孟海俱依不應得爲而爲之事理重者律，各杖八十。時英等俱有大誥減等。時英、屠名、趙福各杖九十，徒二年半。俱審有力，照例納米完日，任能、張永、潘源、孟海各杖七十，與戎達等七名俱犯在革前，免科。同供明罕擺、剌泥、阿你，〔二〕各着役隨住內，戎達、劉祥、孫德兒、羅順兒、華通、孟達、王成俱係跟隨郭景私出外境情重人犯，除將罕擺等案發雲南都司羈候，時英等先行謫發，戎達等牢固枷釘，及寶石等物印封完固，案發雲南按察司差撥官軍押解都察院再問，另行奏請定奪外，查得：先據雲南按察司揭帖該木邦軍民宣慰使罕落法緬書告稟：「洪武、永樂、洪熙、宣德、正統、天順年間，並不聽見京官、指揮到來夷方。先有盧京官、蘇京官、楊京官前來，不到我宣慰處，却往孟密曩罕弄、思賔處，說稱：『要開衙門，得金銀寶石。』他思賔、曩罕弄起兵來殺宣撫多歪悶男多活法死了，又來將我應襲男罕糯法殺死了。其有差發、拜見拖欠，只因京官、指揮人等前往思賔、刁孟扛道路去訖，被刁孟扛將我百姓殺了。今有思賔反我地方，係是洪武、永樂年間設立衙門，將與金牌、信符，着辦差發等因，已呈總兵官、黔國公沐琮等委官撫勘外，開報知會。」伏睹金牌、信符，衙門節該欽奉勑諭：「大小官員，貪婪無籍，用強擾害，全家致以死罪。欽此。」今招郭景到於孟密等處索要銀兩、寶石，強奪婦女，及稱「我討冠帶與你管事」等情。可見木邦前項緬書所言之事不誣。

查得：盧京官即盧安，蘇京官即蘇本，俱指揮。楊京官，即楊能，係百戶，俱係跟隨太監錢能頭目。

參照：太監錢能，以帷幄腹心之臣而陰結外國之君，誣上思行，不義孰甚？況郭景奉使無狀，擅起邊釁，及與盧安、蘇本、楊能等故違前例，遞年前去夷方索要金銀、寶石、人口、馬匹等物，許開衙門，以致曩罕弄等背叛本管，宣慰奪其地而殺其人，流毒遠方，搆怨外夷。雖則各犯之所爲，實乃錢能之主使，合將錢能、盧安、蘇本、楊能等拏送法司，明正其罪，以爲後世事君而有二心及生事邊陲、擾害夷方者之戒。

再照鎮撫俞銓不行用心關防，以致犯人投井自盡，亦合拏問。及照罕擺、剌泥、阿你，具係郭景強奪強取伯夷人口，欲

〔二〕「明」：疑當作「名」。

使便差人伴送彼處，給親完聚，使夷人知朝廷法令之公、柔遠之仁，且以潛消其怨怒不平之氣，而陰折其劫奪無上之心。緣錢能係內臣，盧安、蘇本、楊能、俞銓俱係軍職，罕擺等係外夷人口，未敢擅便。今將起解過犯人并寶石等件開坐具本。

計開犯人七名：

戎達、劉全、孫德兒、羅順兒、華通、孟達、王成。

計開寶石等件：

青紅寶石二十四斤零一十三兩六錢、寶石屑二百二十三斤、碧玉包指事件二付、碧玉絛環一付、碧玉甜瓜四個、金廂寶石帽頂子一個、金盏一個（重四錢）、銀廂楪一十八個、銀廂碗四個、銀壺二把（共重三十四兩）、銀罐一個（重十兩）、伯夷銀一百零二兩、緬茄兒鬼見愁（共一十三斤）、象牙二十四斤、檀香一十六斤、虎牙二個。

參鎮守官跟隨人員擾害夷方奏狀

據灣甸州印信緬書譯：「該告稟：照得洪武年間，將灣緬州衙門給與金牌、誥命、勘合底簿，一年該辦差發銀一百五十兩，遞年上納，并不曾拖欠。正统四年，麓川思任發造反，攻殺各處地方。蒙欽差總督軍務兵部尚書王驥、總兵等官調領本軍前來征勦反人了當，又給榜文與各地方張掛，撫安夷民，耕種安業，辦糧當差。至成化九年，有吴京官前來本州住一十五日，得銀二百兩。我每將二年差發送與他回還了。

成化十年，有京官江和送镇康州知州刁孟戞回還住本州，經過後住二十日，取要銀兩。我每又將拜見、進貢銀五百兩送與纔回。又將本州做莊子，令認納銀二百兩。

至成化十二年正月十五日，有鐵京官前來送賞賜段子二疋，銀一百二十兩。本年三月，有京官福安到本州催要方物，拜見取母子象二隻，并打發壺瓶臺盞銀三百五十兩，〔二〕打發盤纏銀一百五十兩，前往孟定。去訖，又一百兩。於四月內，京官江和差通事袁鑑到州撫諭，陶孟人等出至金齒住半個月，送段四疋，要銀四百六十兩。比時，有錢公公上金齒，有本處伴當廉棣得銀一百五十兩。一次，有京官江和又送段一段，要我每借他銀一百五十兩。本州不曾揭借。有錢五到金齒送段子三疋，得銀一百兩。至十二月十九日，京官江和前去鎮康，往州路過住了七日，又要了三百兩。

成化十三年二月十六日，京官楊能差人送段二疋，不曾回奉他物，因此拖欠差發拜見。今本州知州景拙法病故，伊男長成，不曾做官。有把事已故通事年老，亦無冠帶。火頭百姓承應擡扛，不得安業，俱各逃往別處去了，將田地抛荒，拖欠差發罪責，我每不便有下程豬、雞、酒、米、糧不計其數。因此，呈緬書告稟知道。可憐見我奴婢，不要着他京官每来我臨近地方，恐怕不成。衙门告稟，可憐見給請漢、夷榜文前來張掛，使火頭百姓纔得耕種田地，辦納差發。有金齒俞鎮撫與江京官做弟兄，因送段子，得我每銀六十兩。告稟着令還我，奴婢方便，等因到院。

臣仰惟我太祖高皇帝統馭天下，慮恐大小官員、軍民人等假託公差爲名，前往外夷衙門生事擾害，需索財物，致生邊患。故降勑諭、金牌、信符，及勘合底簿，關防詐僞，以盡撫綏之道。列聖相承，率由舊章，每於踐祚之初，换堪合底簿。勑諭昭昭，篇首立法甚嚴，是以臣民遵守，不敢違犯。夷人得以安生，莫不慕義向化，恪修職責。頃自太監錢能到於雲南，侮慢自賢，罔遵聖訓，不時差人前去外夷衙門，假公營私，需索攬擾，失夷人心，職貢因之以缺。今灣甸州告稱前項京官節次要伊銀兩等情，臣再三體訪，委的是實。然此輩之到雲南，非特攪擾外夷衙門，而腹裏地方，無不被害，人情大爲之不堪。除給榜文發去該州禁約，及已故知州景拙法伊男承襲之事另行外，查得吳京官即吳源，係散官。江和即姜和，係指揮。鐵京官，即鐵驄，係勇士。福安即劉安，與楊能俱百户，係跟隨錢能人員。錢五係錢能義男。合無差官將各犯拏解到京，查金牌、信符、衙門，敕諭事例，治以重罪，就將追出贓物給該州出銀人收領。如此，則法令昭明，而奸頑知所驚懼，恩信不失而

〔二〕「發」：原脱，據下文補。

遠人自然悦服。緣數內姜和等係軍職，未敢擅便，具題。

乞嚴賞罰以禁盜賊奏狀

照得衛所官軍本爲防奸禦侮、緝捕盜賊、征討不庭而設，非徒費軍實，張虚聲而爲觀美也。且雲南地方，諸種蠻夷雜處，其人兇悍好殺，不以盜賊爲恥，盔甲、鎗刀、弓箭、挨牌等項軍器，家家有之。動輒三五十人或一二百人結爲羣黨，各執軍械，流劫村寨，抄搶家財，殺死人命。或截路搶劫商旅貨物，略無忌憚。各處雖有哨堡巡司及巡捕官軍，非惟賊衆軍寡，不能抵敵，亦由馭之無法，所以不能成功。何也？伏睹大明律「失悞軍事及主將不固守條」内，别無與賊對敌，殺伤官軍，罪坐管軍頭目之人。況勝負兵家之常，雖智如良、平，勇如信、布，亦不能保其必勝。奈何近來庸愞不才頭目，因向時領軍將校，或以輕進被參，或以損軍得罪。以此遇賊，先以退縮保軍爲心，略無向前勦賊之志。幸而稍得其利，輒便虚增首級，妄報功次，以圖陞賞。不幸而折損官軍，就行隱匿不聞，設辭遮掩，以避其罪。況進則有死而無功，退則有生而無罪。如此，爲將校者誰肯提軍出戰？爲士卒者，誰肯奮不顧身？此官軍遇賊所以不能成功者然也。設若臨陣奮勇與賊對敵而死者，厚恤其家，不罪領軍之官。若能成功，厚加賞賚。其臨陣退縮，不能奮勇效死，致賊猖獗，殺害良民，失陷地方，照依軍法處治。設或皷之再戰，誰敢退縮？誰不向前？此馭之之法也。如此則賊不期破而自破，功不必成而自成矣。且雲南強賊，比之他處，數加十倍。〔一〕雖曰習俗之使然，其致之也則有由焉。或土官令家奴糾合部民而爲之，或管莊之人招引無籍軍而爲之盜。以土官并管莊之人爲主，人贓俱藏於其家，誰敢前去搜捕？此雲南強盜所以多於他處也。況雲南去京萬里，非可以朝發而夕至。若將問成該決強盜，照依常例奏請，至秋後然後行刑，動經監候一年之上或二三年者亦有之。比

〔一〕「倍」：原誤作「陪」，據文意改。

及奏請至日，或死於獄中而不受刑者多矣，將何以警兇惡而快人心？如蒙乞敕該部計議，合無今後官軍人等與賊對敵而死者，官給銀物，以恤其家。本管頭目督軍同戰，救援不及者不罪。如或有功次，量加賞賚。若愚賊退縮，不能奮勇，不能督戰，及見同征軍士被圍故不敢救援者，俱以軍法處治。土官并管莊之人縱賊爲非者，亦治以重罪。仍將今後拏獲并見問未結強盜，都、布、按三司會問明白，同見監已問結強盜俱引赴鎮守總兵、巡撫、巡按等官處會審無冤，委官押發市曹，就便處決。仍將首級發於打劫地方，梟掛示衆，然後具奏。如此，則賞罰當而官軍知所勸，法令嚴而盜賊不敢肆矣。緣係明賞罰以禁盜賊事理，未敢擅便，具本具題。

陞右都御史謝恩疏

臣去歲伏蒙聖恩，以南京戶部左侍郎改都察院左副都御史，巡撫雲南。今年六月初十日，欽奉敕諭，陞本院右都御史，仍前巡撫。伏念臣居萬里炎荒之地，荷九重寵擢之恩，品秩有加，職司仍舊。捧黃麻而感激，持白簡以汗顔。奸貪滿目，慚無擊搏之能。愁嘆盈途，愧乏撫綏之術。寇盜未盡屏息，蠻夷尚爾跳梁。言論不暇及乎家，志慮時常在於國。忠誠徒切，功業未成。既蒙信任而無疑，敢不捐生以圖報！除望闕謝恩外，謹具奏聞。

乞却鎮守官進貢禽鳥奏狀

據雲南都、布、按三司呈抄，蒙欽差鎮守雲南御用監太監錢能案驗，據雲南按察司呈：承奉欽差巡撫雲南都察院左副都御史王劄付：「成化十三年六月初八日未時，有雲南中衛後所千戶段忠手擡黃袱苫蓋一物，由本院中路而進。本職恐是敕書，急走前去迎接，揭起黃袱看視，却是黃鳥一隻。有指揮熊誌等說稱：『這是黃鸚哥，公公使我們送來，着大人進貢。』本職回説：『進貢事與我無干。』當令各官將鸚哥擡回，今思本院並無奉到進貢黃鸚哥明文。雖已令各官擡回，誠恐鎮守太監錢能有奉到旨意公文，尋得前項鸚哥，著令本職進貢。本職不知，不行收接進貢，有失敬上之禮，日後累罪不便，擬合行查。爲此，劄仰本司即便轉行鎮守太監錢能處，查勘前項鸚哥產自何方？從何而得？奉何旨意公文行取，令本職進貢？或令鎮守太監錢能自行進貢？惟復鎮守太監錢能。」尋得：「前項珍奇之物自要進貢，於例有無違礙？明白彙報施行。」奉此理合具呈，乞爲明示施行。得此，照得當職成化四年三月十六日，皇上敕命前來鎮守雲南。聖旨面諭：「彼處產有各樣禽鳥，尋取進來，欽此。」除欽遵外，續后又奉御用監太監錢義傳：「奉旨意，分付進貢禽鳥。」百戶福安等除將各色禽鳥進貢五次，成化十一年二月十七日，金齒司民人楊華報稱：「孟密、寶井有寶石一塊，重一斤；黃鸚哥一架，陸象牙一隻。」

成化十二年十一月二十日，據雲南布、按二司呈：「爲地方事，該千崖宣撫司土官宣撫怕開法緬書譯告：『有反人刁孟扛等聚衆孟密人馬，殺占地方，搶擄象馬百姓等情。』緣係邊務地方事理，會同總兵官黔國公沐琮案仰三司轉行分巡、分守官員及委指揮郭景、千戶龔遂前去撫勘。當職自備銀兩、段疋，順差指揮郭景尋買前項寶石、鸚哥去後。郭景到於金齒呈稱：『寶石俱已尋得，及黃鸚哥一架，具數開報。』續據雲南按察司呈：『爲外夷脱回中華軍丁提取郭景，僉事方進在於金齒計令郭景投井身死，將寶石等件抄封解送巡撫左副都御史王處驗封，并犯人戎達差鎮撫劉韶等解赴都察院轉達，遺有黃鸚哥在於金齒司，差健步軍人楊恕送到。看得黃鸚哥、寶石俱係郭景尋買，事干一連隨差指揮熊誌、千戶段忠送赴巡撫左副都御史王處轉進，却稱：『熊誌、段忠由本院中路而進。』但係朝廷所用之物，各處進貢，皆由御道而進。此禮不妨及查有無奉到旨意公文。行取尋得前項珍奇之物，自要進貢等情。中間誠有不容當職在邊鎮守，合仰雲南都、布、按三司抄奉：『回司轉行巡撫左副都御史王，煩請早爲定奪，作急奏聞。當職詐傳聖旨，將年例所貢之物，盡行革去。將當職發遣施行。都司轉呈總兵官、黔國公沐琮知會。蒙此理合備呈施行』等因到院。案照先因鎮守太監錢能令熊誌等送黃鸚哥前來，蓋以黃袱不露其行，臣初不知爲何物也。已而乃言令臣進貢，臣亦不知主何意。因思去年内閣大學士商輅等奏准：『却貢獻之事，今後不許進貢奇花異卉、珍禽異獸、珍珠寶石、金銀器物。』今却令臣進貢黄鸚哥，誠恐近日又有奉到敕旨，臣是以轉行本官處查理，别無不容本官在邊鎮守之意。」

今來文之言如此，臣欲不與之辨，誠恐本官故爲此言將以中臣。雖朝廷明見萬里，必不爲其所惑。然下情戰慄，豈能自已？故臣不得不昧死言之。且本官之在雲南遞年，假以地方爲名，差京官盧安、蘇本、江和、楊能、福安、鐵聰、吴源等前去外夷孟密等處，求索金銀寶石，擾害夷人。所得之物，以十分爲率，錢能與盧安、楊能等先尅落八九分，止有一二分進上。郭景此去收買寶石等項，銀兩多是取諸夷人。錢能聞知拏郭景，恐怕郭景到官説出真情，就差人齎帖子及令人寫簡帖報知郭景，得方便處自討分曉。因此，郭景投井身死。臣前項文移，止是行查有無奉到進貢黄鸚哥旨意公文。今却平空造此浮浪之言，其意亦可既見。臣再思，向者學士商輅等所言卻貢獻，無非爲蒼生、爲社稷計也。陛下慨然準其所奏者，亦無非爲蒼生，爲社稷計也。上下同心，朝野稱慶。夫何詔旨已頒行於天下，而錢能不爲意，公然以進貢爲名，差人前去夷方索要寶石、禽鳥等件，妨命擾人，〔二〕莫此爲甚！

臣聞昔漢之時，鼠巢于樹野，鵲變色，識者以爲不祥。夫鸚哥本緑羽，而今黄其羽，豈非所謂「野鵲變色」之類？不知錢能何取於此？遣人遠涉徼外，擾害取之，將以進獻。不知朝廷何少乎此？亦不知朝廷無此何所損，有此何所益乎？然而，此物有無既不足爲朝廷損益，抑不知錢能何忍故違目前詔旨，而必欲進乎？萬一朝廷納之，何以使天下臣民之無疑乎？是乃因小以失大也，其可乎哉？臣愚以爲，此物誠不宜受。況雲南數年以來，盜賊竊發，地方不寧。若禽鳥、若金燈籠、寶石、屏風等項之貢，絡繹不絶，行居騷然。近來少息，人心稍寧。若又容進此物而不却，則希寵徼幸者，將必過求奇巧以進之，豈止前數事而已？其弊蓋有不可勝言者。臣又聞：「不寶遠物，則遠人格。遠人不服，則修文德以來之。」即今外夷久缺朝貢之禮，交人漸有不服之心。此正朝廷及内外臣鄰無怠無荒之日，豈宜設耳目之玩，忽不虞之戒！伏望陛下

〔二〕「妨」：原誤作「方」，據文意改。

念祖宗創業之艱難，今日守成之不易，明降詔旨，痛却錢能此貢，仍通行各處守備、鎮守、內外官員，今後除常例歲貢外，其餘一應花草、禽鳥、寶石玩好物件，一切禁止，不許貢獻。願陛下留心圣學，專意政事，永爲華夷之主，天下幸甚，生民幸甚。臣因錢能之言，而冒昧及此，臣誠不識時務，不知忌諱，罪該萬死！伏惟陛下恕其狂瞽而察其心，爲此具題。

駕帖不可無印信疏〔一〕

臣荷蒙聖恩，叨掌風紀，材朽學淺，不諳事體。近聞雲南中衛百户汪清來京師，齎捧駕帖與刑部郎中鐘番、錦衣百户宋鑑，臣竊有疑焉。伏見五府、六部、都察院行移天下諸司公文，及給批差官前去各處公幹，或提取犯人，俱於所在官司比號相同，然後行事。又聞駕帖下各衙門則用司禮監印信，該科掛號皇城各門，俱打照出關防印子，皆所以防詐僞也。今聞齎來駕帖，既無該監印信，該科字號，又無各門關防。此臣之不能無疑者一也。

近該臣等題：爲外夷脱回中華軍丁事，都察院覆本，奏奉聖旨：「是。各差的當官去，務要勘問明白干礙，錢能奏來處置。欽此。」今原差郎中等官鐘番等齎領前項旨意公文，於本年九月初六日到雲南再提犯人盧安等到官鞫問間，百户汪清又齎駕帖於本月十一日到，送與郎中鐘番等。此臣之不能無疑者二也。

然臣之所疑無他，但爲事體之不一。何則？事體一，則人皆尊信而無疑。事體不一，非惟起人之疑，且使投間抵隙者得以行其詐而濟其私。設若駕帖內有賜死重事而無印信可驗，其人將死乎？將不死乎？果出於上意而不死，則是違君命而罪愈重。若非上意而死之，未免含冤于地下。由是言之，駕帖之出，誠不可無印信。臣以疏遠孤踪劾奏炙手可熱之權要，何啻履虎狼之尾，撩虺蛇之首？真可謂不知量者也。但緣前項事情非臣私家之事，干係地方之安危，生民之休戚，國

〔一〕「駕帖不可無印信疏」：補刊本作「論駕帖不可無印信疏」

體之輕重，人心之向背。且如昔者，交阯守鎮非人，因而失陷地方騰沖。一夫啓釁，以致麓賊反叛，費無限之錢糧，傷無限之生靈。至今無老少言之，〔二〕莫不疾首蹙額，鼻酸流涕。

今日錢能等所爲之事，殆有甚焉。將來之禍，誠不可測。朝廷縱無按問之文，部屬縱無訴告之詞，臣巡撫其地，風聞其事，亦當爲陛下言之。況交通外國之事，兵部奏準行臣與御史甄希賢會問攬擾夷方之事，木邦等處節有緬書告訴，臣是以不得不從實上聞。其罪彼與否，朝廷自有祖宗法度在，臣豈敢容私意於其間哉？若臣不以實告，則是黨權要而欺朝廷也。其罪將安逃乎！縱使幸而免之，亦豈忠臣孝子之心之忍爲乎！且忠孝乃臣子之節，臣若以不忠不孝存心，朝廷將安用臣？臣將何以報陛下哉？況居其位則思死其官，乃臣之分也。黨權要而苟利禄，臣則不忍爲也。有此情悃，干冒天威，不勝戰慄待罪之至！

參提奪占南甸田地軍職奏狀

據南甸宣撫司印信緬書，該護印土官百夫長刀惱欒、同知劉暹通、把事人等譯告：「欽差鎮守巡撫雲南都御史知道：據矣顯百克鑾呈文到本司，稱説：『普天下衙門地方，皆是天皇帝掌管。永樂十二年開設南甸州，有孟底一處、矣顙一處、孟決一處、羅卜思莊一處、作水甸一處、斬細一處、大蒲窩一處，共七處地方屬我南甸州朋辦差發，拜見應付，站赤到今似我。矣顙地方，父祖百夫長刀羨丙在日，不曾將田土買與別人一段。天順四年，有八那濃换田地。胡參將來管食時，〔三〕將

〔二〕「無」：疑爲衍文。

〔三〕「食」：疑當作「事」。

撒欒一寨、官塞一寨撥與刁孟玉作馬料田。[一]後胡參將病故，有他管莊楊四將田地三寨盜賣與尹指揮了，有錢衙占了邦溢一寨、緣多弄一寨、線多乃一寨。有騰衝陳指揮占了邦勞一寨、稱線一寨、路那一寨、磨隴一寨。有明指揮占了克茄一寨。鑾養一寨被尹千戶占了田二段。因此，百姓逃移，差發不敷。我將田一處，當在蕭榮名下。後將銀贖取，並不肯還田寨。把事謝政占田一段。知事謝慶占了一寨，皆是辦納差發，拜見應當。站赤的地方，俱被占去一二十年了，並不肯替當站應付人夫馬匹。我矣顆百姓盡去逃了，拖欠差發、拜見，有誤站赤人馬供給，罪責不便，將情呈知本司。得此轉呈印信緬書告稟，乞請明文着令親齎前來本司收照，着令他每將村寨田地退還。我每照舊辦納差發，當站便是。」等因到院。

審得刁克鑾供稱：「錢太監占了邦溢等處田地，委金齒鮑千戶管。又被騰衝藺千戶盜報起科」等。

臣竊惟外夷之人，性如犬羊。馭之以道，則歸順；馭之失策，則背叛。故祖宗時因其慕義向化，臣伏中國，是以待之以誠信，撫之以恩義。嘗降敕禁止官員軍民人等，不許假託公差前去夷方擾害。非徒安外夷，實所以安中國也。若外夷安，則邊方無事，而中國自安。外夷不安，則邊方多事，而中國亦不得安。今外夷南甸宣撫百夫長刁克鑾告稱：各官占伊前項村寨田地，以致百姓逃竄，差發拖欠。節緣係侵擾外夷地方事理，若不拏問處置，誠恐失夷人心，因而激變，引惹邊釁，不無勞師費財，爲中國憂。所係甚大，非但區區田土而已。

查得尹指揮係尹泉，陳指揮係陳輔，明指揮係明廣，尹千戶係尹銘，藺千戶係藺鑑，俱騰衝司。鮑千戶係鮑鑰，金齒司知事謝慶係土官，合無將各官與百夫長刁克鑾等拘提到官，坐委雲南都、布、按三司堂上公正官各一員，押帶前去告田處所，從公踏勘。如所告是實，即將田地斷給刁克鑾管領，招撫逃民，復業耕種，辦納差發。有罪之人，問擬如律。若有虛詐，亦當宣布恩威，諭以禍福，使之知所驚懼，不敢違犯干礙。太監錢能，另行奏請定奪。如此則強禦畏法而詞訟自息，遠人安業而邊釁不生。緣數內尹泉等係軍職，謝慶等係土官，未敢擅便，具題。

[一]「作馬料田」：「料」與「田」之間还有一個雙行合一的「鬭」字。其行文格式爲「作馬料鬭田」。

請敕貴州會兵撫捕羅雄州賊人奏狀

準兵部咨職方清吏司案呈，奉本部送兵科抄出巡按雲南監察御史林符題：

「據雲南都、布、按三司經歷司呈，各承奉本司劄付照會，各准本司副使等官董俊等咨關： 據六涼衛指揮郭宏呈稱：『曲靖軍民府羅雄州土官知州者甫等，先被營長阿昌等殺害。 地方告蒙總兵官、征南將軍黔國公沐琮、鎮守雲南太監錢能案驗，仰都、布、按三司轉行分巡、分守都指揮僉事方明、左參議桂茂之，副使董俊會案牌仰宏等，帶領官軍并土官副使資安原差把事楊景山等，帶領民兵於本年五月十二日分路前往阿得村把隘聽調。 是宏不知鄉道，有者甫男者格自帶官奴人等引至地名小房邊，忽被阿昌統領本寨并貴州黃草壩馬步夷兵三千餘徒，各執長鎗、勁弩、挨牌等器。 至十二日午時分，就與民兵抵敵，殺死阿鎖等二十人，砍傷四十餘人。 彼時民兵發狠，亦將賊人阿末等殺死、射傷一十餘人。 被阿昌將者格虜去不放。 是宏等官軍見得勢大，不敢抵敵。 阿昌又同營長阿南等分據各寨，令賊把截路口，欲要裝伏迎敵官軍。』」等因。

「又據亦佐縣土官縣丞海禄呈稱：『阿昌隱其兇惡情犯，推稱：『土官者甫與適索有故爭田，因和者格前來抄虜本營村寨。 三司就便統兵前來，怎奈我何？』不肯將者格與職領回。』及平夷衛指揮李忠呈稱：『帶領官軍會同亦佐縣典史凌常大等管領民兵，到於黃草壩那革河口，累被適習差人把路，實難前去』等因。 又據土官者甫、把事楊景山、走回民兵奈道等各呈告前因到職爲照： 先蒙總兵、鎮守等官案驗，俱爲前事。 已經差委曲靖府同知等官丁賢等，前去本州撫拘阿昌等，諭以朝廷恩威禍福，依土俗與者甫盟誓講和，被其因親結搆黃草壩強盜阿束等入境擒殺。 聞知上司親臨撫諭，又敢助兵據寨，不服出官。 今據郭宏等各呈前來，委的兇犯阿昌等設計招引不相統攝之人，抗拒官軍，敵殺民兵。 況各賊勢大，分據山險，急難撲勦。 若不早圖長策，處置停當，誠恐結搆日深，釀成禍患不便。」等因，移關到司。 查得先蒙巡撫雲南監察御史董韜案驗，奉都察院巡按雲南七百四十八號勘合劄付，及總兵征南將軍黔國公沐琮準右軍都督府雲字七百二號勘合咨，俱爲積年聚衆殺虜地方等事。

「據羅雄州土官知州者甫等奏稱：『成化七年月日不等，被營長阿周南那保同妻適索等朋聚本管夷兵，各借倩貴州黄草壩營長阿册等兵馬二千餘人，各披執衣甲、鎗刀、弓弩，張打旗號，將本州阿貴、塊册等殺死。營長民人周通等二十餘人内，將阿本、阿久等分屍，號令生擒男婦二百餘人口，燒毁房屋三百餘間。仍抄搶牛馬家財，奪占者甫莊田一十七處。聲言：「若不順從起兵，俱要殺盡」等情奏行刑部，看係邊夷抄訶，備行雲南鎮守總兵、巡按等官轉行都、布、按三司、分巡、分守官員撫出、者甫與那保，審係爭論田莊，照依土俗講和回報訖。續爲朋聚燒毁村寨，支解人命等事。據里老火頭張小等告稱：「本州土官者甫使令家奴阿索討租。彼適索同奸夫阿昌等主使民兵阿額等，窺伺各人經過，射砍六人，登時殺死六人。告蒙布、按二司委官詣彼撫諭，及被糾聚貴州黄草壩已故營長阿册妻適習兵馬二千餘人，將者甫原住村寨圍住，内殺死把事李沙海等，分屍支解。有土官寅夜走脱。」及據本州矣恐等村被害民人阿達等各告「朋聚民兵，殺虜人財，攪害地方等事：成化十一年月日不等，被適索、阿昌、阿南等結聚黄草壩適習并阿昌妻弟營長阿束等，統領民兵將父者寧等殺死，抄搶家財」等情。告蒙呈達總兵官、征南將軍、黔國公沐琮、鎮守雲南太監錢能、巡按雲南監察御史林符，備行三司分巡、分守、都指揮僉事方明、參議桂茂之、僉事翁遂撫捕間，各官又據本州千夫長適定、營長小阿乖等告稱：「阿昌等連年謀害土官，奪占各村田莊，殺虜人民，不得安業。要乞調軍勦捕。」」等因，備呈總兵、鎮守等官。行仰三司分巡、分守官員量調官軍民兵前去相機捕解，仍行貴州鎮守總兵、巡撫、巡按等官，坐委三司、副使等官劉本等，行委普安衛、州指揮等官蔣經等前去黄草壩撫治適習等，不許出境幫助阿昌等攪亂地方訖。豈其適習係阿昌親妹，結搆年久，不肯改悔，添兵屯聚阿昌住寨處所，仍要讐殺。

「又該分巡、分守、副使等官董俊等呈：『伏睹成化十一年十一月初八日詔書内一款節開：「湖廣、貴州等處苗蠻，多因所司失於撫字，及因貧窘所迫，不得已相聚爲盜。詔書到日，許令改過自新，各歸本土，安生樂業。若不改悔，仍前聚集爲非，并聽總兵等官征勦。欽此！」照得阿昌連年借引貴州黄草壩苗賊，越境殺人爲非，不肯改悔，例該征勦。呈蒙總兵、鎮守等官，案行各官量調官軍民兵前去羅雄州，酌量彼中夷情事勢緩急，若果各犯仍前爲非，即照詔書內事理勦捕去後。今該前因擬合通行合行劄付，照會本司即便轉呈施行。』」等因到院。

臣看得羅雄州〔二〕已故營長那保妻適索先與土官者甫爭奪田莊，互相搆怨。阿昌因與適索有姦，幫助積年讎殺。又糾營長阿南等見據木黑等寨山箐險阻去處，不聽招撫。其地與貴州黃草壩接境，止隔一江。其黃草壩有扒者等三十八寨俱係已故大營長阿册統屬，人馬威強。其部內營長阿束等，俱各夷兵衆多，兇惡勢大。先年阿昌因與者甫有讎，將伊妹適習與阿册，其阿束又係阿昌妻弟，以此歃血誓盟，結黨搆兵，應援阿昌，召之即來，揮之則退。又各以貴州所屬夷人與雲南官司不相統攝，肆無忌憚，致將土官者甫趕逐在外，不敢回州。所管民人財畜，被其殺虜數多，又被放火燒毁村寨，強佔田莊。被者甫節次奏告，行委三司、分巡、分守官員，親詣撫諭。輒敢仍招賊黨，擁兵據寨，不服拘唤。及官軍壓境，又敢拒敵殺死民兵，搶去者甫之子者格，不肯放回。及照賊犯阿束、適習等，既蒙貴州總兵、巡撫等官行委三司官員撫諭，不許越境生事，乃敢玩法益兵，愈加猖獗，幫助阿昌等爲惡。似此強夷，法所難容。今副使等官董俊等呈「乞早圖長策處治」一節，臣以爲除患必先治其黨。欲討羅雄州之賊，不先治黃草壩賊黨，彼將相援負固，必不從化，誠恐日後貽患地方非輕。除案行都、布、按三司轉行分巡、分守官員親詣羅雄州將賊犯阿昌等設法撫拘外，如蒙乞敕該部計議，合無請敕貴州鎮守總兵、巡撫等官，嚴督彼處分巡、分守官員親詣黃草壩，將夷賊適習、阿索等撫回本州，各安生業，今後不許越境助阿昌等爲惡。如是適習等黨惡不悛，仍前領兵前來攪擾地方，就便量調貴州官軍，會同雲南官軍夾攻并勦，各將適習、阿束、阿昌等通行擒捕解官，處以重刑。如此，則諸夷知所警懼，一方可保無虞。等因具題。

成化十三年十二月初七日，通政使司官於奉天門奏奉聖旨：「該部知道，欽此，」欽遵抄出送司。查得：成化六年十月十七日，該雲南曲靖軍民府羅雄州土官知州者甫奏稱：「被本州法干寨營長阿周同男那保及革宗者等村營長阿昌、

〔二〕「羅」：原脱，據文意補。

阿南等并貴州黄草壩營長阿折等助兵朋聚，殺虜人畜，燒毀房屋，乞要調兵擒捕。」等因。本部爲照係一面夷情，查無各該鎮守總兵等官具奏緣由，已經議行總兵、鎮守、巡按三司設法撫勘。去後未報。今該前因案呈到部，參照雲南曲靖軍民府羅雄州土官知州者甫被營長阿昌挾讎結黨，搆引貴州黄草壩賊衆，將者甫趕逐在外，殺虜人財，燒毀村寨等情，係是土官夷人爭奪田莊，互相攻擊。先該兵部及刑部奏行都察院備行雲南鎮守巡按三司官撫勘去後，其委官都指揮、參議副使等官方明、桂茂之、董俊，自合體量夷情，多方設法，擒其首惡，散其餘黨，使不至於日動干戈，延及良善。今却妄引詔書，比照湖廣、貴州見奉敕書征勦苗蠻事例，輒便動調官軍前進追勦。致被夷儸將原領鄉道知州者甫男者格捉去，不肯送出，又將官軍原領民兵阿鎖等二十餘人殺死。似此輕率寡謀，處置失當，本當究治。但礙夷羅事情不係腹裏軍務，况且止是巡按御史林符具奏，不見總兵、太監、三司同奏，中間事恐未明。合無行移雲南鎮守太監錢能、總兵官黔國公沐琮、巡撫左副都御史王并巡撫監察御史，都、布、按三司，議委分巡、分守等官，親詣羅雄州先行密切體勘彼中賊勢如何。若果退散，責令土居諳曉夷情之人前去村寨，撫出營長阿昌等到官，曉諭朝廷恩威生死禍福，照依夷俗體例，俾令兩相和解。將原搶村寨田莊、人畜逐一退出給主。其間果有人命重情，量爲處置。應奏請者，具奏裁處。倘此賊執迷生拗，梗化弗從，應合調兵勦捕。計議停當，量調附近軍兵民快人等，相機行事。仍星馳差人奏報本部，仍行貴州鎮守右少監韋鑄、總兵官都指揮同知吴經、巡撫右僉都御史宋欽，會同巡按、三司等官，坐委分巡、分守官員，往黄草壩撫拘頭目適習、阿束等回還本土，各安生業，保守疆界。不許似前幫助阿昌等爲惡，攪亂地方，自取夷滅。果能聽從撫化，釋其已往之愆，特示自新之路。倘稔惡不悛，負固不服，應該别項處置，具實回奏定奪等因。奏奉聖旨：「是。欽此。」欽遵移咨到院。會同總兵官征南將軍黔國公沐琮、欽差鎮守雲南太監錢能、巡按雲南監察御史甄希賢、雲南都、布、按三司都指揮僉事方明、左布政使俞鐸、按察使劉釪計議得：

賊首阿昌今已病故，者格已被適索等謀死，黄草壩賊人適習、阿束等係是適索黨與。各賊積年爲惡，攪亂地方，殺死人命，逼逐土官知州者甫躲避，不敢回州管事。再三委官撫諭，執迷不聽，情犯深重，本當勦捕。但不知即今賊勢有無聚散？

行據都、布、按三司呈準都指揮僉事方明、右參議金禮、僉事方進咨關，準本司咨關，抄蒙臣等案驗，準兵部咨該巡按雲南監察御史林符題前事，依蒙親詣羅雄州委據諳曉夷情。六涼宜良衛、所千戶張弼、周義等呈：「依蒙各賊於成化十三年五月初七日，帶同土居諳曉夷語通事張聚與本州吏目夏志能等，到於適索原住補羅額寨，撫出適索與家奴趙阿哥、阿布哲、張普苴等到職，隨問阿昌、者格下落，推稱俱已身死。各職據此當將榜文內原奉勘合備細緣由，令通事張聚譯作夷語，曉諭適索知道。本婦回稱：『務要者甫分與莊田三十二處，與我各管一方纔罷』等語。各職回州。本月初十日，仍帶張聚等前去撫諭，有適索、趙阿哥等說：『要帶領者甫管下營長、家奴人等，來寨講和』。十二日，依從與指揮竇俊等同帶營長小阿乖等，前去地方黑西寨駐扎講和，互相爭論。[一]適索、趙阿哥等糾集賊首阿羅忒、阿南、阿惡、阿歪南、阿額、阿俗、阿册、阿京、阿歹普等并阿昌原日借留貴州黃草壩伊妻弟小營長阿束等，殺傷民兵三百餘人。見其占種雲南地方夷民田土，居住不回。幫助適索爲惡夷兵二千餘人，身披衣甲，手執鎗刀、弓弩，要與厮殺。各人見其勢惡，四散奔走，職等亦就回州。今思首惡阿昌已死，適索前項人馬俱是家奴，趙阿哥、阿希哲、張普苴等聚集恃衆，擾害地方。至十三日，又蒙備榜差千戶郭景齎去，撫諭趙阿哥等，令其改過，勸化適索相與講和。各人又哄郭千戶說：『你且回去，明日同委官張千戶等再領各營長來講和。』各職依聽。十五日，復引營長小阿乖等到彼。又被家奴趙阿哥等添聚強兵三千餘人，各執器械，執迷生拗，不肯講和，又要趕殺。各職見其兇惡，恐傷性命，只得脫身回來。委的勢衆，實難撫化。」等因到職。據此案照先爲前事，已將原奉勘合并案驗內事理二次備榜，差委各官照依土俗體例講和去後。今呈前因，參照趙阿哥、阿希哲、張普苴等與貴州夷兵阿束等，俱係協助適索并已故阿昌，殺傷民兵數多，與捉虜土官知州者甫男者格謀害身死，不見下落、人數。及查各賊原、今卷內，成化八年該按察司去任副使等官曹景等，成化九年僉事張寬等，成化十年都、布、按三司都指揮僉事等官方明等，成化十一年左參議桂茂之等，成化十二年副使等官董俊等，及今本職等，通前撫諭六次，愈加執拗，結黨不服。人犯若不呈稟移

[一]「諭」：原誤作「論」，據文意補。

文貴州巡撫、鎮守、巡按三司，照依見奉勘合事理，早將黃草壩占種雲南羅雄州夷民田地久住不回，幫助適索等爲惡強兵阿束等招撫回還，又量調彼處附近軍兵與雲南軍兵，將適索、趙阿哥等夾攻殄滅，誠恐各賊大肆猖獗，釀成邊患，深爲未便」等因，回報到院。

臣會同總兵官，征南將軍黔國公沐琮，巡撫雲南監察御史甄希賢，雲南都、布、按三司都指揮僉事方明、右參議金禮、副使陳駢計議得：賊首適索等係土官知州者甫部内之人，乃敢結搆貴州黃草壩賊人適習、阿束等，節次擾亂地方，趕逐土官，抗拒官軍，敵殺民兵。已嘗委官撫諭數次，令其革心向化，終不聽從。又將者甫之子謀害身死。今奉欽依又行委官撫諭，令其兩相和解，退還村寨，豈其各賊愈加生拗，仍不聽撫。復聚強兵三千餘徒，意欲趕殺委官。其稔惡不悛如此之甚，合當勦捕。欲便量調附近官軍民兵人等進勦。但係黃草壩賊首阿束等，見今占住羅雄地方，動輒幫助適索等爲惡。誠恐兵至其地，其賊首結黨愈衆，據險以待。我軍欲進不得，欲退不可，不無誤事。況不知近來貴州曾無委官撫拘，適習、阿束等？有無聽從？縱使從之，亦不足信。且如去年貴州委官已取適習、阿束等「不敢擅調兵馬，幫助適索等爲非」結狀繳報外，及至雲南進兵，其適習、阿束等又來幫助適索等敵殺官軍。此縱使從之，亦不足信之明驗也。必須雲、貴二處各調兵馬，進壓其境，振揚威武，可撫則撫，可勦則勦，方可成功。如蒙乞敕該部計議，合無請敕貴州鎮守總兵、巡撫等官，量調彼處官軍到於黃草壩臨近地方駐扎。臣等雲南亦量調附近官軍民兵人等，到於羅雄州臨近地方駐劄，各人選差諳曉夷情之人前去撫諭。如是撫拘適習、阿束等到於軍前，不致幫助適索等爲惡。其適索等若肯俯首聽撫，即當振旅而還。倘若各賊稔惡不悛，仍前幫助適索等爲惡，就便會同刻期進兵，擣其巢穴，擒其渠魁，散其餘黨，以彰天討之公，以除地方之患，以正官民上下之分，以爲夷羅作亂之戒，庶乎可矣。緣係處置地方賊請事理，未敢擅便，具題。

改南京都御史參贊機務謝恩疏

臣以都察院右都御史巡撫雲南。成化十三年十一月十五日，欽奉本年九月初二日敕諭：「改南京都察院，不妨院事，參贊機務者。」臣竊惟參贊機務，重任也。非剛正有爲、博洽多識、深沉而能斷者，何足以當之？臣以迂拙庸材，雖嘗誤蒙任使，不過因人成事。其餘前數者之善，實無一焉。今蒙聖恩授以此寄，拜命之餘，驚憂失次，深恐不稱，以負聖明用人圖治之意。欲便懇辭讓於能者，然璽書既降，理難封還。臣雖愚，敢不夙夜匪懈，鞠躬盡瘁，補報萬一。除望闕謝恩，前去到任外，謹具奏聞。

王端毅公奏議卷四

前參贊機務

回報守備太監黃賜到任奏狀

節該欽奉敕：「今命太監黃賜與爾等一同守備。凡事必須與之協和計議停當而行，欽此。」欽遵。本官已於成化十四年十二月十二日到任管事外，謹具題知。

覆議定襄伯乞增操江官軍奏狀

准兵部咨該南京前軍都督府掌府事定襄伯郭嵩題，內開一件軍務事：「查得新江口永樂五年設立操江官軍一萬七千員名。後將數內浙江二千一百四十七員名放回。景泰年間，又選去神機營習學銃手，并大小教場，浦子口操練官軍共一千二百四十一員名，及運粮、屯種并發遣貴州等衛共四千五百五十員名，及事故不補一千二十員名。查點見在官軍八千八百四十二員名，軍士數少，委的不敷調用。乞敕南京守備內外官員，將原選去神機營習學銃手並直隸安慶、滁、宣州三衛官軍，照數撥還江口操守便益」等因，行令臣等「勘議前項官軍何年送在神機營習學銃手？並且直隸安慶、滁、宣州三衛官軍何年因何事例放回原衛？只今應否取回備禦？事體有無相應勘議停當？徑自回奏定奪」等因備咨。

准此，臣等會同南京守備太監安寧等勘議得：景泰元年，因設立神機營選撥前項操江官軍，并所選大小教場官軍，俱送本營習學銃手。天順元年，爲因南京各營官軍差調數多，缺少操備，該前守備内外官員奏准取調直隸安慶、建陽、滁州、宣州、鎮江五衛官軍共三千員名，輪班前來南京，分撥各營操備。内建陽衛官軍五百員名分撥新江口操守。成化十年，該把總操江定，西安侯蔣因操江官軍事故數多，又撥鎮江衛官軍七百員名見今操江外，其安慶、宣、滁三衛官軍原係先年分撥大小教場之數，并無放回原衛。至今輪班操練，行之年久。況大、小教場神機營見操官軍數皆不多，若又改撥操江，不無此重彼輕，事體不均。合無仍令前項三衛官軍照舊大、小教場操練，庶幾事不紛更，營伍安妥。緣係「勘議停當，徑自回奏定奪」事理，未敢擅便。具題。

南京長安右門外木廠内失火參工部官奏狀

成化十四年二月初九日巳時分，忽見長安右門外榜房後南京工部堆垛木料廠房失火。臣等親詣木廠，督令五城兵馬帶領地方火甲人等救護。因風猛火熾，誠恐延及守衛直房，當將榜房八間拽倒，令人搬救各項木料，用水流澆潑熄滅。續據本部西安廠看守木料辦事官高儼呈報：「本日巳時分，有班匠吴成等在於守宿蘆蓆房内煮飯，食後不覺竈内有火，一時失於仔細，被風吹起火星，燒毁各工拆卸還官并餘剩杉松、條木、竹片、麻索、松杉、栢板、軟篾、水膠、姜黄、蘆蓆，共三萬一千三百四十八根、條、段、塊、斤、片及蘆蓆廠房二，連小瓦房六間，拽倒板榜房八間。及救出見在杉松、條木、猫竹、竹片共四千五十四根、段、片。」行間，又據南京東城兵馬指揮司亦呈前事。臣等會同南京守備太監安寧等議得：廠房係是堆積官物，以致看廠辦事官縱容班匠在内煮飯，因而失火，燒毁官物，俱合查究。緣係燒毁廠房，查提京官事理，未敢擅便。具題。

太廟内樹木被風吹倒奏狀

准南京守備太監安寧等揭帖，准南京神宫監印信揭帖開：「太廟前面樹木，内有年久枯朽柏樹并冬青等樹，爲因連日陰雨，地土濕爛，根科欹斜，於成化十四年八月十八日夜，被風雨驟急吹倒八株。」准此。臣等會同南京守備太監安寧等并南京工部署部事郎中黄會恭詣本處，相看是實。緣係太廟處所吹倒樹株，理宜選擇吉日起除。如蒙准題，乞敕該部轉行南京工部摘差匠作，及臣等内外守備，量撥官軍，行令南京欽天監選擇良利日時，起除修整便益。爲此具本，僅題請旨。

覆奏南京六科陳言弭災事奏狀

准本府咨准南京兵部咨，呈准兵部咨，准禮部咨禮科抄出南京兵科等科給事中鄭宏等奏内一件防奸細備開：「内府各衙門軍民、匠役人等數多，又有借撥旗軍力士約有七千餘名，俱由東安、西安、北安等門早晚出入，縱横自如，多少不知其數。雖有無籍之輩、姦細之人詐冒出入，竊窺他故者，豈能知其姦弊」等因。該兵部議擬：「奉欽依内事理，移咨南京兵部會同内外守備、參贊等官計議，酌量處置。照依各門官軍門簿事例，置立精微出入門簿各一扇，南京兵部用印鈐記，送赴守備官處，取具内府各衙門上工人等花名填注，分送各門守衛官軍收掌，照名平明點入，未晚點出，不許錯亂。逐日將點過出入數目，開送守備官處查考，務在關防嚴密，事無紛擾」等因。準此，臣等内外守備、參贊等官會同取勘，内府各監局等衙門軍民、匠役人等一萬四千餘名，分豁各門進出名數，置立簿籍，附寫完備。南京兵部用印鈐記，已令各該守門内官公同守衛官員收掌，朝暮點驗去後。續據談昭、張保兒、董容等連名告，係南京内府各監局上工人匠狀告：「各役常日進内上工，天未大明，俱到西安等門伺候開放點驗牌面，進至該管衙門，點卯已畢，隨即赴工。直至申末酉初，歇作散匠，搜檢放出。

派定工程，日逐比較，不敢遲延。即今蒙令守衛官軍平明點進，未晚點出，每早到於各門挨次擺立，逐一唱名點驗方進。巳末時分，纔到監局，點卯已過，方得闗食早飯。用工未及二個時辰，又要伺候未晚點出，只得收工。赴門聽候，仍前挨次，逐一點驗，直至更初，方纔點畢。各匠數中，多有城外住者，不得出門，路眠野宿，風雨飢餓，未免失所。工不能辦，又被責併，實是人難行門。」隨據南京內織染局署居事司、設監左少監溫善等呈開：「本局工程皆係節奉欽依織造上用、供用、各王用，并賞賜預備等用各項段疋，及欽差送染刻限守取絹布并年例織造，赴京文武品官照出等項，數該五萬六千有餘，皆是緊要工程。」及據南京內官監、左少監楊忠等亦呈：「本監造作係是供應薦新進用各項器皿，并欽取竹器家火、扇骨及裝盛應用箱櫃、木桶等件。每年依時起運赴京，工難停緩。」

又據南京兵仗局右副使李誠等呈稱：「本局成造軍器、火器數多，并前廠按季成造軍器共一萬九千七百餘件，上庫收貯，預備軍需。匠作工程，刻期完報。各稱上工人匠，出入門禁，遵依舊制，懸帶牌面，照驗闗防。赴工散匠，立定時刻，造作限期，逐時比較，猶恐遲延。今令守衛官軍點驗，日至巳末，纔方進入。到作不久，告要收工，伺候晚點，計其一日，止得午未二時動作。較驗常日工程，虧欠中半。其實妨悞，累罪不便」等因。又據西安等門守門、奉御等官許敬等并守衛把總、指揮杜敏等呈：「蒙發到精微簿籍，將各衙門上工人匠平明點入，未晚點出，依奉挨次唱名，逐一點檢。每日自平明點至巳時方止，自未時點至更初，纔得事畢。緣皇城門禁鎖閉遲晚，恐難闗防」等因。

臣等會同南京守備太監安寧等議得：內府各衙門上工人匠委的數多，每日早晚點檢出入，皆在皇城禁門裏外聚集喧攘。〔二〕況各項造作工程皆係緊要，委的妨悞不便。合無令上工人匠，照舊懸帶牌面，各門照驗出入，不必早晚唱名點驗，庶免稽悞工作。除聽候外，緣係便益事理，未敢擅便，僅題請旨。

〔二〕「攘」：疑爲「嚷」之誤。

駁議聽選官王瓚建言江北五衛免赴京操奏狀

準兵部咨禮科抄出吏部聽選官王瓚建言：「南京應天、龍虎、横海、和陽、武德五衛俱在江北浦子口。所有官軍，除差撥、屯種、運粮、守城操備外，其餘分撥南京新江口大小教場差操。緣隔扬子大江，人马往来，多遭渀溺。切照浦子口僻居江北，城市偏虚，擬合用人固守。要將江北應天等五衛原撥南京各營差操官軍放回本處浦子口守城操備，庶免警急風波之患」等因。該禮部抄出，合同各部、都察院、通政使司、大理寺、六科給事中等官會議，奏奉欽依，行移南京兵部轉行南京守備官，勘議前項「江北五衛官軍應否免撥過江操練，徑自定奪回奏」等因備咨。準此，臣等會同南京守備太監安寧等計議：照得江北應天等衛官軍，自永樂年間起，一向俱在江南操備。續於景泰四年，該應天衛經歷姜永奏稱：「本處城池無人操守，奏准將南京見操應天等五衛官軍，舍餘數内摘發一千員名委南京旗手衛指揮董貴管領提督，在於江北浦子口教場操練守城外，天順三年，又該南京和陽衛百戶周忠建言：「江北應天等九衛官軍俱赴南京操備，隔江往來，風波艱苦，各要將本衛官軍俱在江北操守」等因奉行。該前守備魏國公徐承宗等議得：「朝廷根本之地，操守係干重務，馬軍惟當增益。若將前項官軍輕易調動，萬一有警，卒難取用。」已經奏奉欽依，將前項衛分官軍照舊存留南京各營操備。今聽選官王瓚未知事體，又要將應天等五衛官軍放回本處浦子口操備。查得：江北應天等九衛見在南京大小教場，并神機營新江口操練官軍、舍餘二千餘員名，及南京各衛見操官軍、舍餘中間，亦有在於江北屯所居住而赴南京操練者。又如直隸建陽等衛官軍前來南京輪班操備，俱各經過大江，比之應天等衛門路程猶遠。若令軍士各就近便操備，則江南操軍愈見數少，將何守備京城而爲居重馭輕之道？況江北浦子口見有指揮崔珏在彼守禦，各衛見在官軍舍餘亦足以守城操備。合無將前項衛所官軍原調動南京各營操備者，仍令照舊操守，保障京師，實爲良便。緣奉欽依「勘議定奪，明白回奏」事理，未敢擅便，謹題請旨。

關過内府銅錢給賞日本國使臣事畢奏狀

節該欽奉敕臣等及南京户部、禮部：「今該給日本國正賓并物價銅錢一千六百五萬六千三百九十文。敕至，爾等會同太監安寧等轉行南京天財、廣惠二庫照數關出，公同差去官員明白給賞。事畢之日，爾等仍將關過銅錢數目明白奏報。欽此。欽遵。」臣等會同南京守備太監安寧等轉行南京户部、禮部及南京天財庫，照數關出前項銅錢，公同差來行人鄧庠給賞外，各夷俱於成化十四年四月十一日起程去訖。緣奉敕「仍將關過銅錢數目明白奏報」事理，今將給賞過銅錢數目開坐，謹具題知。

奏解詐僞犯人奏狀

據守江東等門指揮李隆等呈開：「成化十四年九月十六日，盤獲男子一名金玉并紅油敕書箭、黄布包袱等件，呈送到官審。據金玉供：『年五十六歲，係河南懷慶府河内縣，在城第一保民籍，於正統八年正月初八日，是玉不合私自淨身，具告本縣，起送赴京。該通政使司奏送司禮監，將玉責打八十，發南海子收充淨軍。成化九年五月内，轉發看守皇莊。成化十三年七月内，爲倒賣官田事，被錦衣衛校尉姬剛首送刑部河南清吏司，將玉問擬雜犯罪死，發吉王府做工。該燕山前衛批差軍餘王信等解送。成化十四年正月内到府，長史司收管着役。本年七月内，王因窺見本司紅油描龍箭一個。及有本司據奉祀所典吏曹迪告行原籍蘇州府吴縣優免差役印信、公文二紙，玉不合偷取在手，私將殘缺舊大誥半本裝在敕書箭内，又將玉姓名寫在前項公文之後，欲往蘇州圖取銀兩。本年九月十六日經過南京，又不合進入外城江東門，被守門官軍跟至城裏三山門，叫同本門官軍將玉盤獲，呈送前來。』」據供得此，臣等會同南京守備太監安寧等議得，金玉所供前情，未委虛的。緣係擅入京城門禁，中間恐有隱下別情。今將本犯鎖鐐，并印封原帶公文等件，差舍人王淳管解赴京。爲此開坐，謹題請旨。

參奏南京經紀私與番使織造違禁紵絲奏狀

據南京錦衣衛巡撫委官百戶蔡瑛呈：「據周璋首：『係南京錦衣衛鎮撫司戶籍，成化十三年八月初三日，暹羅國進貢使臣杜文斌等到於上新河灣泊。有經紀韓源、陳質等引領鄰人石聰、錢鵬等合夥用禮，俱赴番船交結賣過象牙、蘇木銀共七百三十六兩。回家又憑中人田寬會約，在城機戶陳尋等家織造各樣大紅、黃并八寶閃色抹絨花樣遍地金花帷幔，各樣段疋，共織一百一十五疋。後有中人田寬來與璋說石聰等領銀織造番使段疋緣由，亦來邀璋前去番船成交。比時有璋不合聽從到船，憑田寬領銀五百三十一兩。其石聰就行俵發機戶陳尋等，定織各色違禁段疋，有璋并無分文入己。不期又於本年十一月初一日，有安南使人裴山到於上新河，有彼中人阮福因前成交，來與石聰用言說其使要織各樣段疋，可去成交。有璋又不合與同石聰到於使臣船上承攬織金，違禁紗羅段疋共三百餘疋。俱各將象牙作銀，交與機戶吴斌等寫立合同，依樣織造，待回交付。內有各樣紙劄，該銀三百六十七兩。其石聰等因嗔璋在夥，設計勒璋自立合同，虛受倭人安息油料等香，該價四十四兩六錢六分，餘無分文銀兩與璋收領。見有合同存照，其石聰等因前懷恨有璋在夥，却乃唆令暹羅國使人杜文斌於原定織造數內，勒璋自立合同，領銀一百二十九兩，分投開款。另認織五彩抹絨幔邊二疋，并蟒龍大紅段疋，有璋止收見銀二十九兩。依從織段二疋內銀一百兩。亦係石聰等要得侵謀銀兩肥己，暗設奸計，叱喝伴送番船官處，拘璋到船威治，勒寫『收銀一百二十九兩』。供狀在官，故令陷害。今思若不狀首，委被奸徒石聰等糾衆私結番船，領銀織造玄黃宮花樣遍地金段疋，事屬違例。』如蒙准首，乞賜行提各犯石聰等到官，追究私結番人、僞織違禁段疋、欺凌沠騙銀兩情由，明正其罪，庶免日後不致陷害，負損身家性命無辜。爲此，將原領番銀、香貨，并織違禁段疋數目并領象牙逐一開單粘連，具

狀首告到職。隨差巡捕校尉張洪等押發首告人周璋作眼，認拏男子十七名到職責。[一]

據杜林即杜瓚供：「年二十八歲，係福建汀州衛武平守禦千戶所軍餘。成化十三年四月十六日，是瓚告給本衛所文引，將帶本錢置買鐵貨，裝到贛州府河下，遇見親人李德，報說：『有你房伯杜文彬先年出外生理，不見回家。今在暹羅國差來進貢，有廣東三司盤過，揀下虛心不堪進貢蘇木一百五十綑，并截斷象牙四包付托與我，裝載前往南京上新河等處發賣。』有瓚喜信，將自己鐵貨一同裝載到於南京上新河，投托經紀陳賀、韓源將蘇木一百五十綑，共重一萬五百斤，陸續共賣銀五百二十五兩。截斷象牙四包，共重三百一十斤，賣銀一百二十四兩，共銀六百四十九兩。內將銀一十二兩與陳賀等作用錢，接收各散去訖。是瓚一向在彼存住，至本年八月初三日，有房伯杜文彬進貢番船，方到下關灣泊。有李德引領瓚同到房伯船上拜認，說知祖宗名字，鄉貫相同，方纔識認。見有先不知名，後知是使臣坤禄羣謝，提哪嗒二人，辦事一人，幹事一人，護送一人，大小通事二人，千戶一人，同房伯奈英必美亞即杜文彬。有瓚同李德就將前項賣牙、木銀兩交還杜文彬等收訖。彼有房伯與瓚言說，『先於正統十三年間，因支鹽買賣遭風，漂流過海，今在暹羅國封爲岳坤等官。今充爲使臣，差來進貢。』後瓚因患痢疾病症，復回經紀家調治。有李德在於房伯船上，領到原賣牙木銀一百六十兩，同未獲識人石聰并今在官石彥璋前去機戶陳尋家，定織各色段疋。後有李德患病不能動止，本年十月內雇搭船隻回家去訖，相托瓚在陳尋家催討原定段疋。」」

又審，據林壽供：「係南京錦衣衛鎮撫司鞍轡局分調軍匠林信戶內寄住餘丁。成化十三年七月十三日，有今在官本衛鎮撫司餘丁周璋到壽家秤銀二十七兩六錢，與壽買青拱白錦紵絲二段，紅拱白錦紵絲一段去訖。』」

又審，據周珍供：「係南京錦衣衛鎮撫司女戶籍。成化十三年八月二十日，有暹羅國使臣在於龍江關遞運所倒換船隻，是珍同今在官應天府江寧縣民人唐廉、錢鵬，將禮同到使臣船上探問，承認做段疋。比有使臣約內寫：『織段疋、手巾

[一] 據上下文判斷，「責」字疑爲衍文。

銀三百二十八兩九錢。』止將銀二百八十七兩五錢與珍等三人收訖，散與各機房織造段疋。本年九月初四日，是珍等到於今在官上元縣民人陳昇家寫立合同，將銀六十兩與陳昇接收，織造大紅閃緑紵絲八疋。先收大紅閃緑紵絲三疋，與使臣收訖。餘欠閃色紵絲五疋，將鴨頭緑素紵絲三疋，青紵絲二疋折與使臣收訖。本月初六日，珍等又到未獲本司餘丁何通家寫立合同，將銀三十七兩五錢與何通收訖，織造青紅緑各色織金紵絲女襖一十九件，交與使臣收訖。十一日，珍等又到未獲南京留守右衛右所軍匠張義家寫立合同，陸續將銀一十八兩與張義，接收織造香草麒麟裏外嚮板雲手巾三十四條。是珍先收手巾四條與使臣收訖。又收手巾一十四條，見今在官。餘欠手巾一十六條未與。十三日，珍等到與今在官本司餘丁虞文端家寫立合同，將銀六十二兩二錢與文端，接收織造織金間道紵絲二疋，檳榔袋三個。是珍先收織金間道紵絲一疋，檳榔袋二個與使臣收訖。餘欠檳榔袋一個、織金間道紵絲一疋，在虞文端家機上——因使臣欠銀九兩八錢未織。是珍等當日又到上元縣民人陳榮家寫立合同，將銀九十兩與陳榮收訖，織造白閃紅紵絲十疋，緑閃白紵絲十二疋。是珍先收陳榮各色紵絲十四疋交與使臣收訖。餘有各色紵絲一十八疋，因使臣欠銀三十一兩六錢未織。本年十月十八日，是珍等到於未獲上元縣民人王宣家寫立合同，陸續將銀一十九兩八錢與王宣，接收織藍紅花各色紵絲一十八段〔二〕交與使臣收訖外，得使臣用銀五兩六錢。』」

又審，據虞文端供：「係南京錦衣衛鎮撫司軍匠虞景戶內餘丁。成化十三年八月二十四日，有本司餘丁周璋到於文端家，定織間道抹絨紵絲六疋，該銀五十四兩，寫立合同。陸續將銀二十三兩二錢七分與文端接收。先織間道五色抹絨幔邊紵絲三疋與周璋接收去訖。」

又審，據石彥璋供：「係應天府江寧縣民匠。成化十三年八月二十四日，有未獲福建汀州衛武平守禦千戶所餘丁李德前來，引領彥璋同未獲兄石聰到於使臣船上。有使臣先將銀六十兩付與李德接收，同彥璋到於今在官本府上元縣民人

〔二〕「疋」：原誤作「段」，據文意改。

陳尋家寫立合同，與陳尋接收定織段疋。有李德後又將銀一百兩同彦璋與陳尋接收，織造遍地織金紵絲一十五疋，閃色紵絲二十一疋。是彦璋先討藍小毬門紵絲一疋，天青遍地金串枝寶相花紵絲一疋，官緑遍地織金寶相花紵絲一疋、白遍地雙枝寶相花紵絲一疋、青閃色雙枝寶相花紵絲二疋，青閃白紵絲一疋，白閃藍紵絲一疋，是彦璋交與使臣收訖。有陳尋將用錢銀三兩二錢與彦璋收接使用。餘有陳尋欠合同内銀五十二兩織造未完在機，柳黄小毬門紵絲一段，青織金六蓮花紵絲一段，礬紅遍地織金十八雲紵絲一段，官緑閃紅紵絲一段在陳尋家。今被事發，捉獲彦璋同陳尋到官追取陳尋機上各色紵絲五段見在。」

又審，據阮福供：「係南京金吾左衛右千戶所役過老軍。成化十三年十一月初六日，有安南國行人裴準進貢，帶有象牙在船，到上新河灣泊。是福同今在官南京留守右衛鎮撫帶管老軍塗安在彼買賣，因與裴準答話，語音相同，認是鄉里。彼有本人言說：『我自己帶有象牙在船』，央福等爲中，尋人定織段疋。是福聽允，不合引領今在官上元縣民人王文到於裴準船上寫立合同，與王文收接。有裴準將象牙六担作銀二百七十兩，織造各色羅絹共七十五疋。王文聽允，收合同。是福當日同塗安等引領上元縣民人吴斌到於通事何循船上。有何循寫立合同，吴斌收訖。何循將截斷象牙八担作銀三百二十兩，定織各色紵絲共四十二疋。吴斌聽允，各回去訖。當日，是福到於江東門壩邊住人周敬、王鐸家，與各人說知：『上新安河安南國行人裴準有象牙與機戶王文、吴斌家織造段疋。你將小船送與王文、吴斌家，與你們各人船錢。』王鐸等聽允。比有周敬、王鐸言說：『每牙一担，與銀七錢。我包裹嚴密，不使門上官軍得知。還你停當』。各允：『是』。福回家。本年十二月初四日，福又不合引領今在官上元縣民人王信、陳榮到於裴準船上。有本人寫立合同與王信接收。有裴準將象牙四担作銀一百九十兩，定織各色綾紬紵絲共四十三疋。有王信、陳榮聽允，各人去訖。當日，是福到於周敬家與本人說知：『裴準將象牙與機戶王信、陳榮織造段疋，你將小船裝來，放在你家寄放，還你船錢』。周敬依允：『是』。福回家。有陳榮等俱各不曾織造段疋。成化十四年正月初八日，有王鐸等將截斷象牙八担送到吴斌家，將銀五兩六錢與王鐸接收。本月十一日，有王鐸等又將象牙六担送到王文家，本人將銀四兩二錢與王鐸接收。本月二十六日，致被周璋具狀首發。』」

「隨差巡捕校尉捉拏王信、杜瓚等之時，有王宣、何通、張義、周敬、王鐸、田寬各人知覺，逃躲未獲。於陳尋名下追出織金柳黄小毬門紵絲一疋、青織金六蓮花紵絲一段、礬紅遍地織金十八雲紵絲一段、礬红織金拱線紵絲一段、官緑閃紅紵絲一段。并又於王文名下追出象牙六石，共稱重五百三十六觔；吴斌名下追出象牙八石，共稱重七百三十八觔；王信、陳榮名下追出象牙四石，共稱重三百八十七觔；及周璋原首將銀一十八兩，與虞文端織造間道五色抹絨幔邊紵絲二疋，并安息香油六十五觔；并首未獲石聰原與周璋貿背織金紗蟒龍様一塊；及陳尋名下追出原立合同十一紙，俱各見在。今將各犯供詞并追出各色段疋、象牙等物，理合連人具呈。」等因。

據此案照，先據鴻臚寺署承馬全呈：「有暹羅國差來副使坤禄羣謝提等赴京進貢回還。該禮部奏准給批，差仝伴送副使坤禄謝羣提等二十五員名，沿途備辦日用飲食，到廣東布政司安排茶飯管待。成化十四年正月十六日，到於龍江關河下灣泊，聽候廪給。本職案督，不許夷人進城。延住數日，並無廪給。本職催并廪給，督令夷人起程。隨有〔二〕副使坤禄謝羣提等説稱：『亦無廪給。比先彼經過有彼處住人周璋、石彦璋、錢鵬、周珍、唐廡、吴節、周實承攬交去與本國王織段疋銀兩，成造花素段疋。待我催討完足，纔敢回國見王』。聽允到今，緣無送還，本職恐違欽限，夷人在彼又係京城去處，被周璋等淹留遲滯未便，又行嚴督夷人起程。亦據副使坤禄羣謝提等連名具狀，告赴本職。」等因。今將暹羅國副使坤禄羣謝提等告狀一紙，合行前赴欽差南京守備成國公朱等處呈明，行取夷人管送審問。乞提周璋等追給夷人銀兩，織造段疋數目發送本職，給還夷人。乞賜廪給關賞夷人，本職伴送起程，庶不有違欽限。其周璋等原先係與夷人交易情由，乞另定奪。明望先行週給段疋，伴送夷人起程，庶爲便益，理合開呈施行。

有坤禄羣謝提、奈英必美亞等狀告：「係暹羅國差來副使等職。於成化十二年四月内，蒙本國王差來進貢。亦因本

〔二〕「隨有」：疑爲「隧有」之誤。

國爲無出產叚疋，因中領到國王銀兩，前來買辦回國應用。亞等坐駕海船一隻，在洋累遭風水，至本年八月初二日飄到雷州地方，將船打碎。呈蒙雷州委官指揮顧雲、通判劉鎮等官前來壞船處所體勘是實。將方物打撈搬運，錦囊千戶所起庫收頓，督軍國亞等看守外，至本年十二月二十一日，蒙欽差鎮守廣東右少監韋眷并三司委官等官前來開盤，將蘇木選退水浸、虛心、朽爛、彎節、破片不堪進用小木三百五十餘担。選退碎象牙俱有破裂、痕損、刀傷、截斷不堪進用碎牙二十餘担。彼時三司等官俱欲焚化。亞等聞說，帶領番衆二百餘人哀情苦告：『各帶衣幔，被水漂失。告乞買布度寒。』當有欽差右少監韋眷并三司委官會議相同，委見夷人衣單受凍，憐憫給還外，亞等領回。衆又思議：原領國王銀兩買段，其銀船碎失水，慮回本國，誠恐有累。亞等自雇船隻，裝至廣東，遇見相識簡玉、李德二人承攬，每木一百觔，價銀三兩五錢；碎牙每一百觔，價銀六兩。簡玉承攬蘇木二百五十担，碎牙十七担。李德攬木一百零五担，碎牙三百一十觔。其銀約至南京發賣已了交還。其價銀二人俱各還足。亞等收買各色叚疋回賠[二]國王，免衆後累。成化十三年八月內，有龍江遞運所住人石彥璋、周珍、唐廡、錢鵬、吳節、周璋、周實等來亞等船內，各立合同文字，二家收執爲照，各包攬價銀，替織各色綾段。至十二月終交還，於正月十六日回至龍江驛前。周璋同男周實來亞船內攬去官絹一百疋，替染虎班絹。又攬坤祿羣謝提官絹一十五疋，綠段長衣一件，代染白綿三觔。攬戶周珍、石彥璋等俱還各色段疋一半，止有周璋父子寸絲無還。心生謀意，捏攀人衆，抵搪圖騙國王財本。若不狀告追取，實被周璋父子負騙。夷人財本非止一端，反行告衆，意要衆人代還。亦且周璋非干己之事負騙銀兩，反替夷人告衆羈遲時月。番衆無食，有違風迅，不能回國，恐失下年進貢，罪累不便。見奉聖旨：『沿途備辦日用飲食。』到今半月餘日，并無廩給口粮，乞賜存活，養命回國。有此屈抑無伸，開單來告」等因。

行間，今呈前因，臣等會同南京守備太監安寧等參看得，周璋所首、林壽等所供，及使臣坤祿羣謝提等所告，私通外國使臣，交易番貨，織造違禁紵絲，負騙夷人財本，及杜瓚供稱：「杜文彬即奈英必美亞，係伊房伯，先年出外生理，不見回

[二]「賠」：原誤作「陪」，據文意改。

家，今在暹羅國差來進貢」等情，俱係違法重事，合當究問。除行令原差伴送官署承馬全暫留使臣坤禄羣謝提等在於龍江驛日逐關支廩給聽候，及將見在人贜送南京刑部問理干礙使臣坤禄羣謝提等價銀，織成未還違禁紵絲等件，王文等名下追出安南行人裴準等原交織造紵絲等物、象牙應否給與各使，該部徑自奏請定奪外，謹具題知。

乞存留騎操馬匹奏狀

據大小教場神機營新江口馬隊把總、都指揮僉事李虎等呈：「照得天順年間，各營騎操馬匹，常有一千匹存留。下營走陣、差撥調用尚且不敷。其後爲存省京儲事，該南京戶部奏准，每年止存六百匹在城騎操，餘皆下場牧放。切緣存留騎操馬匹實是數少，非惟走陣不成行列，抑且不彀差撥應用。即今下場牧放在邇，呈乞多存馬匹，在城差操便益」等因。據此，臣等會同南京守備太監安寧等議得，南京乃祖宗根本重地，守備不可以不嚴。守備之道，莫先於軍馬粮草。京儲固不可不存省，軍威尤不可不振揚。近年存留在城騎操馬匹委的數少，不彀差操。兼且即今京儲存省年久，蓄積頗多，如蒙乞敕该部計議，合無將南京各營見在馬匹每遇下場之時，存留一千匹在城騎操聽調，照例支給草料餵養，皆要下場牧放，庶使軍威振舉，而緩急不致於悞事矣。緣係存留骑操马匹動支草料事理，未敢擅便，具題。

王端毅公奏議卷五

巡撫南直隸

地震請停任奏狀

據直隸常州府申、據武進縣申，據本縣在城南里老王宗武等呈：「於本年五月初十日辰時分，本處忽然地震有聲，間生白毛，係是地方災異」等因，備申到臣。除痛自修省外，仰惟陛下以天德而居天位，於今十有五年矣。已嘗勵精圖治，夙夜不倦。不嗜殺，不游畋，畏天恤民，仁孝誠敬，格於上下，宜其天心，克享民物阜安。奈何近年以來，水旱災傷，殆無寧歲。饑饉流殍，南北皆然。陛下又嘗宵旰焦勞，遣使四出；既發倉廩以賑貸之，又蠲糧差以寬恤之。凡所以奉天安人者，無所不至。又宜可以少回災沴，召致和平。夫何南畿之地復有如此之異？此無他，蓋是臣本職不謹，巡撫無狀之所致也。況臣今年六十有四，衰老多病，昏憒無爲，委實虚縻廩禄，有妨賢路。伏望聖恩憐憫，將臣罪歸田里，以終餘年，另選賢能代理其事，庶幾優劣得所，而天意可回矣。具奏。奉聖旨：「王恕不准罷歸，着用心巡撫地方！」

議事奏狀

照得南京管糧并南直隸、河南等處巡撫官例該八月以裏赴京議事。查得先該南京守備成國公朱儀等奏准：「南京管糧并南直隸巡撫都御史先期相度，如果至期地方無事，仍照例赴京會議。若事不可摘離，量將應議事件具奏定奪。」今照南直隸安慶、池州等府地方，去年災傷薄收，即今人民艱食，爲盜者多，正係撫安賑恤，提督緝捕之時。況近來常州府地震有聲，應天、鎮江等處雨水過多，渰没圩田，不能栽蒔。防閑處置猶不可忽。欲便照例赴京會議，誠恐有悮前事。除仍在地方巡撫外，今將應議事件開坐，具題請旨：

一、查得成化七年奏准：「將江南應天府并蘇、松等府該起運瓜州、淮安二處水次常盈倉糧，俱撥官軍過江，就各處倉場交兑。每石除原定加耗外，另加過江水脚米一斗。」所以，軍得脚價，民免遠運，彼此有益，交相稱便。成化十三年、十四年，仍令民運赴瓜、淮交兑，民有盤費之損，軍無加增之益。由是言之，則知民運至瓜、淮，不若軍到江南領運之便明甚。如蒙乞敕該部會議，合無將今後儹運瓜洲、淮安二處水次常盈倉糧，照例加與脚耗，仍令官軍過江依期前去各處水次領兑，庶幾軍民两便，漕運不悮。

前件仍照舊例，民運於瓜、淮及常盈倉兑納。

一、蘇、松、常、鎮及嘉、湖、杭七府歲堤輸正耗税糧八百餘萬石，租重差繁，民多逃移。松江一府二縣之民，已包納坍江逃絶人户税糧五萬有餘，其他可知。且杭、鎮二府税糧雖多，不過起運南京各衛倉，徐州等倉及兑軍儹運而已。蘇、松、常、嘉、湖五府税糧，除起運两京内官監供用庫、光禄寺等衙門白熟粳米、白熟糯米一十四萬三千九百九十餘石，每石連加耗脚價、盤用，有用糙米四石三斗二升者，有用糙米三石三升者，有用糙米二石七升者，共用糙米四十餘萬石。蘇、松、常三府又起運两京各衙門，并公、侯、駙馬、伯禄米二十八萬餘石。連加耗脚價、盤用，共用糙米五十餘萬石。約用運夫二萬有餘，自備衣糧盤費，又不可以數計。況涉歷江湖，過閘過壩，盤灘剝淺，辛苦萬狀。或不幸又有遭風覆没之虞，四五個月不得到京。及至到京，或遇陰雨，不得曬晾，動輒守候一兩個月不能進倉。如遇各衙門忠誠爲國、知民艱苦官員，隨即照數收受，出給關單，糧納受福。若遇惟利是嗜，不知民難官員，百般刁蹬，任意需索，捉斛較量，衝撒在地者，皆不作數，或百十石或五七十石一例折算，照數添補，以致借債賠補，破産還債。年年如此，民財如之何不殫財殫力？屈民難過活，誠恐久則致生他變。不特收糧之弊如此，而各庫收受一應官物，其弊亦然。如蒙乞敕該部會議，合無請敕戒諭兩京一應收受錢銀内外官員，今後務要各公乃心，憫念民難。如遇錢糧到於倉庫辨驗堪中，隨即收受，毋刁蹬留難，毋巧取財物，毋多收斛面，毋多稱斤量，爲國愛惜民力，培養元氣。如或仍前不悛，剝削糧納，許巡倉、巡庫御史指實參奏，不分内外，一體拏問。如此則法無偏私，而人自畏服。東南生靈之福也。

前件准擬行文禁約。

一、查得：在京光禄寺歲堤用白熟粳米三萬八千一百二十五石，南京光禄寺歲堤用白熟粳米一萬五千石。在京光禄寺日支飯米，臣不知其數。南京光禄寺日支飯米，臣頗知其既。其每日所造之飯，止供南京尚寶司六科巡城都督、本寺及四署官數員而已。其餘則送各監局匠人、本寺厨役，及以此米送淮清橋三飯堂造飯濟貧。大抵此米以一百分爲率，官員所食不及一分，而匠人、厨役、貧子所食，反有九十九分之上。且此白熟米得之非易。方其初收之時，鄉民選取一色好稻舂碾成米，篩簸擇好者取之，其不好者退之。勞費民力頗多，實非常米可比。在廷文武大臣，非公差見辭、奉旨賜酒飯，則不得食。而匠人、厨役、貧子反得食之。況環衛之士與朝廷守宫禁，防奸細，比之匠人、厨役、貧子，輕重不同。環衛之士止食四門倉之米所造之飯，而匠人、厨役、貧子却食如此好米，非惟人民辦納艱難，且貴賤輕重不分。如蒙乞敕該部會議，合無今後兩京光禄寺合用，祇待近侍官員及四夷使臣等項，方許會計白熟粳米。其餘匠人、厨役飯食與夫飯堂造飯之米，另項會計次等熟米。但以熟米不分顆粒大小、顔色紅白，一例收受支給。如此，非但辦納者頗省勞費，而飯食亦有差矣。

前件照舊具題，節該奉聖旨：「南京光禄寺扣算官員食用外，厨役人等，只與次等米食。」

一、直隸蘇州府所屬并蘇州、太倉、鎮海三衛，吴淞江、崇明沙二守禦千户所官吏、師生、旗軍俸糧及運糧、備倭官軍行糧，歲堤用糧米二十三萬石。直隸松江府所屬并金山衛青村、南匯觜二守禦千户所，及浦東等塩課司官吏、師生、旗軍人等俸廩，歲堤用糧米七萬四千餘石。近年以來，蘇州府止存留糧米十萬石，不彀半年支用。松江府止存留糧米二萬八千餘石，不彀五個月支用。遇有災傷蠲免及坐買顔料，愈見缺乏。況太倉、鎮海、金山、崇明沙、吴淞江、青村、南匯觜，俱係沿海衛所，堤備倭寇。官軍缺食，尋常尚難度日，遇警豈不悞事？節據金山等衛、崇明沙等所告稱：「缺糧已行該府，暫將各縣備荒糧米借撥支領外，即今各縣備荒糧米數亦不多，中間亦有全匱乏者。設遇饑荒，非惟官軍缺糧支給，而飢民亦無所望。該府已嘗具奏。今成化十五年稅糧，蘇州府又止留存一十萬六千九百六十一石有零。松江府又止留存二萬一千三百三十八石有零。」委的數少，不彀支給。查得蘇州府起運淮安府常盈倉米五萬五千石，揚州府倉米一萬四千三百七十石，松江府起運揚州倉米二萬石，徐州永福倉米二萬石，淮安府常盈倉米三萬五千七百石。如蒙乞敕該部會議，合無將蘇州府起運淮安、常盈及揚州倉前項糧米，盡數改存本府各倉；松江府起運揚州等倉米內，改撥五萬石存留本府各倉支用，俟會計成化十六年秋糧，蘇州府存留二十三四萬石、松江府存留七萬四千餘石備用。如此則沿海倉廒不至空虛，備倭官軍有所仰賴。

前件准擬。

一、常州府靖江縣原係本府江陰縣馬馱等沙地方。成化七年設爲靖江縣，所轄五十五里，戶口數萬，夏秋稅糧三萬九千四百餘石。我朝官制，縣二十里以上者，設知縣、丞、主簿、典史各一員，謂之全設衙門。今靖江縣因是近來開創，本衙門止設知縣、典史各一員，其所屬止設儒學一處，以致部運錢糧，踏勘田土等項事務，多不無缺官差委。況境內醫、卜、僧、道之流，亦不爲不衆，未經設官，殊無統攝。如蒙乞敕該部會議，合無將靖江縣照例添設縣丞、主簿各一員，仍設陰陽、醫學、僧會司、道會司衙門，鑄降印記，銓選官員。如此則百里之治非惟得衆職以分理，亦可備一邑之制度。

前件准擬。

奏報災傷因言織造進貢勞民傷財奏狀

據直隸鎮江府丹陽縣申準，知縣康厚關遵依看驗得，人民所種二麥，自本年二月以來，天降黃沙，傷損萎黃。概縣約有七分災傷闕報到本縣，申乞照驗等因到院。行間，又據應天府呈，及鎮江府、太平府、寧國府、池州府、徽州府、安慶府、德州府、鎮江衛，各申所屬軍民今年所種二麥，俱同前災，夏稅子粒，無從辦納。臣今年二月出巡到於鎮江、常州等處，親見軍民所種麥苗委的萎黄成災。臣惟南直隸地方連年災傷，去秋纔得一熟，中間尚有無收之家。今復遇此災傷，軍民憂惶，過活艱難。除行屬給糧賑濟及催委官踏勘聽候覆勘外，臣自去年奉命巡撫之後，節據撫屬各州府申奉各部勘合，派買各項物料及織造紵絲紗羅等項，其數頗多。該用價銀動以萬計，在官錢糧，刮剝殆盡。見年里甲出辦不起，因而逃移，民情實有不堪。臣又見各處進貢禽鳥花木等物，將以養軍馬、備宿衛、給賞四夷使臣，不可缺者也。綵裝奇巧，花樣紵絲紗羅，十餘人碌亂半年以上方纔得一件，所費物料難以數計，賞賜臣下以酬其勞，使之感恩思報，固無不可。但賞之有節，得之者必以爲奇。又且省費，賞之太濫，得之者必不爲罕，又且傷財。古之明主，一嚬一笑猶且愛惜，敝袴猶且藏之以待有功，況此物乎？此可減省者也。至於禽鳥花木等物，數年間進之者不知其數，一經重瞳之後，料必置之他所。臣仰惟陛下聖明聖知，德配天地，宵衣旰食，憂勞黎元，必不以此爲意。然嘗有罷進貢之旨矣，而進貢者未見斥去，是以不知畫一遵守，〔二〕競尋奇異之物，不遠千里進至闕庭，以爲孝順。殊不知此物非勞民傷財則不可得。得之無益於時，無補於治，此可缺者也。夫物或可缺，而民則不可缺。書曰：「后非衆罔與守邦？」是知民者，豈可缺乎？惟其不可缺，是以古之聖帝明王愛民如子，撫摩安輯，務俾得其所。彼投珠抵璧，却千里馬，焚雉頭裘者，非不知朱玉之可貴而千里馬、雉头裘之可愛也，但恐留意於此，因而妨廢政事，失天下心。所以投之抵之，却之焚之者，蓋欲固結人心而爲社稷計也。且「不作無益害有益，功乃成」。「不貴異物賤用物，民乃足」。此經籍之格言也。陛下誠能深思而力行之，若功不成而民不足，則斯言不足信，而聖人之道不足重矣。今當連年災傷之餘，軍民凋弊之際，非特織造可以減省，進貢可以寢罷，凡百冗費俱宜撙節，一應不急之務俱宜停止。

〔二〕「是从不知畫一遵守」：嘉慶補刻本作「是以不知」。

如蒙乞敕該部照例行移巡按監察御史覆勘前項地方災傷，除豁夏稅。仍望陛下崇尚恭儉。今後上用并宮中所用及賞賜諸王龍鳳等項花樣衣服，合無只着兩京內織染局織造。其合用、預備賞賜等項紵絲，合無照依原額行移各該司府織染局織造。差去官員、匠師人等，合無取回。禽鳥花木等項玩好之物，合無不必進貢，俾軍民息肩，感戴聖德，實爲社稷之福。臣叨爲具，臣愚不知止，因言災傷而冒昧及此，罪該萬死。惟聖明裁之，宥其罪而賜之歸田幸甚，具題。

乞暫停燒磚奏狀

准工部咨，該本部題據本部委官主事周宏等呈：「查得臨清廠成化十五年冬季分，實在項下完整、缺角、半段等磚三百三萬八千餘個。大約計之，止彀二、三年帶運。而山東、河南并南、北直隸各窑廠磚料即今俱已盡絕。若不具呈定奪，誠恐臨期卒難燒造」等因到部。合無准其所呈，行移河南、山東、南北直隸等處巡撫、巡按督同各該都、布、按三司及府、衛掌印官員，即便親詣原有窑廠去處，逐一查勘現在窑座數目。若是原窑數多，人力不敷，斟酌可否，量爲減半燒造。其合用做工軍民、人夫、柴薪并一應器具等項，務在今年以裏整點齊備，候成化十七年興工燒造，各委的當官員管理，不許擾害下人。所燒各樣磚數以十分爲率，城磚六分，斧刃券磚四分。及行管河、管廠官員，但遇一應經過船隻，照舊帶運。吏部照例添設郎中二員，揀選能幹有爲之人於今年十月內銓選馳驛，前去分投各該有窑地方，專一提督往來燒造」等因，奏准行移到臣。除欽遵外，行據直隸太平等府申稱：「查得永樂年間，蕪湖縣立窯六十二座，係南京羽林右、羽林前府軍、左三衛官軍燒造。當塗縣采石河西岸立窑六十八座，係南京金吾前、金吾后旗手等三衛官軍燒造。采石河東岸望夫山共立窑五十三座，俱係須知爲事官員燒造。繁昌縣立窑八十三座，係南京神策、武德府軍、後府軍右虎賁、左虎賁、右六衛官軍燒造。貴池縣黃公山、丁家港、劉婆磯三處共立窑四百座，係南京留守中龍驤、驍騎、右豹、韜、興、武、鷹揚七衛官軍燒造。桐城縣樅陽、新隘口立窑六十二座，係南京留守衛官軍燒造。廠房器具等項，俱係南京工部分派；應用柴薪，俱是奧龍等巡檢司盧場坎砟，與府縣事無相干。今前項地方共止有完整窑一百九十六座。其餘窑座俱各倒塌，止有基址，器具俱無。現在及查得景泰二年，該南京工部奏准，要照永樂年間事例，差撥在京各衛官軍委官提督，於太平等府沿江原立窑座去處，砍辦蘆柴燒造城磚五千萬個。行移南京守備太監袁誠、總都機務靖遠伯王驥、守備豐城侯李賢等欽依燒造外，又查得儀真、瓜州二廠每年運糧并官民船隻帶運整磚，多則二十餘萬，少則止有十數萬。今二廠現有整磚一百六十二萬有餘；半段磚四百二十四萬；缺角段磚二十一萬有餘。江北窑廠尚有整磚百餘萬。江南窑廠尚有半段磚一百三十八萬有餘。二十餘年尚帶不盡。臣惟即今兩京城垣已包砌矣，天地等壇與夫太廟已完美矣，宮殿已壯麗矣，官署已蓋造矣，間有損壞，不過修葺而已。竊料前項現在磚料可彀二十餘年之用。況南直隸、太平等府人民遞年買辦、科差等項繁重，兼且近年措置船隻、搬運磚料赴儀真、瓜州二廠交割已費船錢不貲，皆是軍民膏血。今年二麥已被災傷，秋禾又復薄收。軍民憂懼，口食無措。凡百寬減，尚恐不能存活，若再起倩人夫整理窑廠，措置柴薪，燒造磚料，誠恐凋敝之人不堪此役，因而逃竄爲非，不無貽累地方。伏望陛下以宗社爲念，思患預防，乞敕該部暫罷燒造之役，以蘇軍民之困。少待數年，再行燒造亦未爲晚。若有緊要營造，必不得已，乞照前例，預敕南京工部委官清理沿江一帶原舊燒磚蘆場，砍辦蘆柴，整理器具，仍敕南京內外守備、參贊等官量撥南京各衛官軍燒造。如此，則民不擾而事可成矣。緣係燒造城磚事理，未敢擅便，具題。

乞照舊令南京各衛官軍燒磚并要清查沿江一帶蘆場奏狀

據直隸池州府申：據貴池縣東一等保圖老人江信等呈：「切緣本府所屬貴池等六縣人民止有九十九里，人戶不過一萬餘戶。近年以來，連遭水旱相繼，人民困苦。查得本府每歲節奉南北二京戶、禮、工三部勘合，坐派各色羅段、杉株等木，底皮、顔料、黄白蠟、芽茶、蜂蜜等項及各衙門輪班皂隸、齋膳夫，該納柴錢歲用銀一萬八千餘兩，俱係前項人戶出辦。本李陽、池口、大通、驛遞、紅馬站船，共該水夫一千三百餘名，及各衙門弓兵、皂隸、禁子四百餘名，亦係前項人戶內編派。

處地方邊臨大江，路當衝要，上下往來使客絡繹不絕。拽船人夫一二千名，亦係前項人戶起倩。今蒙明文行仰本縣將原設窑座修理一半，及合用做工人夫、柴薪并一應器具等項，作急整點齊備，聽候燒造。非敢不遵，切思本府六縣，人民稀少，差徭繁重，實難存活，兼且亦無諳曉燒窑人匠。如蒙准呈，乞賜憐憫，與民轉達。合干上司查得永樂年間事例，乞撥南京留守前、留守中龍驤、驍騎、右豹、韜、興、武、鷹揚七衛旗軍匠作，或附近徽、寧二府及廣德州、新安、宣州二衛起撥軍民夫匠前來燒造，免致小民流移失所」等因到府，備申到院。

案照先准工部咨開：「行移河南、山東、南北直隸等處巡撫、巡按督同各該官員，查勘現在窑座、合用做工軍民人夫、柴薪並一應器具等項，候成化十七年興工燒造」等因備咨。行據直隸太平、池州、安慶三府各申：「查得永樂年間蕪湖等縣沿江一應窑座，俱係南京留守等衛官軍燒造。廠房器具等項，俱係南京工部分派。應用柴薪係奧龍等巡檢司蘆場砍柞，與府縣無干。乞行南京兵、工二部轉行各衛查照，庶得明白」等因，及據建陽、安慶二衛各申「本衛并無原設窑座」緣由到院，已經通行南京兵、工二部轉行各衛查勘，去後未報。欲候查勘至日定奪，誠恐有悞燒造。又經通行各府查照，作急整點齊備，委官管理，聽候郎中等官到來提督燒造。去後，隨據太平府申稱：「比先年間，燒造磚料柴薪在於鱭魚洲青村坊等處蘆場砍用。行查得奧龍巡檢司原額蘆場坐落鱭魚洲，先該天界、能仁、雞鳴三寺奏討，已撥與天界寺二十五頃，能仁寺一十七頃，雞鳴寺一十三頃。本司現存蘆場止有三百八十處。大信巡檢司原額蘆場一處，在於鱭魚洲。解南京工部交納一處，陳喬沙坍塌止有一塊，上生蒿草。繁昌縣三山巡檢司黑沙洲蘆場，不係額辦柴鈔場分。其青沙坊與浮沙口巡檢司原額蘆場，俱係直隸和州所轄。今照前項磚料係緊要之物，即今若不急爲整理，臨期惟恐有悞。所據合用柴薪，先年俱係各處蘆場砍辦，合將天界、能仁、雞鳴三寺蘆場暫且挪〔一〕借。及將本府所屬采石、大信、山河、荻港四巡檢司歲堤辦本色蘆場，暫借砍用。候燒造停止之日，照舊退還」等因。行間今據前因訪得：永樂年間委的是南京各衛摘撥官軍在於前項府縣地方

〔一〕「挪」：原作「那」，據文意改。

燒造磚料，尤不曾起倩民夫。今各衛尚有軍餘在彼看守。合用柴薪委的在沿江一帶蘆場樵砟應用，不係民間措辦。今各府蘆場柴薪多係該解南京工部，及被人告佃，奏討之數難擅借用。雖稱減半燒造，緣無定數，合用人夫、匠作、柴薪物料，想亦不少。況建陽、安慶二衛既無設窑座，而新安、宣州二衛并徽、寧二府及廣德州亦非原有窑座處所。留守前等衛又係在京衛分，不該巡撫官管轄，擅難差撥。若止令太平、池州、安慶三府起倩夫匠，措辦柴薪等項，委的重難，出辦不前。如蒙乞敕工部計議，合無依永樂年間事例，行令南京內外守備官查照原先燒磚衛分，量撥官軍前去燒造；并行南京工部委官一員，先將太平、池州、安慶三府沿江一帶蘆場清查明白。但係近年以來奏討告佃，及各巡檢司砟辦蘆柴解部，並不係額辦者，俱暫挪[一]借採用。候燒造畢日，照舊退還。合用廠房器具等件。著令太平、池州、安慶三府并附近徽、寧二府及廣德州，各照里分，均派出備。建陽、安慶、宣州、新安四衛，亦量撥餘丁協同各衛官軍燒造。姑待清查蘆場積有柴薪，然後興工。仍乞定擬燒造各樣磚料數目，使之知有了期，樂於趨事。如此，則事體停當，工程易爲。緣係民情及係查照舊例燒磚事理，未敢擅便。具題。

蒙賜誥命謝恩奏狀

伏蒙聖恩，賜臣誥命，進階資政大夫，加贈臣祖惟真、父仲智俱資政大夫，兵部尚書兼都察院左副都御史。祖母張氏、母周氏、妻蓋氏、繼室張氏俱夫人者。臣伏以綸綍煇煌，已荷推恩於二代，簿書填委，何曾補衮於萬分！聖德難名，愚衷莫既。臣性資麤率，學術荒蕪，叨登進士之科，濫與翰林之選。任評事、任寺副，殊無異績。爲知府、爲布政，未有奇勛。屢轉顯官，久尸厚禄，方戰競之不暇，豈旌寵之敢當？偶沐乾坤莫大之恩，特加父祖非常之贈，龍章絢綵，馬鬛增煇！顧將何

[一]「挪」：原誤作「那」，據文意改。

德以酬之，惟有此身而已爾！除望闕謝恩外，謹具奏聞。

乞休致奏狀

臣誤蒙列聖暨陛下深恩，叨享禄位三十餘年。每欲披肝瀝膽，竭忠宣力，以圖萬一之報。第才短術疏，終不能增涓埃於海嶽。是以日夜思之，既慙且懼，而汗流沾背也。況臣今已六十有六，志慮已衰，筋力已憊。百病侵尋，氣息奄奄。靡膽不眩，靡聽不惑。委實驅策不前，有妨賢路。若不及早求退，日苟一日，久則必成罪戾而爲識者之笑。且優老賜閑，乃朝廷之聖德。辭榮謝事，實衰拙之本心。伏望聖恩憐臣衰老，赦臣死罪，放臣歸田，使之擊壤衡門之下，以終犬馬之年。感戴盛德，寧有涯涘！尤望聖明慎選賢能，代臣巡撫，俾之敷德東南，轉餉西北，以佐萬年太平之治。是臣之退，非獨利於臣之一身，實乃利於天下國家也。臣下情無任不勝瞻天仰聖，激切屏營之至！

又乞休致奏狀

臣本關西布衣之子，荷列聖教養之恩，叨由科第備員，封贈二代，蔭敍一子，可謂榮且幸矣。雖鞠躬盡瘁，死而後已，亦不能報塞萬一。竊聞古人云：「陳力就列，不能者止。」又云：「四時之序，成功者退。」當今天下雖太平，而內地多災傷，邊方少寧息，正是用人整理之時。而臣昏眊無爲，才不能治事，智不能周物，又不能進一言、畫一策爲朝廷安內以攘外。無用如此，不止可乎！矧今羣賢濟濟，不爲無人。而臣尸禄三十餘年，久占台鼎之位，髮白齒落，動履艱辛，妨聖賢如此，不退可乎？當可止、可退之時而猶徘徊瞻望，不忍舍去，在己雖曰無貪心，在人不免有非議。失今不去，日後被人數其罪而逐之，不無負朝廷保全之意，失人臣進退之宜。伏望聖恩憫臣愚戇，憐臣衰老，放臣歸田，以終頹齡，進用賢才以圖治安。

非惟臣感聖恩於無窮，而來者亦感聖恩於無窮。是乃一舉兩得，進退無失宜之嫌，彼此有交慶之美矣。臣不勝瞻天仰聖，激切乞恩之至！

言應天等府糧草災傷并成熟數目奏狀

據應天府呈，并直隸鎮江等府申，及據民人益紀等各告稱：「今年自春至夏，天時亢旱，高田乾燥，不能翻耕播蒔秧苗」等因，已經行仰踏勘。如果災重，具奏定奪。若是災輕，申來處置。去後至七月十三等日，風雨大作，臣恐蘇、松、常、鎮等府地方低窪，田禾渰沒，當差應天府都稅司副使耿瑞前去看得：應天府句容等縣，鎮江府金壇等縣有低窪水渰去處，亦有高阜有收去處。常州、蘇州、松江、嘉興、湖州等府地方，稻穀俱結秀成實。續據常州等府申稱：「屬縣地方八月十七等日又被風雨大作，江、湖泛漲，山崩水發，衝倒民居，渰死人口，渰沒田禾」等因。臣又經行仰各府委官從實踏勘，及今徑自具奏外，續又據各府踏勘過災傷、成熟田糧總及草册申呈到院。內金壇、丹陽二縣勘報不實，另行委官覆勘明白，已將初勘委官拏問外，及臣至常州府無錫等縣，里老人等告稱：「府縣止將被水渰沒田禾作災，內有風秕等項無收之數，不蒙作災。」臣因見小民艱難，分付府縣具申到臣。除原勘報災傷之外，每平米一石，又與減免一斗。緣前項減免平米不係正糧，係是多餘，以備賑濟之數。及臣到蘇州府各縣，人民亦各稱：「府縣作災數少，納糧不起。」臣欲照常州府無錫等縣事例，每平米一石減免一斗，內吴江縣查無餘米，長洲等縣餘米數亦不多，不敷減免。因此，仰令將折糧銀布暫且停徵一半，內吴江縣太倉米亦暫且停徵。除停徵蘇州府銀布等項緣由先已具題，及通行各府將無徵糧草聽候覆勘，仍將成熟有徵糧草作急催徵起運兌軍外，爲此今將告災直隸各府成熟、災傷糧草總數開坐，謹具題知。

分八毫。

應天府災傷無徵秋糧七萬一千九百五十八石八升二合四勺六抄三撮，馬草八萬四千七百九十五包五觔十五兩九錢三鎮江府災傷無徵秋糧六萬六千三百三十九石二斗六升四合一勺，馬草八萬四千六十一包九斤十兩。

蘇州府災傷無徵秋糧二十四萬八千八百五十六石四斗六合六勺，馬草七萬四千三百九包九斤八兩。續告災傷停徵銀九萬五千七百五十兩，准米三十八萬三千石，布九萬疋，準米九萬石，米九千二百石。

常州府災傷無徵秋糧九萬六千七百五十六石五斗三升八合四勺，馬草七萬二千七百八十六包七斤十五兩。續告災傷減免平米四萬九千九百七十二石一斗一升三合九勺。

松江府災傷無徵秋糧一十六萬八千二十二石四斗五升八合七勺，馬草五萬七百五十三包五斤六兩六錢二釐。

太平府當塗縣災傷無徵秋糧三千二百四十石八斗二升九合六勺，馬草三千六百八十二包九斤十五兩三錢。

乞休致奏狀

臣原籍陝西西安府耀州三原縣光遠里，由正統十三年進士改翰林院庶吉士。初授大理寺左評事。供職二年半，陞本寺左寺副。又二年半，陞直隸揚州府知府。又五年半，陞江西布政司右布政使。又三年八個月，陞河南布政司左布政使。又九個月，陞都察院右副都御史，撫治流民。又二年，以平賊功陞本院左副都御史，巡撫河南。又一年，陞南京刑部左侍郎。又九個月，丁父憂，服闋，改刑部左侍郎，總理河道。又一年半，改南京戶部左侍郎。又三年半，改都察院左副都御史，巡撫雲南。又七個月，以九年考滿，陞本院右都御史，仍前巡撫。未久，改南京都察院右都御史，參贊機務。又未久，陞南京兵部尚書，仍前參贊。未愈年，又改兵部尚書兼都察院左副都御史，巡撫南直隸蘇、松等處地方，今已三年有餘。

伏念臣猥以駑鈍之資，誤蒙列聖暨皇上莫大之恩，拔擢至此，叨享厚禄三十餘年，未嘗不知感激而思補報，亦未嘗不欲長顯榮而久富貴。第臣犬馬之年，今已六十有七矣，筋力已衰矣，精神已倦矣。雖欲勉強，自然勉強不去。矧蘇、松、常、鎮等府地方錢糧多、詞訟多、是非多，非衰老者所宜久居。今臣巡撫其地已三年之久矣，衰老如此，猶若栖栖不去，深恐墮悮公事，患生不測而爲聖政之累。伏望聖恩憐臣衰老，放臣歸田，另選賢能代臣巡撫。非惟臣之幸，實乃地方之幸也。臣下情無任不勝激切屏營之至。[一]成化十八年三月二十日，奏奉聖旨：「卿揚歷内外，諳練事體，宜勉副委任，不允休致。吏部知道。」

乞取回買玩好王太監奏狀

據江東馬驛報准：「前路遞到欽差内官監太監王牌面爲公務事當職，前往南直隸浙江、江西等處公幹。先遣牌面前去，仰沿途軍衛有司驛遞，巡司等衙門官吏即便抄牌預備廩給口糧、馬匹、車輛、軍民人夫等項，差委的當官員管領，聽候應付拽送，毋得稽遲，有悞公務，惹罪不便。所司官吏敢有指以饋送下程爲由，因而科斂軍民財物，或體訪得出，或被人告發，輕則量情責罰，重則枷釘解京，奏聞區處。或有假稱當職處陳告以憑懲治，沿途遞牌衙門不分晝夜，火速差人程遞前去，毋得磨擦「差牌面」字樣。如有模糊，就便寫記驛名，開申到職，治以重罪。先具抄牌官吏不違依準繳來，仰將此牌程遞送抵南京會同館，收候當職按臨。至日，通將各該官吏不違依準，并執結連牌呈繳施行」等因。據報，臣始則以爲朝廷軫念淮、陽、蘇、松等府地方饑荒、軍民流亡，恐臣等奉命不謹，莫能區畫賑貸，以致失所，特遣近臣賫内帑錢物遠來救濟，既喜且懼者累日。已而傳聞太監帶百十號馬快船隻，裝載私鹽，前來江南收買玩好之物。雖未委虛的，今大江南北饑荒殊甚，斗米直七八十錢。民有饑色，野有餓殍。老稚轉於溝壑，壯者散而之爲四方者，不可勝數。臣奉敕往來提督賑濟，近來雖頗安妥，而張口待哺者尚多。若太監此行爲賑恤饑荒而來，則大江南北億萬生靈，舉蒙再造之恩。陛下盛德大業可以比隆二帝三皇，而無疆國祚可以與天地相爲悠久矣。若爲收買玩好之物而來，似此聲勢張皇，未免騷擾郡邑，驚嚇吏民。臣恐遠近

[一]「臣下情無任不勝激切屏營之至」：嘉慶補刊本作「臣下情無任激切屏營之至」。

傳聞，將謂陛下惟珍奇是好，而無憂民之心，致使狂夫得以藉口，非社稷之福也。

臣以爲，當此饑荒之際，朝廷正宜裁冗費，却貢獻，禁奢侈，抑僥倖，慎爵賞，重名器，輕徭役，惜民力，以收天下之心，以培億萬年社稷之基本。夫何織造旁午，貢獻絡繹？奢侈之風競起，倖進之門大開，遂使爵賞冗濫，名器混淆，徭役繁興，財力日屈。欲斯民之不貧且盜，欲天下如泰山之安，得乎？昔唐太宗遣使往涼州諷李大亮獻其名鷹，而大亮不可。明皇令益州織半臂褙子、琵琶、捍撥、鏤牙、合子等，蘇許公不奉詔。其事載諸信史，後之讀史者莫不稱太宗、明皇之明，李大亮、蘇許公之忠。今陛下以上聖之資，居至尊之位，聰明睿智，本乎天性，仁孝誠敬，不待勉強可以爲堯、舜，可以邁湯、武，尚何太宗、明皇之足言哉！臣幸際明時，備員巡撫，偶遇所聞，若隱忍不言，使陛下不知，而天下國家受其弊，豈忠臣乎？非惟有愧於皋、夔、稷、契、伊、傅、周、召，豈不有愧於李大亮、蘇許公之輩？是以臣不避斧鉞爲陛下言之者，非爲身家計也，爲社稷計耳。惟陛下留神深思，速返其使，併將前數事與臺閣大臣從長計議，作急區處，以安天下，社稷幸甚，生民幸甚！臣不勝戰慄隕越之至。成化十八年七月十五日具題。

奏繳賑濟過軍民戶口文册奏狀

照得成化十八年正月初三日，臣因應天府并蘇、松、常、鎮等府衛地方去年災傷薄收，即今東作方興，誠恐貧難軍民缺少牛種，不能耕種及無口糧，難以度日。已將行令各該府衛委官督屬掌印官，從公取勘被災極貧軍民，如無牛具者，爲勸借助耕；無種穀者，斟酌借與。缺食者，自二月起至四月終，每月照例驗口給糧賑濟。仍斟酌現在倉糧，若有贏餘，就便減價糶賣，以平米價。本年四月十六日，節該欽奉敕：「茲特命爾督委前項府州縣衛所官吏，巡歷災重去處，取勘饑民的數，即將預備倉糧照數給散。其蘇、松、常、鎮四府各有遞年該收糧內撥剩餘米，斟酌多寡，散與極貧軍民。應天府如果糧少，聽於南京常平倉量借二萬石前去接濟。除戶部擬奏條件外，其餘有益軍民之事物，敕內該載未盡者，聽爾從宜處置。務俾軍民得所，地方寧妥。欽此。」欽遵隨准戶部咨開擬奏條件，及稱：「候今夏麥熟之後，將賑濟過倉糧并軍民數目造册具奏」等因到院。除遵照敕旨并開來事件一一奉行外，臣又遵奉德意，從宜處置數事。行仰各府衛將現徵未完錢糧內貧難小戶辦納不起，與監追虧折、拖欠錢糧人犯并民間一應私債，停候秋成追徵取討，及禁止官員不許指以修造公用爲由，罰人贓物。濱海之民以魚鹽爲生，但係肩挑背負私鹽易換飯米，及於海邊採取魚鮮救饑者，暫且馳禁。饋送公差人員下程、紙札等數，各要減省。往來進貢經過船隻，止許撥夫拽送，不許多討人夫，勒要財物。及照先年戶部奏準，許令軍民給與散官冠帶等項事例，召人納米俱收本處，以備賑濟。再令年深馬夫、書手量出糧米，與夫考滿官吏所出糧米，俱撥吴江等縣缺糧去處以助賑濟外，又於各處設立飯堂，煮粥以食求乞之人。臣復躬親往來提督各該委官，盡心爲之。由是撫內缺食軍民得蒙徵貸，又蒙寬恤，咸有生意，不至流亡失所，莫不感戴聖恩。兹今二麥雖薄收，而秋禾栽蒔將遍，民情頗安，可保無虞。隨據應天并蘇、松、常、鎮等府衛各將賑濟過人口糧米等項數目，緣由申呈到臣。除查算相同，擬合開坐造册。今將造完文册具奏。

陳言聖學疏

據直隸常州府申，該國子監監生湯棨齎捧聖旨揭帖內開：成化十八年八月，司設監太監杜福友傳奉聖旨：「著國子監生湯棨、軍舍孫智前去常州府着落府縣拘集民人段銓家，取要截江綱古書一部；盧岐僧院取要刻絲作羅漢十八幅、觀音二幅。再有古跡書畫，尋來進用。欽此。」欽遵具申。得此，臣有以見陛下好學、好古、好善之盛心也。中庸曰：「好學近乎知。」論語曰：「好古，敏以求之也。」孟子曰：「好善，優於天下。」世之人好其一，不好其二者有矣。好其二，不好其一者，亦有矣。夫兼好而無遺者，則鮮矣。」

今陛下兼好之矣，非天縱之聖，其能然乎？然帝王之學與韋布之學不同。韋布之人隱而未用，多聞強記將以待聘，故其學貴乎博。帝王者，身兼治教之責，而爲億兆之主，故其學不在乎博在乎知其要。夫經各有其要，能知其要，則足以盡博矣。「詩三百，一言以蔽之，曰思無邪」。若能「思無邪」，雖不讀詩亦可也。「經禮三百，曲禮三千，亦惟曰毋不敬而已」。若能「毋不敬」，雖不讀禮亦可也。佛氏之書，臣不知其幾千萬卷也，其要不過慈悲而已。老氏之書，臣亦不知其有幾也，其要不過清淨而已。曰慈悲，曰清淨，自是出家人之事，皆非治天下之道也。其餘神仙之說、黄老之術，盡妄誕耳。非惟治天下不可用，且以惑世誣民。而爲斯道之害，尤非帝王所當留意者也。

儒者之書，發明三綱五常之道，修齊治平之理，如布帛菽粟之在天地間，不可一日而無也。然而諸儒論說紛紜，簡編浩繁，亦豈帝王所能遍觀而盡讀之？今陛下勵精圖治，自朝至於日中昃，不遑暇食。若復博覽羣籍，玩索章句，不無有勞宸衷，非所以保養天和也。如於退朝之後、清燕之時，取書之二典、三謨與夫太甲、説命、無逸、旅獒諸篇而讀之，復取漢、唐書有關於治亂成敗者三二策而涉獵之，儘可以開廣聖心，資助化理，何必遍求諸家之書而觀之乎？

大抵帝王之學，非徒誦說文字，講解訓詁而已。要在學二帝、三王之道，身體而力行之，建中建極爲百官之程式，俾萬民之乂安可也。且土階三尺，茅茨不翦，堯也。惡衣菲食，禹也。今日崇高富貴，固難師法乎堯、禹，亦不可不以堯、禹之心而撙節之。若能以堯、禹之心爲心而撙節之，即今日之堯、禹也。不邇聲色，不殖貨利，湯也。視民如傷，望道而未見之，文王也。不泄邇，不忘遠，武王也。若能心湯之心，行湯之道，即湯也。心文、武之心，行文、武之道，即文、武也。夫何不可及之有？凡此皆爲聖學之急務也。

孟子曰：「左右皆曰賢，未可也。諸大夫皆曰賢，未可也。國人皆曰賢，然後察之，見賢焉，然後用之。左右皆曰不可，勿聽。諸大夫皆曰不可，勿聽。國人皆曰不可，然後察之，見不可焉，然後去之。」今日進退人才，必如此而後可。不如此，則君子退而小人進矣。又曰：「左右皆曰可殺，勿聽。諸大夫皆曰可殺，勿聽。國人皆曰可殺，然後察之，見可殺焉，然後殺之。故曰：國人殺之也。」今日之用刑，亦必如此而後可。不如此，則刑必及於無辜矣。諸葛武侯曰：「宮中、府中，俱爲一體，陟罰臧否，不宜異同。若有作奸犯科及爲忠善者，宜付有司論其刑賞，以昭陛下平明之理；不宜偏私，使內外異法也。」今日之刑賞又豈可不如此乎？不如此，則同功異賞，同罪異罰，而人心不服矣。凡此皆馭世之要道也。是道也，人皆知之，皆能言之。然人皆知之、皆能言之而不能言者，恐無益於事，徒自失寵而取辱也。臣雖至愚極陋，非不知此，第以菲才備位六卿，受恩深重，若復如此，非惟有負恩德，且非疇昔之志也。是以直言而不隱者，非沽名也，將以報德也。報之欲陛下爲堯、舜之君也；欲陛下左右之人爲堯、舜之臣也；欲天下蒼生爲堯舜之民而被堯、舜之澤也；欲後世之人思慕陛下如今日之人思慕堯、舜也。倘蒙不以臣言爲迂，留神深思，專意於二帝三王之學是法，是行，而不爲異端異術之所惑。其進退人材也，其用刑也，必如孟子之言。其賞功也，其罰罪也，必如武侯之言。若雍熙、泰和之治不見於今日，聖德仁聲不傳播於無窮，臣則甘受妄言之罪！臣昧死上言，干冒宸嚴，不勝惶恐之至！成化十八年十一月十三日具奏。

乞休致奏狀

臣以襪線微才，荷國厚恩，官至尚書職兼都御史。受禄三十餘年，貤恩之典及乎父祖，寵倖已極。是以日夜孜孜思效分寸，圖報萬一。邇來屢進狂瞽之言，自謂若得上達宸聰，雖伏斧鑕亦甘心焉。伏蒙陛下弘天地之量，昭日月之明，察納其言而優容之，是臣幸中之幸也。臣雖至愚，豈不益感聖德，益思奮勵，益欲效死，豈肯自負自棄而甘爲林下之窮人乎？第臣年歲已至，疾病侵尋。耳目失聰明，視聽不便；腿腰常疼痛，行坐不便；牙齒脫落過半，言語不便，飲食亦不便。加以志倦神疲，頽焉以居，欲其立綱紀，肅官僚，熙庶績，貞百度，上副九重之托，下遂萬物之情，豈易能乎？失今不去，竊恐將來瘝官曠職，禍出不測而爲世所笑；非但臣之羞，且爲聖政之累也。伏望聖恩憐臣衰老，放歸田里，另選精強大臣巡撫其地，康濟兆民，俾臣不失進退之宜，得全始終之節。感戴天恩，豈有涯涘！

論中使擾人因乞休致奏狀[一]

臣去年以年力衰老，陳乞休致。節該欽奉聖旨：「卿揚歷內外，諳練事體，宜勉副委任，不允休致。欽此。」今年臣復乞休致，又節該欽奉聖旨：「不准休致，著用心巡撫地方。欽此。」臣惟聖明之朝，賢才濟濟，不爲無人。如臣之愚，正宜退避。然猶勉留再三而不舍者，臣有以見陛下不以犬馬視臣，而以耆舊大臣之禮待臣。雖成湯之先民，時若成王之壽耇無遺，不是過也。臣雖無似，豈不感激聖德？然陛下既以大臣之禮待臣，臣敢不以大臣之道自勉！欲盡大臣之道，必須遵守祖宗之法，以安民爲心，而不爲勢利所奪可也。一爲勢利所奪，則祖宗之法壞而民不安矣。民不安，豈不失大臣之職乎？然欲不失其職，豈能勉毀言如即墨大夫乎？

且祖宗時，差內臣出外公幹，或賫敕書，或賫聖旨、帖子，必明開所幹公事緣由，或所取物件數目。是以在外諸司衙門易於奉行，來使無過求多取之弊，地方免橫征暴斂之擾。近見太監王敬賫來聖旨、帖子，止開前往常州府、蘇州府採取藥餌，收買書籍，別無行拘大戶索要銀兩緣由。豈期本官動以朝廷爲名，需索銀兩，無有紀極，東南地方爲之騷然，民不堪命。臣巡撫其地，心知其非，而莫敢誰何。然王敬未回，而太監段英又來造辦藥梅、水梅，蘇、松、常三府已辦，與價銀六千兩，打發跟隨人員銀兩在外。以臣計之，造辦藥梅、水梅用銀多不過千兩，尚有五千兩餘剩，今又行令鎮江、太平、池州、寧國、安慶、徽州、廣德七府州，每處取要酥合油、牛黄、沉香、乳香等藥近千斤，約直價銀一千五百餘兩。豈真要此藥物？無非以此爲名而勒要銀兩耳。又牌仰松江府速辦上等花毯二十條，各色綾一百疋，大細白綿布一百疋，大樣手巾一百條，約直銀五百餘兩。又發鈔四百塊與松江府官賣，每塊要銀五兩，又該銀二千兩。蘇、常等府必有別項取索，亦必發賣鈔塊，但未據

[一]「狀」：嘉慶本作「疏」。

申報。緣照前項藥餌、花毯等項，俱非聖旨、帖子內開來物件。臣又訪得前鈔係是兩京客商之物，今却既令有司措辦變賣，需索不已，征斂重疊，民豈克勘？各府申臣定奪，臣若阿順其意，令其應付，則祖宗之法壞而民不安矣。臣是以遵守祖宗之法，不敢擅支錢糧，逼迫小民。已行本官處查理外，彼必謂臣打擾進貢，未免懷恨怒之心，發譖毀之言。此臣所以欲盡職而心不安也。況臣委實衰老，無才無行，不達時務，不堪巡撫現今地方；並江上強賊不時竊發，臣委實膽小惴惴焉，惟恐小民不能聊生，從賊爲非，地方不安而爲社稷之憂。伏望聖恩憐憫，放臣歸田，另選賢才而任用之，庶幾優劣得所，政舉民安。臣無知，干冒天威，不勝惶懼之至！

論中使科擾民所得物件奏狀

臣惟自古人臣之事君，以聲色貨利、珍奇方術爲容悅以寵倖者，未有不壞天下之事而爲社稷之憂也。切見內官監太監王敬前來江南採取藥餌，收買書籍，朝廷止賜鹽七千引公用，止可直銀八千餘兩，却發鹽一萬五千五百引與寧國等府衛，逼要銀三萬二千五百兩。不知餘鹽八千五百引從何而來？多取價利作何花銷？又有鹽數十船發去江北廬州等府衛、江西南昌府等處官賣，不知又得銀幾千萬兩？至蘇、常等府，刑驅勢逼官民取受銀三萬六千餘兩，玩器、藥餌等物并跟隨人員私下取受者不在其數。又令蘇州府織綵粧五毒大紅紗五百餘疋，每疋直價銀十五兩，止給銀六兩五錢。及其交納，每疋反勒要機戶解扛銀五兩，虧民數多，使之破家蕩產，含冤莫訴。其在江西、浙江二布政司并南京及沿途索要官民金銀并玩器等物，不知又有幾千萬數。

臣聞千戶王臣本非勛賢，叨享祿位，專弄左道邪術，豈知經國大體？而太監王敬聽伊撥置，刻剝軍民，舳艫相銜，滿載而歸。以爲自己孝順，自己功德以覬寵幸。殊不知取之不義，得之不以其道，所以失人心者在此，所以損國體者在此，所以傷和氣而致災沴者亦在此也。若但見其易而不思其難，樂其有而不恤其無，往者過而來者續，用日侈而財日屈，非民之福，亦非國之福也。況各人假公營私，明取暗受者多，使朝廷擔其名，此尤不可之甚者也。除王敬在江西等處賣鹽并取索銀兩，臣不知備細者不開外，今將臣所知者開坐具題。

計開：

寧國府賣鹽三千五百引，解過價銀七千兩。內三千三百七十八兩九錢八分一厘，係那借在官錢糧；三千六百二十一兩一分九釐，係是里甲措辦。太監王敬收。

太平府賣鹽一千五百引，解過價銀三千兩。係是鋪行里甲措辦。

池州府賣鹽二千引，解過價銀四千二百兩，俱里甲措辦。又賣鈔四十塊，解過價銀二百二十兩，係鋪行借出。

安慶府賣鹽二千五百引，解過價銀五千二百五十兩，係里甲措辦。

九江府賣鹽二千五百引，解過價銀五千二百五十一兩九錢九分，係賑濟銀內支。

廣德州賣鹽二千引，解過價銀四千六百一十九兩，係鋪行措辦。

建陽衛賣鹽五百引，解過價銀一千兩，係官軍俸糧當借。

安慶衛賣鹽五百引，解過價銀一千兩，係官軍俸糧當借。

九江衛賣鹽五百引，解銀一千八十五兩，又使用銀九十五兩，內七百八十七兩五錢係官軍俸糧；銀三百九十二兩五錢，係借客人的。

宣州衛不曾賣鹽，送銀二百八十兩，係官軍俸糧當借。

以上銀兩，俱太監王敬同千戶王臣等秤收。

松江府華亭縣大戶陳宣等十名，共出銀七百兩，刻絲作褥子心一副；李在畫四軸，觀音二軸，龍涎寶瓶一個，一秤金孩兒四幅，三白圖一軸，聖一軸，夏志横批一軸，李龍眠佛三軸，古銅香爐三個，慶壽香爐一個，高彥畫一軸，商嵌香爐三個，彭寶香爐一個，水晶環一個，倪元鎮畫一軸，葉仲明千字文一卷，戴文進畫一幅，張梅嚴佛像三幅，銀字連經七卷，孩兒四軸，梁楷佛三軸，刻絲作斗弓畫二軸，王子久畫一軸，手提銅香爐一個，官寶罐一個，夏珪畫四軸，毘陵草蟲二幅，古銅花瓶三個。上海縣大戶張瑾等一十二名共出銀七百兩，古銅花瓶一對，溫日觀葡萄一幅，畫二軸，羅漢二幅。

嘉興府大戶槐越等九名出銀七百兩，白玉石香盒一個，翎毛畫四幅，水墨畫四幅，草書手卷一個，百字圖畫四幅，山水畫十二幅，禽鳥册葉一個，琥珀臺盞二幅，白玉石筆架一個，水墨翎毛畫二幅，菜玉盞一隻，琥珀念珠一串。又糧長出鈔價銀五百五十兩。

蘇州府長州縣大戶丘元伏等十名共出銀二千四十七兩。吳縣大戶蘇通等二十六名共出銀二千三十五兩。昆山縣共出銀一千八百五十兩。又大戶羅璵等五名共出銀四百兩。糧長歸瓚等共出銀一千一百兩。里長張昭等共出銀四百五十兩。常熟縣大戶顧志行等二十二名共出銀一千七百七十兩八錢五分，水晶臺盤一幅。吳江縣大戶吳壽等二十七名共出銀一千兩。內一千三百兩，太監王敬收；二百五十五兩又二百兩，千戶王臣等收；二十兩，軍牢頭目收。嘉定縣大戶王半海等九名共出銀一千五百九十八兩。

常州府江陰縣大戶徐熙等三十四名共出銀一萬兩，太監王敬分八千兩；千戶王臣等分二千兩。無錫大戶鄒賢等三十名共出銀六千四百兩，古畫一十二幅，剔紅果盒一個，剔紅盆二個，俱太監王敬收外，銀二百五十兩，千戶王臣、舍人張麒分。武進縣大戶蔣鎮等一十名共出銀三千兩。太監王敬分一千兩，千戶王臣等分五百兩，分付買藥材、書畫。宜興縣大戶張鯢等共出銀一千兩，太監王敬收。

又訪得，太監王敬起程之時，與無錫等四縣官到常州府，每縣索要銀五百兩，共該銀二千兩。

糾劾奸人撥置中使擾亂地方奏狀

去年臣見內官監太監王敬牌面，內有「前往南直隸浙江、江西等處公幹，仰軍衛有司驛遞、巡司等衙門，預備廩給口糧、馬匹、車輛、人夫等項，委官管領，聽候應付。輕則量情責罰，重則枷釘解京，奏聞區處」等語。又聞本官沿途弄勢張聲，騷擾軍民。臣恐爲國生事，是以昧死上聞，乞取本官回京，以消未然之患。繼聞差人趕至徐州黄家閘，本官接了帖子，不知緣何不回臣？伏睹節該欽奉聖旨：「今差王敬前去常州府、蘇州府採取藥餌，收買書籍。欽此。」臣又見應付本官關文，内開：「蒙欽依准，與長蘆運司餘鹽七千引帶去公用。」仰惟聖意，蓋欲伊將前鹽兩半賣價收買藥餌、書籍，免致科擾下人，此陛下仁民愛物，慮患防微之盛心也，豈期跟隨王敬千戶等官王臣等不體聖意，罔恤民難，撥置本官自離京師直抵南京，經過軍衛有司、運司、驛遞、巡司等衙門，無不科擾。所得銀兩，不可勝計。比到南京清河廠住泊數日，上新河又住泊數日，而城裏城外得過之家，所有玩器書畫、金銀寶石等物，搜括殆盡。又撥置本官將原賜官鹽并夾帶私鹽及攬到商鹽，差錦衣衛、百戶等官王釗等强發與太平、寧國、池州、安慶、九江五府，江陽、安慶、九江三衛并廣德州共一萬五千五百引，逼要價銀三萬二千五百五十兩。其鹽斤重多不足，每引止可賣銀一兩一二錢，定要煎銀二兩；又要加耗，反取鋪行「不致高擡少估」結狀，以避罪責。鹽纔下船就要銀兩，坐守催併，急如星火。官吏被逼無奈，只得照數辦與。又發鈔四十塊與池州府，逼要煎銀二百二十兩。

宣州衛止有二千戶所不肯領鹽，却將指揮官責打，亦要去銀二百八十兩，俱解太監王敬等處。獲有批收前項銀兩，係是那移官錢、扣賣軍糧，當借客商資本。至今官錢無可填補。官軍不得糧喫，客債尚未還足，累官損民，含冤莫訴。其發去江北廬州等府衛并江西南昌等處變賣者，其數尤多，所得價銀何止三萬餘兩！在江西地方住兩個月，浙江地方亦住兩個月，彼中所得玩器金銀，臣雖不知細數，嘗聞到彼之日，無物不要。城市鋪店爲之關閉，村落人民無不驚駭。又發鈔五百餘塊與杭州等府，俵散糧長，每鈔一塊，止值銀三兩，却要銀五兩。嘉興府賣鈔一百一十塊，已解與銀五百五十兩，獲有批收，亦可查考。到嘉興府拘大戶槐越等到官，各將所有玩器書籍送與。因怪不送銀兩，每人責打二十，順腿拘住要銀，得銀方纔疏放。又行令蘇、松府縣，拘拿大戶，索要玩器並金銀等物。大戶有者自出，無者著令糧長出辦。

又威逼蘇州府長、吴二縣，著機戶織綵粧五毒大紅紗五百一十二疋。每疋直工價銀一十五兩，止給機戶賠銀八兩五錢，共賠銀四千三百餘兩。中間看不中者，又令重織。及其交納，每疋反要機戶解扛銀五兩。負累機戶揭債破產，苦不可言。且五毒者：艾虎、蜈蚣、蝦蟆、蛇、蝎也，以五彩絨組織此五物於大紅紗兩肩、胸背、通袖、膝襴之上。其爲淫巧奇怪，古所未聞。其所費工料，每疋可織常紗十餘疋。其妨農廢業，尤不可言。況此物止用於端午之一日，其他日皆不可用。又況此毒物人皆見之，必以爲不祥而憎惡之。今織之於衣，非至尊所宜服，亦非宮中所可服。不知本官暴殄許多天物，害虐無數烝民，織許多件數，將何以爲也？觀此一事，則平昔不以財爲財、不以民爲民可知。

到無錫縣，親率王臣等下鄉打開大戶鄒賢家門，捉拿本人，索要金銀。因本人躲避，就在其家住坐二日。拘常州府官，帶領畫匠，將本家房屋畫成圖本，聲言：「回京進與朝廷，定將他家抄了。」嚇詐鄒賢兄弟二人銀兩與王臣等分用。又捉拿華文熙等，鎖打勒要銀兩。又嗔知縣熊經拘人不到，要行綑打。本官懼怕，當將官庫銀兩替大戶出銀。

又取武進縣胡溥到江陰縣，發放「著大戶蔣鎮等一十名出銀八千兩」。其後各人共輳三千兩。又發放：「常州府知府孫仁，朝廷有密旨，著我去徐中書等家討要玩器書畫等物。我今要往各家去。」被孫仁勸住，各家共輳銀一萬兩送王敬等分用。

又有無藉小人乘機安首人家有物，各官輒便差人或行縣四散捉拿，驚嚇人戶逃走，地方爲之騷然。因拿大戶陳護，却將鄰人李源妻陸氏趕逼下河身死。又發牌問無錫縣討要兼絲、布、茶、扇等物。王臣期瞞王敬，私下詐騙軍民銀兩，又不可以筆記。其松江等府不係坐來收買書籍地方，亦皆擾遍。所進書籍、玩器等項，俱係取諸人者。藥餌亦係府縣另行備價收買者，並不曾用賫買鹽價銀。人民委實受害，不得安生，咸有怨言。

臣惟陛下自嗣大歷服以來，敬慎厥德，賢能效職，庶政咸和。二十年間，邊方少警，海內宴然。不圖今日而有此事，非獨上虧國體，抑且下失人心。設使王敬等將所得玩器金銀等物盡數進獻以充國用，而取之不義如此，得之不以其道如此，非聖明所宜受。況朝廷富有四海，府庫皆財，倉廩皆粟，豈少此哉！如或不肯盡數進獻，使朝廷虛擔其名，各人實享其利，豈不尤可太息？兼且朝廷所用錢糧多仰給於蘇、松、常等府，若使彼處百姓不得安生，國用何所取給？此數府百姓尤宜加意安全，而不可使之困苦流冗也。

昔治書侍御史權萬紀言："宣、饒出銀，大發采之，歲可得數百萬。"唐太宗曰："卿未嘗進一賢才，而專言銀利。昔堯、舜抵璧於山，投珠於谷。漢之桓、靈，乃聚錢爲私藏。卿欲以桓、靈待我邪？"乃出萬紀。今王敬等所爲，害理尤甚，決不可以待權萬紀者待之。臣又訪得，王臣即王瘸子，俱是奸詐無賴小人，素無勞勛，止以左道邪術得幸。父子俱得好官，非惟虛糜廩禄，有玷名器，且使懷才抱藝之士爲之不忿。

夫金銀乃天地之精氣，非智術所能爲。設若王臣能之，何不自做自用？何以日前到處以此爲名，騙人財物，累犯刑憲？何以今日撥置內官，用強要人金銀，騷擾地方？昔文成、五利既以邪術欺漢武，今王臣復以邪術欺陛下。此忠臣義士所以爲之痛心而扼腕也。且陛下爲萬乘之君，百神之主，而敢爲之欺罔如此。百姓乃陛下之赤子、邦家之根本，而敢肆其暴虐如此，是可忍也，孰不可忍也？臣又聞王臣在江西等處收買美色婦女數人，盛粧在船，言頗嬌誣，人多不信。百戶姚敬娶娼爲妾，被王敬搜出，送蘇州衛鎮撫收，監於本官名下，追銀一千兩。恐後訐出王臣前情，仍將本婦給還姚敬，此亦人所共知。凡有識者，莫不曰陛下聖德寬仁，敬天愛民。若知此情，必不容之，但一時不知耳。臣備員六卿，奉敕巡撫，職在衛國而安民。睹茲弊事，若循默不言，依阿取容，萬一事出不測，以遺君父之憂，雖死何贖？是以不敢不言之。伏望陛下留意於難保之天命，割恩於壞事之小人。奮乾剛之獨斷，昭王法之無私，行取王敬、王臣等到京，或明正典憲，或量加懲治。使天下知聚斂之擾人非朝廷意，乃王敬等矯制。王敬擾亂地方，非其本心，乃王臣等撥置而然也。如此則怨有所歸，人心寧止，而天下安矣。不然，則怨無所歸，其患蓋有不可勝言者矣。

臣愚仍望朝廷自今伊始，凡百用度，悉從儉約。節不經之費，罷無功之賞。裁冗官、汰冗食，則財用自足。果缺公用物件，定擬數目，行移出產地方採辦進用，則民自不擾。內外公差官員跟隨頭目，多不許過三二名，則事自減省。否則，賣官鬻獄，不足以供執事者之費；剝膚椎髓，不足以滿隨行人之欲。欲斯民之不窮，財力之不屈，盜賊之不起，天下之治，安得乎？臣爲國之心激切，不自知其言之狂且瞽也，罪該萬死。儻蒙聖恩優容，不加譴責，亦乞將臣放歸田里，耕以待盡，爲幸無涯。除王敬、王臣等索要沿途衙門銀兩，并浙江、江西等處財物不知的數，及蘇、常二府進貢藥餌、書籍不開外，今將各官嚇詐臣該管地方并九江一府官民金銀等物，開坐具題。

申救常州府知府孫仁奏狀

臣聞太監王敬公幹回京，稱旨受賞。隨行千戶王臣亦蒙陞賞。王敬參奏常州知府孫仁，現蒙差官提取。聞者莫不驚愕，咸謂王敬此來，知府孫仁十分慇懃，隨到無錫縣聽候十餘日，又隨到江陰縣聽候十餘日。凡力可爲者，本官無不爲之。今乃不得王敬、王臣之喜，反招其怒。若謂本官欺罔違慢，緣已到處跟隨聽候，如指之從臂，非有欺罔違慢也。若謂本官不行收買藥餌，緣常州一府已送書籍等項價銀一萬九千餘兩。又另用銀五百兩收買藥餌進用，非不行收買藥餌也。若謂本官將銀兩囑送，緣前項銀兩、書籍、藥餌俱已交收了當，別無公私可囑也。況孫仁自到任以來，有爲有守，深得民心，若罪本官，固雖快言者之意，不無失地方小民之心。然快一二人之意，其事小；失千萬人之心，其事大。伏望聖恩少霽天威，稍寬孫仁之罪，則庶民不失望，官知所勸而地方安矣。臣昧死上言，不勝悚懼之至！

陳言制治保邦奏狀

臣聞周官有曰：「制治於未亂，保邦於未危。」誠以未亂而制治，則必不至於亂。未危而保邦，則必不至於危。使已亂而制治，雖勞心經營，終不能救其亂。已危而保邦，雖極力扶持，終無以免其危。此往古已驗之實事，非俗儒閑談之空言也。臣不敢遠舉，姑以近事言之。宋徽宗初年，天下太平。蔡京倡邪說以爲當豐亨、豫大之運，專以奢侈，勸上窮極土木之工，作玉清、神霄等宮，崇信道士林靈素，以朱勔領花石綱，奇花、異木、怪石、珍禽、奇獸，無遠不至。加以梁師成專務應奉，作爲淫巧以蠱上心，是以民窮財盡，政事不理，國勢不競，遂致方臘之亂，而成靖康之禍。方其初也，使納言者之諫，罷前項無益之事，專以愛人、節用爲心，使百官和於朝，萬物和於野，宋其有衰乎？方今天下太平，四方寧謐，國勢若金甌之完全，無纖毫之缺損。又況皇上聖德寬仁，神武不殺，上合天心，下和民心，禮樂法度之巍然，典章文物之煥乎，可謂治且安矣，宜若無可慮矣。然古人有言：「亂不生於亂而生於治，治之極者乱之始。」此臣之所以爲陛下憂也。陛下雖精一執中，無怠無荒，第左右之人，感戴聖德思欲報之，肆爲掊克之計，爭獻奇異之物，以悅聖心，以固恩寵。此固孝順之意，若不及早圖之，更絃改轍，誠恐浸潤日久，嗜慾日滋，糜費日多，財用日屈，民日益窮，事日益壞，即不幸有數年之兵、數年之荒，不知何以爲計？欲如今日之安，欲無後日之悔，恐未能也。此臣之所以愿陛下制治於未亂之時，保邦於未危之日，以隆聖明億萬年無疆之丕緒也。伏惟陛下以古爲鑑，乃敕多官會議制治保邦之條件，採而行之，天下幸甚！宗社幸甚！

陳言治安奏狀

臣聞邇者邊廷不靖，内外戒嚴。朝議以各邊軍餉不足也，既遣官以糴買之；以京營軍士不足也，復遣官以清查之。又以内帑銀物不足也，而出征官軍無厚賞。方今天下一家，海内一國。以言乎餉糧漕運之轉輸、陸路之飛輓，非不多也。以言乎銀兩礦場之開辦，〔二〕糧草之折納，非不廣也。以言乎軍馬在京有四十餘衛所，又有外衛番上之役到營而操練，分將以統領，非不衆也。夫如是，宜乎廩有餘粟而不可勝食矣，庫有餘財而不可勝用矣，軍士多且精而所向無敵矣。奈何一旦有警，輒見不足？蓋承平日久，安不慮危，糧費於冗食，財費於侈用，軍疲於差占。若王師不早出，強敵不早退，臣恐不止口外之被擾，邊民之被擄，其爲患蓋有不可勝言者矣。今敵兵既罷，王師凱旋，此實皇上聖德格天，天道助順，將校用命之

〔二〕「開」：原誤作「閙」，據文意改。

所致也。然目前似無事矣，臣不敢保其必無事。似可安矣，臣不敢保其必可安。若謂敵兵既去必不來也，臣不敢保其必不來。書曰：「惟事事，乃其有備無患。」孫子曰：「無恃其不來，恃吾有以待之。」此臣等居高位、享厚禄，爲國股肱者所當致意也。伏望陛下當此閑暇之時，敕令諸司明其政刑，量減在官冗食之人，無輕冒報功次之罰。重名器，抑奔競，則不加賦而糧自足矣。少作無益之事，不貴珍異之物，慎賜賚，節用度，則不厚斂而財自足矣。免畚土輦石之差，嚴私役買閒之禁，時教閱，養鋭氣，則不招集而軍自足矣。三者既足，則元氣自壯，根本自固，邪氣自不能入，外侮自不敢作。設有邊報，要軍馬就有軍馬，要糧草就有糧草，要賞賜就有賞賜。剋期以出，相機而行，以守則固，以戰則勝，何賊之不可破？而何功之不可成哉？苟不撙節愛養於平昔，及其事至而欲取辦於一時，臣未見其濟也。此國家之大計，廟堂之上必有以處之也。若無待於臣言矣。今臣言之者，亦區區爲國之心也。惟聖明恕其狂瞽而裁察之，幸甚！塵瀆宸聽，不勝戰慄待罪之至！

敷陳古訓奏疏[一]

臣惟古之堯、舜、禹、湯、文、武之爲君，聖君也。皋、夔、稷、契、伊、傅、周、召之爲臣，賢臣也。當是時，君不自以爲聖而必取人以爲善，臣不以君爲聖而必責難以爲恭。是故益告舜曰：「吁！戒哉！儆戒無虞，罔失法度，罔遊於逸，罔淫於樂。任賢勿貳，去邪勿疑，疑謀勿成。百志惟熙，罔違道以干百姓之譽，罔咈百姓以從己之欲。無怠無荒，四夷來王。」禹告舜曰：「無若丹朱傲，惟慢遊是好，傲虐是作。罔晝夜額額，罔水行舟，朋淫於家，用殄厥世。」夫聖莫聖於舜，而於前此數者，曷嘗有一於身哉？益非不知也，禹非不知也，而猶以是告之者，蓋舜處崇高之位，其流將或至此。所以豫爲之儆戒以防之者，人臣愛君之心也。仲虺之告成湯有曰：「德日新，萬邦惟懷。志自滿，九族乃離。王懋昭大德，建中於民，以義制

[一]「敷陳古訓奏疏」：目録作「敷陳古訓奏狀」。

事，以禮制心，垂裕後昆。予聞曰：『能自得師者王，謂人莫已若者亡。好問則裕，自用則小』。」伊尹告太甲有曰：「制官刑，儆於有位。曰：『敢有恆舞于宮，酣歌于室，時謂巫風。敢有殉於貨色，恒于游畋，時謂淫風。敢有侮聖言，逆忠直，遠耆德，比頑童，時謂亂風。』惟茲三風十愆，卿士有一於身，家必喪。邦君有一于身，國必亡。臣下不匡，其刑墨。」又曰：「慎乃儉德，惟懷永圖。」又曰：「德惟治，否德亂。與治同道罔不興，與亂同事罔不亡。終始慎厥與，惟明明后。」傅說告高宗有曰：「惟治亂在庶官。官不及私昵，惟其能。爵罔及惡德，惟其賢。」又曰：「惟事事，乃其有備無患。無啓寵納侮，無恥過作非。」又曰：「監于先王成憲，其永無愆。」召公告武王有曰：「玩人喪德，玩物喪志。志以道寧，言以道接。不作無益害有益，功乃成。不貴異物賤用物，民乃足。不寶遠物，則遠人格；所寶惟賢，則邇人安。不矜細行，終累大德。」告成王有曰：「我不可不監于有夏，亦不可不監于有殷。我不敢知曰：『有夏服天命，惟有歷年。』我不敢知曰：『不其延，惟不敬厥德，乃早墜厥命。』」又曰：「肆惟王其疾敬德，王其德之用，祈天永命。」周公告成王曰：「昔在殷王中宗，嚴恭寅畏，天命自度。治民祗懼，不敢荒寧。肆中宗之享國七十有五年。其在高宗時，舊勞於外，爰暨小人。作其即位，乃或亮陰，三年不言。其惟不言，言乃雍，不敢荒寧。嘉靖殷邦，至於小大，無時或怨。肆高宗之享國五十有九年。其在祖甲，不義惟王，舊爲小人。作其即位，爰知小人之依，能保惠于庶民，不敢侮鰥寡。肆祖甲之享國三十有三年。自時厥後立王，生則逸。生則逸，不知稼穡之艱難，不聞小人之勞，惟耽樂之從。自時厥後，亦罔或克壽。或十年，或七、八年，或五、六年，或四、三年。」又曰：「文王不敢盤于游田，以庶邦惟正之供。文王受命惟中，身厥享國五十年。」

臣惟湯、武之聖，豈仲虺、召公能過之哉！太甲、高宗、成王之賢，亦豈出於伊、傅、周、召之下哉！然而仲虺、伊、傅、周召屢進直言，懇懇切切而不顧者，以其食君之禄，受君之託，職分之當爲也。在他人聽之，若有所不堪，而湯、武、太甲、高宗、成王皆受之而不拒，而不罪者，知其立言之意，爲國、爲民、爲天下而不爲己私也。有是君，有是臣，所以共成雍熙泰和之治，澤被當時，名垂萬世而無已也。仰惟陛下聰明聖智，孝友寬仁，承祖宗之大統，爲億兆之君師，可以比隆二帝三王，而軼乎太甲、高宗、成王遠矣。臣生當斯世，陟茲崇階，沐仁義之膏澤，睹道德之光輝，何啻親見堯、舜、禹、湯、文、武之聖君矣！欲效皋、夔、稷、契、伊、傅、周、召之敷言以盡忠。愧乏其才。欲默然以自全，尤恐負陛下之深恩。日夜思懼，計無所出，是以掇拾前言以爲陛下獻。惟陛下於清燕之時，召二三儒臣於便殿，逐句而詳解之，復以今日之事逐件而體比之。其有合者行之，不合者改之；可儆戒者儆戒之，可效法者效法之。務俾有益於聖德，有益於治道，有益於國家，有益於生民而後已。如此，是陛下以皋、夔、稷、契、伊、傅、周、召之任待臣，臣以皋、夔、稷、契、伊、傅、周、召之道事陛下也。何患乎四海之不賓服？萬邦之不咸寧？又何患乎雍熙、泰和之治不見於今日哉！

臣年七十，屢陳休致，不蒙聖恩俞允。陛下若用臣言，雖退歸田，即同日侍左右；若不用臣言，再留數年，不過多食俸錢，於臣則有益，於治道則無補。此臣區區爲國之心，天地鬼神之所共鑑，非敢佞也，非敢訕也。伏乞聖明裁察，幸甚！

論録事邵義傳奉旨陞通判奏狀

據直隸蘇州府申：奉吏部氏字五百五十六號勘合前事。成化十九年九月十日早，該太監覃昌傳奉聖旨：「廣東韶州府巡檢司巡檢劉璋陞錦衣衛所鎮撫，著仁智殿辦事。儒士湯珪陞鴻臚寺序班，著文華殿辦事。上林苑監録事邵義陞直隸蘇州府通判管事。該部知道。欽此。」欽遵補本覆奏外，行仰本府取本官到任日期，同原領文憑繳報備奉到此。照得：「新任通判邵義合用弓兵皂隸，欲於均徭册内簽點撥與」等因到臣。查得：蘇州府原設通判三員，一員管府事，一員管糧，一員管治農，皆現任無缺。今又陞邵義前來管事，是爲額外冗員。官冗則事不歸一，而民擾矣。邵義原任録事正九品也，依例止該陞正八品。今陞通判，乃正六品也，無乃有壞選法。選法壞則士無定志，而奔競之風起矣。且邵義之爲録事，小官也，名實未加於上下。今不由吏部銓選，而「傳奉聖旨」陞授是官，則羣情不能無疑。三二年前，「傳奉聖旨」或陞一司務，或陞一序班，或陞一匠官，或陞一千百戶、鎮撫。方是時，議者皆以爲開此蹊徑，後將難止，但未有爲陛下言之者。是以陛下傳奉之官，一年多於一年也。今工部所屬額外匠官將及千員，各衙門司務、序班、千百戶、鎮撫等官難以數計，俱要俸祿。皂隸、伴當不無耗國用，損民力，而輕名器。設使傳奉之初有人言之，陛下聰明仁聖，未必不從；冗官未必至於如此之多。今又「傳奉聖旨」，陞除在外府縣官，俾之管事。臣備員巡撫，久處於外，頗知民間疾苦。若再不言，將恐奔競之徒遞相效尤，各尋徑路，不數年間，盡據天下之要地，恃寵妄爲，正路蓁蕪，賢者難進。則郡縣之政日益非，田里之民日益困，而天下之事日益壞矣。豈特耗國用、損民力、輕名器而已哉！陛下儻以臣言爲是，敕令該部將邵義照依資格陞授在外府縣相應員缺。今後在内五品以下、在外四品以下文職遇有員缺，悉從吏部照依資格，具名請旨選用。其在京堂上與夫在外方面官遇有員缺，亦從吏部每員推舉相應二員，請旨於内點出一員，俱不必傳奉。若吏部銓選不公，推舉不當，明正其罪。其千百戶、鎮撫，非有軍功不得濫陞。如此則奔競自息，賢能在職，群情安而天下治矣。如不以臣言爲是，伏乞聖恩，容臣送骸骨還鄉，非但臣之幸，亦好進者之幸也！臣無任干冒天威，不勝惶懼待罪之至！具本謹題請旨。

京師地震自陳休致奏疏

臣聞邇者京師地震，皇上既齋心滌慮，省愆修德；敕羣臣，改過自新，懋修厥職；復頒恤民安邊事宜，俾之欽承。此陛下克謹天戒，應天以實，勵精圖治之盛心也。内外臣僚，罔不淬礪激昂，同心戮力，勉修職業，用答聖明憂勤倚毗之意。而臣獨以衰朽庸劣之材，竊食江南，無所裨補。雖聖德寬仁，不加譴責，而臣自揣於己，實所不安。且江南錢糧、詞訟、軍需、買辦等項，其數倍蓰於他省，而官吏賢否、軍民善惡雜乎其間，必須年力精強，有學術、有才能之人任巡撫之寄，方能齊整其事，上爲國家分憂，下爲生民造福。今臣犬馬之年已是六十有九，巡撫其地已踰五年，筋力久衰，精神已耗。省覽案牘則眼目昏花，分付事務則言語錯亂。計慮實不及遠，施爲俞不如初。百病嬰身，諸事懶作。雖不敢因循度日，亦豈能奮勵成功？委實無益聖時，有妨賢路。伏望聖恩憐臣衰老，放臣歸田。另任賢能，用圖至治，非惟臣之幸，實地方之幸也。臣不勝戰慄感仰之至！具本謹具奏聞，伏候敕旨。

王端毅公奏議卷六

復[一]參贊機務

轉南京兵部尚書參贊機務謝恩疏

臣向蒙聖恩，以兵部尚書兼都察院左副都御史巡撫南直隸。成化二十年五月十九日，欽奉本月初七日敕諭，改臣南京兵部尚書參贊機務者。臣孤忠，少與他技非長。罄竭一得之愚，巡撫五年之久，悃幅屢陳，未遂歸休之願。焦勞方切，忽承簡擢之恩，俾掌夏官，仍參留務。矧南京乃祖宗根本之地，尚書實古昔納言之官。雅宜妙選奇才，詎料仍推衰朽。顧難回於成命，肯少負於初心，爰茲瀝血以輸誠，終擬鞠躬而盡瘁。除望闕謝恩，到任管事外，具本專差指揮石文通齎捧稱謝。謹具奏聞。

督修孝陵查算工料數目奏狀

成化二十年五月十九日，節該欽奉敕命臣同守備太監張本「嚴督內外該管官員，查勘實在用工官軍、匠作，毋令空閑役

[一]「復」：嘉慶本作「後」。

占。計算在官物料并價銀及支給錢糧，毋令冒支妄費。仍逐日併工修造，早爲完備。欽此。」臣謹遵奉聖訓，會同守備太監張本并內外守備官恭詣孝陵叩頭訖，當同內外管工官太監鄭強、隆平侯張祐、侍郎劉俊等遍歷工所，看得孝陵殿宇、門廡、碑亭等項，俱已裝修完備，惟明樓已抓縛鷹架，未曾拆修。有鄭強等說稱：「斗科已造成五十餘座，因是原料明梁大楠木三根，坐派四川布政司採辦。南京工部已差營繕清吏司主事吳湜前去催儹未到，以此不敢拆卸。」又看得：周圍牆垣除修完外，止有一千七十丈未完，臨及漿糯房墻垣損壞六十五丈，未嘗修理。各官說稱：前牆係是原未計料之數。臣等除行南京工部復差虞衡清吏司主事施忠馳驛前去，着落四川布、按二司官吏併行分巡、分守，嚴督該府縣官吏委官量起人夫採打拽運。及行四川巡撫都御史孫仁督發併工，督令管工官將前項未修、未完牆垣，俱已修砥完備，〔二〕於本年六月初五日，疏放軍夫、匠作暫且歇工。當將現在未用物料，責令南京內官監監工內使張秀等并工部委官看守。及今孝陵衛委差官軍輪流日夜巡綽，行查前後修完工程用過物料，役過軍匠，支過工錢、口糧并原派未到物料，備細數目附卷，欲候催儹楠木至日，另行擇日興造明樓。緣係奉敕令臣等併工修造，早爲完備事理，未敢擅便。今將各項總數開坐，具本專差千戶姚鉞齎捧，謹題請旨。

論撥船事宜奏狀

車駕清吏司案呈：奉本部送於內府抄出，兵仗局署局事內官監左少監葉深先於成化十八年八月十八日，欽蒙差臣等前往南京兵仗局成造盔甲等件。除欽遵外，照得：「所造盔甲、擘手、鐵褲等項俱係鋼鐵、砑明、紵絲、細絹之物，起運之時，比與別項錢糧橫扛至重，所差船隻數少，每遇河道灣淺，一時難以動移。又恐水氣侵剋，以致發秀壓浥不便。今後起運

〔二〕「砥」：原作「宼」，據嘉慶本改。

軍器之時，合用馬快船隻，合無照依各衙門事例，每隻裝載十櫃」等因。奉聖旨：「是。該衙門知道。欽此。」欽遵移咨到部，送司案查。成化十九年五月初十日，該南京守備太監安寧等揭帖：「造完軍器四千五百件，裝盛四百二十二櫃，用船裝運。」本部照依節奉欽依事理，委官會同南京科道等官看裝，每船裝一十三櫃，裝運到京交卸，並無發秀壓浥。續因裝運官物及進貢等項用船數多，現在船隻不敷。本部通行各衙門：「該運物件議擬則例具奏。要將兵仗局軍器酌量可裝二十五櫃。」本年九月二十八日，兵部題奉聖旨：「都准擬。欽此。欽遵。」成化二十年正月內起運軍器七千二百件，裝盛六百七十四櫃。其管運官不肯照依本部奏准每船裝二十五櫃則例裝運，每船止裝一十七櫃，亦運到京交卸，亦無發秀壓浥。今本官又奏：「要照各衙門事例，每船止裝十櫃。」查得南京工部起運上用戧金、描金、硃紅、膳盒等件，俱用黃羅銷金袱子、黃絨繩索及櫃桶裝盛，比與軍器櫃扛大小，多半相等，每船實裝六十餘扛。

近來，內織染局起運上用段疋，每船亦裝一十三櫃，別無每船止裝十櫃則例。今卻要每船裝十櫃。委的近來欽取供用香料并木植等項，用船動以百計。工部該運儀真廠磚料，合用快馬船二十隻，一年二運。今無一船可差。況南京各衙門年例起運時鮮及應付欽差回京人員各處進貢方物等件，用船數多，實難措辦。臣恕亦非不欲其喜而欲其怒，但差多船少，不勾撥用，[一]豈得已也？

如蒙合無仍照本部照奉欽依事理，[二]將前項軍器每船裝二十五櫃，及各衙門一應起運物件，俱照節該奏準儘船裝載事例及議擬則例而行，不許管運人員自定扛數，多討船隻，煩瀆聖聽。如此，庶得事體歸一，船隻彀差，而裏河軍民拽船之勞，亦可寬矣。

[一]「勾」：疑當作「够」。

[二]「如蒙」後疑脫「恩准」二字。

陳言山陝救荒奏狀

臣伏聞邇來禮部題稱：「陝西、山西、山東、河南、北直隸災傷，查得成化二十二年例該各處僧道官給度牒，合無令其就彼納米給與」等因。奉聖旨：「是，僧道官有缺，亦著納米選用，還酌量則例來說。欽此。」又聞鎮守湖廣太監韋貴等稱：「山西、陝西、河南、北直隸地方荒旱，饑民南流數多，日有萬口經過。欲照例驅治，又恐激變。欲發倉廩賑濟，官糧有限。合無通行山西、陝西、河南、北直隸巡撫、都御史督令各該州縣，將新舊流民令該管里老招撫復業」等因。奉聖旨：「該衙門知道。欽此。」又聞太子太傅、吏部尚書兼華蓋殿大學士萬安等題稱：「邇聞陝西、山西地方亢旱無收，陝西尤甚。人民缺食，死者無算，填滿溝壑，嬰孩路旁啼哭不絕。合無將儒學生員不分地里遠近，有納米者，廩膳，納米八十石，增廣，納米一百石，俱赴陝西缺糧倉上納；本布政司起送國子監讀書，挨次選用。其軍民舍餘人等，有願納米者，授以軍職百戶；納米二百石，副千戶；二百五十石，正千戶；三百石，指揮。照例加米，定與衛分，帶俸閒住。俱赴陝西缺糧倉分上納具奏。」奉聖旨：「是。該部知道。欽此。」又聞差侍郎耿裕、徐溥祭告西嶽、西鎮、西海、大河之神，臣有以見皇上與諸大臣畏天憂民、救荒恤患之心，可謂無所不用其極。雖雲漢之詩所謂「旱既大甚，散無友紀」，「靡神不舉」，「靡人不周」者，何以過之！

臣惟陝西、山西地方連年災傷，米價貴甚。閭閻小民貧難，殷實者少。雖奉上項恩例，恐願納者寡，焉能濟衆？又訪得南直隸、浙江、江西、湖廣今年頗收，僧道、生員、軍民舍餘中間，亦恐有願如恩例上納以圖補報者。合無請敕每處給事中、御史、郎中等官三二員分與府縣，令其馳驛前去，會同彼處巡撫、巡按等官督同分巡、分守官分投詣屬，出榜召募前項人等，各照米數每石令其納銀一兩，給與文憑關領度牒，照缺選用，入監讀書，及爲指揮、千百戶等項。其銀就令原差領敕官[二]南直隸、湖廣銀兩送陝西，浙江銀兩送山西，江西銀兩送河南；俱公同巡撫、巡按等官差委能幹司府官員分投諳屬，給散缺食人戶。隨銀多寡，每月驗口或給二錢或三錢，令其自行買米救濟。

其各處流民之在荊襄者，彼處鎮守等官既稱「不可驅治」，又稱「無糧賑濟，要令各該巡撫、都御史督令該管里老招撫復業」。緣里老亦多流移，料無可差之人。就彼有人可差，各戶家業已失，田野無望，又無口食，豈能回還？臣思流民缺食，無計聊生。拊循失策，必爲盜賊，勞師動衆，所費益多。合無將湖廣今年該起運南京各倉及兌軍秋糧，量留一二十萬石運赴荊襄水次倉賑濟流民，以銷後患。又將河南該兌軍秋糧留一二十萬石，赴荊襄水次倉賑濟流民，以銷後患。又將河南該兌軍秋糧，留一二十萬石賑濟本處饑民及四方流來之民。如河南兌軍糧米無徵，亦須別作擘畫。仍敕各處巡撫、巡按、提督三司委官，如有流民到於該管地方，即便加意賙卹，不許驅逐，致令失所。且人一日不再食則饑，兩三日不食則病不能起，五六日不食則死。此救荒當如拯溺救焚，可急而不可緩，緩則無及矣。

臣深慮召募僧道、生員人等銀兩急不能得，有悞賑貸。合無先出内帑銀二三十萬兩火速發去陝西、山西、河南賑濟。如内帑不足，請諭貴戚近臣及在京巨富之家，那移前去，切不可緩。待後召募有銀之日，照數酬還。仍乞降詔，將被災府縣今年稅糧，買辦等項盡行蠲免。如此，庶幾全活生靈，潛消後患，易危就安，轉禍爲福。有以見皇上深仁厚德，而有生之類蓋將感戴於無窮矣！

[二] 據文意，「敕官」下，疑脫「將」字。

救林俊張黻奏狀

臣恕荷國厚恩，庸劣無補。惟願聖德尊顯，天下乂安，俾臣得俯仰於無事之天，沒齒於太平之日，爲幸大矣。邇聞刑部主事林俊上章陳言，忠誠激烈，詞氣過直，冒干天威，謫官遠方。後府經歷張黻爲林俊陳情，亦蒙拏問。臣恕當以林俊等爲戒，括囊全身。今復昧死而言者，非納交於林俊等而爲其游說也，實爲國家天下慮耳。

方今之時，外而邊陲烽煙未靖，軍士暴露；內而郡縣旱荒太甚，民饑而死。此誠陛下憂勤惕勵，詢謀羣策，極力救濟以收人心之時，奈何興土木之役，爲佛氏之居？蓋聞僧伽之言，張大佛法之功於以尊之、崇之，資其利益以福斯民而延國祚也。殊不知三代以前無佛法，而帝王歷數率皆綿遠。三代以後崇信佛法，而帝王運祚未聞過之。以此觀之，佛法之無益於世也，明矣。其不足信也，審矣。且天地生成萬物，祖宗創業垂統，孔子明道立教，其功、其德，豈佛氏所能髣髴萬一？然而，京師止設一壇以祀天地，內府止設一太廟祀祖宗，京都以及天下都邑，亦各止設一文廟祀孔子。就使佛法有靈，而其功德可比隆於天地、祖宗、孔子，其佛寺亦不宜多於天地、祖宗、孔子之壇廟也。

今都城內外，佛寺不知有幾千百區。茲又欲營建佛寺於皇城之側，遷移軍民數千百家，計費帑藏銀數十萬兩，似爲過之。然安土重遷，人之情也。今一旦拆人房屋，使之遷於他處，欲人心安，得乎？帑藏銀兩所以備兵荒也，今乃以爲建寺之資，使民飛輓於道路，轉死於溝壑，欲人心悅，得乎？人皆知此事之非宜而不言，獨林俊言之者，是林俊能盡忠於陛下而不顧身家也。人皆私議以爲林俊之言是，亦無一人公言於朝。獨張黻言之者，是張黻亦能盡忠，欲陛下納諫旌直，以隆治道，亦可嘉也。今皆不之省而悉置之於法，此臣之所未喻也。臣恐由是人皆以言爲諱，設有讒佞之害正，姦邪之誤國，誰復言之？陛下何由以知之？又造宮殿爲梁爲柱大楠木，南京各廠已無一根。近來修孝陵明樓，差官前去四川遍歷山谷，尋採五年，僅得五根。數內堪中者少，不堪者多。起動數千人夫止拽一根到於水次，餘者尚未出山。此等大木誠爲難得，不知在京各廠現有堪作大梁、大柱楠木幾多？可彀幾座宫殿之用？誠不可不愛惜以備用也。陛下仁如帝堯，孝同大舜。自踐祚以來，不畋獵，不游幸，未嘗妄興一旅之師，亦未嘗妄戮一無辜之人，誠不世出之明主，大有爲之聖君也。不意偶然有此，蓋未之思耳。此臣之所以日夜懔懔而不能已於言也。伏乞聖慈收雷電之威，解恢恢之網，復林俊等之職，慰天下人之望，暫停建寺之役，專理兵荒之政。如此，庶幾遐荒向化，九有歸心，宗社可以鞏固，天命可以永保矣。臣無任戰慄待罪之至。成化二十年十一月十九日具題。

定奪修城營葬工料奏狀

准工部咨營繕清吏司案呈，奉本部送於工科抄出應天府府尹于冕等奏：「據上元等縣申，據神泉等鄉里老葛再等呈：『照得南京外羅城週圍一百三十餘里，城門一十七座。比先年間，原係工部委官驗工計料，差撥人匠、軍夫修理。近年以來，遇有城垣坍塌，應天府與工部分修。現今各縣一年一次或二次，起撥人夫多者一百四五十名，少者六七十名。每夫集價銀一兩，動經七八百兩至一千餘兩。及南京内官病故造墳安葬，亦係民間撥夫集價，遞年出辦，負累人難。況南京積年起運惜薪司、光禄寺、安王妃等處柴薪夫價，光禄寺挑酒夫價、竹籬扛索價并修理鮮魚廠内織染局攙缸、煉灰價銀，及現今内府成造段疋，揀選香炷，欽差内外官員往來日逐供給，下程僉撥皂隸搬運柴薪、挑送糧米等項，并手下役使厨役等類，俱要供食。一年之内出銀動以數千兩計。以此科派繁重，委的困苦無伸。呈乞轉達，將修城、造墳二事量與寬減』等因到府。臣等看得，外羅城所以環衛南京大城，宗社、宫闕之所在，帑庫、倉場之所積，遇有坍塌損壞，雖舉天下之工力修理，亦不爲過。但本府所轄止是七縣，内有江浦、六合二縣係在江北，里少民貧，動輒移逃，難以科差外，惟有上元等五縣可以差撥。加之連年旱澇相仍，人民缺食困苦之極。況外羅城週圍里數闊遠，城門不止一座。南京工部原有湖廣、江西、福建三布政司所屬府州縣人匠、工料數多，原設有修倉主事一員，就管修城，專理其事。今本府蕞爾七縣，遞年與南京工部分工修理。況本府亦無現在人匠，俱是將價銀雇覓南京工部管下人匠用工修理，委的事體未當。合無今後將坐派本府修城夫價以十分爲率，本府出辦二分，去八分灑派附近直隸蘇、松、常、鎮、太平、徽州、寧國、安慶、池州等九府，照依府分人民多寡出備。大約一處集價不過銀六七十兩，一年一次預先解送南京工部交納。遇有城垣坍塌，本部就委原管修城主事驗工計料，一併修理。如此則非但畿甸之民得以少寬，抑且灑派不多，外郡之民不致累負。況南京工部遞年得此工價，不須別項勞費，庶可經久常行。其內官病故造墳一節，緣內臣平昔俱曾效勞，造墳之禮固不可廢。但南京工部原無定例，遇有坐派夫價工料等項，往往多寡不一。合無查照在南京近年司禮監太監許安、御馬監太監劉永成等病故，工部造墳安葬事例，行移南京工部照例遵守施行。借撥本府夫匠一既停止，庶不至於勞民傷財。臣等竊惟南京乃祖宗根本重地，上元等七縣皆京畿之民，比之他處尤當時加愛養，不宜日漸疲憊。伏望聖明裁處，乞敕該部將前項修城等事量爲寬減處置，以蘇民困，以固邦本。臣等職在養民，昧死冒干天聽，不勝恐懼待罪之至，爲此具本。」

該通政使司官於奉天門奏奉聖旨：「該部知道。欽此。」欽遵行據順天府查得：「太監劉永成、許安病故安葬事例，本府應付棺材一具，人夫二十名，匠四名。」開報前來，案呈到部。參照應天府所奏「要將修城夫價以十分爲率，本府出辦二分，其餘分派附近直隸蘇、松等府出備」。及奏「查安葬太監劉永成等則例以憑遵守」一節，緣係修理城垣，安葬大臣，俱係朝廷重務，今本府所奏中間雖是有理，但未經行勘，難便定奪，合咨貴職，煩爲查勘前項所奏「務要斟酌停當，徑自具奏，以憑定奪」等因，備咨到職，隨行南京工部又行應天府查得：

「南京外羅城垣先年遇有倒塌，是南京工部委官驗工計料，各衛差撥軍餘前赴該廠領料，與班匠用工修理。景泰六年，蒙守備太監袁誠等奏行應天府，著落上元、江寧、句容、溧陽、溧水五縣不爲常例，借倩人夫一百名，分作二班，相兼軍餘，挑運木瓦等料，匠作修理。至成化九年，本府府丞白昂見得牆垣經年不完，夫役艱難，備行內外守備等官會議得：外羅城週圍一百六十里，共一十六門遠近不等，馴象門起八門，係應天府修理。滄波門起八門，係南京工部修理。其該用工料，南京工部與應天府各另出備，兩不干預。每年春秋二季，內外守備等官公同南京工部并應天府官，各照分修地方相看，遇有損壞，就行丈量，料計修理。」及查得：「應天府每年修城，有用工價銀二三百兩者，亦有四五百兩者，多寡不一。」參照應天府奏「要將夫價以十分爲率，本府出備二分，其餘灑派附近直隸蘇、松、常、鎮、太平、徽州、寧國、安慶、池州等九府，照依府分人民多寡出備，預先解送南京工部交納。遇有城垣坍塌，本部就委原管修城主事驗工計料，一併修理」一節，緣南京工部與應天府分修外羅城垣，係是內外守備官會同議允，已行年久事理，況於事體頗便，難以更改。及看得直隸蘇、松、常三府錢糧數多，徽州、安慶等府路程窵遠，況各府俱有城池，每年俱要起夫備料修理，難令出備工價銀兩。其鎮江、寧國、太平、廣德於應天府州，俱係原奉恩例減免錢糧去處，又與南京相近。太平府蕪湖縣近來設有抽分場僉點夫役，供應往來，事頗繁重，亦難出備。若令鎮江、寧國并廣德三府州出備，事頗相應。及照內臣病故，造墳安葬，既已查有前例，別無定奪。合無行令鎮江、寧國并廣德三府州每年各出價銀六十兩，俱解送應天府收修城垣。其餘不足之數，不分多寡，俱令應天府上元等五縣出備，仍照舊與南京工部各照原分地方城垣門座修理。今後南京內臣病故，合無照依太監劉永成、許安事例安葬。緣係二部咨臣「查勘所奏，斟酌停當，徑自具奏定奪」事理，未敢擅便。具題。

同南京吏部等衙門應詔陳言奏狀

臣等伏睹今年正月初七日欽降詔書，有以見陛下敬天之諭，卹民之困，恐懼修省，求言圖治之盛心也。雖隆古聖明，何以過之！是以詔書到日，誤罹刑辟者蒙更生之恩；宿負錢糧者免追繳之苦，如釋重負，如解倒懸。饑者得食，勞者得息。危者以安，憂者以喜。莫不願皇圖之鞏固，祝聖壽於萬年。向非聖心惻隱，詢謀屈策，焉能以致是？臣等並受國恩。待罪南都，有所見聞，雖不奉明詔，亦當披肝瀝膽，以圖補報萬分之一。況明詔許諸人直言無隱，若猶噤而不言，言而不直，是臣等上違聖諭，下失民望，將何顏以立於聖明之朝乎？竊惟朝廷之布政令也，猶上天之降祥異也，一政令之得宜，若禎祥之見而天下無不忻悅。一政令之失宜，若災異之來而天下無不驚懼。易曰：「君子居其室，出其言，善則千里之外應之；

不善，則千里之外違之。」況政令乎？誠能發其善者而行之，其不善者而改之，則民自安，天意自回，尚何災異之不可弭而禎祥之不可至哉！臣等欽遵明詔，謹條陳今日缺失利病一二事，昧死以聞。伏乞聖慈俯垂睿覽，采而行之，天下幸甚，臣等幸甚！

計開：

一、洪武、永樂年間，官有定員，朝無倖位，是以賢能盡職，食之者寡。近年以來，無功而陞，無能而進者，日多一日。他如工藝之人、逋逃之徒、邪術之輩，各尋蹊徑得美職。而服章服者，充滿朝市，實是虛糜廩禄，虧損名器，非所以勵賢能而勸有功也。合無今後文職非由進士、監生、吏員出身者，勿授；武職非由軍功者，勿陞。其已陞除額外文職，悉令記名回家，待有缺之日，聽吏部察其可用者取用。係醫、卜、匠、藝出身者，悉令各執本藝，每月止支食米一石。其餘倖錢皂隸，俱各革去。其軍職非有軍功而陞在錦衣衛帶倖及管事者，改調在京各衛帶倖，止食原倖。原無倖者，每月亦止與食米一石，餘倖俱各革去。悉令差操，俱不許管軍管事，兩京一例。若在成化十一年以前陞用及貴戚之家循例而陞者，悉令照舊。其在京考滿該陞官員內，樂舞生出身者，止於太常寺官。天文生出身者，止於欽天監官。醫生出身者，止於太醫院官。匠人出身者，止於工部所屬文思院、營繕所等衙門官敍用。俱不可授以六部、都察院、通政司、大理寺等衙門堂上官，庶不虛費錢糧，混亂名器。

一、近聞太監梁芳差鎮撫梁山、舍人梁用馳驛前來兩淮運司，關支欽賜官鹽五萬引，著令該司出備包索船錢，用銀數多。該司無從措置，被其逼迫。今奉明詔：「不許勢要之家屯鹽。」雖稱前鹽係是欽賜之數，百姓愚昧，難以戶曉，未免致疑。又令運司出備包索船錢，人情愈加不堪。伏乞聖裁，合無將梁山等取回前鹽住支，今後各處鹽課俱各存留，以備邊儲。敢有仍前求討者，許戶部及科道官糾劾，使人無覬覦，官有儲積。

一、南京朝陽門外漆園原設百戶二員、甲軍一百餘名。每三年一次行取直隸廬州府人匠二十名到園開漆，所得漆不過二百斤。椶園原設百戶一員，甲軍一百餘名。每三年一次行取江西南昌府土民八名到園剝椶，所得椶毛不過二百斤，俱差內官一員監看開剝。桐園原設百戶二員，甲軍二百四十名。每年行取應天府油戶（不限名數）到園收領桐子打油。除存種子外，所得油止有一百餘斤，俱送內府南京丁字庫交收。南京工部遇有修造黄戰船隻等項，又去該庫關支。合無今後止令該園餘丁自行開漆、剝椶及雇人打油；免再行取廬州等府開漆人匠、剝椶，土民打油人戶，及免差內官監看。所得生漆、椶毛、桐油照數就送本部交收，庶使事體不繁，出納兩便。

一、南京兵仗局現有欽差內官四員，各帶領匠作一十四員名在局成造擺朝軍器五萬七千五百頂副。經今三年未完，緣地方災傷，人民缺食，南京工部及應天府措置物料，借倩夫匠并應天府供給下程等項，俱各艱難。合無將前項軍器暫且停止，收過各項物件公同南京工部并應天府委官查盤，見數收儲官庫，待後豐收之年，行令南京守備太監提督該局照數成造，仍將各項物料應減省者減省，應改會者改會，庶使人無重勞，料不虧費。

一、南京御用監、內官監等衙門，每年起運竹木板枋數多，撥船沿途拽運勞人。乾淺去處，又行起車裝載，勞人尤甚。況連年災傷，人民流亡，合無將前項竹木板枋停止一二年；以後減半起運，庶使人無怨嗟，料有撙節。

一、端人正士，何代無之？異端邪術，世亦常有。所貴察其忠良，辨其姦妄，而登用之，擯斥之爾。近者，員外郎林俊、經歷張黻以言事謫官，尋蒙收召復其職任國師。繼曉以左道惑衆，亦被放逐，遣歸田里。此足以彰陛下天地之量、日月之明，容受其直而特爲寬貸，洞燭其誣而不爲欺罔也。竊惟諸司之中固嘗有先林俊、張黻而被謫者，天下之大亦豈無後繼曉而行術者？合無吏部通查數年以來有因言事或降調外任，或冠帶閑住，悉令復職，俾圖自效。如有政令缺失，仍許直言無隱，及令都察院行委巡城御史、五城兵馬嚴加禁治。如有姦妄之徒，或執巧技，或挾邪術者，不許潛住京師，希求進用。敢有窩藏隱匿者，罪及鄰佑。如此則異端不至橫流，正道可免榛莽。

一、各處府州縣學廩增生員，近年以救荒許納粟銀入監出身中間，多有白丁錢虜，或在學無成，或入學未久，或臨期冒報。有司急於應令起送，不暇詳審。如此生徒，學業未成，禮節未習，僥倖入監，束書日計。若又放回依親，寧無忌肆？或暴横鄉里，或干謁官府，日後選用，懵焉面牆，妨政害民，實多有之。合無分送南北國子監，不許放回依親，著令自備柴米，坐堂肄業。本監學官用意講授，務俾成材，庶他日選用，不至瘝曠。

一、正統、天順年間，南京龍江、大勝二關各止差內官、內使三員名守把。皇城各門并都城各門，各止差內官、內使二員名守把。近來，龍江關差太監、奉御共六員〔一〕；大勝關差內官、內使共七員名；皇城各門差內官內使十餘員名；都城各門有差內官、內使五七員名者，亦有三四員名者。又內府南京甲字等九庫，比先年間每庫止有內官、內使二員名，公同該庫官收支錢糧。今各庫有內管、內使五七員名者，亦有十三四員名者，政出多門，弊難枚舉。合無行令內外守備官將各門、各關并各庫添差官員，盡行革退，令其各管本等職務，照依正統年間事例，存留守把管理，免致多占官軍庫役，妨誤公務。

一、在京針工、巾帽二局，每年各差內使二名管送布絹等物前來南京染作，卻裝回京與內官做造衣被、巾帽等件。該與在京內官者，就彼給散。該與南京內官者，帶來南京給散。差來內使在南京有住朞年者，亦有住七八個月者。有司日逐供給艱難，占用馬快船及洗箱軍軍民人夫數多，有妨差操。兼且一往一來，不無勞擾。合無今後北京內官衣被、巾帽等件，就在北京做造給散；南京內官衣被、巾帽等件，就在南京做造給散；庶免往來勞涉，騷擾軍民。

一、南京龍江廠原係民間納糧田地，先年設立堆放楠木俱已用盡，止存朽爛不堪者數根。該廠房屋牆垣俱各坍塌。現今地土空閑，仍前占用軍餘一百餘名看守。合無將地土給還原主領種，辦納錢糧，朽爛木植，變賣銀兩入官；看廠軍餘，退回原衛當差。於官無損，於民有益。

一、直隸蘇州等府買辦年例供應器皿項下，黃紅羅、黃紅絨、金箔、銀硃、土硃、生漆、桐油、熟銅、熟鐵、鏡面錫等項，及四川布政司折納歲堤辦皮張項下生漆、熟鐵等項，多是差人齎價前來南京收買，卻被攬頭、光棍誆騙花費。或被解人鋪行通同侵分。中間情敝多端，難以枚舉。以致前項物件不得完納，有誤造作。合無今後南京工部將前項物料價銀分派各該司、府徵收，起解本部，轉送應天府官庫，收候買辦、送用。若有積出附餘銀兩，准作下年之數。其一時物料內有高貴及價

〔一〕據文意「員」下，疑脱「名」字。

銀內有不敷，本部另行處置，庶使情弊可革，工程易完。

一、應議官子孫在京法司有奏准事例，徑行提問。今南京法司但應議官子孫有犯，俱先提事內人問理，有礙將原告并干証人監候、羈候，奏請提問。有行提數月并半年之上不出官者。及至問完，不拘徒、杖罪名，一既監候，請旨發落，未免久候及監候人難。合無查照在京法司事例，前項應議官子孫有犯，除皇親外，其餘有犯亦就提問。問完之日，徒罪以上監候，杖罪以下羈候。俱奏請發落，庶爲便益。

一、南京御馬監每年起運苜蓿種子四十扛，俱係南京太僕寺坐派養馬軍衛有司辦納。蓋是先年北京地方不産此種，以此取去播種。今北方已種六七十年，豈無種子可種？今卻仍舊起運，以事言之雖小，而徵斂解納之際，所費實多，皆出自軍民。合無行令南京御馬監，今後不必行取苜蓿種子解京，庶免科擾，下人受害。

一、朝廷差內臣在浮梁縣景德鎮燒造御用磁器，今已年久。雇覓夫匠、買辦柴土、顏料及供給監燒官員人等，每年用銀不下數千餘兩，俱是饒州等三府小民出備。雖曰磁器，計其所費，不減銀器之價。近聞原差內臣隨陞太監，鎮守江西，往來提督，而家人常川在彼生事尤甚，供給益侈。即今三府之民疲敝困苦，不可勝言。且饒州鄱陽湖邐迤數百里，上控荆襄之衝，一有警急，民窮財盡，何以爲備？此三府之民誠可痛憫，而燒造之役所當急罷也。況所燒磁器，年積月累，其數必多。合無暫且停燒造三五年，以蘇民困。待後缺用，再行燒造，亦未爲晚。

一、雲南、福建、浙江等處雖有出産銀冶府分，其間或屢有頑梗之徒嘯聚爲非，地方人民因而不安者。況中間鎮守太監，或有於每年冬月親去前項府分煎銷銀課，往來供應頭目人等，甚是勞擾。合無今後止令專管銀場，布、按二司官員每年督完銀課，解至總司，會同太監煎銷，實爲民便。

右件臣等略陳一得之愚如此。伏惟皇上仁孝恭儉，敬天勤民，宜乎天人交感，協氣嘉生。而乃年不順成，災異迭見者，無他，皆由臣等不能仰副聖明所致。乞將臣等罷歸田里，別選賢才任用，庶回天意。成化二十一年二月初七日具題。

三月初八日，奉聖旨：「是。文武醫匠等官取回，支鹽鎮撫，並禁造寺觀。降調官員已處置了。板枋免運一年，大勝等關門官軍，着南京守備太監定奪具奏。成造軍器、納粟生員、坐監、買辦物料提問，應議官子孫，該衙門看了來説。造給衣帽等件、起運苜蓿仍舊。看廠軍餘量留二十名，瓷器燒完了，停止其餘。准議行。陳俊等不准罷歸，著盡心辦事。該部知道。欽此。」

乞休致奏狀

臣系陝西西安府耀州三原縣人，由進士改庶吉士。正統十四年，欽除大理寺左評事，歷陞左寺副、知府、左右布政使。成化元年，欽陞都察院右副都御史，撫治流民。二年，以功陞本院左副都御史，巡撫河南一年，陞南京刑部左侍郎，管部事九個月餘。丁父憂，服除，改刑部左侍郎，總理河道年半有餘。改南京戶部左侍郎，管部事將三年半。復改都察院左副都御史，巡撫雲南，陞本院右都御史仍前巡撫，一年有餘，改南京都察院右都御史，參贊機務。陞南京兵部尚書，仍參贊機務，共一年有餘。改兵部尚書兼都察院左副都禦使，巡撫南直隸蘇、松等處地方，總理糧儲，五年有餘。復改南京兵部尚書，參贊機務，今又一年有餘。

臣以卑鄙庸才，仰荷聖明知遇，歷官凡十六轉，任事幾四十年，或入陪廟堂，或出巡方嶽，寵榮已極，感幸何加！徒懷犬馬之心，莫報乾坤之德。第以衰朽，應合退閑。已嘗再三上章，懇乞休致；俱蒙聖恩勉留，俾之仍前理事。今臣年已七十，例該致仕。又且老病侵尋，雖仍戀闕庭，力實不堪鞭策。食焉無補，居之弗安。伏乞聖慈矜憫，將臣放歸田里，另選賢才以充任使，庶不妨賢誤事，斯有益於國家矣。臣下情無任感激隕越之至！

加陞太子少保謝恩疏

昨臣以右都御史尚書九年考滿，具奏取進止，而蒙聖恩加臣太子少保，照舊管事者。伏念臣性資愚魯，學術空疏，薦歷崇階，累叨重寄，無補於世，有愧於心。具奏之時，自謂官已踰分，年已衰老，得一致仕足矣。不意今日荷兹殊恩，臣有以見陛下不遺疏遠之深恩，寵異老臣之盛德也。感激良深，未易云喻。第臣職守南都，不能入侍左右少效忠勤，補報萬一。但願皇圖鞏固，聖壽齊天。前星依帝座以常輝，主器守宗廟而永泰。非獨臣感恩思報之心如此，而天下臣民愛戴祝願之心，亦莫不如此也。臣無任瞻天仰聖，激切屏營之至！除望闕謝恩，於今年二月初一日到任管事外，具本專差千戶李賢齎捧稱謝，謹具奏聞。

督修孝陵工完奏狀

照得成化二十二年五月十九日，欽奉敕命臣同守備太監張本嚴督內外該管官員，併工修理孝陵。臣遵奉敕旨，會同太監張本并守備內外官員恭詣孝陵，同該管太監鄭強、隆平侯張祐、工部侍郎劉俊等看得，孝陵殿宇、門廡、碑亭等項，俱已修完。惟明樓已抓縛鷹架，做造斗科等件，止因四川原採大楠木未到，未曾拆修。又看得周圍牆垣除修完外，止有一千七十丈未完，及臨漿糲房牆垣損壞六十五丈，未曾修理。隨令各官督工修築完備，于本年六月初五日，疏放軍夫、匠作暫且歇工，候催楠木至日另行擇日興工。及將修完工程用過物料、價銀、口糧并原辦未到物料總數，開坐具題外，至二十一年四月內楠木方到。本年七月十二日，又節該欽奉敕命，臣同守備太監錢能嚴督原管太監鄭強、隆平侯張祐、工部侍郎劉俊并內外該管管員，量撥用工官軍、匠作，毋令空閒、役占，計算在官合用物件並價銀及支給錢糧，毋令冒妄浪費。仍逐日併工修造，早爲完備。欽此。」臣又遵奉敕旨：「公同太監錢能行令鄭強、張祐、劉俊等，量撥官軍、匠作。南京欽天監擇於本年七月二十一日興工修理。興工之後，鄭強等日逐躬親提督工程。郎中毛科專管收放物料工價。臣等亦常不時前去督併執役之人，各盡心力，罔敢怠忽。將明樓大樑、及角梁、枋桁、斗科、椽望、銅絲、簷網、券門、寶山、城垣，金水橋墁欄板等項，但系損壞者，俱各脫換修理，揭瓦墁砌，彩畫油漆。至本年三月二十一日工完。會同守備內外官員并該監官詣前拜觀，群情莫不忻悅。仰惟聖祖在天之靈，亦可以稍慰矣。先該臣等行令郎中毛科自興工之日爲始，日逐做過工程、用過物料、并工價銀兩等項，每半月一次開報，逐旋查算。工完之日，臣等又行通前查算明白，除令南京工部照依工部原行事理，將修完工程用過物料等項另行造册奏繳外，緣系奉敕督修孝陵工完事理，具本專差指揮石文通齎捧，謹具題知。

將順上意匡輔時政疏

臣伏聞，近有聖旨禁約：「今後不許擅便奏討陞官及遷轉各人名下，并文武外官、邊將，及奏討蟒衣，并替人討蟒衣，及不許奏要在內府騎馬。」又聞自此之後，諸色人等俱不敢進貢物件，希冀陞賞，朝政肅然。小大之臣罔不畏天之威，駿奔承事。中外臣民聞之，莫不歡忻鼓舞，稱頌聖德而詠歌太平也。夫此數者不禁止，則官及私昵，而政事爲之不立；利歸權門，而邊儲爲之不足；豪右兼并，而小民爲之困敝；名器混淆，而上下爲之無別；僭踰日肆，而禮法爲之蔑如；紀綱廢弛，而教化爲之不行。人皆知此數者之爲聖政累久矣，但恐禍及身家，所以多不敢言。去歲正月，皇上因天變，敕諭文武百官，令其陳奏弊政。兩京臣僚間有言及之者。或指陳失真，或言辭過當，是以多不蒙採納。聞有採而行之者，不久又行更改，而言者反遭笞謫。間有優容者，其心兢兢業業，常不自安，有若官校之隨其後。所以前事日益滋熾而無已，有志爲國者日益畏縮而不敢言也。

茲者皇上不因左右之言、臣僚之諫而有此聖旨，是蓋皇天眷佑，國家將隆萬年無疆之休，故啓宸衷而爲之，此臣民聞之所以懽忻鼓舞而稱頌詠歌也。然此數者誠能持之堅，禁之久而無所變更，則天下國家何患乎不治安？宗廟社稷何患乎不靈長？四夷八蠻何患乎不賓服？群黎百姓何患乎不蒙福也？如或持之不堅，禁之不久而有所變更，非惟有失大信於天下，亦恐難保無虞於將來。伏望皇上執此之政堅如金石，行此之令信如四時，仍將節次聖旨禁約事意傳與在京各衙門并科道知道：今後但有故違敕旨奏討前項恩澤者，俱照敕旨內參奏。其奉特旨批出傳奉而與者，亦要執奏，不可有失大信。如此則紀綱振肅而教化大行，億兆歸仰而宗社靈長矣。然臣此言非欲矯情以沽名，而舍生以取禍，但欲成皇上之美政，爲侍寵者弭後患耳。惟聖明察其心而赦其罪幸甚。具本專差辦事官徐徽齎捧，謹具奏聞。

孝陵工完受賞謝恩疏

伏蒙聖恩，以臣同守備太監錢能奉敕督修聖祖孝陵工完，賜臣紵絲一表裏，生鈔一千貫者。竊惟臣猥以章句之腐儒，叨膺參贊之重寄，凡百朝命，皆當奉行。矧夫陵寢工程，敢不躬親提督？經之營之，乃百工之成效。輪焉奐焉，豈一夫之用心？臣實無功，何敢望賞？辭之，恐蹈不恭之罪；受之，難逃非分之譏。揣己則踧踖不寧，感恩則汪洋無際。除叩頭祗領，望闕謝恩外，具本專差辦事官舒光發齎捧赴闕稱謝，謹具奏聞。

王端毅公奏議卷七

吏部

老疾不能赴召奏狀

成化二十三年十一月十一日，節該欽奉敕：「敕至，爾即馳驛來京。欽此。」伏念臣愚昧寡學，無所知識，仰荷列聖之恩，叨由科第初授大理寺評事，歷陞至太子少保南京兵部尚書，參贊機務。去年先帝以臣年老，賜臣以尚書致仕，使臣得悠游田里，苟全餘齡，恩莫大焉。今皇上新即大寶，念及舊物，遣使齎敕召臣。臣亦欲躍然而起，以睹道德之光。第臣年已七十有二，不時疾作，聞命之初，即欲辭避而來使不從。乃於本月二十五日上道。一程而至西安府，隨感痰嘔之疾，腸胃疼痛一日一夜不止。自臣原籍至京計四十三站，今止行一站，疾作不能前進。若待調理痊可方進，不無遲滯。倘若前途其疾復作，豈能保其安全？況臣素無經濟，不堪任使，伏望聖慈容臣仍前致仕，庶得老年不至失所，不勝感戴隕越之至。成化二十三年十一月二十七日具奏。十二月二十二日，奉聖旨：「卿老成重望，特兹起用，所辭不允。偶有微疾，還著所在有司好生撥醫調治，痊可即便前來，欽此。」

辭吏部尚書奏狀

臣原任太子少保、南京兵部尚書，參贊機務。去年以尚書致仕。在尚書第四考之間，遇蒙今年四月十七日覃恩詔例，進從一品散官一階。書生至此，榮幸已極。感激無涯，莫知所以爲報。

近蒙聖恩遣使齎敕召臣。臣謹遵嚴命，啓行至於西安府，賤體不安，已嘗具本，奏乞仍前致仕。稍安，前進以俟俞旨。十二月初一日至於華陰縣，復奉改臣吏部尚書之命。續蒙聖恩，不允臣辭，令臣前來。今臣已到。臣竊惟今之吏部尚書，即古冢宰之職也。古之冢宰，掌邦治，統百官，均四海。伊尹、傅説蓋嘗以冢宰兼師保左右厥辟矣。今之吏部尚書雖曰專主銓選，而銓選一事，治與否之攸系。銓選得人則治，不得人則不治。其責任亦不爲不重，非才德出衆，明哲過人者，不足以當之。臣素無才德，今益昏塞耄倦，而濫膺是寄，大懼不協時望，有忝休命，非臣之福也。伏望聖恩收回新命，另擇人以授之，賜臣仍以舊職致仕。如此，非惟天工可以寅亮，而臣亦可以免羞吝矣。臣下情無任感戴之至！成化二十三年十一月二十七日具奏。次日，奉聖旨：「卿年德老成，久爲人望，特茲簡任，不允所辭！欽此。」

辭太子太保奏狀

該司禮監太監覃昌傳節奉聖旨：「吏部尚書王恕加太子太保。欽此。」伏念臣先任南京兵部尚書，荷蒙先帝憐臣年老，賜之歸休，感激未已，圖報無由。誤蒙皇上特賜璽書，召臣到京，改爲吏部尚書，俾之執掌銓衡。臣自惟年老德衰，不稱厥職。已嘗具奏懇辭，未蒙俞允。本欲再辭，恐負厚眷。是以姑且就職，另圖陳乞。不意聖恩又以前官加臣，使臣聞命驚懼，益增汗顔。竊以太子太保乃三公之一，所以論道經邦，燮理陰陽者也。責任視尚書尤重，非才德兼備之人，不足以當之。昨改臣吏部尚書，臣尚不克堪，今又加臣以是官，臣又何敢當？所有新命，臣不敢祇受。伏望聖慈容臣且以尚書供職，圖惟報稱，使非分之恩不及臣身，不稱之譏不出衆口，實莫大之幸也。臣無任戰兢懇切之至。成化二十三年十二月二十九日具奏。次日，奉聖旨：「吏部重任，朕特起卿，用典銓衡，以圖治理。加升職事，卿不必辭。欽此。」

議左監丞郭鏞建言選法奏狀

文選清吏司案呈：奉本部送准禮部咨儀制清吏司案呈：奉本部送於內府抄出御馬監左監丞郭鏞題云云等因具奏。奉聖旨：「該部看了來說。欽此。」欽遵移咨送司，案呈到部。看得：左監丞郭鏞題稱：「近年以來，專以科甲取士，中間未必皆賢。國子監生未必無所取材。山林隱逸，懷才抱德之人少見録用。薊州知州豐潤學官經年不除，務將選法疏通，無使阻塞賢路」一節。照得我朝自洪武、永樂以來，養士於學校，取士於科貢，銓選內外官員則於辦事進士、曆事監生之中，挨次相兼取用，未嘗專一甲科而不用國子監生。自景泰、天順以來，鄉試、會試所取士子視昔數多。國子監生除歲貢生員之外，又有納粟、納馬四十以上等項入監者。吏員之中亦有納粟納銀，免其考試，辦事就行冠帶者。是以聽選之人日增月益，用之不盡。其于山林隱逸、懷才抱德之人，未及舉用。去年十月，皇上詔告天下，令府州縣正官舉懷才抱德堪爲任用者，送部核實考用。如有舉到之人，臣等謹遵明詔，即當核實考用，不敢有違。及查得薊州知州豐潤縣學官員缺，已于成化二十三年十月日期不等，選補去訖。所言「務將選法疏通，無使阻塞賢路」，臣等查得，成化二十三年二月到令急選及大選官員，通有六千三百餘員。兩月一選已是定例。如遇急缺，又行急選，隨補隨缺，豈能得完？臣等職司銓衡，固欲疏通選法，亦欲爲官擇人。且如知州、知縣，俱是牧民正官。府佐之官亦係緊要職事。苟非其人，鮮不廢事殃民。況入選進士、監生、吏員，俱是挨次取用。一選之中，所取之人有堪任前項官員者，數多則多選幾員，數少則少選幾員。是乃圓融之道，非固執之法。此等之事，人多不知，所以各據已見而言之。臣等既任是事，敢不盡心以副聖明用人圖治之意！緣奉欽依「該部看了來説」事理，弘治元年正月十九日具題。二十一日，奉聖旨：「是。欽此。」

覆給事中韓鼎公選法奏狀

文選清吏司案呈：奉本部送禮科抄出禮科給事中韓鼎題云云等因具題。奉聖旨：「該衙門看了來説。欽此。」欽遵抄出送司，案呈到部。看得給事中韓鼎所言「考選監生，出論有『請客』之名，要行出判語，及令親供」一節。臣等議得：考選監生，出以論題，觀其作文，以第高下，此舊規也。奈何所考監生賢愚不一，能者依經傍注，一篇可成。不能者擱筆張眸，一辭莫措，卻乃不依本題，別寫他作，故人謂之「請客」。此等之人，固不當取，但人材難得，是以或觀其寫字，或觀其人物而次第之，以備下僚末職之用，未嘗有棄材也。若與能者出論題，與不能者出判語，是使學者皆記判語而不學作文，非法之善也。合無今後考選監生，聽本部出題，取其文理平順者爲一等；文理頗通者爲二等；文理不通，若寫字、人物有一可取，姑以入選。如此則考選有方，而高低自別矣。其言「各衙門主事等官有歷俸三年、二年或未及二年而驟陞者，有七年、八年或九年將滿而纔升者。拘於各部，似乎不公。要照郎中林璧等調改、復除事例，不分本部、別部，以歷俸年深者陞用」一節。臣等查得往者各部缺官，若本部有相應人員，就於本部陞用。無相應人員，方於別部升調。此見行事例。若戶部郎中林璧、員外郎吴裕調吏部是也。若但以歷俸年深爲主，不分清濁勤惰，一既更調如歲貢例，不無賢否，混淆紛更太甚。合無今後轉陞官員，如某部缺郎中、員外郎，先盡本部年深相應員外郎主事銓補。如無相應者，則於別部年深相應員外郎主事調補。如此則選法公，而人心勸矣。其言「旌異推舉，有舉取未成而問發爲民，有旌異方畢而問發充軍，有行取到部調除原職者。要行連坐舉主」一節。所言有理。合無今後在外官員果有廉能公正，政績卓異，聽巡撫、巡按等官從公旌舉，各注舉主於旌舉官員之下，日後犯贓，連坐舉主。如是，庶幾舉能其官，用得其人矣。緣係陳言公選法及奉欽依「該衙門看了來説」事理，未敢擅便，弘治元年正月十九日具題。二十一日，奉聖旨：「是。欽此。」

論致仕爲民丁憂官吏類引奏狀

考功清吏司案呈：「伏睹大明律内一款：『若内外大小官員，但有不便事件，許令明白條陳，實封進呈，取自上裁。欽此。』」欽遵照得本部見行事例，兩京堂上官丁憂，并内外官九年給由到部，年老願告照例升職致仕者，俱具題請旨放回。其公差等項年老有疾，例該致仕。閑住官員與夫告疾等項，例該爲民。吏典及在京科、道、部屬以下官員，并醫士丁憂者，卻令聽候類引奏請，然後放回。如遇人多，聽候一月，止可類引一次。若是人少，聽候兩月之上，方可類引一次。有此事體不一，下人不便呈乞施行」等因到部。臣等切詳，致仕爲民、丁憂官吏、醫士，俱係失意可矜之人。使其就行回還，心尚不安，卻又令其聽候累月，方才引奏放回，何以慰其羈旅憂思之心？兼且日費艱難，人情實有不堪。合無今後遇有前項致仕爲民、丁憂官吏、醫士到部，照依兩京堂上官丁憂，并年老願告升職致仕官事例具題，請旨就行放回。如此，則可矜之人不致羈留朝廷之上，亦免煩瀆，實爲兩便。緣係定奪引奏官吏人等事理，未敢擅便。弘治元年正月二十日具題。奉聖旨：「是。欽此。」

調用南京堂上官奏狀

文選清吏司案呈：「照得南京吏、禮二部尚書、侍郎俱缺，合行照例具缺推舉」等因到部。臣等看得去年朝廷進退兩京堂上官，并各處巡撫都御史，及在外方面數多前項員缺，須得老成重望、練達政體之人，方可推舉。今各處方面多係近新陞用，歷任年淺，似難推舉。南京各部頗爲事簡，戶部見有尚書王㑦，左侍郎侯瓚，工部見有尚書黎淳、右侍郎黄孔昭，合無於内調一員於吏部，一員於禮部管事。姑待一年半載，各處方面歷練頗熟，然後推舉。如此則任用不苟，事體允當。緣係急缺南京堂上官員事理，臣等未敢擅便定奪。弘治元年正月二十日具題。當日奉聖旨：「王俱調南京吏部。黎淳南京禮部。欽此。」

議都御史邊鏞保治奏狀

文選清吏司案呈：奉本部送準禮部咨該督察院左副都御史邊鏞奏云云等因。具本奏奉聖旨：「這本所言，該衙門看了來說。欽此。」欽遵抄單，移咨送司，案呈到部。當將本官所言「任賢以遠奸諛」等六事逐一看議明白，各開前件，伏望聖明裁處。緣係節該奉欽依「該衙門看了來說」事理，未敢擅便，弘治元年正月二十一日具題。奉聖旨：「準議。欽此。」

一、議得：君子小人迭爲消長。君子進則小人退，小人進則君子退。自古未有用君子而不治，用小人而不亂者也。且執德守義、正直中和者，君子也。巧言令色、便辟側媚者，小人也。但君子難親而易疏，小人難疏而易親。陛下新服厥命，固嘗用君子而退小人矣。今都御史邊鏞拳拳以是爲言者，第恐君子雖用而信任不專，使小人得以間之，終不能成其治。小人雖退而屏逐不遠，後將夤緣復進，終有以害其政。既知其爲君子而任之，則不必致疑。知其爲小人而去之，則不可復用。如是則正人立朝，而萬邦咸休矣。

一、議得：都御史邊鏞所言「納諫以廣言路」一節，誠人君爲政第一事也。陛下嗣位之初，嘉言無不納，善政無不舉，弊政無不革，臣民無不悅服。若李文祥之奏疏，其意雖忠直，其言則逆耳。陛下略不加罪，但除事繁縣佐，使之歷練以成就之，恩莫大焉。不知者以爲貶李文祥以箝言者之口，此邊鏞所以爲陛下言之。合無準其所言，行取李文祥前來照依甲第資格，改除在京事繁衙門使之歷練，以成其德器。一以釋衆人之惑，一以全納諫之美，不亦善乎？

一、議得：勸懲者，人君之大柄，所以歆動人心而警懼天下者也。今都御史邊鏞所言「別善惡以昭勸懲」一事，誠爲有理。臣等又聞古人有言：「賞必自疏遠始，罰必自貴近始。」賞自疏遠，則賞一人而千萬人勸。罰自貴近，則罰一人而千萬人懼。陛下若納邊鏞之言，用古人賞罰之法，則善無不勸，惡無不懲，而天下治矣。

一、議得：名器者，人君之至寶，所以彰有德而別有能。若不擇其人而授之，則奔競之風起，而廉恥掃地矣。其何以爲國乎？陛下新服厥命，摒斥奸佞，惟賢是用，固未嘗以名器假人矣。今都御史邊鏞尤以是爲言者，但恐寡廉鮮耻之人尚在，投間抵隙之念未絕。惟願陛下始終此心，始終此政，杜絕先容之私言，自無幸進之妄人。夫如是，又何患名器之不重，而朝廷之不尊乎？

一、議得：都御史邊鏞所言「乞敕巡撫、巡按等官嚴加訪察守令，務致的實名著循良者，指實具聞，即便擢用而無拘於資格。政果貪酷者，據實訊問，即便罷黜而無待於朝覲。其守令之中，尤有循良之最者，書於御屏或錫車服以彰其能」一節，查得節次詔書與夫巡撫、都御史敕諭，并本部奏行事理，其於守令之賢否，俱有旌擢黜退之典。今邊鏞復以是言之者，蓋是巡撫、巡按等官奉行未至。合無通行各處巡撫、巡按官查照節次詔書并敕諭及本部奏行事理，嚴加訪察知府、知州、知縣等官，某人廉能公正，某人貪酷害民，某人罷軟無爲，某人年老有疾。當旌擢者，具其政蹟奏聞；當獎勸者，量爲獎勸；當拏問者，就行拏問；當黜退者，就行黜退；當致仕者，行令致仕。務在至公無私，不許顛倒是非，致失勸懲之道，自取失職之譏。

一、看得：都御史邊鏞所言「陛下于文武大臣之中留神俯察，先識其言語動靜，次察其才能性行，孰可宰銓衡，孰可總風紀，孰可爲大將，孰可爲副參，孰可撫安一方，孰可守鎮要地，既即事以驗其才，再因才以授其職。不因瑕以掩瑜，務舍短而求長」一節，誠爲簡任大臣之良法。但自正統年間以來，每日只設一朝或兩朝，每一朝臣下進見說事不過片時。聖主雖聰明，豈能盡識盡察？不過寄聰明於左右之人。大臣與左右之人相見不多，左右之人亦豈能盡察識諸大臣之賢否？亦不過寄聰明於門客。門客之識見未必盡合公論，或得之毀譽之言，或出於好惡之私，是以以直爲枉，以枉爲直者多。欲察識之得其真，必須陛下日御便殿宣召諸大臣，與之講論治道，謀議政事。或令其轉對，或閱其章奏。如此，非惟可以識大臣而隨材任使，亦可以藉收啓沃之助。

議郎中李諒以進士舉人知縣相兼選御史奏狀

文選清吏司案呈：奉本部送準禮部咨儀制清吏司案呈奉本部送禮科抄出「南京禮部精膳清吏司郎中李諒奏云云」等因具奏。奉聖旨：「該衙門看了來說。欽此。」欽遵移咨到部。查得舊制：「御史、給事中員缺，多是進士除補。進士或少，間以聽選教官、舉人、監生補之。」至成化六年以來，除授御史拘於憲綱，不用新近初仕之說，一向不用進士，止於進士出身推官、知縣、行人內選用。奈何行之年久，不能無弊。案呈到部，切詳推官、知縣、進士俱讀聖賢書，俱由科目出身，豈進士無練達老成之人？推官、知縣皆不才奔競之士？顧擇而用之何如耳！苟擇得其人，則皆可用。用匪其才，則皆不稱。此必然之理，不易之論也。今南京禮部精膳清吏司郎中李諒奏：「要仍照舊例，於進士中年貌相應、學行優長及聽選舉與在外進士、知縣、儒生、官員，相兼任用御史」一節，誠爲得宜。合無准其所言，今後選用御史，於在京各衙門辦事進士與夫曾經一考稱職行人、博士及進士、舉人出身、推官、知縣內，選年三十以上五十以下，人物端莊、言語正當、操行廉潔、才識優長者，送都察院理刑半年。滿日，聽本院考察，各注考語，連人送部。諳曉刑名、堪任御史者，本部奏請照缺選用。不諳刑名、不堪爲御史者，別用。但知縣、推官係在外官員，本部雖嘗訪察，知之未詳。合無通行各處巡撫、御史，各於按屬進士、舉人出身知縣、推官內，從公推舉如前相應之人，備開腳色、政績具奏，以憑遇缺行取相兼進士、行人、博士選送理刑。不許舉非其人。如此則選擇得人，風憲克稱其職矣。緣係考選風憲及奉欽依「該衙門看了來說」事理，未敢擅便定奪。弘治元年正月二十日具題。二十七日，奉聖旨：「是。欽此。」

議尚書余子俊均選法奏狀

文選清吏司案呈：奉本部送兵科抄出「太子太保兵部尚書余子俊題云云」等因具奏。奉聖旨：「該衙門看了來說。欽此。」欽遵抄出到部。謹將本官所言議擬，開立前件。緣奉欽依「該衙門看了來說」事理，未敢擅便。弘治元年正月二十五日具題。二十八日，奉聖旨：「是。選法只照舊。欽此。」

一、看得：太子太保兵部尚書余子俊所言「近年以來，銓衡之司公天下以爲心者絶少，美官多私於所厚。以致正人君子每每垂首喪氣，莫展平生所志」一節，此臣等吏部官受病處。今既有以發之，臣等即當自怨自艾，圖惟厥新，務要選法公平，好官不私於所厚，君子不怨乎不以。[一]其言「若選兩京官員，若六部額設屬官各若干，都察院額設屬官各若干，六科總紐額設各若干，以會試三等之數爲則，均平銓除。如吏部，大約南數該幾員，北數該幾員，中數該幾員，著爲定例。間有一二員不甚相當，非出於私意者，置之勿論。其他衙門一如此例。其不該銓除戶部者，均平於兩京衙門用之，各不許膠固，使南、北、中數常在此一司、此一科、此一道」一節，此誠自古所無之法，須得天下奇才方可擬議而行。若使臣等淺見薄識議之，設或向後分配不停當，用人不稱職，徒自紛更，致壞選法，罪將焉歸？且如一方有鄉談之人均選於通政司、鴻臚寺，使之祝贊說事，不識可乎？一方寡辭藻之士均選于翰林院、詹事府，使之修史作文，亦不識可乎？然而此事所係甚重，臣等豈敢輕議？伏乞聖裁。

[一]「以」：疑當作「已」。

論王府保舉官員奏狀

文選清吏司案呈：奉本部送内府抄出淮王奏云云等因具奏。奉聖旨：「吏部知道。欽此。」欽遵抄出送司。查得：劉奎前項府縣人由生員，成化二十一年七月遇例納銀，送南京國子監，放回依親讀書，至今纔方二年有餘。及查本部聽選監生自入監歷事以來，守候十八、九年方得除授。今劉奎之爲監生未得三年，輒便希求保舉，圖任伴讀。若準所保，不無遂其僥倖之計，阻滯年深之人。及查得「天下王府二十五處，額設官員不爲不多。除良醫、典膳、典樂外，其餘俱係常選官員。近年以來，遇有員缺，往往奏保或稱妃兄、妃弟，或稱儀賓親屬。與凡相熟之人，不論可否，一既奏保任用，實是有壞選法，阻滯常選之人」案呈，合無今後王府官有缺，該長史司即便呈報各該布政司轉達本部，照缺於監生、吏員内相應人員銓補，不許仍前奏保，攙越仕籍，阻壞選法。如此，則奔競者不得幸進，守正者免其嗟怨。仍行各該布政司啓王知會。緣係乞恩舉保官員及奉欽依「吏部知道」事理，未敢擅便。弘治元年閏正月初一日具題。次日，奉聖旨：「是。欽此。」

議僉事林淮願就教職以便養親奏狀

文選清吏司案呈：奉本部送吏科抄出雲南按察司僉事林淮奏云云等因。奏奉聖旨：「吏部知道。欽此。」欽遵抄出送司，案呈到部。看得：「雲南按察司僉事林淮奏稱：『雲南路遠，母老不堪就養。辭官則家貧難供朝夕，置親則無人可託。乞要授以本處或附近府縣學教授、教諭，以便養母』一節，情實可矜。況本官辭尊居卑，辭富居貧，豈得已哉？合無俯順其情，授以附近地方府學教授職事，令其到任，以便養親。親終，仍除僉事職事，一以慰本官母子之情，一以爲臣下忠孝之勸」等因具題。奉聖旨：「是。欽此。」欽遵。今查得直隸常州府儒學見缺教授一員，欲遵奉欽依事理，將林淮除授直隸常州府儒學教授，順賚文憑，令其到任管事。未敢擅便，弘治元年閏正月初四日具題。次日，奉聖旨：「是。欽此。」

議按察使雍泰犯罪乞從輕宥免奏狀

文選清吏司案呈：准刑部山西清吏司手本開：「問得犯人雍泰由進士任山西按察司按察使。犯該除監臨官因公事於人虛怯去處，非法毆打至死等罪不坐外，合依『各衙門收支錢糧等物監臨主守，不正收正支，那〔一〕移出納還充官用者，計贓準監守自盜論，四十貫罪止律』。尹珍依『奏事詐不以實者律』，各減等徒罪，俱職官各還職內，雍泰送吏部收查發落。」查得先該錦衣衛鎮撫司參稱：「雍泰既居風憲之職，自合存心公恕爲當，卻不合擬罪失於出入，鞫問過於用刑。雖是因公，致傷人命，又乃那移錢糧，擅打四品官員。尹珍不合傲慢上司，致罪取辱。又出惡言毁罵，及捏虚詞奏擾」等因。該大理寺官奏：「節奉聖旨：『這各犯雖遇革，雍泰致傷人命，送吏部查例來說。尹珍奏事多虚，復職了，還罰俸三個月。欽此。』欽遵抄招連人送司，除知府尹珍復職罰俸另行外，隨於本部見行事例内，查無『因公致傷人命』之條，止查得朝覲、考察官員内有『貪酷者爲民』事例」案呈。看得抄招内雍泰所犯，委的只是因公用刑致傷人命，比之貪酷害民者頗有不同。況又犯在革前，罪既宥免，比例發落，亦宜從輕。且知府尹珍係按察使雍泰屬官，上下體統，豈可紊亂？尹珍越禮犯分，傲慢上司，雍泰若不懲治，有失體統，何以管人？尹珍又出惡言毁罵，及捏虚詞奏擾。今尹珍復職，若將雍泰别作發落，但恐今後強梁屬官遞相效尤，因而違抗上官。上官懼其奏告，不敢管攝，紀綱自此紊亂而法令不行於部屬，所係匪輕。緣係節奉欽依「雍泰致傷人命，送吏部查例來說」事理。臣等愚見如此，未知是否？弘治元年閏正月初二日具題。初四日奉聖

〔一〕「那」：疑爲「挪」之訛。

旨：「雍泰既犯在革前，從輕降一級，調方面別用。欽此。」欽遵。查得雍泰原任按察使，係正三品。今降一級，該從三品，與在外布政司參政品級相等。今查得湖廣布政司見缺右參政一員，欲遵奉欽依事理，將雍泰降補前缺，給憑令其赴任管事，未敢擅便，本月初十日具題。當日，奉聖旨：「是。欽此。」

選用新舊進士兼懲規避奏狀〔二〕

照得舊例：進士登科之後，自本年至第三年，第二甲進士，內則選主事等官，外則選知州；第三甲進士，內則選評事、行人等官，外則選推官、知縣；至第四年，不分二甲、三甲，俱選主事等項京職，以其辦事年久故也。

成化二十年取進士三百名，存留一百名在各衙門辦事，餘皆放回依親讀書。已經二次行取，除已到選用及見在外，尚有四十餘員未到。即今在外缺知縣、推官共七十餘員，欲將見在二十年舊進士擬除補缺。緣係舊年進士，去年已不選外任，俱授京職。今見在舊進士，比之先授京職者，辦事聽選又多一年。若選外任，揆之人情實有不堪。比之舊例，亦不相同。合無將二十年見在舊進士照例挨次，俱除京職。將二十三年第三甲新進士，除在外知縣、推官并在內行人，待舊進士選盡，卻將第二甲新進士於內外相應員缺內相兼選用。所據舊進士除已到外，其行取不到者，似有躲避外選情弊。合無除丁憂事故外，其餘無故至今不到以後到部之日，俱除外任，庶幾銓法無私，人心有警。緣係斟酌選用新舊進士事理，未敢擅便，弘治元年閏正月十五日具題。當日，奉聖旨：「是。欽此。」

〔二〕「規」：嘉慶補刊本此標題作「選用新舊進士兼懲窺避奏狀」。

疏通選法奏狀

照得本部見行事例，原考中二等該雜職出身未任吏員，俱選各處周歲堤衙門大使、副使，間或兼選九年衙門職事。缺少人多，不得疏通。即今天下各縣典史共缺二百餘員，例該原考中一等雜職出身並未任從七正八、從八正九品告願雜職官員。及倉官、巡檢該陞正九品，考驗不稱降雜官員，考選除授其原考二等雜職吏員中間亦有相應之人，因不預考選不得除授典史，只得守候周歲堤員缺。以此二等雜職往往告稱壅滯，而典史員缺卻又少人選補。合無量爲疏通，除於例該選典史人員外，將在部守選二等雜職吏員考選，文移頗通、年貌相應者，除補典史。今後遇有典史員缺，照例斟酌多寡選用，庶使二等雜職得以疏通，各縣首領不致久缺。緣係疏通選法事理，未敢擅便，弘治元年閏正月十七日具題。十九日奉聖旨：「是。欽此。」

乞休致奏狀

臣以庸材叨登正統戊辰科進士，十有九轉而至今官，榮幸可謂極矣。年已七十有三，來日無多，寧不懼乎？古人云：「知足不辱，知止不殆，可以長久。」今臣官已如此，年已如此，若復貪冒，持禄固寵，人將謂臣何如？仰惟陛下嗣位之初，誤聽人言，起臣於既退之餘，進之以美官，付之以重任，今已供職將兩月矣。其所盡心者，不過銓選之常事，別無嘉謀嘉猷之敷陳。而於保傅之職，殊未之盡也，焉能滿衆人之望，保後日如今日乎？矧臣昔在南京之時，節次陳乞休致，俱蒙先帝厚恩勉留。其後不因臣陳乞，卻令臣致仕。相知者皆爲臣惜，臣亦不能不爲之羞愧也。今臣已衰朽，作止蠢拙，陛下雖不厭棄，臣自不安。儻有人言及之，陛下若固留臣則拂言者之意，若令臣去則爲臣無窮之羞。何若臣今日自求而去之爲愈乎？伏望聖恩憐臣衰老，賜之歸田，實莫大之慶幸。臣犬馬之心，不獨在於今日，爲臣子孫者亦當捐生以圖報也。臣情發於中，言不能已，無任悚懼之至！等因具本，弘治元年閏正月二十一日奏。奉聖旨：「卿職典銓衡，方隆委任，毋爲過慮。遽欲退休，所辭不允。欽此。」

再乞休致奏狀

臣本陝西民間子弟，少遊邑庠，從師講學，剽竊經籍之章句，叨由科目以發身。歷官十有九任，食禄四十餘年。報德無能，捫心有愧，年踰七十，謝事西歸。雖居畎畝之中，不忘君父之恩。向蒙聖慈眷念，遣使起臣前來，命爲冢宰，加以宫保，蓋欲臣爲國進賢，輔成太平。臣以衰朽受任兩月，殊無勞效，慮恐向後不爲公議所容，豈若先事求退爲愈！是以昧死陳乞休致。伏奉聖旨：「卿職典銓衡，方隆委任，毋爲過慮。遽欲退休，所辭不允。欽此。」臣仰荷聖旨，且感且泣。雖殞首捐軀，何以報塞萬一？但今内外臣僚未及七十致仕而去者比比，今臣七十有三，蒼顔皓首，衰頽無似，且乏通變之才，無補聖明之治。尚在班行，旅進旅退。人雖不言，豈能自安？伏望聖恩容臣致仕，庶免後艱。非惟不失臣子進退之義，抑且克全君父始終之恩。臣幹冒宸嚴，無任戰懼之至！等因具本，弘治元年閏正月二十三日奏。奉聖旨：「卿朝廷老臣，未可輕退。宜勉副任用，事有當言的盡心來說，毋再固辭。欽此。」

王端毅公奏議卷八

吏部

議左都御史馬文升陳言裨益治道奏狀

文選清吏司案呈：奉本部送准禮部咨儀制清吏司案呈：奉本部送禮科抄出都察院左都御史馬文升奏云云等因奏。奉聖旨：「這本所言，多切時弊。該衙門便看了來說。欽此。」欽遵移咨送司，案呈到部。看得：都察院左都御史馬文升所奏「選賢能以任風憲」等四事，誠如聖諭。謹用議擬開立前件，伏乞聖裁。緣係節奉欽依「該衙門便看了來説」事理，未敢擅便，弘治元年二月初七日具題。初九日，奉聖旨：「准議。欽此。」

一、查得舊例：御史員缺於各衙門辦事半年以上進士及本部聽選舉人、監生，並行人、博士、推官、知縣、教官内選補。至成化六年以後，拘於正統年間頒降憲綱，「新進初仕，不預選任」。近該南京禮部精膳清吏司郎中李諒陳言，本部議擬：「今後選用御史，於在京各衙門辦事進士，與夫曾經一考稱職行人、博士、及進士、舉人出身推官、知縣内，選年三十以上五十以下，人物端莊，言語正當，操行廉潔，才識優長者，送都察院理刑半年滿日，聽本院考察，各注考語，連人送部。諳曉刑名堪任御史者，奏請照缺選補。但知縣、推官係在外官員，訪察未詳，合無通行各處巡撫、都御史、巡按御史，各於按屬進士、舉人出身知縣、推官内，從公推舉如前相應之人，備開脚色、政蹟，具奏以憑，遇缺行取相兼進士、行人、博士選送理刑，不許舉非其人。」已經題准欽遵外，今左都御史馬文升又奏前因，誠爲選用風憲之良法。但恐遇有御史缺多，六年以上知縣、二年以上進士内相應之人數少，必待其有，然後選用，不無誤事。合無通行各處巡撫、都御史、巡按御史，并布、按二司官，各於所屬曾經一考稱職進士、舉人出身推官、知縣内，推舉年三十以上五十以下，人物端莊、言語正當、操行廉潔、才識優長者，備開腳色、政蹟具奏，籍記在部。遇有御史員缺，先儘六年以上行取前來，相兼二年以上進士並一考行人、博士選送理刑半年滿日，聽本院考察，各注考語，連人送部以憑奏請選用。如無相應六年以上知縣、推官，二年以上進士，仍依本部議擬奏准事例，於半年以上進士、曾經一考稱職推官、知縣内選用。如此則選用亦可以得人，風憲不至於久缺。

一、查得舊例：按察司官有缺，於法司屬官内推補。其知府、同知、推官、知州、知縣，有原係法司出身及曾在法司辦事者，亦得推補。如蘇州府知府林鶚推補江西按察使；寶坻縣知縣葉淇推補廣西僉事是已。[二]至於斷事理問推官有缺，本部臨時斟酌選用，而法司辦事進士、歷事舉人、監生俱是挨次取選。但進士及舉人、監生又係臨選考校，或前或後，人缺有不相當，難以一一照缺對人除補。今左都御史馬文升奏稱前因，合無今後按察司官有缺，先儘法司相應屬官推補。其知府、同知等官果有諳練刑名、政聲卓異者，亦得量才推舉。斷事理問推官有缺，先儘法司辦事進士、歷事舉人、監生除補；次及相應人員。所言「不許差占斷事理問推官，有誤問刑」一節，係是見行事例。但各該官司奉行未至，或遇緊急公務，往往差遣，委的有誤問刑。合無行都察院轉行各處巡撫、巡按及布、按二司，今後不分大小公務，俱不許違例差遣斷事理問推官，妨誤問刑。如此則司刑得人，刑不枉濫矣。

一、查得舊例：知州、知縣缺少，本部於常選内將該選進士、監生及該陞官員除補。如遇缺多，照依大學士李賢奏準事例，將聽選監生、舉人不分年月遠近，揀選考補。近該成化二十三年朝覲、考察、黜退天下知州、知縣數多，本年四月内於常選外，將聽選舉人、監生，照例揀選考試，除補知州、知縣共一百九十五員，給憑赴任去訖。餘有員缺，常選陸續除補。但州縣數多，隨補隨缺未能得完，而人民繁夥、錢糧浩大去處知州、知縣，實難其人。本部已經題准，將成化二十三年第三甲

[二]「是已」：疑當作「是矣」。

進士取選，兼同舉人、監生及該陞官員通行除補外，候員缺數多，仍照前例揀選除補。所言「四川、雲南、廣西、福建路途險遠，若待缺到除官，不無太遲。要行先期除官頂補，固爲有理。若不查勘應否，一既扣缺除補，恐前官中間亦有事故一年之上未滿，後官將帶家小守候日久，不得支俸管事，衣食不足。求其不爲奸民猾吏所餌，斯亦難矣。合無通行各該巡撫、巡按官，將所屬州縣正官二考之上九年將滿者，按季查奏，開具各官歷俸及該滿年月，以憑斟酌遠近除補。及將新除官員訪察，敢有過家留連不即到任者，查照成化六年三月內本部奏准『選授外任官員，過違憑限半年之上不到任者，雖有中途患帖，不准。照例問罪。過一年之上者，不許到任，起送革職爲民事例施行。若在中途及任所事故去任者，所在官司并原任衙門即時具由通行合干上司及徑申本部知會，以憑作缺銓補。』」其言「布政使、按察使、知府所係甚大，尤宜慎選」一節，本部遇有前項正官員缺，未嘗不廣詢博訪，慎擇其人。二司正官每員推舉二員，請旨簡命一員；知府亦精擇一員，請旨陞用。自今以後，益當盡心推選，以求無負委任。如此則正官亦可得人，庶務不至廢墜矣。

一、查得舊例：兩京各衙門屬官，三年、六年、九年考滿，先從本衙門堂上官考覈，送都察院覆考，又送本部覆考，從而黜陟，以示勸懲。近年各司因循苟且，所出考語不辯淑慝，虛應故事。及至覆考得實，其平常官員輒便造謗摭拾，以致考覈不行，無所勸懲。誠如左都御史馬文升所言，合無通行兩京各衙門知會，今後屬官考滿，堂上官務秉至公，詢訪得實，出與考語，善善惡惡，定爲確論，送都察院并本部覆考。如原來考語平稱得當，續出考語不嫌雷同。若有不當，聽覆考官從公考覈。其被考平常之人，敢有仍前造謗摭拾，許御史等官指實劾奏拏問。平常者降調外任，有贓者罷黜爲民。若覆考挾私不公，一體治罪。其有前考平常後考中間，能深自懲艾勉於爲善者，亦宜書稱。前考稱職，後考中間，放肆改節者，亦書平常，以憑黜陟。如此則勸懲無私，而官僚知儆矣。

嚴考察以勵庶官奏狀

考功清吏司案呈：　奉本部送吏科抄出「南京河南道監察御史吳泰等奏云云」等因具本奏。　奉聖旨：「這考察事，吏部看了來說。欽此。」欽遵抄出到部送司。　查得：　成化四年，該科道官魏元等奏：「要考察兩京大小衙門官員。」本部奏奉憲宗皇帝聖旨：「是。有堂上官的，還會堂上掌印官公同考察。欽此。」已經會官考察外，成化十三年，又該御史戴縉奏：「要考察兩京五品以下官員。」本部查照前例具題，節奉憲宗皇帝聖旨：「還照例會官考察。欽此。」欽遵。　又經會官考察訖，案呈到部。　看得：　南京河南等道監察御史吳泰等奏稱：「兩京堂上官并在外司、府、州、縣官已經考察，獨兩京各衙門五品以下官員年久未經考察。其間才行可稱者固多，而貪冒苟容者亦有。要行兩京吏部會同兩京都察院，公同各衙門堂上掌印官，從公逐一考察」一節，臣等竊惟兩京堂上官并在外司、府、州、縣官，節經糾劾、考察、黜退，惟兩京五品以下官委的年久未經考察，不無賢否混淆，誠如吳泰等所言。合無准其所奏，照依前例，在京者本部會同都察院并公同各衙門堂上掌印官，將五品以下現任、帶俸并丁憂、公差、養病、省祭等項官員，從公逐一考察。除廉幹公勤、才行超卓者，遇有內外相應員缺，另行具奏擢用。職業頗修、操履不失者，存留辦事外，其貪淫酷暴、罷軟老疾、素行不謹、浮躁淺露者，開具職名，奏請定奪。如考察不公，仍聽科道糾舉。其被黜之人，若有造言生事，摭拾妄奏者，治以重罪，發遣爲民。仍行移南京吏部會同南京都察院等衙門，一體考察，徑自具奏定奪。其言「要嚴立歲堤考之法，在京諸司堂上掌印官及在外布、按兩司并各府掌印官，每遇年終，各將本衙門及僚屬官員廉貪能否、勤惰得失緣由斟酌的確考語，造册三本：一本奏繳；一本送吏部；一本送都察院查照」一節，仰惟國朝定制，內外官員已有三載考績、三考黜陟之典外，官又有朝覲、考察之例。若再更立歲考之法，不無事體紛更，難准所擬。合無仍照舊例通行在京、在外前項衙門堂上掌印官，如遇所屬官員三年、六年、九年考滿之日，務要從公嚴加考覈。所出考語亦要允協公論，不許狥情虛應故事，以致賢否混淆，黜陟不當，事發連坐以罪。縁係考察官員及奉欽依「這考察事，吏部看了來說」事理，未敢擅便，弘治元年二月十九日具題。當日，奉聖旨：「是。欽此。」

論釋奠禮奏狀

近該禮部儀制清吏司手本内開：皇上於今年三月三日幸太學釋奠先師孔子，以臣爲分獻東哲官，榮幸莫大焉。竊觀儀注内一段開稱：「導引官導上詣大成殿陛上，典儀唱：『執事官各司其事，執事官各先斟酒於爵。』候導上至拜位，贊：『就位。』百官亦各就拜位。四配十哲分獻官各詣殿陛東西階下，兩廡分獻官各詣廡前，俱北向立。贊：『迎神，樂作，樂止。』贊：『上鞠躬，拜，興，拜，興，平身。』通贊：『百官行禮。』同贊：『搢圭。』上搢圭，執事官跪進爵。樂作，上受爵，獻畢，復授執事官奠於神位前。樂止，贊：『出圭。』上出圭。四配十哲兩廡分獻官以次詣神位前奠爵訖，仍以次出殿門外東西向立。典儀唱：『送神，樂作。樂止。』贊：『上鞠躬，拜，興，拜，興，平身。』通贊：『陪祀官行禮。』同導引官導上由中道出。分獻官以次退。」若依此儀注，則分獻官始終不拜矣。皇上拜，陪祀官俱拜，獨分獻官始終不拜，恐非禮也。臣愚以爲，分獻官拜位當在殿陛之下，列於陪祀官之前。贊：「迎神。」上在殿陛上拜，分獻官、陪祀官俱在殿陛下拜。上獻爵畢，分獻官以次詣神位前奠爵訖，復退於殿陛下原拜位立定。贊：「送神。」上拜，分獻官、陪祀官俱拜，似爲近禮。臣讀禮記文王世子篇，有曰：「凡學，春官釋奠於其先師，秋冬亦如之。」此言春官之釋奠，主於行禮，非報功也，故無幣。又曰：「凡始立學者，必釋奠於先聖、先師。及行事，必以幣。」此言立學事重，故釋奠必以幣。今皇上嗣登大寶，初幸太學，即所謂始立學也。臣愚以爲釋奠當用幣，爵亦當三獻。今儀注内無獻幣之禮，是行春官釋奠之禮，非始立學釋奠之禮也。似爲未安。或以爲舊儀注如此。臣以爲，舊儀注是則當從之。或有差誤，亦當更之，以求合乎宜，似不可以訛承訛也。如蒙乞下臣言於禮官，會同翰林院官議之，然後行事，則聖明幸學釋奠之禮，庶幾合乎宜而可以傳之於後矣。臣向奉聖旨：「事有當言的，盡心來說。欽此。」臣偶有所見，不敢不言。言之當與不當，有不違計也。具本弘治元年二月二十五日奏。奉聖旨：「禮部看了來說。欽此。」次日，禮部覆奏。奉聖旨：「分獻官拜禮准行。其餘只照舊。欽此。」

論吏典丁憂奏狀

稽勳清吏司案呈：「該刑部陝西清吏司辦事吏姚仲良，成化二十一年八月二十三日聞母李氏在家病故，告要依例守制。該司恐有詐冒，拘留不放，類行本吏原籍河南查勘來報，本吏又行具奏。」奉憲宗皇帝聖旨：「吏部知道。欽此。」欽遵抄出送司。爲「無辦事衙門公文」送到，連人送去該司查理。該司又行查催未報間，本吏辦事已滿，告撥外考去訖。今河南布政司方纔勘報前來，案呈到部。查得：「諸司職掌內，凡內外官吏人等例合丁憂者，仍以聞喪月日爲始（不計閏）二十七個月，服滿起復。」今辦事吏姚仲良，成化二十一年八月二十三日聞喪，具告刑部該司，要回原籍守制。該司恐有詐冒，類行原籍查勘，至今三十個月有餘，纔方回報。以聞喪日爲始，扣至成化二十三年十一月二十三日已該服滿。查得本吏於弘治元年正月二十一日，願撥外考去訖。若不令本吏守制，則恐自此廢守制之典，是使人以不孝也。合無自文書到彼日爲始，就令見役官司給與文引，照回原籍依例守制，滿日起復。仍通行在京各衙門知會：今後遇本部該司行查丁憂吏典，查無粘帶等項違礙，即便送部，照例放回。本部徑自類行查勘定奪，不許似前拘留行查，以致遷延歲月，不得依例守制。非惟不近人情，抑且有傷風化。緣係吏役守制事理，未敢擅便，弘治元年二月二十四日具題。次日，奉聖旨：「是。欽此。」

再論釋奠禮奏狀

昨見禮部行來皇上幸太學儀注內開：釋奠先師孔子迎神，皇上兩拜，陪祀官亦兩拜，分獻官卻各詣大成殿陛東西階下向北立，不拜。送神，皇上兩拜，陪祀官亦兩拜，分獻官卻出殿門外東西向立，亦不拜。臣以爲皇上拜，陪祀官亦拜，獨分獻官不拜，恐非禮也。臣又見禮記有曰：「凡始立學者，必釋奠於先聖、先師。及行事，必以幣。」注云：「行事，謂行釋奠之事。必以幣，必奠幣爲禮也。」言始立學而行釋奠之禮，則用幣。四時常奠，不用幣也。今釋奠儀注止開獻一爵而不奠幣。故臣以爲，釋奠當奠幣，爵亦當三獻，乞下禮官會議。該禮部議奏，奉聖旨：「分獻官拜禮准行，其餘只照舊。欽此。」且臣言用幣者，是據禮經而言，非無稽之言也。或以爲，天子視學不爲祀先師孔子，只可行釋奠禮，不必用幣，爵亦不必三獻。臣又以爲，我朝列聖即位，各止耕耤田一次，幸太學一次。若於禮文，少有未備。後欲更定而行之，不可復得，雖悔無及。臣欲再爲陛下言之，因見日期促近，己有成命，不敢復言，心實不安。今既阻雨，另行擇日行事，臣若不言，是爲自欺，非忠也。夫釋奠之禮既用牲、用樂，而獨不用幣，既行分獻禮而於先師孔子前，止獻一爵，豈非缺典？又且差官取孔、顔、孟三氏子孫前來，使之觀禮，賜紵絲衣每人一套，又賜宴，又賜國子監祭酒司業紵絲衣、羅衣各一套；學官三十餘員，每人紵絲衣一套；又賜在廷大臣宴於奉天門，所費頗多，何獨於先師孔子而吝幣哉？若謂此舉只爲幸學，不爲祀先師孔子，且如耕耤田亦只是爲耕耤田，非爲祀先農也，如何祀先農奠幣，行三獻禮？而獨於幸太學釋奠之禮不然？況祀先農行各衙門官，齋戒太常寺、光禄寺，又奏省牲，而釋奠之禮既不齋戒，又不奏省牲？何其詳略之不一如此？豈未之思乎？臣竊惟皇上即位，勸農、勸學之禮止行一次，而不至再至三者，惟耕耤田、幸太學二事而已。其禮皆當從厚，不可有所偏重，以貽日後之悔。昔太宗皇帝將幸太學，命禮部詳議禮儀。尚書鄭賜言：「宋制謁孔子，服靴、袍再拜。」太宗皇帝曰：「見先師，禮不可簡。必服皮弁，行四拜禮。」其事載諸五倫書。人以爲太宗皇帝尊師重道之意超越宋之諸君遠矣。今陛下釋奠先師禮，比祀先農之禮而行之，似不爲過。異日載諸史册，傳之千萬世，豈不爲盛美之事哉？如蒙乞敕禮部集議明白，奏請定奪而行之，以成萬世不刊之典，不勝幸甚！若臣言妄誕，甘受顯戮。煩言如此，塵瀆聖聽，豈勝惶怖之至！弘治元年三月初三日具題。次日，奉聖旨：「這本禮部便會詹事府、國子監、翰林院、春坊官詳議來說。欽此。」該禮部等衙門官會議具題。奉聖旨：「是，尊先師當以禮。既成化初年有所舉，只孔子前加幣，用太牢。改分獻爲分奠。其餘儀物，俱照永樂年例行。欽此。」

議知府王衡陳言停止納財充吏奏狀

驗封清吏司案呈：「奉本部送吏科抄出直隸廣平府知府王衡等奏云云」等因具本。該通政使司官於奉天門奏奉聖旨：「吏部知道。欽此。」欽遵抄出到部，送司。查得：「成化三年十月內，該浙江嘉興府知府楊繼宗奏稱：『納米農民俱係奔競無藉之徒，營求請託，借債納米。若得參充，瞞官作弊。』要乞革去，照依洪武年間舊例，著落里老呈報相應識字農民參補」等情，本部已經依擬題准通行天下遵守。去後，又查得：「成化二十一等年，該陝西、山西宣府、江西等處巡撫右副都御史等官鄭時等，各因地方災傷賑濟軍馬糧草缺乏，節次奏准定與則例：『生員上納銀米，入監讀書。在京、在外吏典、承差知印上納銀米草束，或免辦事考試，就撥當該或免當該考試，就與冠帶。各照資格出身或聽選不拘年分，不次選用。』」除生員事例停止外，其餘俱各見行。及查得：「自成化二十一年起至弘治元年二月終止，吏典人等納過糧草等項已到部者，共二千一百五十餘名；生員納過銀米已入監者，共六千餘名。」通查案呈到部，訪得永樂、宣德、正統年間，天下亦有災傷，各邊亦有軍馬。當時未嘗舉行納糧草、納銀兩爲監生、爲吏典等項事例，糧草不聞不足，兵民不聞困斃。近年以來，各邊並腹里小有災傷，所在守土等官止圖目前分寸之利，不爲國家長久之謀，輒便奏開生員、吏典人等納糧草、銀兩等項事例，彼此效尤，遂爲長策。殊不知祖宗教養生員參充吏役，良法美意，各有攸在。且如生員，選於民間俊秀子弟，教養於學校，成材者科貢入監。不成材者，充吏爲民，未嘗不別賢否一既濫進也。其吏役亦必於農民之中選其識字能書者充之，令其書辦文案。及其兩考役滿，赴部辦事，數年纔撥京考。京考滿日，考中纔得冠帶；不中者，發回爲民。亦未嘗不論能否，一既入選也。近來因有前例，是以在學無志生員及未入學富家子弟，捏作生員名色，不分賢否，有無學識，一既入監，以圖出身。將來入仕，不知爲政之道，豈不誤事殃民？一切小民，不分能書與不能書，不論市民與農民，一既聽缺充吏，不惟官司不得伊書辦文案，且於舊制有違。及其三考役滿，又免考驗，一既照依資格出身，所以多不稱職。比先年間，監生止由科貢，吏典亦循年資，別無雜進之途。是以聽選之人不多，選法不致壅滯，任用亦多得人。自有此例，雜進者日多一日，以致正途監生、吏典，因而壅滯，不得出身。多者十七八年，少亦不下十五六年纔得選用，年已向衰，誰肯盡心幹事，不謀歸計？甚至聽選年老，例不入選，只與冠帶閑住。又況此等雜途所進中間，多負債破産、頑鈍無恥之輩。今日既知以財進身，他日豈肯以廉律己？欲不貪財害民，天下治安，何由可得？若不早爲處置，日復一日，不但有壞選法，而正途有壅滯之苦，抑恐官授非人，而小民遭無窮之殃，誠不可不慮也！今廣平府知府等官王衡等奏：「要今後遇有災傷，凡百長策，任其施爲，不許再擬納財充吏，永杜貪利之門」一節，實端本澄源之論，深爲有理。方今皇上嗣位之初，萬化維新。凡此弊政，正當除革。合無準其所言，通將前項陝西、山西、宣府、江西奏行納糧納草等項事例，限本年四月以裏通行停止。仍行戶部并各處巡撫、巡按、鎮守等官，先時預慮多方儲蓄，務使緩急有備，不致臨期告乏。今後遇有災傷及邊方糧草不足，不許再行奏開前項生員、吏典人等納草等項事例，貽患將來。其在外補充吏典，仍行天下司、府等衙門，各遵舊制，於農民內選充，不許一既濫收。如此，則非才不得倖進，而選法自通；任用可以得人而民生自遂，實爲便益。緣係停止納粟等項事例以防後患，及奉欽依「吏部知道」事理，未敢擅便，弘治元年三月初四日具題。當日，奉聖旨：「是。欽此。」

議評事魯永清均官審録奏狀

文選清吏司案呈：「奉本部送刑科抄出大理寺右寺右評事魯永清奏云云，等因具奏。奉聖旨：「該衙門知道。」欽此。欽遵。備抄送司，案呈到部。」竊惟官因事設，事繁則官多，事簡則官少，理固然也。在前大理寺左寺分管在內文武衙門有犯官吏，及各衛所并北直隸軍旗、南直隸軍民罪囚。以其事簡，故設評事四員審録。右寺分管北直隸及天下司、府、州、縣、衛、所官吏，軍民罪囚。以其事繁，故設評事八員審録。今右寺該管天下罪囚例不解審，而評事員數仍舊，委實過多。一向無人言及，所以未嘗裁減。此右評事魯永清所以言之也。及查得：南京大理寺左右寺寺正、寺副、評事員數，俱與在京大理寺相同。其後南京大理寺因是事簡，左寺裁減寺副一員，評事一員；右寺裁減寺副一員，評事五員。今在京大理寺所審罪囚，視南京大理寺頗多。合無將大理寺、左寺寺正、寺副、評事照舊不動，將右寺評事裁減四員。如此則官無冗員，事宜不誤，似爲允當。但今右寺評事八員俱全，若就裁去四員，緣兩京與評事相等七品官員缺數少，令其住俸聽選，於人情又似不堪。合無俱暫留在任管事，待其陞除事故等項，去任四員，再不除補，似於公誼、人情兩不相失。緣係裁減官員及奉欽依「該衙門知道」事理，未敢擅便，弘治元年三月二十一日具題。二十三日，奉聖旨：「是。欽此。」

議右給事中王珦陳言時務奏狀

文選清吏司案呈：「奉本部送准禮部咨戶科右給事中王珣奏云云」，等因具奏。奉聖旨：「該衙門知道。欽此。」欽遵。抄出，移咨送司，案呈到部。」查得見行事例：監生取選考試舉人，監生文理平順者多，相應多除府佐、知州、知縣等官職事。歲貢應例監生文理平順者少，相應多除以縣丞、主簿等官職事。歲堤貢應例監生視舉人監生數多，但上選之時，不得均勻。舉人監生有接連五七十名者，亦有百十人中舉人不下十數名者。若前項府佐、州縣正官缺多，舉人該選者數少，未免將歲貢應例監生除以府佐、州縣正官。若前項缺少，舉人該選者數多，不免將舉人除授縣丞、主簿等官。例此而行，似未停當。及查得成化十五年，上選南監監生余紹夔起至路魁止，百人中有八十二人俱是舉人。若欲一例取選，一時豈有許多府佐、知州、知縣？不無亦選縣丞、主簿等項職事，未免有枉才小用之誚。今右給事中王珣要將舉人遴選另置一簿，遇州縣正官、府佐貳員缺挨次銓補，似爲有理。但歲貢應例監生內亦有可用之人，若將舉人另置一簿，不惟立法太拘，抑恐起人爭競。況前項選簿資次已定，相傳年遠，遽難更動。合無將聽選舉人監生照缺斟酌取用。如相應員缺數多，則量爲揀選多取幾人；相應員缺數少，則少取幾人。餘者存留，以待下選。所取舉人與同歲堤貢應例監生一體考試。其歲堤貢應例監生若有文理平順，考在優等者，亦授以府佐、州縣正官。舉人如或文理不通，考在中下者，亦授縣佐等項職事擬除。如此，庶幾選法公而得器使之宜，人心平而無咨嗟之聲。緣奉欽依「該衙門知道」事理，未敢擅便，弘治元年五月初十日具題。十二日，奉聖旨：「是。欽此。」

調除官員奏狀

文選清吏司案呈：「照得大理寺缺左少卿一員，合行照例具缺推舉」等因到部。臣等看得，前項員缺須得法司出身、練達刑名、識見老成之人，方可銓補。今有南京太僕寺少卿唐章起復待缺，論品級相應銓補。但唐章不係法司出身。，體得太僕寺少卿楊謐係御史出身，練達刑名，堪任大理寺少卿。若將楊謐改大理寺少卿，將唐章銓補楊謐太僕寺少卿員缺，似爲允當。緣係調官補缺事理，臣等未敢擅便定奪，伏乞聖裁。弘治元年五月十三日具題。十五日，奉聖旨：「大理寺右少卿李介陞本寺左少卿，楊謐陞大理寺右少卿，唐章改太僕寺管事。欽此。」

議給經歷張瓛誥命奏狀

驗封清吏司案呈：「奉本部送吏科抄出南京左軍都督府經歷司已故經歷張瓛男張琳奏云云。」等因具本奏。奉聖旨：「吏部知道。欽此。」欽遵抄出，送司案查。弘治元年四月十四日，該張琳奏「要請給故父張瓛誥命」。爲因查無事例，已經立案訖。今又奏前因。查得張瓛由進士先任直隸鳳陽府宿州知州。該巡撫南直隸左副都御史張瓚奏保本官『持身端謹，辦事公勤，乞要量加旌異爲照』。本官未曾給由到部考覈案候。後本官陞任後軍都督府經歷司經歷。成化二十年九月內，刑部署員外郎事主事林俊爲劾奏梁方等挐送錦衣衛，問降調雲南姚安軍民府姚州判官。張瓛進本解救林俊，亦蒙拏送錦衣衛，問調除雲南師宗州知州。後蒙憲宗皇帝特旨：「復林俊、張黻之職。」張黻改除南京左軍都督府經歷司經歷。及行准考功清吏司付查得：成化二十二年六月內，該南京吏部咨開：「南京左軍都督府經歷司經歷張黻，三年考稱緣由前來案候間，本官病故，未曾引奏復職。」

又查得：成化十九年十二月內，該太醫院已故院使張福興男張琰奏稱：「有父由醫士歷陞院使，不期身故。雖三任京職，因未考滿，應得誥敕俱未請給。」等因具本奏。奉憲宗皇帝聖旨：「准他應得誥命給與，該衙門知道。欽此。欽遵。」本部已經欽遵覆奏，給與誥命訖。案呈到部，看得：南京左軍都督府經歷司經歷張黻，始由進士任知州，任內曾經奏保旌異，例該給與誥命。爲因不曾考滿，未得請給。後任經歷三年考稱，亦該給與誥命。爲因不曾引奏復職，亦未請給。今伊男張琳奏：「要比照院使張福興沒後給授誥命事例，請給本官應得誥命。」切緣張福興係一時特恩，難以爲例。但張黻存日只因救林俊得罪，林俊之劾梁方，自分必死，張黻亦以死自處，解救林俊，皆可謂直言忠諫、不畏死難之臣。今林俊已蒙聖恩陞用，天下稱快。張黻未蒙陞用而死，情實可憐。況張黻三年經歷已滿，又經考稱，當給誥命。止因未引復職，未曾得請。今張黻已死而其父現在，欲乞聖恩憐憫。合無不爲常例，特賜本官應得誥命，使其父受封於生前，而張黻亦瞑目於地下，庶可旌忠諫之臣，而爲天下勸矣。緣奉欽依「吏部知道」事理，臣等未敢擅便定奪，伏乞聖裁。弘治元年五月十七日具題。次日，奉聖旨：「張黻應得誥命，與他。欽此。」

王端毅公奏議卷九

吏部

議封贈繼母奏狀

驗封清吏司案呈：奉本部送准南京吏部咨開：「南京太僕寺寺丞文林照例請給故父文洪、故母陳氏、故繼母顧氏、現在繼母呂氏敕命。」等因到部送司。照得：成化二十三年四月十九日，欽奉詔書内一款：「兩京文武官員未關誥敕者，七品以上至四品，若父母現在，先與誥敕封之；三品以上，俱與應得誥命，不爲常例。欽此。」續該本部查照天順年間欽奉詔書恩例節比題准：「各官父在，兼贈其母；母在，兼贈其父。共給誥敕一軸，以省多費」事例具題。奉憲宗皇帝聖旨：「照天順年間例給與。欽此。」欽遵。又查得本部現行事例：「凡子應封父母者，繼母亦該受封，諸司職掌内不曾開有繼母二人、三人俱封贈；亦不曾開有繼母，止封一人；止有應封妻者，繼室止封一人」之説。今該前因案呈到部，看得子之於繼母，禮有斬衰三年之服。繼母或一人，或二人、三人，遇有大故，爲之子者皆當依例守制。遇有恩典，似不可止及一人。今寺丞文林請給父母並二繼母敕命，揆諸天理民彝，似合給與。但往時未見有二繼母並受封贈者，所以再三躊躕，未敢輕易與之奏請。若照繼室止封一人例不與之奏請，不審。今後見在繼母奉養有缺，及有所違犯，宜何如治罪？而其服制宜何如守也？今因文林照例請給敕命，若不與之講究陳請定奪，非惟有孤恩典，且使爲繼母者自分彼此而意有厚薄。而其子之於繼母雖欲同一孝心而不能盡，非所以均仁恩而勸慈孝也。合無準寺丞文林封贈父母並二繼母，共給敕命一軸。以後遇有應請誥敕官員，或有二三繼母者，亦照此例一體請給，庶幾恩典均及而母子之心安矣。緣係恩典及係事例可否，臣等未敢擅便定奪，伏乞聖明裁處。弘治元年五月二十三日具題。二十五日，奉聖旨：「諸司職掌，原無封繼母之文。後來許封一人，已是加厚了。文林敕命，只照現行例與他。欽此。」

議丁憂起復官補任奏狀

考功清吏司案呈：「奉本部送據直隸揚州府批申開送：吴傑，年四十九歲堤，係本府江都縣人。由進士成化七年九月十九日除南京兵科給事中，本年十一月初二日到任。成化八年正月二十六日，歷俸二個月零二十五日，丁父憂。起復間，爲收放糧斛不法等事，成化十一年二月十一日調除湖廣沔陽州判官，本年八月十七日到任。成化十四年四月二十一日，歷俸三十三個月零五日，輳前給事中三年考滿，布政司批委管解秋糧，南京戶部交納。成化十七年三月二十一日，歷俸三十六個月，六年考滿，赴部給由。成化十八年二月初一日復任，扣至成化二十年十二月終，歷俸三十六個月，九年考滿。本月二十四日丁母憂，起復到部，備付到司。查得判官吴傑，初考公差不曾給由，次考給由復職，俱有三十六個月。第三考内，丁憂去任，止少歷六日未滿三十六個月。今起復到部，例該復除補任六日，方滿九年，以定黜陟。」案呈到部，參看得判官吴傑三考任内，因是丁憂去任，少歷六日未滿九年。若照起復官員事例，復除各州判官補任，六日之間，人事往返尚未得周，幹辦政務豈能成功？徒自勞擾，無益公私。合無免本官補任六日，就作九年考滿，照例考覈，另行查照選用。以後丁憂起復官員少歷一月以上未滿九年者，復除補任滿日，方許給由。未及一月者，亦照此例，免其補任，就與照例考覈選用。如此，非惟官免跋涉之勞，抑且民免迎送之費，實爲兩便。緣係定奪九年將滿丁憂起復官員事理，未敢擅便，弘治元年六月二十七日具題。次日，奉聖旨：「是。欽此。」

乞命官署管印信奏狀

臣於本月初三日得患痢疾，肚腹疼痛，兩腿酸輭，神思昏倦，不思飲食。伏望聖恩憐憫，容臣暫舍部事，專一調理。乞將本部印信簡命侍郎一員署管，庶不誤公務便益等因。弘治元年七月初六日具題。次日，奉聖旨：「准卿調理，印照舊掌。欽此。」

議給事中林廷玉陳言翊治奏狀

文選清吏司案呈：「奉本部送吏科抄出吏科給事中林廷玉題云云。」等因具題。節該奉聖旨：「這本所言，該衙門看了來說。欽此。」欽遵抄出送司，案呈到部。除「明賞罰以振軍旅等六事」係戶、兵等部掌行外，今將本部合行「革宿弊以清吏治等四事」逐一議擬，各開前件，伏乞聖明裁處。緣係節奉欽依「該衙門看了來說」事理，未敢擅便，弘治元年七月初六日具題。初八日，奉聖旨：「准議。欽此。」

一、查得成化十四年，該辦事吏吴鵬奏稱：「近年以來，有等無藉之徒遇該兩考役滿，指以清卷爲由，潛住公廨，營謀聽缺農民或考退生員頂補，希求賄賂，要銀一百五十兩，名曰『頂頭房錢』。設有貧難無錢者，逼迫無奈，儘將産業變賣，或揭借錢財輳數，出與頂頭。以致遞相倣效，習以爲常。此等之徒着役之後，甚至壞法害民，以償私債。迨有堪充無礙之人懼法，不服出銀者，反被揑造，過名赴堂。執稟官不知情，就行黜退。若此之類，不可枚舉。乞行禁約：今後吏典役滿，即將現行文卷交與同房書典，當日起送出司。如再托故延住取討『頂頭房錢』者，通將受財并出錢過付之人，各論以枉法贓罪，永爲遵守。」本部已經議擬，題準通行禁約去後，今給事中林廷玉又題前因。合無準其所言，通行内外大小衙門，如遇參充吏典，該管官員務要嚴加禁約： 隨用新參吏典僉充替役，不許舊役吏典夤緣交通，索取「頂頭錢」銀。敢有不遵，仍蹈前非事發，與者、受者及過付之人，俱依律究治。其該管官員知而故縱，一體治罪。在內令錦衣衛巡捕官校嚴加緝訪；在外聽巡按御史糾察。如此，則宿弊革而吏治清矣。

一、看得： 給事中林廷玉題稱：「近來納粟監生數多，彼既以財出身，得官豈不拔本？生民被其魚肉。要預先立爲上、中、下三等，於臨選之時，吏部出題嚴加考試。以文理通暢者爲上；文理稍通、寫字端楷、非請客者爲中；不諳文理，寫字麤拙、請客者爲下。上、中二等量其高下與科貢一體選用。下等者填注衙門、職名，令其冠帶閑住，行移國子監及天下學校，省諭各生知會，使知及時進學，毋致後日追悔」一節，深爲有理。合准所言，除往年納馬、納粟挨選已到者照舊選用外，其近來納粟、納銀等項監生，合無照依本官所議，本部於臨選之時嚴加考試，分作三等，如前所擬選用及冠帶閑住。先行國子監及天下學校，省諭各生知會，使知各加勉勵，奮志進學，以收後效。如此，庶幾臨時不悞士子，而將來官亦得人矣。

一、看得： 給事中林廷玉題稱：「教官陞用太拘，以致豪傑不就貢途，充位生員，無所取効。要將天下教官，今後俱於舉人除授。六年有功蹟，照例會試。九年考滿，若無功蹟，依舊銓選；但有功蹟者，俱量陞有司相應職事。其歲堤貢出身之人，不必除授教職」一節，除六年有功蹟許令會試，九年有功蹟者量除有司職事，俱係現行事例，別無定奪。查得：天下教官五千有餘，逓年取中副榜舉人雖有千餘，其間有例不該就教職者十有六、七，該就教職者不過二三百名，豈能完補前項教職員缺？其言「九年無功蹟者依舊銓選，有功蹟者俱量除有司相應職事」，切緣祖宗舊制：「教授舉人五名，該陞；舉人三名、四名，本等用；舉人二名以下，降學正；舉人全無，考通經，降訓導。學正舉人三名，該陞；舉人二名，本等用；舉人一名，降訓導；全無舉人，考通經，降訓導。教諭舉人二名，該陞；一名，本等用；舉人全無，考通經，降訓導。訓導舉人一名，該陞；舉人全無，考通經，降邊遠學校訓導。其教授以下若考不通經，俱降河泊所等官。」百有餘年，率用此道。若將無功蹟教官依舊銓選，不惟有礙舊制，抑且人心無警。且各王府審理紀善、伴讀、教授及國子監博士、助教等官，各府、州、衛儒學教授，舊例俱該九年考滿，有功蹟教官陞用。若將前項教官俱量除有司職事，第恐各王府并國子監前項教職員缺無從銓補。況教職中間雖有功蹟，而年貌才調未必皆堪任有司之職。合無今後教官九年考滿，仍遵舊制第爲陞降。其該陞之中，學行超越者授以知縣，其次授以審理博士等官。歲堤貢等項監生願就教職者，本部及翰林院嚴加考試，務要精通三場者，授以訓導。其文理生澁者，不得濫竽其間。如此則教官亦可以得人，生員不至於無教矣。

一、查得：成化二十一年五月，該本部題爲缺官事，當將刑科都給事中盧瑀陞除湖廣長沙府通判，給事中秦昇陞除四川順慶府廣安州同知，工科給事中童柷陞除湖廣武昌府興國州同知。及查得：成化二十二年九月，爲急缺綾紗紙劄事，將御史劉俊調除福建邵武府光澤縣知縣訖。近該本部題內開：「給事中、御史調外任，該陞一級；降外任該對品調任者，有相應員缺，就行除授知縣、州判官職事；無相應員缺者，陞俸一級，仍令照舊管事。」其前項兩京給事中、御史并文職奉特旨：「調任降級者，內果有才識超卓，遇有相應員缺，陸續量材舉用。」已將劉俊陞俸一級，仍舊管事，候有相應員缺，量材舉用外，爲照府通判盧瑀、州同知秦昇、童柷，又有原任禮科都給事中成實陞除四川順慶府通判；兵科給事中蕭顯陞除貴州鎮寧州同知；浙江道御史汪奎陞除四川夔州府通判；俱係先年陞用官員，比之因事降調者不同，以此未及舉用。今給事中林廷玉言：「盧瑀、童柷、秦昇雖係陞遷，但當時欲斥逐而難爲名，故假此以陰寓意耳。要將各官量爲陞用。」合無準其所言，將各官並成實、蕭顯、汪奎仍照本部題準事例再行訪察。如果才識超卓，遇缺量材陸續舉用。如此，庶幾屈者以伸，而下無遺才矣。

陳言輔治奏狀

今年閏正月，臣以年老奏乞休致。奉聖旨：「卿朝廷老臣，未可輕退。宜勉副任用，事有當言的，盡心來說，毋再固辭。欽此。」臣有以見陛下不欲臣去者，非徒欲富貴臣也，蓋欲臣竭耳目之所見聞，盡此心以匡輔聖政也。近因痾疾陳乞容臣調理，將印命侍郎署管。奉聖旨：「准卿調理，印照舊掌。欽此。」臣又有以見陛下眷愛之深，信任之專也。有君如是，何忍負之？

伏睹祖訓條章，內府各監局等衙門內官俱有定員，各有職掌。洪武、永樂年間，未嘗額外濫設。其太監等官非歷練老成，縱有聰明才俊，亦不輕授。近年以來則不然矣。前者，陛下將內官論年遞降，蓋矯往年濫陞之弊，欲復祖宗之舊制，誠是也。臣於病中風聞近日又陞一起內官，其數頗多，不知是日前遞降者？不知另是一起也。前既以爲濫而遞降之，今何不以爲濫而復陞之？似乎不可。舉措如此，其何以示天下？陛下嗣位之初，人心歸向，如古之二帝三王，本朝太祖、太宗復見於今日，莫不稱頌而愛戴之。蓋聞陛下在青宮時，存心正大，不喜聲色，不貴貨利。及登寶位，又罷貢獻織造，屏去一應珍奇玩好之物，治近習蠹國亂政、邪術欺君罔上之罪，迸逐剌麻、番僧、法王、佛子國師，革罷傳奉冗員，追回濫賞莊田、蟒衣等項，裁抑奢侈奔競。凡此數事皆壞名器、損國體、傷民財，臣民所不欲，而不能革非一日矣。陛下一旦而盡革之，此天下臣民所以稱頌而愛戴之也。夫何未久而又濫陞內官如此？若復濫賞莊田、蟒衣，將見前數事不數年復如舊矣！欲天下臣民稱頌而愛戴之如今日，恐不可得。此天命去就，人心離合之幾也，可不慎與？況今邊患未寧，災異迭見，此正君臣上下同加修省之時。而國政如此，其何以服遠人而弭天變？伏望陛下自今伊始，於出入起居之時，發號施令之際，務要惟精惟一，允執厥中。遠宗堯、舜之道，近守祖宗之法，決不可爲巧言所惑，蹈襲前事，上拂天意，下失人心，而爲社稷憂。臣誠激於中，詞不能婉，幹冒天威，無任戰慄隕越之至。等因具本，弘治元年七月十二日具奏。十四日，奉聖旨：「這起內官隨侍春宮年久，因遇節日，各量陞一級了罷。欽此。」

覆大理寺右寺丞楊澄鑑別大臣奏狀

文選清吏司案呈：奉本部送准禮部咨禮科抄出「大理寺右寺丞楊澄奏云云。」等因具奏。奉聖旨：「這本所言，該衙門看了來說。欽此。」欽遵抄出，將「專委任以禮大臣」一事移咨送司，案呈到部。臣等看得大理寺右寺丞楊澄所言「乞要陛下將内閣并在廷文武大臣一一重瞳鑑別，果有年力衰憊、庸庸保禄、不堪任事者，以禮罷去。其老於閱歷、明達世故、可備顧問、計大事、決大疑者，亦宜曲加庇覆而優容之，少賜宣召而寵異之。勿因小嫌而阻其志，勿以小過而挫其節」一節，經傳載之而有成説，歷代行之而致成效，非無稽之言、弗詢之謀可比也。然所以體而行之，在人君而非臣下之所敢言也。將以伏乞陛下因楊澄之請，將見任大臣再加鑑別，可者任之，其不可者罷去之。既任之，將以計大事也，則小嫌宜在所略。將以決大疑也，則小過宜在所容。人言當恤，報私讐而排陷之者，不可不察。衆論可采，執偏見而非毁之者，不可不辨。機密之事，賜以手詔。激切之情，許之面陳。必如朱熹所謂：「任則勿疑，疑則不任，此聖君賢相所以誠意交孚，兩盡其道而有以共成正大光明之業也。」書曰：「任賢勿二，去邪勿疑。」願陛下大書於座右，時加省覽。緣係陳言修省及節該奏欽依「該衙門看了來説」事理，未敢擅便，弘治元年七月二十八日具題。三十日。奉聖旨：「是。欽此。」

議郎中陸容陳言杜倖門奏狀

文選清吏司案呈：「奉本部送准兵部咨該兵部武選清吏司郎中陸容奏云云。」等因奏。奉聖旨：「該部看了來説。欽此。」欽遵抄出到部。除武官，本部覆奏外，照得文職係隸吏部掌行，移咨案呈到部。臣等竊惟朝廷庶務，各有攸司。銓選人物，乃本部所司。凡遇庶官有缺，本部於該選該陞人員内考選推舉，量其才器擬奏除授，尚未盡得其人。若不經由本部，止憑一人所保，輒便授以職任，欲其得人而不廢事，豈不難哉？故用人當如孟子所謂：「左右、諸大夫、國人皆曰：『賢。』見賢焉，然後用之，斯可矣。」不當似晉文公獨謀於勃鞮而用趙衰。得人如衰之賢，柳宗元猶且譏之，況不如衰乎？今郎中陸容乃欲將伊所言「斟酌上請，乞著爲令，以善其後」一節，不爲無見。合無准其所言，通行内外各衙門知會。今後凡遇大小官員缺，即爲照例開報，從本部銓選，或推舉擬奏定奪。果有大才、大智之士屈在下位，許在廷大臣及在外巡撫、巡按等官從公指實，具奏薦舉。從本部訪察其人果如所舉，然後奏請量材任用。一應人員，不許營求内外權要之人奏乞陞職。其内外權要之人遇有書辦等項官員有缺，聽本部於資格相應人員内擬奏除授，不許坐名奏討。其書辦等官三年、六年考滿，務要照例赴部給由考覈，以憑黜陟，不許奏乞量陞職事。違者并聽本部參奏，就將所舉之人拏送法司問罪。不分原有官無官，俱發回原籍爲民。當差舉主，一體治罪。若本部容情不參，致有違枉，亦聽言官糾劾。如此則人知警懼，而奔競自息；官得其人，而政事修舉矣。緣係杜倖門以端聖本，及奉欽依「該部看了來説」事理，未敢擅便，弘治元年七月二十八日具題。三十日。奉聖旨：「是。今後一應人員，不許營求内外權要冒濫陞職。違了的治罪不饒。欽此。」

論推堪任刑部侍郎官員宜簡用奏狀

該本部題：「刑部缺左侍郎一員，例該具缺推舉相應官兩員，請旨簡命等因具題。奉聖旨：『是。推相應的來看。欽此。』欽遵。照例推舉得巡撫甘肅等處地方都察院右副都御史羅明、廣東布政司左布政使熊懷，俱堪陞任，伏乞聖明簡命一員」等因具題。奉旨：「另推相應的兩員來看。欽此。」欽遵。除另推相應兩員另行具題外，臣等仰見陛下進用大臣不偏聽獨任，必欲合衆論之公，然後用之。即書所謂：「其難其慎，惟和惟一」也。第臣等職司銓衡，但凡推舉官員，無不盡心，豈敢舉非其人以辱顯命？若羅明、熊懷者，臣等再三詢訪，咸謂二人學行、才識、體貌皆可，俱係法司出身，俱堪前職。而羅明尤有風力，是以寫羅明在前，而熊懷次之。今皆不蒙簡用，竊恐爲陛下言之者誤也。臣等欲再推兩員，連羅明、熊懷通寫進呈，伏望陛下再加訪察，裁擇而用之，幸甚！等因，弘治元年九月十五日具題。奉聖旨：「羅明，甘肅緊要用人，且不動。熊懷，待巡撫有缺，酌量推他。欽此。」

論用人勿拘出身衙門奏狀

臣等俱以庸材謬膺銓衡之任，雖無知人之明，未嘗不盡心爲之。至於推舉在京堂上并巡撫官及在外方面，尤加意焉。故每遇有缺，必於內外諸司庶僚之中訪察其才行、年貌，考其科第先後、入仕久近，再三斟酌，然後具名上請。豈敢蔽其賢能，引用非人以誤國事，上負聖明之託，下取不職之譏乎？且如有一好缺，望之者何止數十人？止用一人足矣，其餘不用者未免怨謗。不曰：「吏部不知人。」必曰：「吏部有私意。」求其安於義命，不怨不謗者，蓋亦鮮矣！正統年間，王竑以戶科給事中陞僉都御史，張固以吏科都給事中陞大理寺少卿，姚夔亦以吏科給事中陞南京刑部侍郎。當是時未聞有言張固等不諳刑名，不可爲法司官者；亦未聞有言吏部用人不當者。其後亦有法司屬官陞爲法司堂上不克稱而見黜者，不止一人。所以然者，無他，在乎爲人賢不肖，不在乎出身之地也。近日，臣等推舉強珍、侶鍾堪任大理寺少卿，陳壽、洪鍾堪任大理寺寺丞，自謂此四人才望、年資俱各相應，用之必合公論。已而聖明簡用強珍爲少卿，陳壽爲寺丞，人多謂用得其人。不意又有論列二人之過失，併言臣等舉用之不當者。且強珍自作知縣至爲御史，操持端謹，氣節磊落，剛直敢言，不畏強禦，人所罕及。陳壽觀政法司，練達刑名。及爲給事中，謹飭無過，遇事敢言，人多稱之。斯二人者，誠宜居此要職。臣等舉之，未爲不當，而言之者不無過情。幸賴陛下燭理明白，不爲所惑，卒從臣等所舉，用此二人，但以不諳刑名改陳壽之官而已。不然，則強珍、陳壽遂爲不才之士，必見棄於聖明之世矣。伏望陛下自今伊始，聽言之際更加審察，裁自宸衷，庶使臣等日後得以展布四體，盡此心力，爲國薦賢，不至畏首畏尾，斯爲大幸。有此情悃，不能自已，塵瀆聖聰，罪該萬死！弘治元年九月十八日具題。次日，奉聖旨：「知道了。欽此。」

議魯府鎮國將軍陳言便民奏狀

考功清吏司案呈：奉本部送准禮部咨該「魯府鎮國將軍陽鎮奏云云。」等因具本奏。奉聖旨：「該衙門看了來說。欽此。」欽遵。除「開言路以廣見聞」等三事本部另行外，其餘「嚴黜陟以安民庶」等事係隸別衙門掌行，抄單移咨到部，送司案呈。今將所言事件各開前件，逐一議擬，伏乞聖裁。緣奉〔二〕欽依「該衙門看了來說」事理，未敢擅便，弘治元年九月二十七日具題。次日，奉聖旨：「王府輔導官不爲常例，著巡撫、巡按會同考察，奏來處置。其餘准擬。欽此。」

一、查得：本部欽奉詔書並節次奏准考察官員事理，俱行移巡撫、巡按并布、按二司等官「將所屬守令等項官員嚴加訪察，務在至公無私，不許顛倒是非。及遇所屬三年、六年、九年考滿之時，務要從公嚴加考覈，不許徇情，虛應故事，以致黜陟不公」等因去後。今鎮國將軍陽鎮所言「巡撫、巡按官考察官員，不過據該司開陳賢否，以憑黜陟。該司官與府、州、縣官豈無親故讐嫌？以致考察不公，黜陟不明。要行各處巡撫、巡按及布、按二司官，凡遇考績黜陟之時，務要設法體訪，陟其明而黜其幽」一節，其言有理，深中時弊。合無准其所言，通行各處巡撫、巡按并布、按二司官，今後凡遇所屬府州縣官或三年、六年、九年考覈，或朝覲考察，或保舉糾劾，務要各秉公心，設法體訪，得其賢否之實，一黜一陟，必須允合輿論，不許容情挾私，以致是非顛倒，黜陟不公，人心不服。責有攸歸。

一、查得：近該吏科給事中林廷玉題稱：「近來納粟監生數多，彼既以財出身，得官豈不拔本？生民被其魚肉，要預先立爲上、中、下三等，於臨選之時吏部出題，嚴加考試。以文理通暢者爲上，文理稍通、寫字端楷、非請客者爲中，不諳文理、寫字粗拙、請客者爲下。上、中二等量其高下，與科貢一體選用。下等者填注衙門、職名，令其冠帶閑住。行移國子

〔二〕「奉」：原作「奏」，據嘉慶本改。

監及天下學校省諭各生知會，使知及時勉學，毋致後日追悔。」本部看得所言有理，合無依擬於臨選之時嚴加考試，分爲三等，如前所擬選用。及冠帶閑住及先行各生知會，使知各加勉勵，奮志進學，以收後效。題奉聖旨：「准議。欽此。」除欽遵通行外，今鎮國將軍陽鍈又以爲言。緣有前項題准事例見行未久，若再更張，非惟政體不一，抑且人情不堪。」

看得鎮國將軍陽鍈言：「各王府輔導官不得其人，要行巡撫、巡按官不爲常例，通行考察年力精壯、文理優長、素行清白者存留，老弱無爲、阿諛不才者，就便罷黜」一節，固爲有理。查得諸司職掌內開：「各王府官不係常選，任滿黜陟，取自上裁。」似難行令巡撫、巡按官考察。及查得先該藩〔一〕王奏稱：「各王府官中間，有年踰七十，不肯告老致仕，及年未七十或沾疾病等項，願告致仕者。俱照例加陞品級」等因。該本部議擬奏準，已經通行去後。其言「要乞行選端謹有爲之人，以充厥職」，所言有理。合無各王府長史等官有缺，本部照例於教官之中詢訪推舉相應堪任之人，照缺銓補，庶使輔導得人，宗支弼正矣。

論奪情起復不可爲例奏狀

稽勳清吏司案呈：奉本部送內府抄出內官監太監黄順等題云云等因具題。奉聖旨：「准他吏部知道。欽此。」欽遵。」抄出到部，送司案查。潘俊等聞父母喪，已經移文本部，關給勘合守制去後。今奉前因案呈到部。查得：諸司職掌內，凡內外官吏人等例合丁憂者，仍以聞喪月日爲始，不計閏二十七個月服滿起復。此祖宗萬世不刊之令典，所以教人以孝而爲忠君之本也。又查得：天順元年四月內，該刑科都給事中喬毅等題內一件：「敦忠孝以正綱常，乞敕內外諸司，今後敢有奪情起復者，彼此治以重罪。」節奉英宗皇帝聖旨：「敦忠孝，准言。欽此。」欽遵。又查得：成化三年七月內，

〔一〕「藩」：原誤作「瀋」，據文意改。

該戶科給事中劉昊題內一件：「罷奪情，極言奪情非令典」等因。本部覆奏：「今後大小衙門，如有保留奪情者，各治以重罪。」奉憲宗皇帝聖旨：「是。欽此。欽遵。」此又列聖之明禁，以示聞親之喪者，決不可以不守制。而保留奪情者，決不可以不治罪也。今該監官題稱：「潘俊等俱係通曉匠藝人員，即今成造崇奉夫人等處墳塋，工程浩大，乞要奪情起復。」且造夫人墳塋工程未爲浩大，而該監通曉匠藝人員恐不止此二人，顯是潘俊等貪戀祿賞，忍心忘孝，所以營求該監曲爲保留。且古者國有金革之事，不得已而用居喪之人，而猶使之以墨衰行事。未聞以工藝之小事而奪人之喪者也。仰惟皇上以孝治天下，天下臣民方且觀感而興起於孝，豈可因此小官而開奪情起復之門，以干祖宗之典憲，而傷國家之風化乎？伏望聖明收回前命，仍令潘俊等守制滿日，依例起復。如此，則祖宗之法不壞，而陛下仁孝之道通於神明，光於四海，休徵畢至，而令名無窮焉。緣係扶持風化及奉欽依「准他吏部知道」事理，弘治元年十月初六日本部具題。次日，奉聖旨：「匠官係手藝人，已準他了罷。欽此。」

臣等竊惟子生三年，然後免於父母之懷。故父母沒而子服三年之喪，所以報本也。此古昔聖人緣情制禮之意，萬世行之而不可易者。又聞古之人居親之喪有三年不言者，有泣血三年者。非矯情也，蓋不忘親耳。洪惟我太祖高皇帝斟酌古禮，定爲時制。凡文職官吏、監生生員、知印承差人等，聞父母喪者，悉令丁憂守制，所以教之以孝也。而守制止於二十七月，所以示之以有終也。今潘俊等雖是手藝之人，已居官食祿，亦係應守制人員。陛下因該監官之請而許其奪情起復，臣等所以言之者，蓋恐有違前項事例，使忠臣孝子聞而議之，心誠不安。今陛下特降德音如此，臣等固不敢違。若不再陳，但恐後之人遂以爲例，相率而忘其孝，有傷聖明之風化，是臣等不言之罪也。欲望陛下著爲定例：自今以後，凡文職官吏人等聞父母之喪，非身任金革之事，悉令依例守制終喪。敢有營求奏保奪情起復者，許科道官糾劾，本人以匿喪論，奏保之人以違制論。如此，則人知所警懼而相勸勉於孝矣。何患風俗之不厚，天下之不治乎？緣係扶持風化事理，未敢擅便，弘治元年十月初九日具題。次日，奉聖旨：「是。欽此。」

扶持治道奏狀

文選清吏司案呈：抄出南京兵科等衙門署科事南京刑科給事中等官周紘等奏云云。等因奏。奉聖旨：「周紘、張昺擅作威福，刁蹬擾人，及著回話，又不輸情。本當治罪，且饒他對品調外任。劉時還查他差委月日來看，該部知道。欽此。」欽遵抄出送司，案呈到部。臣等看得，差科道官於各教場出其不意，抽隊點閘操軍不到者，追究下落。役占五名以下者，降一級；五名以上者，降二級。係是兵部奏準事例。其給事中周紘、御史張昺既承差委，不得不依命前去點閘。既點閘，不得不依命追究下落。況玄真觀離大教場不遠，黃藤庫去小教場尤近。各官在各教場點畢，令管隊官甲各一人散操時，係大教場者於玄真觀，係小教場者，於黃藤庫。各以近就近查對手本、水牌。揆之事體，似不爲過。若各官慮有今日之患，不行抽點追究，虛應故事，則是不遵朝命而爲身謀。是乃作奸犯科者之幸，豈朝廷命官之意？豈人臣事君之道哉？且天下之事，公私不並立，未有執法而不失人情者，亦未有徇私而不廢公道者。執法而失人情者當賞。徇私而廢公道者當罰。此使人之良法，爲治之要道。不然而欲紀綱立，天下治，豈不難哉？今乃不治失伍者之罪，反謫點操者之官，此二人固不足惜，但恐以後將命按事者以此爲戒，不肯盡心盡力爲之，奸弊如何可革除？國家如何得治安？伏望聖明以事體爲念，以政治爲慮，復周紘等之官。庶使日後執法者得以盡職，徇私者無所容奸。何患國家之不治，天下之不安乎？臣等愚見若是，不知聖明以爲何如？緣係扶持治道及節奉欽依「該部知道」事理，未敢擅便，弘治元年十月二十七日具題。次日，奉聖旨：「周紘、張昺點軍不到，如何不即奏聞，卻展轉刁蹬挾制人？及著回話，又不輸服，已從寬調外任罷。欽此。」

王端毅公奏議卷十

吏部

乞休致奏狀

臣以迂腐無用之材，仰荷列聖莫大之恩，官至太子少保南京兵部尚書，參贊機務。久叨厚禄，愧無分寸裨補，向以年老歸田，待盡衡門之下，無復他望。伏蒙皇上遣使齎敕召臣前來，改吏部尚書加太子太保，俾典銓衡，恩禮極隆，委任已重。臣雖無似，豈不知感？自分年耄德衰，不稱任使，已嘗累章，具奏辭免。俱蒙溫詔，勉令就職。雖極力黽勉，其於職業終不能修舉一二，又嘗屢乞休致，俱不蒙俞允。逮今苟延，又將周歲，筋力愈加衰憊，神思愈加昏倦；腰膝酸麻，步履艱辛，又多健忘；作事顛倒，委的難居銓選之地。且其性愚戇，不能弼亮調燮，良孤〔一〕皇上以禮召用之意。況今滿朝文武臣僚，再無一員年及七十者。獨臣七十有三，形骸潦倒，尚玷班行。左瞻右顧，豈不知愧？又於本月二十二日忽患痰嗽，胸膈疼痛，不思飲食。伏望聖恩憐臣衰老，賜臣歸田，庶幾全始終之義，完廉恥之節。惟聖明垂察，幸甚！下情無任戰慄之至！

弘治元年十一月二十四日具奏。次日，奉聖旨：「卿受重託，當勉圖報稱，毋以疾求退。不准休致。欽此。」

〔一〕「孤」：疑爲「良辜」之訛。

再乞休致奏狀

臣自受命之後，自知年老力衰，才不勝任。是以於閏正月二次具奏，懇乞休致。一奉聖旨：「卿職典銓衡，方隆委任，毋爲過慮，遽欲退休。所辭不允。欽此。」一奉聖旨：「卿朝廷老臣，未可輕退。宜勉副任用，事有當言的，盡心來說，毋再固辭。欽此。」臣感激皇上知遇之恩，於職分內事，已嘗盡心爲之。遇有當言之事，亦嘗言之。但爲之不力，不能輔成聖政；言之不切，不能感悟聖心者有之，非不欲報也。六月又以衰老求去，復蒙溫詔勉留。至今又將半年，筋力愈覺衰憊，疾病日益侵尋，委的支持不去，欲望聖恩容臣休致。又奉聖旨：「卿受重託，當勉圖報稱，毋以疾求退。不准休致。欽此。」臣仰惟恩旨，固知陛下不舍臣。臣受恩深厚，亦豈欲舍陛下哉？但臣老已至矣，雖欲勉強輔佐聖明，少圖報稱，委的不能勉強，留之實無益也。伏望聖恩憐憫，容臣送骸骨於故鄉，遂丘首之至願，幸莫大焉。如此，非惟臣感聖恩於沒齒，雖九泉之下亦不能忘也。臣下情無任於邑，亦惟少垂察焉。弘治元年十一月二十七日具奏。二十九日奉聖旨：「前日卿乞休致，已不准了。不必固辭。該部知道。欽此。」

議太常寺缺官供祀奏狀

文選清吏司案呈：奉本部送吏科抄出太常寺掌寺事太子少保禮部尚書劉岌等題云云等因具題。奉聖旨：「該部看了來說。欽此。」欽遵抄出，送司。」查得：徐啓端原任司樂，傳陞協律郎；王福廣等十三員俱由樂舞生傳陞協律郎等項官職。成化二十三年九月，該科道官陳言「要將傳奉濫設官員通行查出，罷歸原籍閑住」等因。節該奉聖旨：「是。原有官陞職的，三品、四品降正從六品；五品、六品降正從八品；七品以下降雜職。樂舞生、道士出身的，冠帶閑住。都不許再求進用。欽此。欽遵外，今該前因案呈到部。看得：太常寺掌寺事太子少保禮部尚書劉岌等題稱：「本寺缺官供祀，要將徐啓端仍復司樂，其餘王福廣等月支食米，聽候差委祭祀」一節，先因内外奔競無恥之徒夤緣梁芳等傳陞京職，日積月累，遂至千數百員。費耗錢糧，濫占皂隸不可勝紀。互相交結，以邪妨正，又不可言。三、五年來，名器大壞，物議不平。仰惟陛下嗣位之初，首罷傳陞官員，朝野爲之改觀，人心無不痛快。迄今一年有餘，事體方定，奔競稍息。今劉岌等卻要將徐啓端等復職食糧，是爲傳陞官員立赤幟也。若復用一人，則數千百人皆相率而來，豈勝煩擾？豈不壞朝廷清明之政，失萬邦黎獻之心？所言難准。且三年一次致祭嶽鎮海瀆，歷代帝王俱遣樂舞生行禮。若謂金山等處墳所四十五處祭祀官少，不敷差遣，照例差樂舞生行禮亦無不可，何必開已閉之倖門，引既退之小人？然而，此舉非真爲缺官供祀，蓋是徐啓端等央浼劉岌等假此爲名，以求復進。非惟啓此弊端，抑且故違詔旨。所據徐啓端等俱合拏送法司，明正其罪，以爲傳陞降革再求進用者之戒。劉岌等亦合有罪。緣劉岌等俱係在京堂上及京官，及奉欽依「該部看了來說」事理，未敢擅便，弘治元年十二月十七日具題。次日，奉聖：「是。徐啓端等本當拏問，且都饒這遭。劉岌等罷。欽此。」

議封見在繼母奏狀

驗封清吏司案呈：奉本部送准戶部咨廣東清吏司案呈奉本部判送：「據山西清吏司主事唐錦舟呈云云」等因到部，送司案呈看得：主事唐錦舟係正六品官，例該封贈父母及妻。查得伊故父唐仁先任吏科左給事中，已關敕命。故母周氏，故繼母周氏俱已封贈孺人訖。今本官乞要封見在繼母舒氏。若拘常例，止封一繼母，緣前繼母係伊父請給敕命所封，非本官請給敕命之所封。今要封其見在繼母，亦是止封一繼母，非封二繼母也。若不准令封其見在繼母，止令封其妻，使其繼母穿著常服坐於其上，其妻珠冠霞帔立於其傍，爲之子者寧能自安？爲之婦者亦何忍爲？似非聖朝教人以孝之意也。合無准令主事唐錦舟封其見在繼母舒氏。今後該封繼母者，止封見在繼母一人。若前繼母曾因父受封，後繼母見在，亦照此例封之。如此則姑婦同榮，母子皆安，恩澤均而彝倫厚。聖朝以孝教人之意，可謂曲盡其情而爲萬世法矣。緣係請給敕命及係事例，未敢擅便定奪。弘治元年十二月二十一日具題。次日，奉聖旨：「是。唐錦舟准封見在繼母。欽此。」

議陞臨清縣爲州奏狀

文選清吏司案呈：「奉本部送吏科抄出巡撫山東地方都察院右僉都御史錢鉞等題云云。」等因具題。奉聖旨：「該部知道。欽此。」欽遵通抄，送司案呈。看得：巡撫山東右僉都御史錢鉞并巡按山東監察御史向翀各題稱：「會議得：臨清縣係南北要衝，與臨清衛軍民相參，詞訟繁多。要照湖廣等處茶陵等縣陞州事例，將臨清縣改陞全設州治，銓官鑄印，仍隸東昌府管轄；將附近館陶、丘縣來屬」一節。查有前項事例，合無準其所擬，照例將臨清縣改陞臨清州，仍隸東昌府管轄。館陶、丘縣隸臨清州管轄。其附改官制，更動一應衙門，與凡選官鑄印等項事務，候命下之日，另行奏請定奪。等因具題，奉聖旨：「是。欽此。」欽遵。查得：諸司職掌内開：「各州不及三十里長，有所屬縣分者，裁減同知。無所屬縣分，裁減同知、判官。」今臨清縣見有三十四里，例該全設。欲將臨清州附改官制，除授知州、同知、判官吏目各一員，管馬、管河、判官各一員，并儒學添設訓導一員，候有相應人員銓補。臨清縣原除知縣等官，俱暫令在彼管事。本部查有相應員缺，陸續具奏調補。其本縣儒學、倉閘、陰陽、醫學、僧道、會司等衙門官銜俱未入流。本部欲照先年茶陵等縣改陞茶陵等州事例，將臨清縣儒學見任教諭王楷改爲臨清州儒學學正，訓導陳暐、馬善改爲本學訓導，并陰陽、醫學、僧道、會司俱改爲典術、典科、僧正、道正，及原屬廣積、常盈二倉，新開上閘渡口驛、清源水馬驛、清泉水驛仍隸本州管轄。其各衙門官銜、吏典印記，俱照州治行移鑄換、添設，舊印照例収銷。其原設守備等官應否裁革，行移兵部徑自查議定奪。緣係改陞州治衙門官銜事理，未敢擅便開坐。弘治二年二月初十日具題。次日，奉聖旨：「是。欽此。」

議徽王乞陞鈞州爲府奏狀

文選清吏司案呈：「奉本部送准戶部咨河南清吏司案呈：准工部營繕清吏司手本奉本部送內府抄出徽王稱名奏云云。」等因奏。奉聖旨：「該衙門看了來說。欽此。」欽遵抄出送司。照得：「改作衙門，係隸別部掌行。除稟堂外，合用手本前去戶部該司，呈堂施行」等因到司案呈。看得前項：『改陞衙門一節，比與臨清縣陞州事體相同，係隸別部掌管，本部難以施行，就移咨徑自施行』等因到部，送司案呈。看得：徽王所奏，除脩築城池及改挑河道，俱係工部掌管。除行該部徑自施行外，其稱：「分封寥落州治，要將鈞州改陞爲府治，就於郭內添設一縣，并前項有名州縣一體所轄」一節，臣等體得肅府見在陝西蘭州，瀋府見在山西潞州，荆府見在湖廣蘄州，岷府見在湖廣武岡州。立國多者八九十年，少亦不下四五十年。率皆仍舊，未嘗改爲。今徽府要將鈞州改爲府治，又要將汝州郟縣、魯山、寶豐、商城，許州襄城、長葛、臨潁、郾城，鈞州、密縣、新鄭等一十二州縣改隸所轄，不惟異乎前四府仍舊之撰，且啓前四府改爲之端。況今各處災荒，軍民凋弊，欲興此役，實非所宜。兼且州之與府，於王頗無所與。改與不改，於王似無重輕。以此言之，不如仍舊貫之爲善也。臣等愚見如此，未知是否。緣係欽依「該部看了來説」事理，未敢擅便，伏乞聖裁。弘治二年三月十四日具題。次日，奉聖旨：「是。不必改陞。還寫書與王知道。欽此。」

會議償運糧儲行移奏狀

文選清吏司案呈：奉本部送准禮部諮該本部等衙門題，刑科抄出都察院左副都御史邊鏞等題，湖廣道呈刑科抄出總督漕運兼巡撫鳳陽等處都察院左副都御史秦紘奏：「據湖廣等處承宣佈政使司呈，蒙巡按湖廣監察御史姜洪批：『充軍糧米，本院節行會奏去訖。布政司星馳差人諮稟淮安總督漕運官尚早處置，毋得臨期致誤國用。』備由轉呈臣處，照詳處置，施行備呈。得此，臣查得淮安、徐州、臨清、德州四處，水次倉糧數少。雖各該衛所運糧官軍行糧尚不勾用，又況臣撫屬地方亦有災傷，但於内酌量輕重，那移輳補，今亦未完。其湖廣布政司前項充軍糧米，無從措置。除行本布政司計處外，爲照各處巡撫都御史與巡按御史行事雖不相關，而名分終難紊越。每見各處巡按御史與巡撫都御史移文，有令按屬衙門抄案轉達。此於名分雖乖，猶以敵體相待。今看得御史姜洪前項批詞，玩其語意，乃是以上司督臨屬官。名分倒置如此，顯是姜洪不諳大體。如蒙乞敕都察院將御史姜洪挐問，明正其罪，以爲越禮犯分之戒。及行令各處巡按御史，今後凡與巡撫都御史有行，仍照行移體式徑自具呈，不許出案轉達，庶使名分正而體統嚴」等因具本。該通政使司官奏奉聖旨：「都察院知道。欽此。欽遵。」又該刑科參看得：「監察御史姜洪批詞，既曰：『星馳差人』，又曰『諮稟』。其下文『毋得致誤』等語，乃爲布政司而設。今都御史秦紘以此自認怒目不明，輒便參奏，自傷大體，事屬紛擾。宜從抄出，施行通抄，具呈到院。看得總督漕運兼巡撫鳳陽等處左副都御史秦紘參奏巡按湖廣監察御史姜洪前項批詞：『玩其語意，乃是以上司督臨屬官。名分倒置如此，顯是姜洪不諳大體。乞要挐問，明正其罪。』又稱：『各處巡按御史今後凡與巡撫都御史有行，仍照行移體式徑自具呈，不許出案轉達』」一節，已該刑科參看得：「監察御史姜洪批詞，既曰『星馳差人』，又曰『諮稟』。其下文『毋得致誤』等語，乃爲布政司而設。今都御史秦紘以此自認怒目不明，輒便參奏，自傷大體，事屬紛擾。」詳此參辭，御史姜洪似爲無罪，難以提問。及查得行移體式内止開「各道御史並巡按御史具呈都察院」，並無「巡按御史具呈巡撫、都御史」辭語。其「巡按御史出案轉達巡撫都御史」，揆諸事體，亦無妨礙。今要徑自具呈，行移體式既不該載，亦難擅擬爲例。所據都御史秦紘該刑科參出前項紛擾情節，合當查究。但本官近陞右都御史，巡撫兩廣去訖，伏乞聖明裁處。緣秦紘係在京堂上官，及奉欽依「都察院知道」事理，未敢擅便。弘治二年三月十二日具題。奉聖旨：「這本係干名分大體，禮部便會各部、通政司、大理寺堂上官從公看了來說。欽此。欽遵。抄出到部，會同吏部等衙門太子太保尚書等官王恕等查。」看得：行移體式，各道並巡按御史具呈都察院，雖無巡按御史呈巡撫都御史之文，緣巡撫都御史亦係本院堂上官，相應具呈。但在外巡按御史有具呈者，有抄案轉行者。今巡按湖廣監察御史姜洪卻批詞：「布政司星馳差人諮稟淮安總督漕運官尚早處置，毋得臨期致誤國用。」委的詞語欠遜，有失大體。及刑科並都察院參稱「都御史秦紘自傷大體，合當查究」等詞不無偏向，俱各有罪。所據御史姜洪、刑科經該官都察院僉書官吏，通該查究提問。合無今後巡按御史事與巡撫都御史相關者，仍照行移體式一體具呈，庶幾名分攸存，體統不紊。緣事內幹礙在京堂上官並京官及節該奉欽依「禮部便會官從公看了來説」事理，未敢擅便。本月十九日具題。次日，奉聖旨：「是。姜洪批詞不遜，有失大體，難居風憲，對品調外任。刑科都察院經該僉書官吏偏向不公，本當提問，且饒這遭。各罰俸糧一個月。欽此。」欽遵。擬合通行除外，合就移諮欽遵施行等因，送司案呈到部。」看得：御史姜洪係正七品，今對品調外任，該除在外正七品知縣職事。查得山西平陽府解州夏縣見缺知縣一員，欲將姜洪調補前缺，順賫文憑，令其就彼到任管事。未敢擅便，弘治二年三月二十四日具題。次日，奉聖旨：「是。欽此。」

論知州劉概有犯比依妖言律過重奏狀

竊見刑部河南清吏司問得：犯人劉既合比依「造妖言者律」斬，秋後處決。湯鼐依「風憲官受財加其餘官受財不枉法，有禄人一百二十貫，二等罪止律」，減等杖一百，徒三年。吉人依「奏事詐不以實者律」減等杖九十，徒二年半。李文祥、鄒智俱依「不應得爲而爲之事理重者律」，減等杖七十。俱職官各照例運磚，各完日。湯鼐係有贓官，革職爲民。吉人、李文祥、鄒智俱浮躁淺露人，數送吏部收查定奪。東思誠、曹璘俱供明，各還職。大理寺審擬合律奏，奉聖旨：「是。這廝每既情犯深重，劉既捏造非言，依律處決。湯鼐，風憲犯贓，押發陝西肅州衛充軍。吉人，肆姦欺罔，發回原籍爲民。李文祥、鄒智私交妄議，降三級調邊任，都免運磚。其餘准擬。欽此。」欽遵抄招用手本，連李文祥等送本部施行等因，除湯鼐、李文祥等罪不至死，臣不敢妄議外，但劉既比依前律，坐以斬罪，臣則不能無疑焉。伏睹大明律云：「凡造讖緯、妖書、妖言及傳用惑衆者，皆斬。欽此。」先儒謂讖緯如「亡秦者胡」之讖及赤伏符等，及諸經之緯書。蓋讖緯之書即妖書，讖緯之言即妖言。以其説未來之興亡，能惑衆亂民，壞國家之事，故禁之嚴，使之不敢犯也。今劉既招稱：「不合要得阿諛湯鼐，又揑寫一夢書，内稱：『别後時時夢中會見。一夕夢一老人騎牛背上，行陷於泥淖中。公左手把一五色石子，右手捉牛角引就正路。其人謝而去。因思人騎牛背，儼然一朱字，正我朝之姓氏，豈非天生豪傑，欲賴之引君當道耶？但五色石子意不可曉，或者公自臺中首先抗疏，爲彈之第一等耶？請試思之如何』」等情。臣切詳劉既書詞固爲狂妄，不能無罪。其夢有無，亦未可知。推原其情，不過因見湯鼐節次建言，指陳得失，不計利害，以爲乃天生豪傑，以道事陛下也。是乃與人爲善之意，别無惑衆亂民之情。今比依「造妖言者律」論以死罪，臣竊以爲過之。設有造如「亡秦者胡也」之言惑衆亂民者，不知更以何罪加之？昔之時有以忠諫者爲誹謗，深計者爲妖言，至今人猶爲之痛惜。陛下受天明命，正位宸極，以堯舜之道治天下，天下愛戴之如堯舜矣。今法司以如此之情，坐劉既以妖言死罪，不無有累陛下清明之政。欲使天下後世不爲之痛惜，恐不可得也。且一婦含寃，三年不雨。今各處災異，人情洶洶，此正朝廷欽恤刑獄，求言脩省，以回天意，以弭災變，以安人心之時。若使劉既緣此死於獄中，豈不愈傷天地之和？愈召水旱之災？而臣忝在六卿之列，知而不言，則違先聖事君有犯無隱之戒。其罪將安逃乎？是以不避斧鉞，爲陛下言之。儻蒙聖明裁察，寬宥劉既死罪，將見天下後世莫不稱頌皇上欽恤之仁，豈不召和致祥，衍慶延祚於無窮也！弘治二年四月初三日具奏。奉聖旨：「劉既造言，引喻非類，法司比律問擬，未爲不當。你如何這等來説？且監着，待後發落！刑部知道。欽此。」

乞休致奏狀

臣見年七十四歲，係陝西西安府耀州三原縣人。正統十三年進士，改庶吉士。初授大理寺左評事，歷陞太子少保、南京兵部尚書，參贊機務。成化二十二年致仕。二十三年，荷蒙聖恩遣使賫敕，起臣前來，俾典銓選，特加太子太保以寵異之。臣感激知遇之隆，是以於職分内事，無不盡心爲之。其於政治之得失，苟有所見，亦無不欲言之。欲言之者，臣爲國之心也。間或言之而不能裨補萬一者，見之未真，知之未至，慮之未精而言之，未盡中理也。是以臣雖欲報覆載之深恩，而終不能報也，徒自懷愧，莫知所措。今臣委的年老力衰，日益昏晦，兩腿酸痛，步履艱辛，不能朝參署事。伏望聖恩憐憫，容臣致仕歸田，以終餘齡，庶不有妨賢路，而臣之心亦休休矣。臣干冒天威，無任戰慄隕越之至。弘治二年四月初八日具奏。次日，奉聖旨：「卿受重任，宜勉盡職，毋以衰老爲辭。不允休致。欽此。」

再乞休致奏狀

臣昨以衰老腿疼，步履艱辛，不能朝參署事，陳乞休致。奉聖旨：「卿居重任，宜勉盡職，毋以衰老爲辭。不允休致。欽此。」臣有以見陛下不以臣爲迂腐無用，特賜溫詔勉留。是乃上天包含遍覆之仁也，豈勝感激？臣伏自蚤歲從師講學，以爲異日儻得成就，受一階半級，當效古人攄忠竭誠，盡職報國。今臣仰荷聖恩，職居冢司，官至極品。此實人臣之奇遇，縉紳之至榮，豈不欲策勵駑鈍，盡心奉職，以圖萬一之報？焉肯因循苟且，適己自便，託疾求去，孤莫大之恩，負疇昔之志哉？但緣臣今年七十有四，委的血氣衰憊，腰腿疼痛，行走吃力，跪拜艱難。昨於御前承旨，力不能支，幾乎跌僕，殊失觀瞻。此左右之所共見，百官之所共見，非敢妄言推託。況臣資質庸下，學術空疏，雖有忠君愛國之心，而無論道經邦之才；久居要地，濫叨富貴，將恐物議不平，非臣之福也。伏望聖恩憐憫，容臣休致。臣雖退伏畎畝，亦不敢斯須有忘聖德。苟有所見，即當上言，以盡區區之誠，並不敢以進退而貳其心。臣干冒宸嚴，無任激切屏營之至。弘治二年四月十二日具奏。次日，奉聖旨：「卿年雖老，宜勉副任用，不准休致。今後大風并雨雪日，免早朝。午朝可不必來。欽此。」

乞給假奏狀

臣近於本月初八日因衰老腿疼，不能朝參署事，奏乞休致。奉聖旨：「卿居重任，宜勉盡職，毋以衰老爲辭。不允休致。欽此。」十二日，又以前情懇乞休致。奉聖旨：「卿年雖老，宜勉副用，不准休致。今後大風并雨雪日免早朝。午朝可不必來。〔一〕欽此。」臣聞命之餘，惶懼殊甚，罔知攸措。自惟樗櫟庸材，於時無補，誤蒙聖恩再三眷念，禮貌益隆。臣雖捐軀隕首，莫報涓埃。即欲報名謝恩，但緣腿疼未瘳，步履尚爾艱辛，跪拜猶未方便。欲望聖恩容臣暫且在部勉強供職，俟腿疼少愈，即當入謝。臣狂妄無狀，罪當萬死。弘治二年四月十五日具奏。次日，奉聖旨：「准他。該部知道。欽此。」

定奪欽天監官奔喪奏狀

稽勳清吏司案呈：「奉本部送據欽天監呈前事。據五官司歷劉玉呈稱：『有母張氏，弘治二年正月十九日病故。祖塋在於順天府東直門外遷民屯，已於本年三月初二日安葬畢。思得本職係是親男，例應守制，理合具呈，乞爲查照定奪』等因到監。據此查得：洪武十九年二月二十四日，該本監官於奉天門欽奉太祖高皇帝聖旨：『恁陰陽官人每，都不要丁憂。永爲常例。欽此。』欽遵外，今照本監查無守制事例。及看得本官母故，已行安葬完畢，要行守制一節，緣本官係是提督造歷緊要官員，正值興工之時，及有前項事例，本監難擅定奪。備呈乞爲查照定奪」等因到部，送司案呈。查得永樂二年正月十七日，有本監五官司歷潘緝熙父故，要回奔喪。該監官奏奉太宗文皇帝聖旨：「着他去。欽此。」天順二年二月二

〔一〕「午」上原衍「午」字，據嘉慶本删。

十九日，五官靈臺郎方欽母故，呈乞奔喪。該監官引奏奉英宗睿皇帝聖旨：「照例。欽此。」成化元年二月十二日，監正穀濱母故，奏要奔喪。該本部具題。奉憲宗純皇帝聖旨：「照例。欽此。」成化六年三月二十三日，五官靈臺郎吳英父故，奏乞終喪。該本部具題。奉憲宗純皇帝聖旨：「准他去奔喪。欽此。」及成化十年三月二十日，監副楊瑛，順天府人，繼母病故，奏乞躬葬。成化十七年三月二十五日，中官正皇甫敬母故，置立塋所順天府地方，奏要安葬。成化二十二年十二月十三日漏刻，博士袁紘父故，置地順天府地方，奏乞奔喪安葬。本部節次照例題準：「俱限三個月奔喪，安葬畢日，照舊辦事。」前項奔喪事例，已行八十有餘年。況袁紘父故，買地順天府地方安葬，與劉玉事體相同。又係目前之事，本官與本監官豈得不知？今本官既有母喪，自合隨即呈監轉呈本部，照例奔喪爲當。卻乃遷延月久，待其安葬已畢，方纔具呈，意欲免其奔喪，顯有貪祿忘親之情。而該監官卻將奔喪事例匿而不言，止稱「查無守制事例」，又稱「本官係是提督造曆緊要官員」，雖稱「呈乞定奪」，其意亦欲免本官住俸奔喪，不無受囑情弊。且該監官聞父母喪既已免其守制，若又不照例奔喪，則是於送終之禮全不用情，烏得爲孝子乎？且聖明之世有祿人員，豈可容此不孝之人？所據劉玉并該監僉書官吏本當究問，但呈文內有呈乞定奪字樣，合無免其送問，行令劉玉照例奔喪三個月，滿日赴部送回本監，照舊辦事。以後凡遇該監官員人等聞父母喪者，務要照依前例，隨即具呈奔喪。敢有託故不行奔喪者，以違制論。堂上官知而不令奔喪者，亦治以罪。如此則法令嚴而姦頑懼，彝倫明而風俗美。緣係查例定奪欽天監官奔喪事理，未敢擅便。弘治二年四月十七日具題。次日，奉聖旨：「是。欽此。」

議何鼎陳言重官爵奏狀[一]

文選清吏司案呈：　奉本部送內府抄出「長隨何鼎題云云」案呈。查得成化二十一年正月十六日，吏部等衙門題「爲災異陳言事」，節該奉憲宗皇帝聖旨：「傳奉文職大小官員，除勳戚功陞，廕授不動。欽此。」又查得太常寺奏：「要將革罷傳奉官徐啓端仍復司樂，王福廣等月支食米。」本部爲照此舉，蓋是徐啓端等央浼劉岌等假此爲名，以求復進，欲將徐啓端等挐送法司，明正其罪」等因具題。奉聖旨：「是。徐啓端等本當挐問，且都饒這遭。劉岌等罷。欽此。欽遵。」此其欲開倖門，本部題準不容開者矣。今何鼎題：「要審查文非考中本等程式陞者，自天順元年至今一切革去，以杜倖門」一節，緣天順元年至今三十三年，彼時倖進之人，壯者今已老，老者今已故，其見存者亦有遷轉一、二次者。且如成化年間，內閣學士李賢子李璋、彭時子彭頎，俱以舍人除授尚寶司司丞。李璋陞本司卿，劉定之子劉偁以生員除授中書舍人，陞南京尚寶司司丞；商輅子商良輔以監生乞恩除授主事。近來，商輅孫商汝謙又以納粟監生乞恩除授尚寶司司丞。太監張慶侄張暉由承差除授驛丞，陞至太常寺寺丞。今降典簿御史鍾同子鍾鉞由生員除授通政司知事之類，皆是「文非考中本等程式」陞除之人。有保陞爲太醫院官者，爲欽天監官者，爲工部所屬衙門官者，爲各府都事等官，跟隨總兵等官書辦者，彼因多係廕授，及不係傳奉人數，不曾查處。今若又行查革，將不勝其革，且有不可革者，徒見其紛更而無已也。臣等竊惟治天下之道，貴乎簡要安靜，處置得宜。犯者治之，其不犯者不必追究。如此則事不煩，而民志定。若今日一人言一往事而翻騰之，明日一人言一舊事而追究之，但見其事體叢脞而衆心疑懼，非所以顧大體而隆治道也。又惟諸司官俱有定員，不可濫授，濫授則民擾。士之進身，亦有正道。非由正道進者，猶鑽穴隙之類也。雖有才能，何足道哉？伏望皇上俯賜裁察，

[一] 題目「議何鼎陳言重官爵奏狀」，嘉慶補刊本作「議長隨何鼎陳言重官爵奏狀」。

合無不必追究往事。自今以後，内外大小衙門官缺一員，則銓補一員，不可輕易聽人妄保不由正道出身之人泛濫陞除。如此，則奔競自息，官爵自重，朝廷自尊，萬姓自安，而天下自治矣。若往者雖革之，來者又許之，徒見其紛擾，有何益哉？緣奉欽依「該部查看了來説」事理，未敢擅便。弘治二年七月初五日具題。次日，奉聖旨：「是。欽此。」

王端毅公奏議卷十一

吏部

修省陳言奏狀

文選等清吏司案呈：准驗封清吏司付奉本部送准禮部咨，弘治二年七月初七日早，該太監韋泰傳奉聖旨：「近日京城雨水爲災，南京又奏大風雷雨之異。朕當檢身飭行，祇謹天戒。爾文武百官尤當各加修省，勉圖報稱，毋自因循。各衙門政事有缺失，當舉行改正的，斟酌停當來說。禮部知道。欽此。」欽遵等因，案呈到部。臣等欽遵聖諭，痛加脩省，勉圖報稱外，今將本部政事缺失，當舉行改正的事件，斟酌人情事體開坐，伏乞聖明裁處。緣係脩省事理，未敢擅便。弘治二年七月二十七日具題。次日，奉聖旨：「都准行。欽此。」

一、查得：諸司職掌內，「九年考滿，教官考不通經者，別用」。府衛教授、州學正、縣教諭、府衛州縣訓導，俱係教官。教授係從九品，學正、教諭、訓導，俱未入流。謂之「別用」者，但不令復爲教官，而於品級相等官內改用也。教授合改除從九品稅課司大使、府倉大使、司獄巡檢等官。學正、教諭、訓導合改除未入流河泊所官、稅課局、織染局、鹽課司大使、副使、倉大使、副使等官。景泰、天順年間，教授有改除稅課司大使等官者；學正、教諭、訓導，有改除倉官、河泊等官者。近年以來，不分教授、學正、教諭、訓導，俱改除河泊所官。非惟太拘，其於教授，實爲降等，有乖別用之制。合無今後教官考不通經者，教授改除從九品大使、司獄、巡檢等官；學正、教諭、訓導俱改除未入流河泊所及大使、副使等官，不拘衙門。如此，則改調有等，選法疏通。

一、外官九年考滿到部，有司官，繁，稱陞二級； 簡，稱陞一級。 教官考通經，府州縣學官舉人及數，乃陞衛學官，并選貢衙門。 學官無舉人，亦陞。 丁憂復除者，舊例俱以後任定其黜陟，頗有不均。 且如有司官前任事簡歷俸少，後任事繁歷俸多，陞二級，固爲相應。 若前任事繁歷俸多，後任事簡歷俸少，止陞一級，不無有虧。 教官前任府、州、縣學日多，後任衛學并選貢衙門學日少，照衛並選貢衙門學不論舉人而陞，固不相應。 前任衛學并選貢衙門學日多，後任府、州、縣學日少，論舉人不及數而不陞，亦不相應。 合無今後有司官九年考滿，不分前任後任，但事繁歷俸日多者陞二級，事簡歷俸日多者陞一級。 教官亦不分前任、後任，但任府、州、縣學日多者，從府、州、縣論； 任衛學並選貢衙門學日多者，從衛學並選貢衙門學論。 如此則事體停當，人心悦服。

一、在外所屬例該考覈官員，雖開合於上司，考覈詞語不開「稱職」、「平常」、「不稱職」字樣者，案候行查回報之日，有司官引奏復職教官具奏入選，不無守候人難。 合無今後有司官雖不開「稱職」、「平常」、「不稱職」字樣者，其詞語內有「勤」、「能」、「端」、「謹」等項字樣者，即以「稱職」論。 有「頗可」等項字樣者，即以「平常」論。 有「無爲」、「無守」、「誤事」、「懶惰」等項字樣者，即以「不稱」論。 初考、二考，不必行查，就與定稱否，引奏復職。 三考仍候行查，至日定奪。 全無考覈詞語，照舊行查。 教官舊例止以到部考通經，有舉人定黜陟，不以上司考語爲殿最。 雖無考語，即與具奏。 入選差錯官吏，俱照例參問。

一、舊例外官考滿，後任日少，許通理前任日多。 另歷三年，是説丁憂起復，并更調改除官前任、後任。 近年以來，卻將考滿給由到部復任輳考者，亦以前任、後任如前論之。 此其因襲之失，合無改正。 今後止以丁憂起復及更調、改除爲前後兩任，照前例查考。 其考滿復任、輳考者，不必論前任、後任多少。

一、考滿官歷任六年，止開三年事蹟給由者，參問； 准作三年考滿。 仍令回任補造六年考滿牌册給由，不無往返人難。 合無今後考滿官雖歷任六年，止開三年事蹟考滿給由者，免其參問，准作三年考滿。 不必補造六年考滿牌册，侯九年考滿，通將後六年事蹟攢造牌册，給由爲便。

一、吏員出身考滿官，或該陞正從八品、正九品者，或該本等用者，或該降者，入選之時考中，該陞者陞；　該本等者，本等用；　該降者降。不中，俱降雜職内，巡檢與司、府、衛倉塲大使，俱係從九品官。巡檢以軍囚及數陞，司、府、衛倉塲大使以糧草及數陞，巡檢不考就陞。司、府、衛倉塲大使考中方陞，不中，降雜職。此諸司職掌不該載，不知昉於何時，一向因襲而行，且以正從八品并正九品官考不中，一例俱降雜職，似無分别。是以入選官懷不平者，往往纓告。合無今後吏員出身考滿該陞正從八品、正九品者，考中照例陞；　考不中，本等用。其原該本等用并該降者，不必考驗，照例選用。若考中該陞官告願就雜職者，聽。如此，則選法一而人心服。

一、知印資格，兩京五府知印從八品出身。六部、都察院知印正九品出身。在外都、布二司知印從九品出身。在外知印係農民僉充，役滿赴部冠帶辦事半年，不考就除從九品職事。在京知印，係役滿承差，請旨點做，役滿冠帶五府者，考中除從八品職事。六部、都察院者，考中除正九品職事。考不中，俱降除雜職。且在外知印，不考就照資格除授。在京知印，考中方照資格除授，不中，降用。事體不一。況知印原非書辦文案人役，與吏典一般，考試招擬，多是不中，往往降除雜職。是資格高者，得官反卑；　資格卑者，反高，似非所宜。除都、布二司知印照舊不考就選外，合無今後五府、六部、都察院知印，臨選之時止考行移，中者照資格除授，不中者降一級用。如此則事體適中，而彼此皆安。

議不當加陞按察使陶魯奏狀

文選清吏司案呈：　奉本部送准兵部咨該本部題：　職方清吏司案呈奉本部送於内府抄出總鎮兩廣内官監太監韋眷等題云云等因。奉聖旨：「該部看了來説。欽此。」欽遵通抄送司，行准吏部文選清吏司手本開：「查得按察使陶魯，原籍廣西梧州府鬱林州人。由舍人景泰四年十月除廣東廣州府新會縣縣丞。七年五月，功陞從七品俸。天順七年七月，陞本縣知縣。成化二年閏三月，陞本府同知，仍管縣事。本年四月，陞廣東按察司僉事，專在肇慶等處提督操練剿賊。十二年六月，陞本司副使，專在高、雷二府提調操練。二十年四月，改管司事。本年十一月，功陞俸一級。成化二十一年十一月，九年考滿，陞湖廣按察使，仍在兩廣軍前帶管嶺西道，遇警聽委，撫治剿截。」手本回報前來，本司又於節年卷內查得：兩廣地方，廣西賊情最多。原設副總兵并左右參將共三員，其餘守備官不止五、六員。廣東賊情稍緩，止設左參將一員，總督備倭都指揮一員。近日南韶二府又設守備指揮一員。其南韶并廣、潮、惠等府，雖經正統十四年并成化初年賊情猖獗，亦不曾設有將官在彼提督捕盜。及查得：先該兩廣守臣奏報：「成化二十二年十一月內，廣西鬱林等處，弘治元年三月內廣東潮州等處，本年七月內廣東廣州府後山等處，各起苗賊並強賊，功次內領軍官俱有按察使陶魯職名，因無巡按御史勘實造册奏繳，未曾定擬陞賞。」今該前因節該伏睹大明律內一款：「文官不許封公侯。其生前出將入相，能除大患盡忠報國者，同開國功勳一體封侯、謚公。欽此。」並無方面風憲文職改授武職事例。案呈到部。看得：兩廣總鎮、總兵等官太監韋眷等會奏：「按察使陶魯文武兼資，威望素著，要查本官功次，量改武職，提督廣州、潮州、惠州、韶州、南雄等五府地方官軍，緝捕盜賊，保安境土。若廣西等處賊情緊急，仍前聽調」一節，緣廣州府係都、布、按三司總會之地，又係太監韋眷、總兵官柳景、都御史秦紘鎮守巡撫去處，況離梧州不遠，陶魯見今挈家在彼居住，即與鄉裏無異。潮、惠二府俱係邊海，有備倭都指揮管理。南韶二府有守備指揮管理。若再添將官，不無官多人擾。兼且原擬止在軍門聽委，不拘遠近賊情，皆可責其效力。若是限定分守一方，未免勢有所拘，才不得展。況本官初由白身舍人累官正三品，風憲文職，恩已酬勞，位已過分。雖有三起剿賊功次，又未經巡按御史勘報，所據量改武職，查無事例。臣等不敢擅擬，以壞選法，以開弊端。其應否量陞文職，合行吏部查奏定奪。候命下之日，仍照原擬，令其在於軍門聽委，隨處領軍剿賊。緣係議處地方用人，及奉欽依「該部看了來說」事理，未敢擅便。等因具題。奉聖旨：「是。欽此。」欽遵備咨送司，案呈到部。看得總鎮兩廣太監韋眷等奏稱「廣東廣州等五府久缺領軍官員，要將按察使陶魯查照功次，量改武職，或量陞文職，提督前項地方官軍，保安境土。若廣西賊情緊急，仍前聽調」等因。既該兵部參稱：「前項地方，俱各有官管理，本官原擬止在軍門聽委，不拘遠近賊情，皆可責其効力。查無量改武職事例。應否量陞文職，合行吏部徑自查奏定奪。」臣等切緣内外三品以上文職，俱有定員。缺一員則於進士、舉人出身方面官内推舉一員以補之。未嘗以白衣出身捕盜陞遷人員内舉用，亦未嘗以捕盜功而濫陞文職大臣者。且陶魯雖有前項微勞，自舍人而陞至按察使，其官不可謂不高，其權不可謂不重，其富貴亦云至矣！仍以前職聽調殺賊可也。若果有殊功，賞以金帛亦足以酬其勞，何必加非分之官以駭人之耳目？所據陶魯量陞文職一節，臣等未敢擅便定奪。弘治二年八月初八日具題。次日，奉聖旨：「陶魯還著兵部查他功次來説。欽此。」

論御醫蔣宗儒妄奏復職奏狀

文選清吏司案呈：「奉本部送吏科抄出太醫院冠帶醫士蔣宗儒奏云云。」等因具奏。奉聖旨：「吏部看了來説。欽此。」欽遵抄出送司。查得：成化二十三年九月内，該科道官題爲糾劾事内開：「御醫蔣宗儒等醫術不精當，先帝不豫之時，用藥乖謬，以致宮車晏駕，要將本官拏送法司，明正典刑。」等因具題。節該奉聖旨：「你每説的是蔣宗儒，降醫士。欽此。」欽遵。今該前因，案呈到部。看得：蔣宗儒平昔醫術不精，用藥乖謬，以致先帝宮車晏駕，痛傷陛下之心，大失臣民之望。論其罪犯，死有餘辜。皇上恩同天地，雖韙科道之言，尚從寛恤之典，貸其死罪，降爲醫士。正當感恩思報，豈可復萌覬覦之心？今御妄奏：「與醫士吳綬同在春宮用藥見効。」臣等竊意聖躬萬福，或者斯須欠安，天相神佑，勿藥自喜。蔣宗儒等豈可掩爲己功，以圖陞賞？若以此爲功，則進藥於先帝而不見効之罪，其可逃乎？況吳綬太醫院開作二等，臣等詳味「二等」之説，則知其非用藥有効之人，不敢與用藥有効者並列。正恐此輩相率而來打攪朝廷。今蔣宗儒一見太醫院開吳綬名字到部，果來進本奏擾。若更復吳綬等職事，不但蔣宗儒一人進本奏擾，其餘革退傳奉職事醫士、天文生、樂舞生、僧人、道士、匠官、樂工等項，三四千人皆來比例奏擾，豈不溷亂朝政，壞天下事乎？臣等所以不敢曲爲之説開此倖門者，正爲是也。所據蔣宗儒並吳綬、朱俊、宮良、甯銓等，俱不當聽其甘言悲詞，令復舊職以來倖進之人，而爲新政之累。再照蔣宗儒在前妄投藥劑，上誤先帝，及今乘機妄奏以啓釁端之罪，皆不可不治。合無將蔣宗儒拏送法司，明正其罪，置諸重典，以爲將來之戒。緣奉欽依「吏部看了來説」事理，未敢擅便。弘治二年九月初五日具題。初七日，奉聖旨：「蔣宗儒已被劾降醫士了。如何又來奏擾？不准，也不送問。著回太醫院當差。欽此。」

議布政使徐恪裁革承奉司吏奏狀

驗封清吏司案呈：「奉本部送内府抄出徽王奏云云。」等因具本奏，奉聖旨：「吏部看了來説。欽此。」欽遵抄出到部，送司案呈。查得：祖訓條章並諸司職掌内，俱不曾開有各王府承奉司合設吏典緣由。今内府各監局亦不曾設有吏典及秦、晉、周、楚等王府承奉司，亦無吏典考滿到部。想是自來不曾設有。止查得天順七年，德王出府，該本府長史司手本開：「本司並所屬衙門無吏書辦，要行定撥」等因前來。本年七月内，本部撥去長史司吏、户禮房司吏一名，典吏六名，兵刑工房司吏一名、典吏六名；審理所司吏二名，典吏四名；良醫所司吏一名，典膳所、奉祠所、工正所司吏各一名，典吏各二名，典簿聽典吏一名，廣受倉、廣受庫攢典各一名，不曾撥有承奉司吏典。本年九月内，撥承奉司司典各一名，各送著役去訖。稿簿内亦不曾開稱因何添撥。以後秀王、崇王、吉王、徽王出府，相因俱撥有承奉司典吏各一名。」今徽王奏稱：「河南左布政使徐恪行文，裁革本府承奉司吏典二名等因。不知徐恪因見祖訓條章並諸司職掌内不曾該載承奉司吏典，或見周、伊等府承奉司，俱無吏典。獨徽府承奉司有吏典，疑是濫設，要行查革。抑不知別有其故，未經行勘，難便定奪。合無本部行移河南布政司查勘前項吏典，因何要行裁革？著令從實回報前來，另行奏請定奪。」等因具題。奉聖旨：「是。欽此。」欽遵。已行河南布政司查勘去後。今該前因案呈，看得前項承奉司吏典諸司職掌，既不該載周、趙、唐、伊、鄭等府，自來又不曾撥有。況本部在前撥送德、崇、吉、徽四府各承奉司之時，亦無奏奉聖旨緣由。左布政使徐恪職司前事，恪遵祖宗成憲，裁革誠是。但前吏相沿參撥頗久，不行咨呈本部查勘待報施行，就行裁革。雖無別情，而輕易之罪亦不能辭。欲轉行德、崇、吉、徽四府長史司，將承奉司吏典一體裁革，送各該布政司改撥，及行都察院轉行巡按河南監察御史，將徐恪就彼提問明白，照例發落。緣係裁革吏典，參問方面官及先奉欽依「吏部看了來説」事理，未敢擅便。弘治二年九月二十日具題。次日，奉聖旨：「是。既祖訓條章並諸司職掌不曾開有承奉司吏典，便寫書與各王知道，照例裁革。徐恪處事輕易，本當提問，且饒這遭，還罰俸兩個月。欽此。」

論不可內外異法奏狀

臣竊聞古人有言：「國無賞罰，雖堯、舜不能爲治。」臣謂賞罰不當，與無賞罰同，何以勸善懲惡，服天下心？天下不心服，則萬事瓦解。雖有智者，不能善其後矣。諸葛武侯有見於此，故告後主有曰：「宮中府中，俱爲一體。陟罰臧否，不宜異同。若有作奸犯科及爲忠善者，宜付有司，論其刑賞，以昭陛下平明之治。不宜偏私，使內外異法也。」斯言也，實公天下之格言，服人心之要道也。雖爲後主告，實所以爲萬世人主告也。臣伏睹昨者發落南京御史姜綰等聖旨，似與武侯之言不同，大駭物情。誠恐天下聞之，謂今聖明之時，內外異法，豈不有傷陛下平明之治乎？臣實不忍，敢不昧死言之！且姜綰等與太監蔣琮交相訐奏，互有虚實。姜綰等既降調其職，侍郎黄孔昭等被其連累，亦各罰俸三個月。豈宜獨宥蔣琮之罪而不爲之處置乎？夫爲此一人遂廢天下之公論，壞國家之政體，豈陛下之本心？蓋未之思耳。臣荷聖恩起於既退之餘，加以一品之職，非徒富貴之也，蓋欲朝夕納誨，匡輔至治。臣知此事未宜而不言，是不忠也。儻異日陛下自覺其非，豈不以不忠責臣乎？縱使陛下終不覺悟，臣亦安忍坐視乎？昔子思言於衛侯曰：「君之國事將日非矣。君出言自以爲是，而卿大夫莫敢矯其非。卿大夫出言自以爲，是而士、庶人莫敢矯其非。君臣既自賢矣，而羣下同聲賢之。賢之則順而有福，矯之則逆而有禍。如此，則善安從生？」由是言之，是君不可以不聽言，臣不可以不進言也。臣伏願陛下追還前旨，另行裁處，務合公論。使彼此心服，天下無得而議。將見盛德大業，可以與天地相爲悠久矣。若以臣言爲狂妄而不之省，乞將臣罷歸田里，以爲多言者之戒！　臣干冒天威，不勝戰慄待罪之至！　具題。弘治三年正月二十五日，奉聖旨：「這事已發落了罷。欽此。」

再論不可內外異法奏狀

臣昨伏睹發落太監蔣琮及南京御史姜綰等聖旨，以爲蔣琮、姜綰等俱是有罪人犯，姜綰等降調外任，侍郎黄孔昭等被其連累，亦皆罰俸。蔣琮獨蒙恩宥又不爲之處置，人皆不平。是以昧死上言，欲望陛下追還前旨，另爲裁處，以昭公道，以服人心，且免天下後世内外異法之議。是臣惓惓爲國之心，非敢徇情妄言以惑聖聽，自取誅殛之罪。伏奉聖旨：「這事已發落了罷。欽此。」臣惟人之大倫有二：君臣也，父子也。傳曰：「事君有犯而無隱，事親有隱而無犯。」此言事君、事親諫諍之道不同也。又曰：「事父母幾諫，見志不從，又敬不違，勞而不怨。」此言爲子者當諫於父母也。又曰：「君子之事上也，進思盡忠，退思補過，將順其美，匡救其惡。」此言爲臣者當諫於君也。臣讀聖賢書，所學者忠君孝親之道。今臣已老矣，親已去世矣。雖欲孝誰爲孝？幸有聖天子在上，且又身居臣鄰之地，匡輔諫諍是其職也。是以於政治闕失，知無不言，言無不盡，期於補其闕，成其美，以圖萬一之報而已。若陛下曰「可」，臣亦曰「可」，陛下曰「否」，臣亦曰「否」，則非陛下起臣之意，亦非臣之志也。然而此事雖小，關繫治體甚大。設未得其當，雖十易之，不爲過，要於其當而後已。若謂已發落了不可易，古之所謂從諫如流者，所從者豈皆未發落事乎？漢文帝欲重犯蹕之罪，張釋之曰：「當罰金。」欲族盜高廟器者，張釋之曰：「當棄市。」文帝雖發怒，終從其言，未嘗以不合己意而不從也。伏願陛下昭日月之明，察芻蕘之言，弘天地之量，赦狂瞽之罪。乞將前事再加隳括，別作處置，使内外無分彼此而人心服，治體不至虧損而朝廷尊矣。臣不勝至願！弘治三年正月二十八日具題。次日，奉聖旨：「朕意以蔣琮守備重任，不宜輕動，如何又這等來說？不准。再不許來奏擾！　該衙門知道。欽此。」

論傳奉官不可授職奏狀

文選清吏司案呈：　奉本部送吏科抄出「太醫院冠帶醫士蔣讓奏云云」等因具奏。奉聖旨：「該衙門看了來説。欽此。」欽遵抄出，送司案呈。照得先是有等奔競之徒，夤緣梁芳等傳陞京官數千百員，大壞名器，蠹國損民，使海内失望。迨夫皇上嗣登寶位，用科道之言，罷傳陞之官，朝野拭目，仰望太平。其後太常寺奏，要復傳奉官徐啓端舊職。該本部參奏，雖蒙聖恩寬宥其罪，未嘗許復舊職。人皆以爲聖明。政令如此，何患天下之不太平？不意太醫院假以脩省改正爲名，欲復革罷傳奉官陳俊、宮良、甯銓、吳綬、聶整、朱俊等舊職。臣等以爲不可，再三陳奏。皇上軫念各官曾在春宮用藥有効，量與陞職。訖今革罷傳奉官蔣讓又來奏擾。蓋欲變已成之法，以遂一己之私，甚不可也。且蔣讓伊祖蔣用文，雖蒙前項令旨，未嘗使之世襲其官。今蔣讓既爲冠帶醫士，又令收放藥餌，亦是得所之人。比之饑寒困苦、流離失所者，大有徑庭，似於前項令旨無違。若允蔣讓所奏，量授一職，則革罷傳奉官數千百員皆來奏擾。不允，則彼皆以蔣讓爲口實；允之，則傳奉官之冗濫又如前日矣。豈不大失天下蒼生之望乎？伏望皇上慎始圖終，懲一戒百，將蔣讓拏送法司，明正其罪，以爲觀望求進者之戒。緣奉欽依「該衙門看了來説」事理，未敢擅便。弘治三年二月二十五日具題。次日，奉聖旨：「蔣讓不准授職，也不送問。欽此。」

乞休致奏狀

臣係陝西西安府耀州三原縣人。正統十三年中進士，改庶吉士。十四年授左評事。景泰三年，陞左寺副。五年，陞揚州府知府。天順四年，陞江西右布政使。八年，陞河南左布政使。成化元年，陞都察院右副都御史，撫治南陽、荆襄流民。

三年，以平賊功陞左副都御史，巡撫河南。四年，陞南京刑部左侍郎。七年，改刑部左侍郎，總理河道。九年，改南京戶部左侍郎。十二年，復改都察院左副都御史，巡撫雲南。十三年，陞本院右都御史，仍前巡撫。當年，改南京都察院右都御史，參贊機務。十四年，陞南京兵部尚書，仍前參贊。十五年，改兵部尚書，兼都察院左副都御史，巡撫蘇、松等處。二十年，復改南京兵部尚書，仍前參贊。二十一年，加太子少保。二十二年，致仕西歸。二十三年，荷蒙聖恩起取前來，陞吏部尚書，不日又加太子太保。

臣自受命以來，至今四十二年，雖不稱任，未嘗不罄竭駑鈍，以圖涓埃之報。但今犬馬之年七十有五，筋骨不仁，耳目失職。氣息奄奄，朝不保暮，猶且隨羣而入，逐隊而趨。萬一跌僕失儀，士夫未免竊笑。此其所宜去者一也。況典選日久，不遂意者未免怨恨。怨則謗生，謗則禍必隨之。此其所宜去者二也。又況兼保傅之官，不能盡輔弼之道，無補於國家，無益於軍民，失中外之望，此其所宜去者三也。有此三宜去，不去何安？伏望聖恩憐臣衰老，賜歸田里，俾遂丘首之願，幸莫大焉。尤望另選碩德重望之人，俾典銓衡，則賢者進而不仁者遠。萬邦其有不咸寧乎？此實臣惓惓爲國之心，非直爲己也。臣無知干冒宸嚴，無任戰慄懇祈之至！弘治三年三月初一日具奏。初二日，奉聖旨：「卿當勉圖盡職，不准休致。欽此。」

議南京吏部尚書王㒜等修省奏狀

文選清吏司案呈：奉本部送吏科抄出「南京吏部尚書王㒜等奏云云」等因具奏。奉聖旨：「該部知道。欽此。」欽遵抄出送司，案呈到部。除「均勞逸以愜士心」事備咨禮部徑自施行，今將「簡大臣以綜政務」等七事逐一議擬，開立前件，伏乞聖裁。緣奉欽依「該部知道」事理，未敢擅便。弘治三年三月初八日具題。初十日，奉聖旨：「南京戶、工二部各添尚書一員，吏、禮、兵三部各添侍郎一員。有兩員的，罷寫本監生，准照數添。兩京取撥監生仍舊。吏典不必經由御史等官考送，只部裏嚴加考選，不許姑息。其餘准議。欽此。」

一、看得：南京吏部尚書王㑺等奏稱「南京户、刑、工三部較之各部政務頗繁，今止有侍郎一員。及南京都察院止有右僉都御史一員。要於各部尚書或侍郎、都察院右都御史或副都御史，請旨簡命各一員前來到任管事」一節，查得南京總督糧儲右副都御史李益，近奉欽依改南京都察院管事，連右僉都御史虞瑶已足二員之數，不必再添外，南京户、刑、工三部委的政務頗繁，堂上官少，分理不周，合當添除。南京兵部亦係事繁衙門，左侍郎白昂近奉欽依「改户部左侍郎，提督整理河南、山東河道」去訖，止有尚書張鎣獨員管事，又兼參贊機務，亦合添除。合無於户、刑、工三部或尚書、侍郎各添一員，兵部添侍郎一員。命下之日，本部照例會同各部都察院、通政司、大理寺三品以上大臣，於兩京各衙門及在外巡撫方面内推舉相應官各兩員，請旨簡用。

一、查得：成化十七等年，節該聽選監生陳策等奏：「要照倉攢曹寛等冠帶守支事例，冠帶聽選」等因，該吏科參看得：「朝廷設立學校，作養人材，誠三代崇尚儒術之意。故科貢有常制，任用有差等。今聽選監生陳策等乏藏器待時之猷，忘觀我朶頤之戒，包羞忍恥，自比雜流，希求冠帶，恐虧大體」等因，節經立案訖。今南京吏部尚書王㑺等又奏：「要將附選監生，不拘科貢、納粟等項，年四十以上者及會試中副榜不願就職舉人，不拘年歲，給與冠帶。」大意欲使附選監生年老者可榮終身，副榜舉人不第者，終爲教官，固是疏通選法之一端。但人之常情，好榮利者多，甘恬退者少。節奉詔書：恩例監生有不願出仕聽選者，授以從七品。依親坐監者，授以正八品。俱有司職、名及填注衙門。其有歲堤貢生員到京不曾坐監，不願出仕者，亦曾比例給與冠帶閑住，俱係見行。奈何不願出仕者，千無一二。減年冒進者，比比皆然。且三考吏典已有資格，例該冠帶附選監生未定品級，難令冠帶。今若一概給與冠帶，不惟使科貢出身之人下同雜流，且非崇儒舊規。

一、查得：在外司、府、州、縣等衙門官，三年、六年俱赴部給由。惟雲南布政司軍職首領，並斷事司理問所官，府、州、縣首領官，貴州布政司所屬府、州、縣官，並軍職首領官，三年、六年考滿，俱赴本布司給由考覈，就彼復職。牌、册類繳，候九年通考赴部。其各處閘壩、河泊、税課、司局並驛遞官，三年、六年考滿隸布政司者，俱赴各該布政司給由。南直隸者，赴南京吏部給由，亦就彼考覈復職。牌、册俱差人類繳本部。北直隸者，赴本部給由，引奏復職。九年通考，官不分遠近，俱赴部給由，係是舊例。及查得成化六年，爲申明舊制事，本部題准：「今後除邊方軍馬錢糧所係官員考滿申請定奪外，其餘不係邊方大小官員，務要依例三年給由。雖有專責差占及奉例納米等項，三年、六年之間亦要一次赴部給由考覈，不許托故，違者查理究問。」有規避、黜降已經通行外，成化二十等年，又該戶部題准：「被災去處，三年、六年考滿官員依例納米，準令給由，以備一時救荒。」又經通行去後，今奏前因，誠爲有理。除雲南等處地方窵遠有司大小官員，照舊本布〔二〕司給由外，其浙江等布政司並南、北直隸府、州、縣等衙門，今後有司大小官員三年、六年考滿，俱要依例赴部，給由考覈。驛遞等官在外者，仍赴本布政司給由。係南直隸者，赴南京吏部給由，俱造牌、册繳部查考。北直隸者，赴本部給由，引奏復職。俱不許仍前令其一概納米，以玷名節。如遇地方災傷缺糧賑濟，許令有司預先別作措置，或臨期多方區處。如此，則考課之法不致廢弛，而備荒之政不誤矣。

一、看得：南京吏部尚書王㑺等奏稱「南京戶部等衙門俱有寫本監生，止是本部并南京禮部一向不曾添設」，及稱「各衙門寫本監生俱行本部轉行南京國子監取撥，止有戶、工二部徑自行取，不曾經由本部。及至滿日，卻乃送回附選。年月淺深，無從查筭。要將南京吏部并禮部各添設寫本監生二名，南京兵部再添設一名。及將南京戶、工二部寫本監生，俱從本部取撥」一節，合無准其所言，行移南京吏部依擬施行。及照南京刑部、工部、都察院、大理寺、鴻臚寺、尚寶司寫本監生，俱經由本部取撥內，禮部寫本并兵部清軍、清黃、續黃、中書、舍人、寫誥、戶部天財庫收鈔、工部清匠、都察院出巡刷卷等項監生，俱係各衙門徑自行取。歷滿之日，方送到部附選。年月淺深，亦難查考。合無今後遇有前項各衙門寫本、清軍等項監生有缺，俱要行移本部，照缺轉行國子監取撥。如此則事體歸一，庶便查考。

一、看得：南京吏部尚書王㑺等奏稱「辦事當該吏典數少，不彀撥用。要全撥福建、湖廣所屬府、州、縣，或摘撥江西、

〔二〕據文意，「布」下疑脱「政」字。

福建、湖廣窵遠府分，及要停止巡按御史考試新例」一節，照得天下吏員，出身資格雖有不同，皆是管事人員。若不考選，一概收用，將來豈不誤事？前項考選之例，無非甄別人材以備任用。立法之意，未爲不善，兼且行之未久，難便停止。各處兩考吏典赴本部給由者亦有數，撥用尚恐不敷。其湖廣、福建兩省吏員，難準全撥。合無量撥福建邵武府、湖廣德安府吏典與南京吏部本部，仍行福建、湖廣布政司，今後二府並所屬吏典役滿之日，徑自起送南京吏部撥用。如此，則事頗得中，而人不乏用矣。

一、查得：諸司職掌內開：「吏員人等父母年老別無人丁者，務要經由本部移文體勘是實，明白奏準，方令離役。俱候親終，服滿起復，赴部聽用。」今南京吏部尚書王倎等奏稱：「吏典初參之時，不思親老缺人侍養。及至役滿，赴部即告侍親。要將充吏農民審係單丁，不許起送收參。」合無通行各布政司及南、北直隸，今後選取農民充吏之時，務行所屬官司里老從實審勘。軍匠戶五丁以上，民戶二丁以上者，方許收充。單丁之家，不許一概朦朧起送收參。其充吏之後兄弟亡故，父母年老無人侍養告要侍親者，仍照舊例施行。

一、查得：諸司職掌：「京官丁憂，具奏關領勘合，回家守制。若有接服者，申報本部改填勘合。其餘官吏、監生、承差、知印人等聞父母喪守制，接丁祖父母、繼母等憂，起復到部，查有原籍官吏里老保結者，俱準收用。」今南京吏部尚書王倎等奏稱「丁憂官吏有接服者，俱要豫先申達。起復之日，查無豫申者送問，仍將符同官吏究問如律」一節，合無准其所言，照依先年奏准事例通行天下：今後丁憂官吏人等服制未滿接服守制者，隨即具告本州縣審勘明白申報，該部備照。候起復之日，查無預申新喪公文者，就送法司問罪，仍將符同官吏究問。若稱已行申報，中途沉滯者，官員、監生不許附選吏典，不與實撥。候行查至日定奪。

王端毅公奏議卷十二

吏部

議知府言芳陞用科道官奏狀

文選清吏司案呈：奉本部送戶科抄出直隸廣平府知府言芳等奏稱「工科給事中唐希介、監察御史李葵盤糧專事威福」等項事情。該通政使司官奏奉聖旨：「這本所奏的事，該衙門看了來說。欽此。」欽遵抄出送司，案呈到部。除「專事威福」及「僞造關防」等項事情係別部掌行外，其言「今後清要之職，合無仍求久歷別官、才德素聞之人陞用。其新進年少，雖一時紙上文字可觀，才德未著，宜勿輕授，致令傲然輕世作聰明以乖治體」一節，查得給事中從前至今，多係進士就除，並無別官陞用。及查得弘治元年正月，該南京禮部精膳清吏司郎中李諒奏稱：「近年以來，被前姦貪之臣畏懼糾彈，朦朧奏稱：『新中進士，未諳刑名事體，必先選在外有司推官、知縣，待其政蹟昭著，吏部行取，選任御史。』不知內寓奸術，意將初中進士，正志氣轟烈，獨立敢言之時也。一旦選爲有司庶職，使之奔走於塵埃馬足之中，俯仰於承問聽命之頃，曲折百般，頓挫無奈。守正者俟命挨次行取，奔競者請託權貴，保舉旌異。既得美官，只知恩出於權貴，縱有奸惡，豈肯輒便糾劾？合無仍照舊制，於進士中年貌相應、學行優長、平昔名實相須者，及聽選舉人、在外進士、知縣、儒學官員，果係學行兼全、政蹟著聞者，相兼博訪，精選任用，庶使賢才彙進，風憲得人，至治日臻。」等因具奏。奉聖旨：「該衙門看了來說。欽此。」欽遵。本部議得：「推官、知縣、進士，俱讀聖賢書，俱由科目出身，豈進士無練達老成之人？推官、知縣皆不才奔競之士？顧擇而用之何如耳。苟擇得其人，則皆可用。用匪其才，則皆不稱。此必然之理，不易之論也。今南京禮部精膳清吏司郎中李諒奏「要仍照舊例，於進士中年貌相應、學行優長及聽選舉人與在外進士、知縣、儒學官員，相兼任用御史」一節，誠爲得宜。合無准其所言，今後選用御史，於在京各衙門辦事進士與夫曾經一考稱職行人、博士及進士、舉人出身推官、知縣内，選年三十以上五十以下，人物端莊、言語正當、操行廉謹、才識優長者，送都察院理刑半年。滿日聽本院考察，各注考語，連人送部。諳曉刑名，堪任御史者，本部奏請，照缺銓補。不諳刑名，不堪爲御史者，別用。已經節次題准，將進士陳震等選送理刑及實授御史去後。今知府言芳又奏前因，臣等竊惟科道官之職不職，係乎人之賢不賢，不係乎新進之與久任也。人固有出仕未久而端重老成者，亦有歷官數年而浮躁如故者，似難概以新進久任而論人之賢否也。況言芳所奏唐希介等前項不法事情，未經體勘，不知虛實，難憑言芳一人之言，輒將已行銓選之法輕易更改。若俟行勘唐希介等前項事情如果是實，付諸法司論罪發落，自足以警戒將來。豈宜因人而遂變其法？合無候戶部行勘唐希介、李葵有無前項事情，奏請定奪。以後給事中、御史有缺，仍照見行事例兼用進士除補，永爲定規。緣係節該奉欽依「該衙門看了來說」事理，未敢擅便。弘治三年五月初四日具題。初六日，奉聖旨：「是。欽此。」

議知州趙源乞開陞衙門奏狀

文選清吏司案呈：奉本部送准兵部咨職方清吏司案呈奉本部送兵科抄出「廣西龍州土官知州趙源奏云云」等因奏。奉聖旨：「該部知道。欽此。」欽遵抄出，移咨送司，案呈到部。看得廣西龍州土官知州趙源奏稱「本州地方與安南國毗連，每遇交人進貢往來，係臣率領目兵迎送護持。其間，官僞稱『侯』、『伯』、『都督』、『侍郎』，勢張狐犬之威，欺壓守邊官員，妄自尊大。乞照憑祥縣開設軍民府事例，將龍州改爲龍州府，土官知府職事，長牙爪精神，固守地方」一節。臣等竊聞：書曰：「監於先王成憲，其永無愆。」詩曰：「不愆不忘，率由舊章。」此古昔之格言，後世君臣之所當法守者也。緣前項地方自國初開設州治，迄今一百二十餘年。自趙帖堅歸附，爲土官知州，子孫世襲其職，至趙源已是四輩，未嘗改作，所以邊釁不生，境内宴然。今土官知州趙源無上事，設此謀，託此詞，欲陞百餘年來已定之州治而爲府治。若允所請，恐邊境自此多事矣。非地方之福，亦非趙源之福。合無行令巡撫、都御史，今後如遇安南遣使入貢經過龍州地方，差官開諭來使，務要遵守禮法，毋得生事擾害。仍戒諭知州趙源，亦要安分循理，遵守祖宗成憲，永享和平之福；毋再妄生異議，率意改作，以貽日後之悔。緣奉欽依「該部知道」事理，未敢擅便。弘治三年五月初七日具題。次日，奉聖旨：「是。欽此。」

議修蘆溝河官不當陞職奏狀

文選清吏司案呈：奉本部送内府抄出「欽差内官監太監李興題云云」等因具題。奉聖旨：「吏部便斟酌了來看。欽此。」欽遵抄出送司，案呈到部。切惟朝廷置文思院官並把總、人匠，無非爲營造設也。今副使潘俊等脩築蘆溝河堤岸工完，雖曾効勞，是乃職分之當爲，非分外事也。訪得天順年間并成化初年，亦曾修築河堤。本部查無陞官事例，想是彼時不曾陞官。止查得成化十九年六月，修築蘆溝橋決口工完，陞把總袁狗兒等十二名。八月，蓋造恭愼夫人墳塋工完，陞把總柴甫成等四名。九月，修理大慈恩寺殿宇工完，陞把總金全等三十七名俱文思院副使。是以濫陞匠官并欽天監、太醫院等衙門官日增月益，動以千計。大壞名器，虛費錢糧。物議爲之沸騰，欲其革罷而未之能。迨至陛下即位，因科道建言，一切罷去，人心十分痛快，仰望太平。且如營造憲宗皇帝山陵，乃初政第一莫大工程。凡八閱月，所役軍夫匠作人等何止三四萬？然後告成。中間豈無精通藝業造作有方之人？亦豈無揀擇月日、脩合藥餌、書辦文案之人？未聞有加陞職事者。今脩堤之功不及山陵三分之一，較其事之輕重奚啻百鈞之於一羽也？昔營造山陵工完未嘗陞官。今修築河堤工完，若許陞官，不無有失輕重。況目今修城等項工程數多，若工完之日俱照此例奏討陞官，將何詞以拒之？其爲冗濫又復如前日矣。豈不爲新政之累？所據副使潘俊等，只可量加賞賚以酬其勞，恐不可陞官以開弊端也。緣奉欽依「吏部便斟酌了來看」事理，未敢擅便。弘治三年五月初十日具題。次日，奉聖旨：「是。潘俊等不准陞。都加與賞賜。欽此。」

復運使周軫等選任運司官奏狀[一]

文選清吏司案呈：奉本部送吏科抄出「山東都轉運鹽使司運使周軫等奏云云」等因具奏。奉聖旨：「吏部知道。欽此。」欽遵抄出送司。查得：先該南京工部營繕清吏司主事夏英奏稱：「今後運使同知務選年壯廉潔之士，副使、判官要除進士英俊之人。官年壯則無日暮途窮之憂，任進士則有砥礪名節之勸。如有不爲利誘者，三、五年間不次陞擢」等因，該戶部議擬具題。節該奉聖旨：「運司官員，吏部照依所奏選除。欽此。」欽遵。已經節次將二甲進士萬福等，三甲進士袁翺等選除運使、運判訖。今該前因案呈到部，檢照諸司職掌內開：「各鹽運使司運使各一員，同知各一員，副使各一員，判官員數不等。蓋以運使爲掌印正官，同知與運使同知其事。副使則副運使而行事，所以不分運司鹽顆[二]多寡，而各設一員也。判官員數不等者，蓋以判官爲分司催辦鹽課之官，如兩淮運司有泰州、淮安、通州三分司，則設判官三員。長蘆運司有滄州、青州二分司，則設判官二員。兩浙運司有溫台、寧紹、嘉興、松江四分司，則設判官四員。」由是而知，判官乃分司催辦之官，後雖頗有裁革，職掌未嘗不同。今運使周軫不知何爲而有「運使所以總理鹽課而公派商之法，同知、副判所以親臨鹽場而盡催辦之勤」之説？若不與之辨別，誠恐不知者被其所惑而以周軫之言爲是，使同知、副使遂爲催辦之官，而不得幹預司事，不無有乖治體。其言「本司運、判缺員，要於第三甲進士内精選一員，或舉人、監生中有年力精壯可必其有守有爲者一員，以補其缺」一節，但即今舊進士已住外選，新進士辦事不久，未該選用。合無於舉人、監生内選補前缺。

[一]「復運使周軫等選任運司官奏狀」，嘉慶補刊本，正文標題與此相同但目録標題爲「復運使周軫等選任運鹽司奏狀」。

[二] 顆，疑當作「課」。

今後各處運副、運判有缺，於進士、舉人內相兼選用，仍通行各該運鹽使司，使知朝廷設官之意。如分司缺判官催辦，暫委運同、運副催辦。或監掣、盤鹽等項，亦聽差委。如判官不缺，及別無差委，著令運同、運副公同運使管事，或共案署押，或分投理辦。務要同寅協恭，秉公効勞，共成其事，不許互相推託，致誤公務。如違，許巡鹽監察御史參究拏問。應奏請者，照例施行。如此，則官不久缺，職掌不紊。緣奉欽依「吏部知道」事理，未敢擅便。弘治二年五月初十日具題。次日，奉聖旨：「是。欽此。」

乞休致奏狀

臣自受命典選以來，惟恐舉用不得其人，有誤朝廷任使。是以夙夜兢惕，廣詢博訪，期得才賢，少盡以人事君之道；豈敢自用偏執，以來物議？邇者，會同兵部尚書馬文升等推舉巡撫延綏都御史。臣首舉太僕寺卿王霽。衆謂王霽南人，恐不便鞍馬。馬文升謂可舉年力精壯者，因舉少卿韓文。臣謂韓文才雖可用，但資望尚淺，再一、二年纔好用。馬文升隨又舉少卿白思明。臣謂白思明先前也曾舉他，若再舉他，恐人說不相應。侍郎呂雯又謂：「我亦是太僕寺少卿，推舉巡撫白思明也。」相應馬文升謂：「寫白思明爲首，韓文陪之。」衆皆議允，然後具題。節奉聖旨：「白思明陞都察院右僉都御史，巡撫延綏地方。欽此。」今被科道官糾劾，奉聖旨：「是。白思明既不協人望，對品調外任。今後吏部會推官員，務要博詢衆論，不許偏執。欽此。」臣聞命之餘，驚惶失次。竊聞書曰：「舉能其官，惟爾之能。稱匪其人，惟爾不任。」白思明既改調外任，臣等固不能辭其責。特蒙恩宥，豈不自知感愧？但聖如帝堯尚以知人爲難，況衆人乎？臣等固不能知白思明必稱其職，科道官亦豈能知白思明必不稱其職？必用之而後見。臣本不才，誤承天寵，忝居大臣之列，公同三、四大臣，推舉二官。已蒙聖明，簡用一官，可謂信任臣等而無疑矣。一被言官論之，輒加斥逐。臣有以見聖明從諫如流之美，有以見信任大臣不如信任言官之篤也。孔子曰：「衆惡之，必察焉。衆好之，必察焉。」豈無徵之言哉？且白思明雖非全才之士，與共本所舉韓文人品才調相去不甚遠。況當所舉之時，衆謂：「寧夏事簡易守，著韓文去。延綏事繁難守，著白思明去。以此論人，似不爲差。今不知白思明何獨不見容於衆論？蓋是臣等兩部堂上官所見與衆人不同也。若謂白思明不協人望，今之士豈能盡協人望哉？臣恕是其一也。然白思明實是臣等衆人公同計議推舉，非是臣偏執己見。若白思明曾有一言之請，將本官改調外任，他也甘心。委無請託之情，今將他原任少卿都去了，本官雖不敢言，臣等豈能自安？今後如何推舉官員？若必求才德兼備無可異議之士而用之，臣恐諸司庶僚之位，爲之一空。其如天下政務何？周公曰：「無求備於一人。〔一〕」孔子曰：「及其使人也，器之。」子思曰：「聖人之官人，猶匠之用木，取其所長，棄其所短。故杞、梓連抱而有數尺之朽，良工不棄。」使天下全才之士多，而聖賢豈爲此言哉？又聞古人有言：「陳力就列，不能者止。」臣實不能。況臣年已踰七望八，衰朽倦勤，孤立寡助，不中人意，人多怨之。此其當止之時也。若不止之，竊恐不測之災一旦及於其身，非惟喪平生之名節，而爲世所笑，且辱陛下昔日召用之顯命。今日寵遇之隆恩有始無終，悔將何及？伏望聖恩憐臣衰老，放臣歸田，庶幾不失進退之宜，保全始終之節。臣一日不死，則感聖恩一日。一年不死，則感聖恩一年。臣雖死，臣之子孫亦不敢忘聖恩矣。臣情激於中，言無倫序，塵瀆天聽，罪該萬死。惟聖明矜察，幸甚。臣無任悚息待罪之至等因。弘治三年五月十二日具奏。十四日，奉聖旨：「白思明已發落了。王恕不准休致。該部知道。欽此。」

再乞休致奏狀

臣昨以舊患腿疼，舉發不能行走，兼以頭目昏暈，心神靡寧，難以理事，將原掌印信咨送本部。題奉聖旨：「是印還著王恕掌。該衙門知道。欽此。」欽遵。臣伏思之，臣僚之中設有迂拙無用如臣者，雖年未老亦當退，雖無疾病亦當退。今臣

〔一〕「無求備於一人」，語出論語微子第十八「周公謂魯公曰：『……無求備於一人。』」但源出於尚書君陳「無求備於一夫」。

年已七十有五，又有前疾。屢乞休致，悉蒙聖恩慰留，雖臥病亦令掌印。蓋是朝廷體貌大臣之禮，亦以見聖意，知臣樸忠無僞，所以眷顧之篤如此。臣非木石，豈不知感！豈肯遽舍聖明之主，甘處寂寞之鄉乎？但七十致仕，古今之通制也。今臣七十有五，久居要位，不能序進賢才以平邦國之政，使海内之民屢遭水旱之災，頻罹饑饉之苦，而臣獨享厚禄。既無康濟之策，又乃栖栖不去，人將謂臣何哉？況臣委實衰老腿疼，委實行不得矣。若留臣一日，則誤一日之事，而臣之罪益深一日矣。曷若速令臣去之爲愈也。伏望聖恩憐憫，容臣送骸骨於故里，全名節於暮年。尤望另選有德望、有精鑑之士而任用之，使之統百官，均四海，必獲治平之效。非惟臣之幸，實天下國家之幸也。臣無任懇祈感悚之至！弘治三年五月三十日具奏。六月初一日，奉聖旨：「卿年雖老，精力未衰，豈可求去？不准！該衙門知道。欽此。」

又再乞休致奏狀

臣昨以衰老昏暈，兼以腿疼行走不得，恐誤國事，懇乞休致。節奉聖旨：「卿年雖老，精力未衰，豈可求去？不准！欽此。」臣有以見陛下優禮大臣、人惟求舊之盛心。臣豈不知感？伏念臣以庸材致位冢司，雖捐軀隕首莫報涓埃，豈敢姑爲退託以求自便？竊惟人之生也，不能皆賢。賢者積學待聘，固未嘗不欲仕也。其仕也，孰不欲殊擢異陞以躋乎顯秩？但得之者常少，不得者常多。不特人之才行有優劣，資望有淺深，而典選者采擇或不精，是亦各有命焉！夫以天下之顯秩，待天下之異才，此固朝廷立法之意。而臣謬膺是任，豈不欲擇異才以充顯秩？但人之操存難知，臣之聰明有限，所以不能皆如其意。若明知其人不能勝是任而徇情以舉之，臣則不敢。然帝堯之於伯鯀，周公之於管叔，豈知而使之耶？此臣之所以惴惴焉不敢久於其職者，惟恐謬用非才，以誤天下之事。尤恐不得志之士怨乎不以而罪及乎身，然臣固不敢厚誣。天下之人皆以知人爲難，抑恐有知人之明賢如帝堯、周公者，是以不敢不避賢路以讓人也。且四時之序，成功者退，知足不辱，知止不殆。此古人之明訓，不可有違。又況臣委實衰老，百病侵尋，腿疼尤甚，艱於步趨。誠恐一旦挫跌，以遺無窮之羞。此臣之所以連乞休者，此爾。伏望聖恩俯賜矜察，容臣歸田。則臣未死之年，皆是感恩之日也。臣無任感仰悚息之至！弘治三年六月初三日具奏。次日，奉聖旨：「卿但盡心職務，不必深辯。所辭不允。該衙門知道。欽此。」

議郡王禁奸革弊奏狀

考功清吏司案呈：奉本部送内府抄出「汝寧王奏云云」等因具奏。奉聖旨：「該衙門知道。欽此。」欽遵抄出送司，案呈到部。除「禁約僭用器、用服色」隸都察院掌行外，照得天下府、州、縣官員若有不法事情，聽被害之人赴合干上司告理拏問。其貪酷罷軟等項，許巡撫、巡按官考察黜退，具有成憲。[一]今汝寧王奏稱通判雷翀、知縣趙鑑前項不職事情，未委虚的，難便依王所奏，就行黜退。使其言是實，退之固當，彼亦不能無後言。設若言之未盡實，退之或未當，未免有怨言。況誣告人與奏事不實，律俱有明條。王者有犯，理必見宥。若將此事施行，實則雷翀等受罪，虚則罪不及王。竊恐此風一起，王府人員與有司官或有讐嫌，或請託不行，或求索不遂，輒便掇拾細故，用言讒譖，萬一王聽察不審，就行具奏，被害之人將與何人對理？欲其不含寃受屈，難矣。如此，今後爲有司官者，將聽信奉承之不暇，何敢持正論守法度，以忤王左右之人乎？且舉人劉文與知縣趙鑑書，係是書生巧文飾詞，毀譽是非之言，未必皆實。豈可憑此而輒行黜陟？況此書係外間事，與王無干。非左右之人傳報與王，王何由而得？又非用計左使，亦豈不謀而遽爲此奏？所據要將雷翀、趙鑑黜退，似難施行。合無行河南布政司轉行本府教授，啓王知會：今後外間事與本府無干者，不必聽信左右之言輒便具奏，有失大體。如此則事體不紊，上下相安矣。弘治三年七月十八日具題。次日，奉聖旨：「是。欽此。」

[一]「具」：疑當作「俱」。

議給事中盧亨修明治道奏狀

考功清吏司案呈：「奉本部送兵科抄出本科給事中盧亨題云云」等因題。奉聖旨：「該衙門知道。欽此。」欽遵抄出，送司案呈。照得本部見行事例：在外司、府、州、縣等衙門官員，三年、六年給由赴部考覈，不分稱職與不稱，俱照例引奏復職。必待九年通考，然後論其殿最，定其黜陟。是即唐虞三載考績，三考黜陟幽明之良法。若有老、疾、罷、軟等項不職官員，聽各該巡撫、巡按官考察黜退。三年朝覲，又大明黜陟。中間果有治行卓異者，復有旌擢之典。其法可謂周悉無遺矣。今看得給事中盧亨所言，大意以爲「官不久任則政多紛更，政多紛更則民無定守。今後官員三年考滿，果有卓異政蹟，量陞一級，仍留管事。必俟九年考滿，然後不次陞擢。知縣就陞知府，知府就陞布政」一節，其意固善。但三年量陞一級，存留管事，似非舊制。若知縣必待九年陞知府，又恐御史有缺，不得相應老成官員除補。知府必待九年陞布政，非惟參政有缺少相應官員陞補，抑恐參政任滿無相應員缺轉遷。且以資格待尋常之士，不以資格待非常之才，此古今之通制也。合無仍照舊制，除巡檢、倉場等官三年周歲考滿外，其餘司、府、州縣等衙門官，俱候九年滿日考其殿最，定其黜陟。果有政蹟卓異者，府、州、縣官必須曾經一考以上。考稱者，遇有相應員缺，斟酌陞用。方面官不拘年歲堤，遇有相應員缺，照例推舉。仍行各處巡撫、巡按、都御史等官，今後府、州、縣官果有廉能幹濟、政蹟卓異者，務要循名責實，從公舉保，以憑具奏旌擢。不許將阿諛奔競、有名無實人員一概濫舉。如所舉非人，以致蠹政殃民者，聽本部并科道官糾舉參奏。如此則進用有序，庶官不曠。緣奉欽依「該衙門知道」事理，未敢擅便。弘治三年八月二十四日具題。次日奉聖旨：「是。欽此。」

議侍讀曾彦久任隆治奏狀

文選清吏司案呈：「奉本部送刑科抄出翰林院侍讀曾彦奏云云」等因具奏。奉聖旨：「該衙門知道。欽此。」欽遵抄出送司，案呈到部。看得侍讀曾彦所言，大意以爲：祖宗時，內外大臣與夫府、州、縣官皆久任，故能效勞績，溥政化。今之在內大臣固已眷留久任矣，但在外巡撫官與夫布、按二司以下官，不見有至七、八年者。所以多不知土俗民風。如李父貴〔一〕等冒認皇親，而巡撫官與布政使、按察使俱因年淺不能周知，止憑里老保勘，以致如此。願自巡撫以下至於府、州、縣等官，皆以久任爲重。有功止加其職，小過必致其赦，使各盡其才，務臻其成。其意固爲善矣。竊惟朝廷之命官，臣等之典選，非不欲內外官皆久其任以成其功，但在內堂上官有缺，不得不於巡撫并方面等官內，擇其賢且才者而舉之。方面、知府等官有缺，不得不於科道并部屬等官內兼論資望而用之。風憲有缺，不得不於科目出身知縣等官內，取其練達老成者而進之。所以雖欲久任，而不能皆久也。所謂以資格待尋常之士，不以資格待非常之才者，蓋以此耳。合無今後內外官俱照例以九年爲滿，考其功績，定其黜陟。中間果有才識卓異者，如遇相應員缺，不拘年資，仍照舊例推舉。如此則進用有序，優劣得所，而治功亦無不成矣。緣奉欽依「該衙門知道」事理，未敢擅便。弘治三年九月十九日具題。二十一日奉聖旨：「是。欽此。」

〔一〕依照取名習俗判斷，「李父貴」疑爲「李富貴」之訛。

論工完乞恩奏狀

文選清吏司案呈：「奉本部送内府抄出内官監太監李廣等題云云」等因具題。奉聖旨：「該部看了來說。欽此。」欽遵抄出送司。查得：先是内官監太監李興題稱：「奉敕提督官軍、人匠脩築蘆溝橋工完，要將文思院等衙門副使潘俊、把總曲興等量加陞職。」本部爲照「營造憲宗皇帝山陵乃初政第一莫大工程，所役軍夫、匠作人等何止三四萬？凡八閱月然後告成，未聞有加陞職者。今修築河堤工完，若許陞官，不無有失輕重。況目今修城等項工程數多，若工完之日俱照此例奏討陞官，將何詞以拒之？其爲冗濫又復如前日矣。豈不爲新政之累？所據副使潘俊等只可量加賞賚以酬其勞，恐不可陞官以開弊端」等因具題。奉聖旨：「是。潘俊等不准陞，都加與賞賜。欽此。」欽遵令該前因，案呈到部。看得太監李廣等題稱「修築正陽門城垣、河橋工完，乞要將冠帶、掌作、把總并天文生、醫士及催工官尚禮等，量加俸級」一節。緣修築城垣、河橋，較之修築河堤，工程相去不遠。蘆溝橋工完官匠人等，既奉欽依「不准陞，都加與賞賜」，所據修築城垣、河橋把總尚禮等，似難量加俸級。合無照依前例量加賞賜，以酬其勞，庶幾事體歸一，人無異議。緣奉欽依「該部看了來説」事理，未敢擅便。弘治三年閏九月二十四日具題。二十七日，奉聖旨：「冠帶把總尚禮、王友道、王豬兒、杜鑑、羅祥，與做軍器局副使。王福、董瓚、耿福、汪寬、朱顯，都與冠帶。董旺、葉森、楊承德、楊通、王穆、陳霽，加賞絹一疋。欽此。」

再論工完乞恩奏狀

該本部題：文選清吏司案呈：「奉本部送内府抄出内官監太監李廣等題云云」等因具題。奉聖旨：「該部看了來說。欽此。」欽遵抄出送司。查得：先該內官監太監李興題稱：「奉敕提督官軍、人匠修築蘆溝橋工完，要將文思院等衙門副使潘俊、把總曲興等量加陞職。」本部爲照「營造憲宗皇帝山陵乃初政第一莫大工程，所役軍夫、匠作人等何止三四萬？凡八閱月然後告成，未聞有加陞職者。今修築河堤工完，若許陞官，不無有失輕重。況目今修城等項工程數多，若工完之日俱照此例奏討陞官，將何詞以拒之？其爲冗濫又復如前日矣。豈不爲新政之累。所據副使潘俊等只可量加賞賚，以酬其勞，恐不可陞官以開弊端」等因具題。奉聖旨：「是。潘俊等不准陞。都加與賞賜。欽此。」欽遵。今該前因，案呈到部。看得太監李廣等題稱「修築正陽等門城垣、河橋工完，乞要將冠帶、掌作、把總並天文生、醫士及催工官尚禮等量加俸級」一節，緣修築城垣、河橋較之修築河堤工程相去不遠。蘆溝橋工完，官匠人等既奉欽依「不准陞。都加與賞賜」所據修築城垣、河橋把總尚禮等，似難量加俸級。合無照依前例，量加賞賜，以酬其勞。庶幾事體歸一，人無異議。緣奉欽依「該部看了來說」事理，未敢擅便。弘治三年閏九月二十四日，臣等具題。本月二十七日，奉聖旨：「冠帶把總尚禮、王友道、王豬兒、杜鑑、羅祥，與做軍器局副使。王福、董瓚、耿福、汪寬、朱顯，都與冠帶。董旺、葉森、楊承德、〔二〕楊通、王穆、陳霽，加賞絹一疋。欽此。」

臣等竊惟，自古帝王之治天下，其要無過賞罰、號令而已。賞罰無二，號令如一，則人自信服。否則，欲人之信服也難矣。治亂之機，豈外是哉？仰惟陛下嗣承大統之初，中外臣民翕然愛戴，莫不願陛下萬萬年常居寶位，永爲億兆之主。所以然者，固由祖宗德澤及人之深，亦由陛下首頒詔旨，革罷傳奉冗官，驅逐妖僧、邪士，不受獻貢，停止織造，裁省冗費。數者，有以歆動之也。臣等受陛下大恩，忝居銓選之司。若於用人得失謾不可否，惟順旨而行，竊恐陰壞大事，失天下心，雖死何贖？是以不避斧鉞之誅，屢進逆耳之言，無非欲匡輔至治，少盡臣職而已，豈有他哉！且如前者，太監李興奏要陞修蘆溝河堤岸管工副使潘俊等職事，陛下已納臣等前言，特降聖旨：「不准陞，都加與賞賜。」今太監李廣奏要將修城垣冠

〔二〕「楊承德」下原衍「董旺」，據文意刪。

帶官尚禮等量加俸級，臣等亦以前言具題。陛下卻降前項陞賞之旨，是功同而賞異也。臣等固不知李興之意有無不平，在他人有所不免，必將復比例上請矣。若再請，再不許，彼必惶恐。許之，則冗官之弊滋熾。況今陞尚禮等，多係前時革罷傳奉官員。前日革之已得衆心。今日陞之，豈不復失衆心？又況革罷傳奉官千百餘員，見尚禮等又得陞職，未免各尋蹊徑，夤緣求進，不知何以處之？欲其不爲聖政之累，難矣！且洪武、永樂年間，營造兩京城池、宮殿、山陵及文武衙門有無陞賞管工官員，臣等固不能知。正統年間營建三殿、兩宮，包砌京城及修造各衙門，工程若彼浩大，陞除匠官不過五六員。今補修城垣、橋梁，比之前工不及萬分之一，反陞官如此之多，不亦異乎？且軍器局止是額設大使一員，副使二員。近來副使李安等一十六員赴部考滿，在任未考滿者，不知又有幾員？今又陞尚禮等五員，似非祖宗設官之初意。伏望陛下俯賜察納，收回前旨，將尚禮等亦量加賞賜。如此則前後之恩如一，彼此之心俱安，且塞將來無厭之求，人自信服，而太平之治效亦可以立見矣。弘治三年十月初二日具題。四日，奉聖旨：「尚禮等既陞職，冠帶了罷。欽此。」

又再論工完乞恩奏狀

臣等竊惟，賞罰乃朝廷之大柄，大臣乃贊朝廷以行賞罰者也。朝廷賞罰當，臣等固當將順之。設或未當，亦當匡救之。若知其未當，畏罪而不言，使國家受其弊，而已安享其富貴，豈忠臣乎？昨者，臣等因見陞尚禮等官職，恐開弊端，是以昧死言之。奉聖旨：「尚禮等既陞職，冠帶了罷。欽此。」臣等仰窺聖意，豈不知臣等所言近理，第爲業已許之，不可更改。且國家政事，苟未得其當，雖十易之，不爲病。要於其當而後已。不然，其流之弊將不可救。臣等再思，尚禮等委的止是修補城垣，無甚大功。又多係前時革退傳奉官，不可陞，只可量加賞賜。若以爲已陞了不可改。亦望聖明留意，今後內外官員但有似此爲人奏討陞官，有壞名器者，許科道官參奏挐問。如此則奔競頗息，名器頗重，錢糧不致妄費，軍民亦可安生矣。弘治三年十月初五日具題。初七日，奉聖旨：「這以後事，朕自有處置。欽此。」

王端毅公奏議卷十三

吏部

乞恩休致奏狀[一]

臣見年七十五歲，陝西西安府耀州三原縣人。由進士改庶吉士。正統十四年十二月十三日，除大理寺左寺左評事。景泰三年四月十二日，陞署左寺副事。本年五月初二日，實授。景泰五年十二月初二日，陞直隸揚州府知府。天順四年九月初七日，陞江西布政司右布政使。天順八年三月二十二日，陞河南布政司左布政使。成化元年三月初六日，陞都察院右副都御史，仍支從二品俸，奉敕撫治南陽、襄陽、荆州三府流民。本年八月二十二日，奉欽依奔母喪。成化三年二月十六日，以平賊功陞本院左副都御史，奉敕巡撫河南。成化四年二月十七日，陞南京刑部左侍郎。成化五年二月十一日，聞父喪，守制，起復。成化七年十月十一日，改刑部左侍郎，奉敕總理河道。成化九年四月十二日，改南京戶部左侍郎。成化十二年八月初三日，改都察院左副都御史，奉敕巡撫雲南。成化十三年三月十二日，通歷副都御史并侍郎俸。九年考滿，本年四月初五日，陞本院右都御史，仍前巡撫。本年八月二十三日，改南京都察院右都御史，奉敕參贊機務。成化十四年三月初八日，陞南京兵部尚書，仍前參贊機務。成化十五年正月十九日，改兵部尚書，兼都察院左副都御史，奉敕巡撫南直隸

[一] 「乞恩休致奏狀」：嘉慶補刊本正文標題與此標題文字相同，但目録標題則爲「乞休致奏狀」。

蘇、松等處地方，兼總理糧儲。成化十六年三月初七日，三年考滿復職。成化十九年二月初七日，六年考滿復職。成化二十年四月二十七日，改南京兵部尚書，仍前參贊機務。成化二十二年正月初七日，九年考滿。未滿之前，欽蒙加太子少保，照舊管事。本年九月初一日致仕。成化二十三年十月二十三日，奉敕起取。本年十一月初十日，改吏部尚書。本年十二月二十九日到任。當日，欽蒙加陞太子太保。弘治元年正月初一日，支從一品俸起，中間罰俸一個月，扣至弘治三年十月三十日止，連閏實歷任三十六個月，三年考滿。伏思臣向蒙聖恩，起於西歸之餘，擢居東曹之首，就令隕首捐軀，焉能報塞萬一！第臣委實衰老，動履艱辛，昏愚尤甚。於前時議論，無補於治道。茲當三載考滿之日，已過七十致仕之年，例該退休，理宜自陳。伏望聖恩憐憫，賜臣致仕，另任賢能，庶歸骸骨於故鄉，無曠銓衡之重寄。非獨臣一己之便，實天下庶官之幸也。臣無任激切悚息之至！弘治三年十一月初六日具奏。次日，奉聖旨：「卿年雖老，精力未衰。宜復職管事，不允退休。欽此。」

乞恩休致奏狀[一]

臣本寒族，叨由科目釋褐而拜評事，歷陞太子少保，南京兵部尚書，參贊機務。自惟稟賦庸愚，學術淺陋，志雖好古，才不逮人。自入仕以來，凡遇事之可行者，不計成敗而行之；可言者，不顧利害而言之。惟欲罄竭愚衷以圖報稱而已。成化二十二年，偶因陳言，荷蒙先帝聖恩，致仕還鄉，待盡田里，已絶鴻鵠之志，遂與麋鹿爲羣。二十三年，恭遇聖上嗣承大統，特降璽書起臣至京，命以吏部尚書。到任管事，既又加以太子太保。臣自謂年已衰老，奚堪重託？連章懇辭，俱蒙溫詔，諭令就職視事。自是以來，惟恐僨職無效，有孤聖恩。是以兢兢業業，日慎一日，不敢廢事。而請老之章，亦未嘗不上，

[一]「乞恩休致奏狀」：嘉慶補刊本正文標題與此標題行文相同，但目録標題爲「乞休致奏狀」。

俱不蒙俞允。近因三年考滿，又經上章乞休，復蒙聖恩令其復職管事。今未及一月，而上天以彗星示警。蓋是臣衰老無術，叨享厚禄，不能盡職之所致。況臣於羣臣之中年最老，貌最衰，理當先退，以應天變。伏望陛下賜臣致仕，另擇有才德者而任用之，使之貞百度之未貞，和二氣之未和，庶幾人心悦，天變消，而休徵至矣。臣無任激切悚息之至！弘治三年十二月十一日具奏。十三日，奉聖旨：「朕起卿掌銓選，委任方隆，豈可屢以年老求退！所辭不允！吏部知道。欽此。」

議給事中韓鼎等脩人事以消天變奏狀

考功清吏司案呈：奉本部送禮科抄出「禮科等科左給事中等官韓鼎等題云云」等因各具題。俱節該奉聖旨：「該衙門看了來説。欽此。」欽遵抄出送司。除成山伯王鏞等係職掌兵政官員，兵部另行外，案呈到部。臣等看得：工部左侍郎陳政，給事中言其「結交左道邪人李孜省，而濫陞御史」；言其「結構憸邪，夤緣陞職」，訪得本官無曠厥職。太僕寺少卿王禄，給事中言其「穢行彰聞，士夫恥談」，御史言其「結交憸邪，夤緣陞職」，本官人多鄙薄。通政司掌司事工部右侍郎謝宇，給事中言其「出身雜流，操行不謹」，御史不曾言及本官詞翰可觀。太常寺掌寺事禮部左侍郎丁永中，給事中言其「發身黄冠，貪淫無恥」，御史言其「結構憸邪，夤緣陞職」，本官熟於典禮。南京戶部尚書黄紱，給事中言其「昏眊庸劣，衰朽廢事」，御史不曾言及本官素有執守。南京工部尚書劉宣，御史言其「出處欠端，貪聲日著」，給事中不曾言及本官有治事才。南京刑部右侍郎彭韶，給事中言其「不學無術，訊獄不明」，御史言其「貪名傳播於天下，奔競騰沸於兩京」，本官人多持重。南京都察院左副都御史李益，給事中言其「麤鄙無文，風憲失體」，御史言其「詈言每發於都臺，麤猛著聞於各省」，本官戇直無僞。南京大理寺卿吳道宏，給事中言其「庸碌無補，善譽不彰」，御史言其「庸碌委靡」，本官人多輕眇。巡撫河南右副都御史錢鉞，給事中言其「累經彈劾，忍耻在位」，本官雖有小失，才猶可用。若置之閑散則可惜，仍令巡撫則難爲。浙江右布政吳繹思、山西右布政金純，給事中言其「素行不謹」，御史言其「財富潤於私家，公事廢於一省」，河南按察使楊徽，給事中言其「貪聲大著」，御史言其「紀綱有玷，清譽無聞」，此數人者，人多議論。福建布政使陳賓，給事中言其「老懦無爲」。御史言其「衰老無爲」。貴州按察使張廉，給事中言其「罷輭廢事」。御史言其「憲度不振」。此二人者，頗能守己。臣等嘗聞，子思曰：「聖人之官人，猶匠之用木也。取其所長，棄其所短。故杞梓連抱而有數尺之朽，良工不棄。」各官之賢否，科道言之如彼，臣等妄議如此，舉不能逃乎聖明洞鑑之下。伏乞聖裁。又言「其餘兩京堂上三品以上官并在外巡撫官，年老廢事者，許其自陳休致」。查得近爲致政弭災事，節該奉聖旨：「朝廷進退大臣，自有公論。以後各官不必紛擾自陳。欽此。」所據「許其自陳休致」一節，難以再行。

及查得：先該河南缺巡撫，都御史，本部會官推舉得太僕寺卿王霽、南京光禄寺卿章格俱堪任等因具題。節該奉聖旨：「巡撫山東右僉都御史錢鉞陞本院右副都御史，著巡撫河南。王霽陞都察院左僉都御史，巡撫山東。欽此。」又該內官監太監李廣題稱：「脩築城垣河橋工完，要將把總、匠作人等尚禮等量加俸級。」本部查照修理蘆溝河堤岸工完事理覆奏，以爲「難以加俸，只可照例量加賞賜」等因具題。節該奉聖旨：「冠帶把總尚禮、王友道、王豬兒、杜鑑、羅祥與做軍器局副使，王福、董瓚、耿福、汪寛、朱顯都與冠帶。欽此。」本部又題「乞收回前旨」等因題。奉聖旨：「尚禮等既陞職，冠帶了罷。欽此。」本部又題「若以爲已陞了不可改，亦望聖明留意，今後內外官員但有似此爲人奏討陞官、有壞名器者，許科道官參奏拏問」等因題。奉聖旨：「這以後事，朕自有處置。欽此。」今給事中又稱「近年以來，乞恩傳奉者復行，又有以啓奔競之門，要行痛加禁止」一節，蓋爲尚禮等而言。合無今後如有此等爲人乞恩奏討陞官，及自己妄比事例乞恩，奏要陞職者，許科道糾劾治罪。御史又言「要將錢鉞、尚禮等盡數革退」一節，若依所言將尚禮等革退，則弊源既塞，奔競自息，名器正而治功成矣。緣奉欽依「該衙門看了來說」事理，未敢擅便。弘治三年十二月十七日具題。本月二十二日，奉聖旨：「陳政、王禄、黄紱、謝宇、彭韶、李益、錢鉞、陳賓、張廉、劉宣都留著辦事，其餘著致仕。尚禮等罷。欽此。」

議給事中韓鼎陳言奏狀

文選清吏司案呈：　奉本部送禮科抄出「禮科左給事中韓鼎題云云」等因具題。奉聖旨：「該衙門知道。欽此。」欽遵抄出送司。查得：　諸司職掌六科，額設都左右給事中員數與本官所言相同。正統十年九月內，欽奉英宗皇帝聖旨：「今後給事中選揀行止端莊、人物豐偉、語言正當、才識優長的除授。欽此。」欽遵。其後給事中有缺，或在大選，或急選除授。都左右給事中有缺，或就陞補，或停缺待補，其事不一。又查舊例：　各科都左右給事中缺至五六員之上，本部於各科見任給事中內，推選年深者疏名奏請，取自上裁。及查得成化三年二月內，該吏科都給事中沈珤題：「各科缺給事中，乞敕吏部將各衙門進士不分甲第，考選前來管事。」成化六年三月內，又該兵科給事中官榮言「今後給事中員缺，量取未經別項揀選進士嚴加考選，奏請除授」等因。節經本部依擬具題，俱奉憲宗皇帝聖旨：「是。欽此。」欽遵。本部遇有前項員缺，行取各衙門進士嚴加考選，照缺除補訖。成化十年六月內，該本部題「戶科等科缺給事中十一員，欲照例將進士考選除授」等因具題。奉欽依「只查取五員來看」，當取進士李孟暘等五員堪用緣由具題。節該奉憲宗皇帝聖旨：「缺四員的補二員，缺二員的補一員。欽此。」欽遵。以後給事中有缺，俱具缺請旨定擬員數除授。

及行准考功清吏司付查得：「自正統年間以來，給由卷內給事中事蹟項下，止開收過各衙門奏題本并審文鼓狀各若干，別無開寫所上幾章，所言何事。」回付到司，案呈到部。參看得：「禮科左給事中韓鼎所言「六科都左右給事中，給事中考滿功蹟，今後要添開任內所上幾章，所言何事」一節，查無事例，難以定奪外，其言「給事中差委不敷，遇有員缺，要仍遵舊制隨即陞補」一節，不爲無見。合無今後各科遇有都左右給事中、給事中員缺，依本部官所言，就行奏請除補，惟復：「仍照見行事例。」都左右給事中缺至五六員之上者，本部於各科給事中內推選年深者疏名奏請，取自上裁。給事中有缺，請旨定擬員數除授。緣係陳言及奉欽依「該衙門知道」事理，未敢擅便。謹題請旨。弘治四年四月二十三日，奉聖旨：

「是。照見行事例選除。欽此。」

議太醫院缺官奏狀

文選清吏司案呈：準太醫院手本開：「弘治四年五月初八日，司設監太監覃文於乾清宮奏奉聖旨：『著御醫徐生。欽此。』欽遵。合用手本前去施行」等因，到司案查。先因太醫院院判章淵病故，本院推舉帶俸院判劉文泰定奪補缺。本部爲照：「劉文泰先被科道官劾奏『醫術不精，用藥乖謬』，降職帶俸，難以定奪，駁回從公另行推舉精通方脈、年資老成官一員送部。」去後未報。今該前因隨奉本部送該通政使司連狀：「送據御醫許觀，告由醫士。成化八年二月內，蒙掌御藥房司設監太監覃文奏取本房答應。成化十三等年，用藥有效，歷陞院判。成化二十三年十月內爲陳言事，將觀一體降除御醫。弘治元年三月內，蒙欽差給事中、御史等官將觀考中第一等，明通脈理，用藥有效，存留供事。今蒙本院却將近年取來御醫徐生推舉赴部，保補院判員缺。若不狀訴，是觀自起送到今二十餘年，亦係會官考中一等。徐生近於成化二十一年方陞御醫，亦係考試第二等人數，與觀事理不同，攙越妄補。」等因送司。查得弘治元年四月，爲嚴考察以勵庶官事，該給事中等官孫珪等會考得御醫孫泰、許觀、黄綬、錢鈍、陳公賢、惠民藥局副使謝惟廣六員，明通脈理，用藥有效，爲一等御醫。徐生、鄭文貴、施鑑、金璽，吏目劉年，惠民藥局官邵忠、萬冀、李華八員，頗通脈理，用藥有效，爲二等。本年七月，該本部議：「今後凡遇大小官員缺，從本部銓選推舉，擬奏定奪。一應人員不許營求內外權要之人，奏乞陞職。違者，并聽本部參奏，就將所舉之人拏送法司問罪。不分原有官無官，俱發回原籍爲民當差。舉主一體治罪。」等因具題。奉聖旨：「是。今後一應人員不許營求內外權要，冒濫陞職。違了的，治罪不饒。欽此。」欽遵通查，案呈到部。竊以太醫院官醫術精否，臣等固不能知。以事體論之，院判劉文泰既被劾奏醫術不精，用藥乖謬，令其帶俸，似難復用管事。遇有員缺，合於會官考中一等御醫等官內，挨次舉用爲當。今徐生以二等官得被前旨，此許觀所以不平而有是言也。竊惟百司庶府，大小臣僚皆是充皇上任使者也。聖意豈不欲用賢能而退不能？向使知徐生是二等官，雖有人薦其能，必不肯越一等官而先用之，以來物議。然而此事舉之者，有礙前例，但不見抄出全文奏詞，不知太監覃文如何具奏事難定奪？所據徐生顯有營求請託之情，合送法司究問。果有干礙之人，宜從法司徑自參奏提問。前項院判員缺，合無依考定等第，次序舉用等因具題。奉聖旨：「既有在前事例，恁還會禮部、太醫院公同御藥房、太監推選相應的來看。欽此。」欽遵抄出到部。查得：太醫院官有缺，本院具呈本部題過，然後行令推舉相應人員，送來請旨除授，係是祖宗以來成憲。今命臣等公同御藥房、太監推選前項官員，非敢不遵。但本部自祖宗朝以來，并無公同內臣推選官員事例。誠恐今日創開此例，則祖宗之成憲自此變更，末流之弊，將不可救。書曰：「監于先王成憲，其永無愆。」以見不監先王成憲而行者，必有過差而不能善其後也。且獻可替否，人臣之職也。臣等有見於此而不言，是不能盡職，罪何逭焉？伏望皇上俯賜裁察，容臣等死罪！合無不必會官推選，只照見行事例，令太醫院從公推舉相應官一員，送部請旨除補。院判如或推舉不公，聽本部參究。或有不相應人員捏詞告爭，亦坐以罪。如此則法有定體，事無紛更，弊端絕而人心服矣。弘治四年五月十五日具題。次日，奉聖旨：「你每既這等說，不必會選。徐生曾用藥有效，陞院判。欽此。」

乞休致奏狀

臣恕以樸魯庸劣之資，生際重熙累洽之運。荷蒙列聖洪恩，薦歷中外顯秩。年踰七十致仕歸田，當陛下嗣五位之初，起愚臣居六朝之首。典選未久，宮保是加，厚德深仁，捐生莫報。在職今將四載，選官已過萬人。豈敢辭其煩勞以圖安逸？然廉察銓選，非精神昏倦者所能爲。趨走奏對，豈筋力衰憊者所可勉？戶部尚書李敏少臣九齡，今已淪謝。右都御史屠滽，又小臣二十餘歲，亦告病回。臣今七十有六，勉強支持如朝露晨星，豈能久乎？況耳目昏瞶，視聽孔艱，腰腿酸疼，動履不便。值茲酷暑，愈不克當。一或暈倒，人將謂何？且未老而退，人必以知幾知止稱之。既老不去，號於衆曰：

「我不貪冒，我爲國也。」人豈信乎？臣於銓選之事固無不用心，但好官美除，人皆望之而不能皆得，怨謗有所不免。循省豈能自安？若不求退，非惟喪廉恥之節，抑恐有不測之禍。伏望聖明俯賜矜憫，俾臣謝事歸田。苟延朝夕，則是聖恩始終以禮待臣，生死豈敢有忘也！臣無任顒望悚息之至！弘治四年五月二十七日具奏。次日，奉聖旨：「卿朝廷老臣，克副倚任。年數雖高，精力未衰。不允休致。吏部知道。欽此。」

再乞休致奏狀

臣昨以「廉察銓選，非精神昏倦者所能爲。趨走奏對，非筋力衰憊者所可勉。臣實昏倦衰憊，不能支持，尤恐久則喪廉恥之節，有不測之禍。」以此懇乞休致，欲全始終。伏奉聖旨：「卿朝廷老臣，克副倚任。年數雖高，精力未衰。不允休致。吏部知道。欽此。」臣有以見陛下篤念耆舊，雖潦倒龍鍾亦無厭棄之意。是即天地生物，父母愛子之心也。臣雖愚昧，豈不知感？但今之吏部尚書，即周官所謂「冢宰」也。冢宰爲六卿之長，須得天下奇才，方可居之。成化年間，若李秉、姚夔、尹旻、李裕輩之遷吏部，皆極一時之選。其後，李秉、姚夔皆爲言官論列，李秉因而罷去。姚夔雖未罷去，其名亦損。尹旻典選頗久。李裕甫及周歲，俱被逐去。臣實空疏，才望不及李秉等遠甚，特以樸忠愚直，仰賴聖明鑑察維持，得以苟延數年。今臣日老一日，點檢關防難保無失。選才論事，焉能皆當？或干物議，或拂聖情，萬一獲罪而去，豈若今日以理致仕之爲愈也？又況臣委實筋力不支，行走艱苦，難以任事。伏望聖恩垂念，賜臣歸田，苟延殘生，使天下後世知陛下之待臣有始有終，臣之事上知進知退，豈不美歟？臣無任惶怖之至等因，弘治四年五月二十九日具奏。三十日，奉聖旨：「覽奏具悉卿意。卿得持正輔佐朝廷，朕心自知。勿爲過慮，以老固辭。不允休致。吏部知道。欽此。」

選用教官奏狀

查得：先該少傅兼太子太師吏部尚書謹身殿大學士劉吉等題準：「今後教官係舉人出身，九年考滿到部，有功績考中該陞者，許同聽選監生一體入大選，考第除授。」本部已經陸續將該陞教官係舉人出身者，與同監生入考選除府同知、知州、知縣等官去訖。緣前項舉人出身教官與監生同考，較其文藝多在前列，該授以府佐及州縣正官。但中間有年貌衰老、人物鄙猥、氣質懦弱，不堪爲有司官者。若一概授以前職，恐不勝任。孔子曰：「孟公綽爲趙、魏老，則優。不可以爲滕、薛大夫。」若專以紙上文字爲甲乙而授官，恐非隨材器使之法。況唐以身、言、書、判選士，似又不專在文字也。兼且天下府、州、縣儒學教授、學正、教諭員缺數多，兩京國子監助教、學正等官時常有缺。前項舉人出身教職，俱應有司之選，別無有文字之人可以陞補，則是各學掌教與夫國子監官多不得人，何以作興人才？合無今後該考舉人出身教官，本部臨期揀選年貌相應者，照例入考除授該得有司職事。若年貌衰老、人物鄙猥、氣質懦弱者，不必入考，仍照舊陞除監學教官。如此庶幾各當其才，而監學官員不致久缺矣。緣係處置教官事理，未敢擅便，弘治四年六月初五日具題。次日，奉聖旨：「是。欽此。」

議傳奉官陞職奏狀

文選清吏司案呈：奉本部送吏科抄出「文華殿書辦、中書舍人等官杜昌等奏云云」等因具奏。奉聖旨：「吏部看了來說。欽此。」欽遵抄出送司。又該吏科抄出「浙江道監察御史滕祐題云云」等因具題。奉聖旨：「徐生已陞了罷。杜昌等。吏部知道。欽此。」欽遵通抄送司，案呈到部。臣等看得：杜昌等俱由雜流奔競請託，乞恩傳奉，不數年連陞疊轉至於在京堂上五、六品職事，處於禁密之地。後雖降級，仍存供事，已爲幸矣。三四年來，希冀復職，未嘗絶念。但無由而發，一見傳奉降級官徐生違例夤緣復用，臣等本部言之既不蒙見聽，科道言之又不蒙加省。輒便効尤，敢於故違，奏復原職。此御史滕祐有見於此，所以反復懇懇言之。臣等詳味其言，非見理明白，有忠君之實心，懷經國之遠圖者，未易及此。陛下宜留神再三省覽，依其所言，賜之施行。將徐生、杜昌等俱拿送法司，明正其罪，庶幾紀綱不壞，名器隆重，倖門閉，弊端絶，而奔競之徒不復覬覦矣。今既奉成命，「徐生已陞了罷」，若將杜昌等亦置之不論，則其他傳奉革罷并降級官員，又何畏憚而不來奏擾？豈不有壞士風，紊亂朝政？欲天下之無事，恐不可得也。伏望皇上斷自宸衷，合無將杜昌等七員照依御史滕祐所言，拏送法司，明正其罪，以爲將來之戒。緣杜昌係京官及節奉欽依「吏部看了來說」并「徐生已陞了罷，杜昌等吏部知道」事理，未敢擅便，弘治四年六月初九日具題。次日，奉聖旨：「是。杜昌等具奏煩擾，希求復職，本當拿問。且都饒這遭，著仍舊辦事。欽此。」

議選用王府醫官奏狀

文選清吏司案呈：「伏睹弘治四年六月初六日，節該欽奉敕吏部：『益王年已長成，依例便選學行端正者除王府官。欽此。』欽遵。已經通行太醫院等衙門，取相應醫士人等選除去後。續準太醫院手本開稱：『蒙御馬監太監陳富於乾清宮傳奉聖旨：『既親王奏討冠帶醫士張錡等二名，照數撥與。欽此。』欽遵。今將撥過醫士姓名，合用手本開報前去施行」等因，到司案呈到部。臣等仰惟前敕有以見聖意，命臣等選學行端正者爲王府官。蓋欲王之前後左右皆正人，將以成王之德也。及觀傳奉旨意，又以見聖意，一聞王言輒便依從者，惟恐拂王之情也。將以成王之德，愛王也。恐拂王之情，亦愛王也。二者雖曰均是愛王，然於愛之中，亦不可不審處之。設若醫士張錡等二名醫術果高於一時，王所素知，無左右爲之先容，王自討之，陛下自許之。臣等將奉行之不暇，奚敢置喙於其間哉？今王尚在幼沖，恐未知二醫之賢否。蓋是有求於王之左右而討之，陛下許之，則是開衆枉之門，起奔競之風。使王日與此輩居，將何所取以成其德乎？向者，蔣宗儒等貪緣而爲良醫正、副，使臣等言之，陛下從之，今張錡等必不敢復爲此謀，只因臣等未嘗言之，所以張錡等今復踵而爲之。若臣等再不言之，則後之欲爲王府官者，莫不奔競以求之。奔競者得之，而守分者不得，則守分者亦將變而爲奔競矣。竊恐士風從茲日趍〔二〕於下而不競也。然而，此事陛下雖曰愛王，實無益於王，而有損於治體，有壞於風俗也。不小臣等愚昧，〔三〕伏望陛下自今伊始，愛王當以德而不可以姑息。以德，則王始雖不悅而終有以成其德。以姑息，則王始雖悅而終無以成其德。二者是非較然，有不待智者而後知也。合無令張錡等二名仍前冠帶辦事，另取相應醫士二人除授良醫正、副。如此，則奔競自息，風俗不壞，公道行而人心服矣。今後凡王言之合理者，陛下固當從之；其不合理者，亦當諭王知其所以不可從之道。如此，則王之左右皆不敢以不正之事啓王行，亦不敢以不正之言爲王道。而王之言行皆歸於正，豈不爲宗室之光乎？陛下友愛諸王之道，孰有加於此哉？緣係息奔競，正風俗事理，伏乞聖明留神裁察，幸甚！弘治四年六月二十二日具題。次日，奉聖旨：「是。張錡等不用。仍行太醫院從公推選相應的除授。今後太醫院用人，只照舊例行，不許貪緣奏請。欽此。」

處置選用進士奏狀

文選清吏司案呈該本部題：「照得每科第三甲進士，前七、八分多選在外知縣等官；後二、三分俱選京職。所以進士該外選者，或告養病，或因公差在家延住，待不選除外任，方纔赴部，希冀京職之除。若不處置，誠恐遞相倣效，非惟有壞

〔二〕「競」：疑爲「静」或「竫」之誤。

〔三〕「不」：疑爲衍文。

選法，抑且有壞士風。合無今後除丁憂起復進士仍照常例遇缺隨衆選除外，其餘養病公差回還者，上、下名除揀選給事中、御史、中書、舍人并王府官外，如已選外任，亦選外任。已選京職，仍選京職。庶人心得平，而選法不壞矣。緣係處置選用進士事理，未敢擅便。弘治四年八月初八日具題。次日，奉聖旨：「是。欽此。」

議保用典樂奏狀

文選清吏司案呈：奉本部送内府抄出「岐王奏云云」等因具奏。奉聖旨：「吏部看了來説。欽此。」欽遵抄出送司。查得：徽王成化十七年之國，弘治二年八月内，該徽王奏稱：「典樂王宗信致仕，保伊隨帶前來徒弟樂舞生蔣真道補任。」本部已經勘結無礙，將蔣真道題準除補本府典樂訖。查得親王未之國之前，典樂有缺，該行太常寺推選年深相應樂舞生送部具奏除補。行準太常寺典簿廳手本，據神樂觀手本查得「魏道賢委是李正宗徒弟。身雖無過，係成化十八年七月内充樂舞生，方經九年。及拘集樂舞生張永常等五百二十四名到官審勘得，樂舞生魏道賢見在張永常等三百五十一名之後，比與本觀難以定奪」等因回報到司，案呈到部。看得魏道賢係是神樂觀樂舞生，不係典樂李正宗帶在身邊隨王之國徒弟，比與蔣真道不同。況本生在觀年淺，尚在見在樂舞生三百五十一名之後，例不該攙越授職。就使相應授職，亦必待所司推舉而後可。今本生赴長史司具告，啓王保伊做典樂，是自薦自售，非王知其能而舉之也。若將此等自薦之人用之，則是起奔競之風。其後王府官有缺，奔競之徒皆來自薦。不用則援此以爲例，用之則從此而壞選法。且道士之稱受業師，則曰「師父」。於師前自稱則曰「弟子」，此理之正也。未有直稱師爲父，而自稱爲徒男者。今魏道賢狀内自稱曰「徒男」，稱其師曰「父」，可見是邪諂之人，非正士也。既稱師爲父，己爲徒男。師死未及兩月却不守服，就求做官，亦可見其爲人也。王之左右須得正人，則王德日進。書曰：「后德惟臣，不德惟臣」是也。如此邪諂不正之人，豈可爲親王官僚乎？合無照依舊例，行移太常寺從公推選年深相應樂舞生一名送部，另行具奏除補。緣係比例奏保典樂，及奉欽依：「吏部看了來説」

事理，未敢擅便，弘治四年十月初二日，具題。當日奉聖旨：「是。欽此。」

論奪情非令典奏狀

稽勳清吏司案呈：奉本部送內府抄出「徽王奏云云」等因奏。奉聖旨：「吏部知道。欽此。」欽遵抄出送司。查得：先該徽王奏「要照先年良醫副王瑛奪情起復事例，免令任好禮丁憂」等因奏。奉聖旨：「吏部知道。欽此。」欽遵抄送到司。查得：成化十九年二月內，該徽王奏稱：「要將良醫副王瑛奪情存留辦事。」本部爲照：「本官母故，例該丁憂，題奉憲宗皇帝聖旨：『准王奏。欽此。』查得弘治元年十月內，該本部題：『爲扶持風化事：照得官吏人等聞父母喪，依例丁憂，係是祖宗舊制。奪情起復非令典，欲望著爲定例：自今文職官吏人等聞父母喪，非身任金革之事，悉令依例守制。敢有營求奏保奪情者，許科道官糾劾。』奉聖旨：『是。欽此。』」爲照王瑛奪情係在弘治元年題准前項例，前事難施行，已經立案訖，今又奏前因案呈。切惟朝廷政令貴信，不信則人疑而事不立矣。臣等前此既題有前項「自今不許奪情起復」事例，今又令任好禮奪情起復，則是前例不信也。況任好禮係良醫副。彼雖守制，尚有良醫正王瑛在，亦可以視疾，府中未爲無人用。就使府中缺人，另除良醫副一員前去，未爲不可。臣等非敢不依從王之所奏，但恐朝廷政令不信於人，以後人難遵守。緣係王府奏保官員及節奉欽依「吏部知道」事理，未敢擅便。弘治四年十月初二日，具題。次日，奉聖旨：「是。欽此。」

王端毅公奏議卷十四

吏部

議在京三品官病故請給誥命奏狀

驗封清吏司案呈：奉本部送吏科抄出「左春坊左諭德楊守阯奏云云」。奉聖旨：「吏部看了來說。欽此。」欽遵抄出，送司案查。先奉本部送該本官奏前事爲查：正統三年四月內，纂修宣宗皇帝實録，進呈節奉英宗皇帝聖旨：「陳循、徐珵、王玉既丁憂，且不陞。欽此。」成化三年纂修英宗皇帝實録，進呈節奉憲宗皇帝聖旨：「事故的罷。欽此。」今次纂修憲宗皇帝實録，進呈翰林院手本開：「纂修該陞官員，而有查有先年節奉欽依『事故的罷』事例不開外」等因。則知今次纂修之陞官，悉遵先朝之故事。及查得成化三年纂修事故官內一員，副總裁、禮部右侍郎李紹先於天順八年八月內開館。成化二年八月內，本官養病。成化三年八月進呈。在館二年，去任一年，不曾陞官。此其「事故的罷」之明驗也。今右侍郎楊守陳，品職并爲副總裁，俱與李紹同而在館之日比與李紹少，去館之日比與李紹多。本部所以「不敢故違先朝事例」與伊覆奏。以此將奏詞立案訖。今又奏前因，案呈到部。切緣自祖宗朝至今，在廷文職大臣病故，贈本身一官者，間或有之；贈及祖父母、父母者，絶無。歷任三年請給誥敕者，有例；歷任未及三年病故，請給誥敕者，無例。今楊守陳任三品官未及三年病故，伊弟楊守阯爲伊奏乞贈官，并請原任三品誥命封及祖父。除請原任三品誥命封及祖父例難准理外，所據贈官一事，臣等未敢擅便定奪。緣奉欽依「吏部看了來說」事理，弘治四年十二月十八日具題。次日，奉聖旨：「是。

楊守陳贈禮部尚書。欽此。」

扶持公道奏狀

文選清吏司案呈：查得先該吏科等科都給事中等官張九功等題：「茲者，法司會議論奏柳景、秦紘之事，陛下於柳景念及祖功，赦其死命，俾得幅巾優遊閑住。於秦紘則以奏事亦有不實，免其運炭，使之致仕。且律條有曰：『告二事以上，重事告實，輕事招虛及數事罪等，但一事告實者，皆免罪。』今秦紘所言柳景之事，輕重勘實不止一端。間有不實，乃千百中之一二耳。揆之律意，固當免罪。況秦紘之舉乃風憲彈劾之公義，非常人告訐之私情。雖曰有罪，薄乎雲爾。揆諸情法，尤可矜恕。伏望皇上俯念人才之難，思秦紘盡心爲國反遭擯黜之枉，將秦紘仍留辦事，以慰在官」。等因具題。俱奉聖旨：「秦紘已發落了。不准。該衙門知道。欽此。」欽遵抄出到部。已經立案訖。續該南京六科給事中倪天民等、十三道監察御史楊璡等與夫肇慶府同知張吉亦論奏其事。文雖殊，而意則同。俱奉聖旨：「該衙門知道。欽此。」欽遵抄出送司，案呈到部。臣等竊惟帝王之治天下，惟賞與罰最爲緊要。當則人服，否則不服，其可忽哉！參看得都給事中等官張九功等所上五章，極言柳景、秦紘之情罪與夫朝廷所以處之者，是非了然。欲望朝廷召還秦紘以正賞罰，以爲勸戒。陛下宜從而未之從者，是臣等不能贊襄以成陛下納諫之美，罪莫大焉。今柳景該追贓，又蒙聖恩免之矣。而恩獨不及於秦紘，則是爲地方軍民之害者可恕，而除地方軍民之害者不可用，其何以服人心而勵將來？豈不大可惜乎？伏望陛下從天下之公論，召還秦紘。或處之都察院，或處之南京都察院，俾之視事，未必無補。如此，則賞罰攸當，舉措得宜，而人心服，將來勸矣。不然，則非臣等所敢知也。伏乞聖明裁察，幸甚！緣係節奉欽依「該衙門知道」事理，未敢擅便。弘治四年十二月二十四日具題。二十七日，奉聖旨：「南京戶部尚書黃紱改南京都察院左都御史。秦紘着做南京戶部尚書。欽此。」

乞休致奏狀

臣陝西三原縣人。年十三始入縣學，二十六而中鄉舉。三十三而登進士，改庶吉士。三十四除大理寺評事，尋陞寺副。五年而陞知揚州府。又六年而陞江西右布政使。又四年而陞河南左布政使，未踰年而陞右副都御史，撫治流民。又二年以平賊功陞左副都御史，巡撫河南。未幾，陞南京刑部左侍郎，管部事。改刑部總理河道，又改南京戶部，管部事。復改左副都御史，巡撫雲南，陞右都御史。改南京右都御史，參贊機務。陞南京兵部尚書，參贊如故。既而改兵部尚書，兼左副都御史，巡撫南直隸蘇、松等處。復改南京兵部尚書，參贊機務。九年秩滿，陞太子少保，仍舊管事。成化二十二年致仕。二十三年，皇上嗣登寶位之初，召臣爲吏部尚書，加太子太保。今又五年矣。臣自入仕至今四十四年，荷列聖莫大之恩，官至一品，誥贈三代。榮幸無加，捐生莫報。但犬馬之年，今已七十有七矣。委實筋力衰弱，不能趨走承事。神思昏倦，難以旌別淑慝。雖請託路絶，奔競風息，然已用者未必皆遂意，未用者未必皆無言。第恐積毁日深，不能保終，有辱召命。伏望皇上少賜矜察，放臣歸田。另選碩德重望之人代臣。非惟使臣老來安恬以待終，必能薦引羣賢羽翼以成治矣。臣無任懇切隕越之至等因，弘治五年正月十六日具奏。次日，奉聖旨：「卿居重職，當勉副委任，勿以老辭。吏部知道。欽此。」

論御醫王玉不當陞俸奏狀

文選清吏司案呈：奉本部送吏科抄出「太醫院御醫王玉奏云云」等因具奏。奉聖旨：「該部看了來說。欽此。」欽遵抄出送司，案呈到部。查得成化二十三年九月内，該科道官陳言，該本部查處具題。節該奉聖旨：「太醫院堂上官照額挨次存留院使施欽開來看。欽此。」欽遵。續該本部「照額挨次存留，院使施欽、院判任義、章淵三員，其餘左通政張倫、左參議丘鈺、院使仲蘭、錢鈍，院判劉文泰、汪智、許觀、莊元、金璽、李思勉、施鑑、陳公賢、徐生、黄綬、孫泰、潘澤、王玉共一十七員，俱係額外官員」等因具題。節該奉聖旨：「是。太醫院額内的僉書，額外已降的罷。汪智、李思勉致仕。張倫降院判。其餘降御醫，都各供事。欽此。」欽遵。彼時王玉丁憂在家，其後起復到部。違限年久，本部欲送法司問罪，題奉聖旨：「王玉違限年久，本當送問。且饒他，著復御醫辦事。欽此。」欽遵。又查得先該禮科等衙門給事中等官孫珪等題稱：「御醫等官王玉等四員丁憂去訖，無憑考察。該本部題准：『候各官起復到部，仍行給事中等官會同考察。』續據吏目朱戩等奏：『要免考本部爲照各官。』俱係題奉欽依『該考人數難准。免考』」等因具題。節該奉聖旨：「丘鈺、王玉、朱戩已復原職，并吴英都免考。欽此。」欽遵。又查得：太醫院以脩省改正爲由，欲復革罷傳奉官陳俊、宮良、甯銓、吴綬、聶整、朱俊等舊職。臣等以爲，若復陳俊等官，則其餘傳奉革罷者皆來奏擾，再三陳奏不可。皇上竟將陳俊、宮良、甯銓、吴綬陞授御醫訖。今王玉奏稱：「曾在春宮効勞，與陳俊等事體相同，要復院判。」且太醫院額設院使一員，院判二員。成化年間濫設數多。皇上嗣位之初，遵依舊制，存留院使一員，院判二員，見今不缺。今王玉又要陞授院判，則是欲遂己私，不顧有壞成命。況太醫院官以修合藥餌、治療疾病爲職事，前項降除御醫者，誰非効勞之人？若復王玉一人之官，則其餘人等必來奏擾。不與覆奏，彼必怨怒，造言謗訕，無所不至。與之覆奏，則冗官仍復如前，有累陛下初政。天下公論必謂臣等阿諛竊禄，不能匡輔，有何顔復立於朝？設若院判有缺，而王玉名在同降衆人之末，計其資望，考其藝術，未必超越衆人，亦難輒憑所奏就與陞授。所據御醫王玉既旨聖恩免其送問，又免考試，自合黽勉盡職，以圖報稱。今却不安職分，希求陞授，於理不可，論法難容。欲將本官拏送法司究問，以警將來，緣奉欽依「該部看了來說」事理及係京官，未敢擅便。弘治五年二月初九日具題。次日奉聖旨：「王玉免送問，陞俸二級。以後再有奏擾的，送問不饒。欽此。」臣等竊惟，賞罰者天下之公，所以勸善而懲惡也。是賞罰也，君主之臣輔而行之。君欲賞一人、罰一人，合天下之公論，爲臣者能贊襄以成之，使天下之善者以勸，惡者以懲。斯人也，非良臣乎？君欲賞一人、罰一人，不合天下之公論，爲臣者不救正而阿徇以成之，使天下之善者不勸，惡者不懲。斯人也，非佞臣乎？今陛下以堯舜之德居堯舜之位，故臣等欲效良臣，而不願爲佞臣也。且御醫王玉粗通醫術，行不過人，由傳奉而陞院判，人多不平。陛下嗣大位之初，降爲御醫，物議稍息。茲者謀復院判，臣等論之如前。陛下若依臣等所言，將本官拏送法司問罪，是爲懲有罪，乃法之正也。免其送問，是爲宥有罪，猶之可也。今既免其送問，又陞俸二級，是爲賞有罪，奚可乎哉？若臣等不言，後來如王玉者，臣等又行送問，其何以服彼之心？其何以服天下人之心？欲天下不謂臣等爲佞臣，得乎？然佞臣固非臣等所願爲，亦非陛下所以望臣等也。伏望聖明俯察芻蕘之言，收回陞俸之命，令王玉仍照今職辦事，庶可以服天下人之心，且使後來如王玉者不待參問而自不來奏擾矣。臣等惓惓爲國之心，不自知其言之狂也，罪該萬死！伏惟聖慈俯賜矜察，幸甚！弘治五年二月十二日具題。次日奉聖旨：「你每既這等說，王玉著仍照舊辦事。欽此。」

論嚴考課以定黜陟奏狀

考功清吏司案呈：「照得在外有司官三年、六年考滿，赴部給由考覈，不分稱職不稱職，俱引奏復職。候九年通考，方定黜陟。九年之内，二考稱職，一考平常，從稱職；二考稱職，一考不稱職，或二考平常，一考稱職，或稱職、平常、不稱職各一考，各俱從平常。二考平常，一考不稱職，從不稱。職繁而稱職無過，陞二等；繁而平常無過，陞一等；簡而稱職與繁而平常，同簡而平常無過，本等用；不稱職初考，繁處降二等，簡處降三等；若有過，又各有降等之例。」此我朝祖宗以來考課之成法，即唐虞三載考績、三考黜陟之盛典也。又查得本部奏行事例：「除邊方軍馬錢糧緊急所係，官員考滿申請定奪外，其餘不係邊方大小官員，務要依例給由。雖有專差責占，三年、六年之間亦要一次赴部考覈。不許托故，違者究問。」

又該南京吏部尚書王倎等奏：「該本部議擬題准：『除雲南等處地方窵遠有司大小官員，照舊赴本布政司給由，其餘去處三年、六年考滿官員，俱要依例赴部，給由考覈。不許仍前一概令其申請』已經通行遵守外，近該福建閩縣知縣周天民、福建延平衛經歷司知事方杲、四川平夷長官司吏目劉海、河南布政司理問所提控案牘馬成，三年、六年俱不給由，九年方纔赴部給由。公文內雖開有本管上司衙門存留管事，緣不係軍馬錢糧緊要事情，故違奏準『雖有專差責占，三年、六年亦要一次赴部考覈』事例。雲南富民縣知縣文茂，三年、六年不依例赴本布政司給由，亦屬有違。除將案牘馬成先已呈堂送問外，所據周天民等呈堂送問間，遇蒙弘治五年三月初八日大赦宥免。切緣近年以來，九年考滿官員到部，中間有稱三年、六年遇例納米者，有稱本管上司存留管事者，輒憑九年一考考覈詞語定擬該陞、該降品級，殊乖前項二考、一考從稱職、從平常、從不稱職定擬陞降之法。」案呈到部，參照知縣等官周天民等三年、六年違例，不行赴部給由罪名雖經恩宥，緣各官止是給由一次，若與給由二次三次一體陞用，不無勤怠不分，何以警戒將來？合無將知縣等官周天民等數內，繁稱者止陞一級，簡稱者本等用，繁平常者本等用，簡平常者降一級。仍通行浙江等十三布政司并南、北直隸府、州等衙門有司大小官員知會：今後務遵前例，三年、六年俱要赴部給由。雖有專差責占，三年、六年亦要一次赴部給由。違者送問，仍照周天民等事例，定其該陞、該降品級。若有例前納米，曾經繳報牌册到部者，不在此限。其雲南所屬官三年、六年不行赴本布政司給由，不繳牌册到部，亦照此例發落。如此，則黜陟有所分別而選法均，勤怠知所警懼而治功成矣。緣係定奪考績黜陟事理，未敢擅便。弘治五年三月十三日具題。十五日奉聖旨：「是。欽此。」

定奪兩廣朝覲官奏狀

考功清吏司案呈：奉本部送吏科抄出「欽差總督兩廣軍務兼理巡撫都察院右都御史閔珪題云云」等因具題。奉聖旨：「吏部知道。欽此。」欽遵抄出送司。照得弘治六年正月初一日，天下諸司衙門官員例該朝覲。本部已經題準通行遵守去後，今該前因案呈到部。撿照諸司職掌內開：「凡在外官員，三年遍行朝覲。其各布政司、按察司、鹽運使、府、州、縣及土官衙門，流官等衙門官員，帶首領官吏各一員名。理問所官員照依到任須知依式對款，攢造文册，及將原領敕諭諸司職掌内事蹟、文簿，具本親齎奏繳，以憑考覈。」此祖宗以來之舊制也。成化十七年朝覲，該總督兩廣軍務兼理巡撫都察院右都御史朱英咨稱：「兩廣地方廣濶，賊情難料。要將府、州、縣並土官衙門，俱留在任撫治。將須知文册送布、按二司來朝政司，各令堂上掌印官各帶首領官一員來朝，其所屬府、州、縣官吏存留管事。」本部依擬題准，行令廣東、廣西二布官齎繳。弘治三年朝覲，該總督兩廣軍務兼理巡撫都察院右都御史屠滽題：「要免兩廣府、州、縣官來朝。」本部題準，行令兩廣布、按二司掌印官并首領官及各府正官，各帶該吏來朝，止免州、縣官來朝訖。今總督兩廣都御史閔珪又照前具題。若不分地方有無賊情，一概存留府、州、縣官吏在任管事，則以後朝覲之年，焉知各處不照此具奏。若依所奏就行准理，則朝覲之典不幾於廢乎？且有道之世，太平之時，豈可廢朝覲之禮，使上下之情不通？庶官賢否無所旌别，功過無所考覈，可乎？合無行移都御史閔珪，再查所奏前項地方如廣西柳慶、桂林等府，見今用兵廣東翁源、河源等縣，接連湖廣、福建俱有賊情，并有災傷去處府、州、縣官員，俱各存留，在任管事。將該進須知文册申送布、按二司堂上掌印並首領來朝官吏，帶來齎繳。其餘無賊情、無災傷去處府、州、縣官吏，俱要隨同布、按二司官，依期來朝。緣係存留朝覲官員及奉欽依「吏部知道」事理，未敢擅便。弘治五年三月十七日具題。次日，奉聖旨：「是。欽此。」

乞休致奏狀

臣先任太子少保，南京兵部尚書，參贊機務。成化二十二年致仕。二十三年，皇上嗣登寶位之初，遣使齎敕，召臣至京，陞吏部尚書，加太子太保。臣自知菲材，不能勝任，已嘗再三乞恩辭免，不蒙俞允。不得已，然後就職。至今五年之間，請老之章又十有八上矣。俱蒙皇上溫詔慰留，不從其請。但臣今年七十有七，筋力衰憊，精神昏耗，雖勉強盡職，焉能保其無虞？况銓選人物，尤爲難事。使明哲之士居此地位，尚不能得人人歡心。如臣之愚，焉能使人人而悦之？又況臣賦性戇直，不能周旋人事。平居無事，人尚訾議；少有間隙，則羣起而排擠之，遂成過愆。此臣之所以日夜恐懼，不敢久居於此也。伏望聖恩憐臣衰老，容臣歸田，俾得無事蓋棺，斯爲萬幸。臣無任惶怖之至等因，弘治五年四月二十二日具奏。次日，奉聖旨：「卿朝廷老臣，當勉副任用。不允休致。吏部知道。欽此。」

激勸賢勞官奏狀

考功清吏司案呈：奉本部送準戶部咨云云，案呈到部。臣等切惟，國家之大計，莫重於稅糧。稅糧之先務，莫重於京邊。今山東布政司弘治四年分起運京邊稅糧，動以數十萬計。而草束、布花、農桑，其多稱是。纔及次年四月初旬，俱已完獲通關。若非參政熊繡聞望素能服人，才能足以濟事，安能致部屬官民趨事如此之速耶？比之其他布政司怠事官員稅糧拖欠五、七年久者，優劣勤惰相去遠甚。況聞本官徵催之際，不疾不徐，靡苛靡刻而事自集，此尤見其爲良有司也。且本官非止一事之優。及訪知本官操履清白，志行真純，似此賢勞官員，理當旌擢。如蒙乞敕吏部再爲查審，本官如果平昔履歷與臣等所保相符，量爲照例旌擢，庶使賢能者知所勸，而怠惰者知所勉矣。緣係激勸賢能官員事理，未敢擅便。弘治五年四月二十八日，本部尚書葉淇等具題。次日，奉聖旨：「是。欽此。」欽遵。擬合通行除外，備由移咨貴部，煩照本部題奉欽依內事理，欽遵施行等因，到部送司。查得：熊繡，年五十二歲，湖廣都司寧遠衛軍籍。原籍江西南昌府豐城縣人。由進士歷陞知府，於弘治三年九月內陞授前職。十二月二十五日到任，歷俸年半，不曾赴部給由。」案呈到部。竊惟唐虞之世，考績於三載之後，黜陟於三考之餘。故鯀之治水九載，績用弗成，然後治其罪。禹之治水，九州攸同，四隩既宅，然後賞其功。迨至我朝，考績、黜陟，亦用此道。雖近來舉行旌擢之典，亦必待其所舉之官歷任三年之後，曾經考稱無過，覆勘果有卓異政蹟，然後施行。未嘗有歷任未及三年就行旌異者。今熊繡以知府而陞參政，甫及年半，雖完前項糧草，是乃職分當爲，似難輒便旌擢。合無待候本官三年考滿考稱，任內著有卓異政蹟覆勘是實，然後量與旌擢。如此，則朝無濫及之恩，官無苟且之政，人知所勸而治功成矣。緣係旌擢方面官員事理，未敢擅便。弘治五年五月初十日具題。當日，奉聖旨：「是。欽此。」

議大學士丘濬建言奏狀

文選清吏司案呈：奉本部送準禮部咨禮科抄出「太子太保禮部尚書兼文淵閣大學士丘濬奏云云」等因具奏。奉聖旨：「這本所言『止印經，節賞賜，停織造，杜塞希求陞官』等項，皆切中時弊。該衙門看了來說。欽此。」欽遵抄出，移咨送司。除「止印經，節賞賜」等項隸别部掌行外，内「杜塞希求陞官」四事係本部掌行。案呈到部。查得：先該内官監官奏言：「修築蘆溝河堤岸，要將文思院等衙門副使潘俊、把總曲興等量加陞職。」本部以爲，朝廷置文思院官并把總、人匠，無非爲營造計也。今副使潘俊等修築蘆溝河堤岸工完，雖曾效勞，是乃職分之所當爲，非分外事也。只可量加賞賚以酬其勞，恐不可陞官以開弊端。等因具題。奉聖旨：「是。潘俊等不准陞，都加與賞賜。欽此。」續又該内官監題稱：「修築正陽門等城垣、河橋工完，要將冠帶、掌作、把總并天文生、醫士及催工官尚禮等量加俸級」等因。本部爲照：「蘆溝橋工完，官、匠人等既奉欽依『不准陞，都加與賞賜。』所據修築城垣、河橋把總尚禮等，似難量加俸級。合無照依前例，量加賞賜，以酬其勞」等因具題。節該奉聖旨：「冠帶、把總尚禮、王友道、王豬兒、杜鑑、羅祥與做軍器局副使。王福、董瓚、耿福、汪寬、朱顯都與冠帶。欽此。」本部又言：「前者修蘆溝河堤岸管工副使潘俊等既有聖旨：『不准陞，都加與賞賜。』今修城垣冠帶官尚禮等却降前項陞職之旨，是功同而賞異也。伏望收回前旨，將尚禮等亦量加賞賜」等因題。奉聖旨：「尚禮等既陞職冠帶了罷。欽此。」本部又題：「若以爲已陞了不可改，亦望聖明留意今後内外官員，但有似此爲人奏討陞官，有壞名器者，許科道官參奏拏問」等因題。奉聖旨：「這以後事，朕自有處置。欽此。」又該本部議得：「今後一應人員，不許營求内外權要之人奏乞陞職。其内外權要之人，遇有書辦等項官員有缺，聽本部於資格相應人員内擬奏除授，不許坐名奏討。其書辦等官三年、六年考滿，務令照例赴部給由考覈，以憑黜陟。不許奏乞量陞職事。違者并聽本部參奏，就將所舉之人拏送法司問罪。不分原有官、無官，俱發回原籍爲民當差；舉主一體治罪」等因具題。奉聖旨：「是。今後一應人員，不許營求內外權要冒濫陞職。違了的治罪不饒。欽此。」今太子太保禮部尚書兼文淵閣大學士丘濬所言前四事，誠爲國爲民之至計，實兼法語巽與之雅言。孔子曰：「法語之言，能無從乎？改之爲貴。巽與之言，能無說乎？繹之爲貴。」陛下一覽前言，輒降俞旨，可謂從且說矣！矧人多頌陛下好問、好察如帝舜，改過不吝如成湯。烏有不改且繹乎！今後內外臣隣，如有爲人求官陞職如丘濬所云者，請以丘濬之言而諭之，止之，則官不及私昵，禄不至濫費，國不受其弊，民不受其害，萬萬年太平之基業，可悠久而不拔矣。萬一聖情重違其請而許之，臣等則當謹執前項旨意與夫丘濬之言陳奏，陛下俯賜優容而矜允之，則恩在陛下而怨在臣等矣。臣等居其位，食其禄，任其事，死且不避，而怨敢辭乎？伏惟聖明留意，宗社幸甚！天下幸甚！緣係節奉欽依「該衙門看了來說」事理，未敢擅便。弘治五年五月十二日具題。

次日，奉聖旨：「是。欽此。」

議經歷高禄陞官奏狀

今日早朝退，錦衣衛官召吏部堂上官。臣恕偶有微恙，不能朝參。臣悅、臣經趨至左順門，有司禮監太監覃昌說稱：「皇上欲著通政司經歷高禄陞本司參議。」臣悅等回說：「無缺，又無憑據。難以奉行。」臣悅等回至部中，與臣恕備說前情。臣等仰惟皇上寬仁厚德，爲天下國家之心無以加矣。眷顧親戚之恩，亦無以加矣。高禄乃皇親壽寧侯之妹夫，欲爲通政司參議也，非一日矣。然而，持久而不與者，蓋恐來天下之物議，累莫大之聖政。故爾今日欲與之者，恐非陛下之本心。且高禄由舉人出身，使其安於其職，歷年深，養望久，遇有缺，然後陞，人自服，彼亦安。今本官歷任未及三年，驟陞是職，何以服天下之心，杜天下之口？是欲臺舉本官，反累本官也。有何益哉？伏望皇上以天下之官待天下之士。若爲親戚而妨公議，使天下後世得以窺其淺深，非陛下之所願，亦非臣等之所願也。臣等待罪銓司，忠誠爲國，不自知其言之狂妄而激切也。死罪！死罪！惟聖明優容而矜察之，幸甚！弘治五年五月二十三日，謹具題知。

議御史徐璘簡賢能以養人材奏狀

文選清吏司案呈：奉本部送準禮部咨禮科抄出「南京、雲南道監察御史徐璘奏云云」等因具奏。奉聖旨：「該衙門知道。欽此。」欽遵抄出，送司案呈。看得御史徐璘所奏，除「防奸弊以杜奔競」本部另行外，所據「簡賢能以養人材」係隸吏部掌行。抄單移咨送司，案呈到部。看得監察御史徐璘奏稱：「簡賢能以養人材」一節，固爲有理。但除「授州縣正官除進士」外，其餘「聽選監生，不分舉人、歲堤貢與夫乞恩遇例出身者，一體考選。在於前列者，然後除授正官。間有一二不稱之人，難以一概將歲堤貢、乞恩遇例者棄而不用。且如吴寬、曾彦，其始也俱由歲堤貢入監，其後俱中狀元。豈可謂歲堤貢監生中間全無人乎？且人之才性不同，有優於學問而劣於政事者，亦有長於政事而短於學問者，亦有有學問而不能提調學校者，有寡學問而能提調學校者。世無全才，故人之於事，有能有不能。且各處歲堤貢生員，俱係在學年深，有科舉五、七次不得中式者。提學官考試，見其頗通文理，又不可黜退，有五十以上方得應貢者。亦有六十以上貢來者。如此之人，使其坐監，十無一二得官，所以多願就教職。今欲止用未及五十者爲教職，則前項五十以上歲貢生員，多無路出身。況未及五十者數少，又多不願就教職，且每科副榜舉人亦多不願教職。此教官缺多，所以不得不於願就教職歲堤貢生員考選。」本官前項處置，若科目出身并歲堤貢生員未及五十者數多，固可行之。今科目出身并歲貢生員未及五十者數少，雖欲行而自不能。其言「提調學校官，今後務要遍歷考試，不許提取會考，越境迎接」等項，合無行移都察院轉行南、北直隸提調學校監察御史，并浙江等處提調學校副使僉事，務要遍歷府、州、縣學考試生員，不許任意提取數學生員會於一處考試。按臨地方務要預先移文，禁止迎送，不許出郭。若有自謂生徒樂從，不行禁止，縱令迎送百里之外，以致下情不堪，士風向薄，許巡撫都御史、巡按御史劾奏究治。緣係陳言及奉欽依「該衙門知道」事理，未敢擅便。弘治五年六月初二日具題。次日，奉聖旨：「是。欽此。」

議進士石存禮除官奏狀

照得目今六月，本部大選官員，取到三甲進士内一員石存禮，年二十二歲堤，山東青州府益都縣人。照依甲第、次序，本官該選知縣。臣等竊惟：知縣乃一縣之主，百責所萃，生民休戚係焉，非年少力弱者所能勝任。查得舊例，中副榜舉人，俱除教職中間，有年未及二十五歲，告願不就教職者，準送國子監讀書。二十五歲以上不願就教職者，不准，仍除教職。蓋以未及二十五歲者，年少未可爲人師範，故准令不就教職。況知縣比之教職，責任尤重。今石存禮年方二十二歲堤，氣質清秀，形體孱弱。若除授知縣，使之宰百里之地，居羣僚之上，督率衆職，分理庶務，加以送往迎來，承上接下，勞苦百端，恐不能堪。看得行人司行人，亦係三甲進士該除官員。其職最簡而無勞事，欲將石存禮仍送該衙門辦事。候有行人員缺，另行除授行人。使本官讀書進學，日省月修，待其老成，然後授以任事之職，斯可責其成績。緣係「處置選用年幼進士」事理，未敢擅便。弘治五年六月初八日具題。次日，奉聖旨：「是。欽此。」

議御史馮玘圖治奏狀

驗封清吏司案呈：準兵部武選清吏司手本，奉本部連送該本司案呈：準職方清吏司手本，奉本部送兵科抄出「巡按貴州監察御史馮玘題云云」等因具本奏。奉聖旨：「該部看了來説。欽此。」欽遵抄出送司，案呈到部。看得所奏四事内，「處置邊患」等三事本部徑自查奏外，其「馴服土官」一事内，「宣撫、宣慰、長官、把事等官本部議奏：其知府、知州、巡檢文職等官，係隸吏部掌行，連送該司，仰行吏部該司呈堂徑自查照施行」等因到司。查得：土官赴京襲職，固自舊例，亦有鎮守總兵等官保勘明白具奏，就彼冠帶承襲者；又有赴京具奏「有人爭襲」，發回保勘者；又有到京爲無保勘公文，發回病故者；又有到京查無會奏緣由發回，候會奏至日，另行本人奏稱「情願在京聽候者」。天順八年三月初二日，節該欽奉詔書内開：「雲南、貴州、廣西、湖廣、四川土官，今後有告襲者，委官務要從公體勘，定名會奏。該部行令，就彼冠帶襲職，不必參駁。中間如有徇私不公，許巡按御史糾舉，罪坐原勘官員。欽此。」欽遵外，今該前因案呈到部。看得監察御史馮玘奏「要令土官子孫循舊例赴京襲替，亦可馴服其心」一節，其意固善。但土官衙門設在極邊地方，襲替往迴，動經萬里。中間貧富不一，盤費艱難。及至京師承襲，有保勘不明，會奏未到；又有被人爭襲，駁回保勘，累年不得承襲如前所云者；亦有被無藉之徒指稱官府使用，誆騙財物，靡所不爲，以致遠人受其陷害，衙門被其玷污。是以朝廷洞察斯弊，特開恩例，免其來京，委官從公體勘，定名會奏，該部行令就彼冠帶承襲。是乃懷柔遠夷，革弊省事之良法。若依監察御史馮玘所奏，令其赴京承襲，俾知朝廷之盛，自足以消其邪心。恐邪心未消，而前項於彼不便之事有所不免。不如仍照詔書事例，令其保勘明白奏來，就彼冠帶承襲爲便。合通行貴州等布政司，今後土官子孫襲替，保勘明白，仍照詔書恩例行，令就彼冠帶承襲。到任之後，如遇總鎮、巡撫、巡按三司分巡、分守及一應上司官員到彼，俱要與同流官參見。其總領等官，亦要諭以朝廷恩威，使之各懷忠順之心，撫治夷民，辦納糧差。如或生事擾害地方，國法具存，決不輕宥。緣奉欽依「該部看了來說」事理，未敢擅便，弘治五年六月二十日具題。次日，奉聖旨：「是。欽此。」

王端毅公奏議卷十五

吏部

議致仕尚書胡拱辰請給誥命奏狀

驗封清吏司案呈：准禮部儀制清吏司手本，奉本部連送該本司案呈：「奉本部送禮科抄出『南京工部致仕尚書胡拱辰奏云云』等因具本奉。聖旨：『該衙門知道。欽此。』欽遵抄出送司，案呈到部。看得本官所奏，除『乞恩入監』本部另行外，所據『乞賜誥命』係隸別部掌行。合就連送仰行吏部該司呈堂徑自施行」等因到司，案呈到部。

查得成化二十二年三月內，該本官奏爲乞恩休致事。本部查得：本官歷官中外四十八年，始終清慎。年已七十，例該致仕。題奉憲宗皇帝聖旨：「胡拱辰既歷官清慎，不准致仕。著用心辦事。欽此。」成化二十三年正月，南京尚書等官被劾者五員，餘皆冠帶閑住，獨胡拱辰得致仕。於此有以見先帝知本官之清慎，故其所以優之者，與衆不同也。況本官致仕止因年老，别無異議。觀此奏詞，則其雖老不衰可知。又況本官歷任中外五十餘年，始終一節，有功無過，是亦聖世稀有之人爾。兼且本官陞正二品俸二十五個月有餘。陞尚書又三十一個月有餘。止因尚書欠三個半月未滿一考，未曾請給誥命榮及先世。以歷二品俸論之，實滿一考又多二十餘個月。今本官懇乞聖恩憐憫，給賜尚書誥命，欲恩及其父、祖，以滿臣子之至願。緣係致仕大臣乞恩請給誥命事理，臣等未敢擅便定奪，伏乞聖裁。弘治五年六月二十日具題。次日，奉聖旨：「與他。欽此。」

議都御史高崧乞全體統奏狀

文選清吏司案呈：　奉本部送吏科抄出「巡撫貴州都察院右僉都御史高崧奏云云」等因具奏。奉聖旨：「吏部知道。欽此。」欽遵抄出送司，案呈到部。

洪惟我朝太祖高皇帝創業垂統，內設五府、六部、都察院等衙門，外設都、布、按三司以及府、衛等衙門，即周官所謂「六卿分職，各率其屬，以倡九牧，阜成兆民」之制。內外體統，豈容紊亂？又大明律有曰：「凡奉制命出使而官吏毆之，杖一百，徒三年。罵詈，杖一百。」蓋以上命爲重，初不計其官之崇卑也。以體統論之，都御史則統攝乎布政，而布政固其屬也。以奉使論之，都御史奉命出使，布政職守一方，當致敬盡禮。況都御史高崧齎捧璽書，巡撫貴州，而其境內官無大小，皆當受其約束；政無鉅細，皆當聽其處分。今布政劉元自恃小才，罔知大體，乃敢輕侮都御史高崧。言語不遜，則是壞朝廷之紀綱，亂內外之體統，本當參究。但事在革前，欲將劉元改調別任，緣今地方多事，合無姑且不動，本部類行貴州布政司轉行左布政劉元，今後務要改過自新，安分守禮，敬脩職業，毋得越禮犯分，眇視制使，自速罪愆。仍行都察院轉行都御史高崧，亦要振肅紀綱，以禮自防，行事之際，尤當顧天體，毋得避小嫌。今後劉元如仍侮慢自賢，不聽約束，阻壞行事，明白奏來，以憑拏問。緣奉欽依「吏部知道」事理，未敢擅便。弘治五年六月二十五日具題。次日，奉聖旨：「是。欽此。」

議給事中王綸汰冗官以除民蠹奏狀

考功清吏司案呈：　奉本部送禮科抄出「本科給事中王綸題云云」等因具題。奉聖旨：「該部知道。欽此。」欽遵抄出送司，案呈到部。看得在外有司官員中間，奉公守法、盡心所事者少，貪婪不才、老懦無爲者多。誠如給事中王綸所言。

但各該巡撫、巡按等官問發爲民及考察黜退者，日不足而月有餘。物之不齊，物之情也，在人亦然。黜退一番，後來者未必皆得人，亦不過如此。況今朝覲在邇，又該考察地方災傷之際，固宜祛民蠹，除民害，尤當節民財，省民力。若又行令巡撫、巡按考察官員，雖欲不驚擾，自有所不免。矧送往迎來，送舊迎新，未免勞費。合無不必行各該巡撫、巡按官員考察，候朝覲之日，照例本部會同都察院從公考察，大明黜陟。惟復依王綸所言，行被災地方巡撫等官會同考察，量爲黜罷。緣係陳言處置災荒及奉欽依「該部知道」事理，未敢擅便。弘治五年八月十五日具題。次日，奉聖旨：「是。這考察不必行。欽此。」

論太監黄瓚乞留弟在京辦事奏狀

文選清吏司案呈：奉本部送内府抄出「内官監太監黄瓚題云云」等因具題。奉聖旨：「吏部看了來說。欽此。」欽遵隨該吏科參。看得：先該吏部題奉聖旨：「是。今後一應人員不許營求内外權要，冒濫陞職，違了的治罪不饒。欽此。」欽遵外，今泉州府陰陽學正術黄碧公差到京，乃敢夤緣太監黄瓚，奏求京職。事屬有違，宜從抄行通行送司，案呈到部。參照福建泉州府陰陽學正術黄碧解紙到京，太監黄瓚奏要對品存留，在京辦事。該吏科參出前因。臣等竊惟「朝無倖位，則食之者寡」。此先儒之格言，經國之要務也。且内外百執事俱有定員，缺一員補一員，則事體不紊，禄不虚費。如或額外濫設，則萬民惟正之供不足以充國用，多取之則民必困。民惟邦本，豈可使之困乎？向時冗官滿朝，皆無事而食禄，中外洶洶，爲之不平。皇上灼見其弊，從廷議而革罷之。由是仕途頗清，廩禄頗省，公道乃行，民情大悦。即今革罷之徒欲求復進者，朝探夕聽，東奔西走，不得其門而入。今太監黄瓚奏要留伊弟黄碧在京辦事。其事雖小，若一允之，則倖門從此大開，不能復閉，豈有不壞平明之治？況又有前項欽依事例，臣等不敢不言，不敢不遵。欲將黄碧拏送法司究問，以塞弊源。緣奉欽依「吏部看了來說」事理，未敢擅便。弘治五年十月初五日具題。次日，奉聖旨：「黄碧准改欽天監漏刻博士，帶俸。不爲例。欽此。」

乞貸御史李興處死奏狀

臣伏聞太祖高皇帝諭羣臣有曰：「忠臣愛君，讜言爲國。蓋愛君者，有過必諫。諫而不切，非忠也。爲國者，遇事必言。言而不直，非忠也。比來朕每發言，但唯唯而已。其間豈無是非得失？而無直言者，雖不善，無由以聞。自今宜盡忠讜，以匡朕不逮。欽此。」大哉！皇言乎！一哉！皇心乎！其所以察言用中，以隆聖子神孫萬萬世太平之基本乎！仰惟陛下履太祖高皇帝之位，體太祖高皇帝之心，於凡發號施令，無非寬仁慈愛，惟恐傷人害物。是以中外臣民，無不感戴祝願，欲聖壽億萬年，使斯世斯民享億萬年太平之福。邇者，御史李興巡按陝西，因公毆死一十三命，刑部會多官問擬徒罪，發遣爲民。今陛下欲處以死，是惡其用刑太重，欲懲一戒百，以重人命。是以肅殺而行春育也。臣不佞，但李興之在陝西克盡憲職，所至秋毫無犯，貪官汚吏、強軍豪民聞風斂跡，不敢縱橫。其有益於地方良民多矣。今其所傷雖有此數人，蓋欲懲治奸頑，初非有意挾私，法該徒罪。今若處之以死，臣恐天下後世以爲陛下用刑，任情不以法，豈不有累至仁至明之聖德？且天下貪官汚吏、強軍豪民所忌憚者，惟御史。今若此，是使御史垂首喪氣，而貪汚豪強者無所忌憚。欲小民獲安，四方晏然，難矣！臣痛惜此事，欲言而不敢者累日。今臣偶思太祖高皇帝之聖諭，是以終不敢默默者，蓋爲陛下聖德惜，而不爲李興一小官惜也！伏望聖慈上體天地生物之心，欽恤祖宗立法之意，垂莫大之恩，宥李興之死，重加發遣，以正國法，以全聖德，天下幸甚！臣稽首頓首俯伏待罪！弘治五年十月二十八日具題。本月三十日，奉聖旨：「李興打死人命數多，本當處死。你每既這等說，饒死。還著實打一百，連當房家小押發極邊煙瘴地面，永遠充軍。今後出差御史，務要遵依憲綱而行，不許分外生事。敢有酷暴如李興的，必處死不饒。欽此。」

乞休致奏狀

臣係陝西西安府三原縣人。蚤以民間髫齔之童，選備邑庠生徒之數。二十有六而膺鄉薦。三十有三而中春闈，始被選爲庶吉士，初授職作評事。俄選本寺寺副，繼拜揚州知府，擢右布政於江西，轉左布政於河南。疊陞右左副都御史，連遷三部左侍郎，至於右都御史、尚書、太子少保。撫治荆州、襄陽、南陽三府流民，巡撫河南、雲南、南直隸三處地方。或總理河道，或提督巡江，或參贊機務，不一其差委。或職司國計，或主典刑獄，或修明軍政，不一其任用。雖不能盡其職分裨補萬一如以一線之微引千鈞之重，兢兢業業於四十年之間，惟恐有失，未嘗一日放此心也。幸而行年七十有一，荷蒙先帝聖恩，賜臣致仕歸田。雖棲身衡門之下，亦未嘗時刻有忘國家。不意誤蒙聖明，以臣多歷年所，起至於京，處以保傅之位，寄以銓選之司。自惟徒抱忠貞之志，而無匡輔之猷。況值衰暮之年，而寡知人之哲，深恐負托不效，有負聖恩。是以辭謝至再而不獲命，乞休不一而不得去。臣嘗聞昔何曾位極臺司，不能直諫，有誤國事，史書其不忠。臣既蒙聖恩委任，苟不盡職盡忠，何以逃其罪乎？是以有所見聞，無不盡心言之；雖犯顔逆耳，觸忤左右，荷蒙聖明優容，亦不加罪。此臣之所以日夜感激，欲報無由，豈肯假爲退托，遽欲舍去？但臣犬馬之年已至七十有八，血氣衰憊，趨走孔艱，跪拜喫力，委實勉強不去。豈敢安言？況今大朝考察官員在邇，觀其各處巡撫、巡按等官開來揭帖中間，老疾罷軟、不能任事等項官員頗多。若不黜退，委實誤事。使臣考察退之，是以老之大者而退老之小者，不責己而責人，人將謂何？又況臣任事日久，積怨必多，若不及早迴避，大恐不能保終。伏望聖恩憐臣衰老，放臣歸田，另選碩德重望之人而任用之，庶幾天工不至久曠，殘喘得以苟延。考察之際，人亦無得而議矣。臣無任冰兢之至！弘治五年十二月二十二日具奏。二十四日，奉聖旨：「卿老成重望，委任方隆，豈可以年老求退？所辭不允！欽此。」

再乞休致奏狀

臣昨伏思猥以庸材劣行，誤蒙列聖知遇，歷任四十餘年，至於崇階顯秩，不能上報聖德萬一。今已年老力衰，乞歸田里。奏奉聖旨：「卿老成重望，委任方隆，豈可以年老求退？所辭不允！欽此。」臣何人？仰荷聖恩獎諭眷留若此，雖隕首捐軀，莫能報酬。使臣未至老耄，筋強力健，每日出入金門，瞻望清光，退而坐高堂，食厚禄，率屬供職，夫何爲而不願？比之歸田之後出入閭里鄉疃，無禄而食，無僕代勞，所見者不過農夫野叟而已，夫何樂之有？豈肯舍此而就彼哉？但臣委實年老氣衰，步履艱辛，跪拜喫力，勉強不去。伏望聖恩曲加矜憫，容臣解印綬，歸田里，杜門謝客，靜以待盡，豈勝感激！臣無任瞻望懇乞之至！弘治五年十二月二十四日具奏。本月二十七日，奉聖旨：「卿年雖老，筋力未衰。朕已勉留，何乃復請？不允！欽此。」

議給事中王欽拾補治道奏狀

文選清吏司案呈：奉本部送準禮部咨儀制清吏司案呈：「奉本部送禮科抄出『刑科給事中王欽題』前事等因開坐。題奉聖旨：『該部看了來說。欽此。』欽遵抄出送司，案呈到部。看得本官所題『廣邊儲以防不虞』等事，係隸吏、戶二部掌行。擬合通行開單移咨，煩爲徑自施行」等因送司，案呈到部。今將本官所言逐一議擬，開立前件，伏乞聖裁。緣奉欽依「該部看了來說」事理，未敢擅便，弘治五年十一月十九日具題。二十一日奉聖旨「准議。欽此。」

一、臣等會同都察院右都御史白昂等查得，自宣德年來至今，都察院同僉書管事都御史，或一員或二員，多不過三員，未嘗有四、五員同僉書管事者。正統末景泰初，都御史陳鎰、王文輪流鎮守陝西，回則在院管事。其餘各處巡撫并贊理軍務。都御史缺一員則推舉一員，其所推舉者，多係曾經歷練老成之人，少有不稱厥職者。今給事中王欽題：「要照依諸司職掌，原設左右副都御史二員，左右僉都御史四員，選補充足，在院協同管事，以練達刑名。如有巡撫員缺，就便挨次差遣」一節，其意無非欲巡撫官之得人。且祖宗之定官制，都察院雖設左右都御史各一員，左右副都御史各一員，左右僉都御史四員，共八員。想當時在院管事并公差在外者，不過此八員而已。今在院管事并公差在外巡撫等項，常有二十二三員，不爲不多。若再補足員數在院管事以備巡撫差用，非惟管事之際議論紛紜，政不歸一，抑且輿隷廩禄難以供贍，似爲未便。今都察院見有右都御史白昂、右副都御史翟瑄，又有左僉都御史李介守制將滿，儘可了事。合無不必照依額數添除官員。今後遇有巡撫都御史員缺，本部仍照例會推相應人員，請旨簡用。如此，則官無冗設，而法有定守矣。

一、伏睹各處提調學校御史、副使等官，節該欽奉敕諭內有曰：「一學校無成，皆由師道不立。今之教官賢否不齊，先須察其德行，考其文學，果所行、所學皆善，須禮待之。若一次考驗，學問疏淺及怠於訓誨者，姑誡勵之，令其進學改過。若再考無進不改，送吏部別用。欽此。」今給事中王欽題稱前因，無非愛惜人才，崇重師儒之意。合無行移都察院轉行各處提學御史、副使等官，今後考驗教官，務遵「原奉敕諭內」事理，當禮待者禮待之，當誡勵者誡勵之，當起送別用者起送之。不許徇私偏執，將一次考驗不中者一概起送別用。如此則勸懲不至輕易，而師儒知所奮勵矣。

一、查得先該廣平府知府王衡等奏稱「納銀聽參吏典不諳刑名、行移，不通楷書、筭法。既以納財爲出身之階，必以貪財爲營家之計。奏要今後或遇災傷荒歉，先事預防，臨期賑卹。凡百長策，任其施爲，不許再擬納財參吏，永杜貪利之門」等因。本部訪得，永樂、宣德、正統年間，天下亦有災傷，各邊亦有軍馬。當時未嘗舉行納糧草、納銀兩爲監生、吏典等項事例，糧草不聞不足，軍民不聞困斃。近年以來，各邊并腹裏少有災傷，所在守土等官止圖目前分寸之利，不爲國家長久之謀，輒便奏開生員、吏典人等納糧草、納銀兩等項事例。彼此效尤，遂爲長策。殊不思祖宗教養生員，參充吏役，良法美意，各有攸在。且如生員選於民間，俊秀子弟教養於學校，成材者科貢入監，不成材者充吏爲民，未嘗不別賢否，一概濫進也。其吏役亦必於農民之中選其識字能書者充之，令其書辦文案。及其兩考役滿，赴部辦事，數年纔撥京考。滿日考中，纔得冠帶。不中者，發回爲民，未嘗不論能否，一概入選也。近來因有前例，是以在學無志生員及未學富家子弟，捏作生員名色，不分賢否，有無學識，一概入監，以圖出身。將來入仕，不知爲政之道，豈不誤事殃民？一切小民，不分能書與不能書，不論市民與農民，一概聽缺充吏。不惟官司不得伊書辦文案，且於舊制有違。及其三考役滿，又免考驗，一概照依資格出身，所以多不稱職。比先年間，監生止由科貢，吏典亦循年資，別無雜進之徒。是以聽選之人不多，選法不至壅滯，任用亦多得人。自有此例，雜進者日多一日，以致正途監生、吏典因而壅滯不得出身。多者十七八年，少者不下十五六年，纔得選用，年已向衰，誰肯盡心幹事，不謀歸計？甚至聽選年老，例不入選，只與冠帶閑住。又況此等雜途所進中間，多有負債破產、頑鈍無恥之輩。今日既知以財進身，他日豈肯以廉律己？欲不貪財害民，天下治安，何由可得？欲將納銀、納糧草等項事例，限本年四月以裏通行停止。今後遇有災傷及邊方糧草不足，不許再行奏開前項生員吏典人等納糧等項事例，貽患將來」等因。弘治元年三月初四日具題。奉聖旨：「是。欽此。」

續該四川布政司奏「要令陝西等布政司一考、兩考吏典定與則例，出納銀兩，或免其考試，就撥京考；或給與冠帶，各照資格選用」等因。戶部明知題準「今後不許再行奏開前例」，卻乃不令本部知會，朦朧題准行移四川、陝西、雲南、貴州四布政司招納去後。弘治二年六月內，該四川布政司奏稱：「年歲堤豐稔。」本部查照前項禁革事例具題，行移該布政司：「將納銀事例限七月二十日以裏停止。今後諸司衙門敢有再行奏開前例，許本部參奏，或科道官糾劾治罪。」題奉聖旨：「是。欽此。」已經節次通行欽遵外，近該巡撫山東左僉都御史王霽、巡撫南直隸左副都御史侶鍾，各明知本部題準「再不許奏開吏典人等納銀事例」，乃敢故違。王霽既開端於前，侶鍾又接踵於後，戶部亦不查照，輒便題準。是使後來雜進人多，選法壅滯，以致正途循資而進者，皓首不得出身，歸怨吏部，未必不由此也。且吏部掌天下官吏選授之政令，戶部掌天下戶口田糧之政令。選法不清，吏部之責。錢糧不足，戶部之責。茲欲補錢糧之不足，遂令選法之不清，是自欲逃其責而使人任其咎也。況其所得銀物不及一貴族所積，濟人不多，壞事實大，且使詔旨不信於天下，其爲聖政之累夫豈小哉！今給事中王欽所言前因，誠可謂深知其弊，所宜禁止。合無通行各布政司并直隸府州各行所屬衙門，除已留在官聽缺知印承差吏典挨次參補外，以後遇有名缺，預先三個月以裏行屬，照例於良善農民內揀選身家無過、人物端莊、諳曉書寫者，不必納銀，就令參充。其山東、南直隸，今次奏准納銀事例，合無於弘治六年五月麥熟之時就便停止。今後各處災傷，任從巡撫等官多方區畫措置，再不許奏開吏典納銀事例。如違，許本部并科道官糾劾治罪。若該部不行查照，朦朧覆奏準行，亦聽科道官糾劾。如此則典吏進身不緣納賄，他年入仕亦必廉能；書算文移，州縣收臂指之効。撥京考滿，冠帶無頑鈍之徒。斯吏胥不虞雜進，而銓選不致壅滯矣。〔一〕

引疾乞休致奏狀

臣昨於本月十八日引選回家，夜半時候忽感風疾，頭目昏暈，痰氣上壅，不省人事者累時。已而少蘇，四肢麻木，不能展轉。已將原掌印信咨送本部收掌，本部題奉聖旨：「印還著王恕掌。欽此。」臣有以見聖恩優待大臣之體面，無故不棄之盛心。且吏部印信，臣非不欲掌也。一品俸禄，臣非不欲食也。聖明在上，臣非不欲事也。天地大德，臣非不欲報也。但臣年已耄矣，時已過矣，命已衰矣，病已作矣。譖毀者日益至矣，禍患恐不免矣。是以不得不退避也。伏望聖慈俯察愚衷，曲賜矜憫，俾臣早歸田里，不致狼狽，則是聖恩保全老臣有始有終，老臣感戴聖恩無窮無盡也。臣無任涕泣懇禱之至！

弘治六年二月二十二日具奏。次日，奉聖旨：「卿朝廷老臣，偶有疾，宜善調理，不允休致。欽此。」

〔一〕「如此則典史……不致壅滯矣」：嘉慶本作「如此則史胥無親進之途，銓選免壅滯之患矣」。

再引疾乞休致奏狀

臣昨因遘疾，具本懇乞休致。奉聖旨：「卿朝廷老臣，偶有疾，宜善調理，不允休致。欽此。」伏念臣本凡品庸流，仰荷聖明起用至此。五六年來，拜沐殊恩，異數多矣。非不欲調理疾痊，圖報萬一，但臣年幾八十，血氣已衰，百病侵尋。如腰腿疼痛、耳目昏聵等疾，非醫藥所能治療。且銓衡之司人才進退，所繫天下，治忽所關，非才識明敏、德望過人者，焉能勝任而服衆？臣以老耄昏聵之人，久居此地，有妨賢路。其所進退之人，又未必一一皆當。欲其服衆心而無怨謗，得乎？然聖恩留臣，是乃朝廷禮貌大臣之體面，臣非不知也。使臣不速去其位，誠恐積毀日深，獲罪愈重。斯時也，聖恩雖欲留臣，亦恐不可得。使臣狼狽而歸，有何顏面復見鄉邦故人？豈若今日之去之爲美也？伏望聖慈俯賜矜察，容臣歸田，使臣無憂無懼，苟延殘喘數日，其視今日留臣之恩，豈不尤爲大乎？臣無任感仰之至！弘治六年二月二十四日奏。二十六日，奉聖旨：「卿引疾求退，已有旨勉留，不必固辭。欽此。」

乞休致奏狀

臣先任太子少保，南京兵部尚書，參贊機務。致仕之時，年已七十有一。退居田里，歲堤且將周。誤蒙聖恩召至京師，陞吏部尚書，加太子太保，俾之視事時，已七十有三矣。茲又食保傅之禄，典銓選之政將及六載。累蒙殊恩異數，難以備述。雖捐軀隕首，莫能報酬萬一。但血氣日衰，桑榆景迫，任既重而勢必危，功未成而謗即至。深惟保晚節之難，將恐爲平生之累。是以五六年來，乞休二十餘次，俱蒙聖恩勉留，不允其去。今舊患腰腿疼痛，兩足浮腫等疾未瘳，而新染心疼氣急、驚悸不寧之證[一]益劇，有若風燭晨星，豈能長久？伏望聖恩憐臣年垂八十，歷事四朝，雖無奇勳異績，亦嘗宣力効勞。容臣致仕歸田，全其始終，非惟臣一身感恩於無窮，而在廷大小臣僚亦相勸勉，願輔太平之治於無窮矣。臣無任悚懼之至！弘治六年閏五月十三日具奏。次日，奉聖旨：「卿既稱有疾，且加調理。不允休致。該部知道。欽此。」

再乞休致奏狀

臣昨以自召用以來五六年間，乞休二十餘次，俱蒙聖恩勉留。今舊疾未瘳，新疾又作，恐不能長久。伏望聖恩憐憫，容臣致仕，用全始終。仰惟皇上雖憐其老疾，亦不忍遽舍其去，乃降溫詔，令臣「且加調理」。此乃聖帝明王愛物之仁，不棄故舊之盛心也。臣雖昏愚，豈不知感？但臣之獲此疾也，非一日矣。雖少且壯者，亦難爲調理。今臣老且衰，死將至矣，豈醫藥所能療乎？伏望聖慈矜其愚，憐其老，哀其死將至，容臣歸田，有始有終。其爲感激，寧有窮乎？臣無任隕涕懇禱之至！弘治六年閏五月二十一日具奏。次日，奉聖旨：「卿既懇辭，准致仕。著馳驛去還，著有司月給食米二石，歲撥人夫二名應用。該衙門知道。欽此。」

〔一〕「證」：疑爲「癥」之訛。

後序及跋[一]

介庵奏議序

古有謨。若禹曰：「克艱。」皋陶曰：「知人安民。」益曰：「無怠，無荒。」迺臣告君之嘉言。爾後之章奏，即謨也。其紀綱之大體，義理之至情，政事之要道，具於是關繫大矣哉！蓋自古人君，莫非忠臣弼而朝廷正，天下理。以經綸大經，謀猷大業，天工其代，股肱倚毘，不可相無而相舍。故用其言，則國福以興；棄其言，則國禍以亂。若龜筮之孚，灼然而不誣者。然臣必能盡其忠，俾君其堯舜君，民其堯舜民，庶幾無負所任，而亦不過爲分内也。何忠者爲麟角，爲鳳嘴，靳靳乎不多見邪？忠其難矣乎？夫忠者，盡其所當然而無歉焉爾。盡己則盡物，盡物則盡道，非循天理，弗能也。非持大義，弗能也。非抱貞固，弗能也。非純誠不欺，弗能也。非剛直不阿，弗能也。非大公無私，弗能也。能焉，則政無不舉，知無不行。陳其善，閉其邪，利害當機，極言無諱。己不求知而自爲，人不見知而不悔，烏有嫌疑窺避哉！盡己而已矣！若今大司馬陝右王公其人焉。

公號介庵，歷事三朝，揚歷中外幾四十載，讜論滿朝廷，忠名滿天下。始評大理，平反克允。刺揚州，吏民赤子。布政江西、河南，長城數千里。撫荊襄，撫中州，總河防，撫雲南，守陪都，撫南畿，安危康濟。居司寇，居司徒，居司馬，都臺憲，

[一] 該目爲點校者所加，底本正頁及中縫有兩目「王端毅奏議後序」和「王端毅奏議後跋」。結合二者，擬爲一目。

佑辟經邦。前後章疏餘二百上，〔一〕真大體立於紀綱，至情切於義理，要道深於政事。偉哉言乎！古人之心也。使今征求息而民力甦，權姦伏而士氣作，君心明而成憲彰，是誰之功歟？蓋公存心以道，始末惟忠；蓄有學問本源，施爲實用，其厚如此。所以揚翹特立，風采凝峻，盛德休望，光明正大，爲國之楨也。詩云：「袞職有缺，惟仲山甫補之。」公其謂歟？書曰：「政貴有恆，辭尚體要。」今公之言，忠誠剴切，流出肺腑，而無絺繪之浮辭，可謂深得乎體要者矣！將見千載之下讀之者，未必不與陸宣公之奏議，諸葛武侯之出師二表並稱也耶！公懋辱厚公雅，敢以荒謭辭謹載拜序！其既成化十八年壬寅十二月吉日，無錫陳公懋書。（文淵閣四庫全書）

書介庵王公奏稿後

往在憲宗朝，聞三原王公爲南京部臺，章奏迭至，奉旨施行者，固已録至有司，播之四方。其留中不報者，世莫得而傳也。公既爲今天子簡用，復起爲吏部，有傳其家所藏奏稿者。蓋自爲評事、爲知府、爲布政，凡所嘗陳奏舉劾者，皆在焉。觀其剖析事理，論法斷獄，人或能之。至於批鱗苦口，排大姦，摧巨敵，身任天下而不爲私謀者，則卓乎不可及也。

夫內告外順，見于君陳之命。先儒以爲，此固成王之言，非文武之言也。中古之世，或匿諫草而不以示人，甚則焚之，世俗相傳以爲美事。議者則以爲，孔光之徒匿姦釣譽之爲者，故韓魏公諫垣存稿寧不避賣直之嫌而彰人主從諫之美？豈無所見而然哉？若王公所諫奏，所舉劾，蓋有削兵權，黜侍近，而元惡大憝亦有肆諸市朝者。則公之忠，先帝固鑑之深矣。雖有危言極論未暇宣布，然亦優而容之，未始有譴怒訶責之語。盛德所在，亦豈容掩而不彰哉？使天下傳之，后世傳之，謂公之言如此，而先帝之所以容之者如此，則未必非是稿之助也。弘治壬子四月六日，中順大夫太常寺少卿兼翰林院侍讀

〔一〕「前後章疏餘二百上」：疑爲「前後章疏二百餘上」之誤。

學士經筵講官兼修國史長沙李東陽書。（文淵閣四庫全書）

新刊介庵奏議後跋

大冢宰三原王公清中大節，著天下章，縫士識與不識，莫不知推尊之。顧其平生章奏，往往傳聞於人，而全帙多未之睹。慕公者，蓋日企焉久矣。侍御東魯王公往使關中，以風節高峻爲公所期重，且道雅相合，因録得疏草二百餘篇，每攜自隨。兹奉命按江南，激揚之暇欲廣之，以資有志事功者。因謂我郡守林侯曰：「三原公，一代耆德，固今後輩楷模，況揚歷既久，所建明多地方事，亦司風憲者之所宜習也。盍刻而傳之。」侯勵精郡政，雅志遠大，欣然請捐俸督其成。以余之居郡下也，遂授而俾編焉。魯魚亥豕，微效刊正，得八十六篇，釐爲六卷。其再起爲吏部時撰，又不在是。大凡校編事宜，皆請質二執政而後定稿焉。末學直董書而已。既成，復承命志所由刻。古語云：「惟賢知賢。」信然哉！公之大勛業自筆太史，固非愚生所敢論。侍御公按兹周稔，執法秉公，始終一心。而侯篤尚惠愛，以風化率下，皆所謂三原公之徒歟？且公桃李滿門，晚得相知，乃更在四海之内。則知君子道同則合，雖千載猶金蘭契，非是鄰牆旦暮而後相爲謀也。侍御公言：公引年家居後，在邑城外數里許築草堂，日著書其中以爲課。今年垂九旬而聰明強健，好學不衰，且增廣古今章疏甚富。其自得而不忘〔二〕世又如此。公又間語侍御公曰：「士大夫是箚，得脚住，〔三〕然後可以有爲。」亦名言也，敢併志云。弘治十五年歲堤次壬戌十一月望日。後學吴郡楊循吉拜手謹書。（文淵閣四庫全書）

〔二〕「其自得而不忘世又如此」：嘉慶本作「怠」。

〔三〕「脚住」：疑爲「脚注」之訛。

重刻介庵奏議書後[一]

介庵奏議六卷，舊刻之姑蘇。三原，公故里也。公逝矣。時縉紳知公者，重其名，思其手澤之新。惟公不可見，得見是集也，斯可矣。然乃不能應諸縉紳之求，[二]乃圖廣之，乃因舊本别爲三集。逾冬，工始刻成。讀其辭，直而不矯，婉而不隨，[三]危而不激。仰承俞允，播宣中外。時則有若削兵權、出侍近、誅大奸惡以丕覃聖化，華夏夷服，想望風采。是固聖明從諫好善之懿，夫其轉移乎動、果敢剴毅，公之精微固自有不可及者。公歿之明年，啓充來尹三原。又三年，奏議重刻。説者謂：「公之質直如長孺，心事如希文，奏疏如包孝肅，好學如衛武公，表正鄉閭如陳太丘。一時出處，屹然朝著，俾善類賴以有立。」是集也，猶吾足徵也。惟公不可見，得見是集也，斯可矣。遂藏棗于弘道书院，併志歲提月以傳。正德七年壬申冬十有二月，賜同進士出身知三原縣事嘉州後學程啓充拜書。（文淵閣四庫全書）

書王端毅公奏議後

耿文恪公居太宰，有譽公可繼端毅公者。文恪公曰：「王公孰可當之！其在位，吾夕過其第，必見蒼頭沽油也。」銑先公守延安考滿。考功郎中佐持牘上。王公曰：「汝未盡斯人之節，邊吏率自潤。斯人約身裕民，歲堤歉止徵，坐是停

[一]「重刻介庵奏議書後」：原文無題。該標題係校點者據文意擬加，用示醒目。
[二]「乃」：疑爲「仍」之訛。
[三]「直而不矯，婉而不隨」：嘉慶本作「直而不隨，婉而經」。

禄，恒餒其妻子。」公乃自署考曰：「清白之操，詳明之政。」次日，先公堂辭謝曰：「某遠郡吏，何由辱公知之！」公曰：「吾諸子留三原，鄰郡惟君無問遺爾！」秋日撿書，覽公奏議，擊奸守法，一介弗挠，乃籍上事。嗟乎！元臣勛名，固不以巧辭飾〔二〕行而取哉！嘉靖甲午秋日，相臺崔銑書。（文淵閣四庫全書）

〔二〕「飾」：嘉慶本作「飭」。

附録　嘉慶十一年補刊本所載嘉靖十三年版諸序像贊〔一〕

太師王端毅公奏議序

公舉正統戊辰進士，出入內外且五十年。官至太師、太保、吏部尚書，壽九十有三歲，卒，贈太師，謚曰「端毅」。其孤忠大節之著，有贈謚之誥，有載德之碑，有哀死之誄。其文章存者甚多，而奏議爲最盛。自爲大理左寺副至南京兵部尚書者六卷，兵部尚書王公憲爲御史時，刻于蘇州。御史程君啓充爲知縣時，復刻于三原。其在戶部者九卷，藏之公子太常卿承裕所。知縣王成章從諸生求得之，以告于巡撫都御史鄭公陽、巡按御史曹君珪。咸曰：「久矣，慕於斯！迺今幸獲見之！是爲我師！」知縣其合前六卷者刻之，題曰：太師王端毅公奏議。播之四方，詔後世焉。刻成，曹君命九思序之。九思讀之終卷，仰而歎曰：「嗟乎，世復有如斯人者乎？剛而弗屈也，明而能盡也，直而不餒也，公而不衒也，婉曲而有味也。其汲黯、陸贄之流乎？」是故，天子嘉其忠，豪傑讓其美，蒼生頌其德，夷夏仰其名，夫豈一朝一夕聲音笑貌之爲也？孟子不云乎：「惟大人爲能格君心之非。」公蓋其人焉。夫自都俞風息，義理不明，道德亡失，志氣卑陋躭禄者，多患失之心。全軀者，鮮憂國之謀。知弗逮者，蒙覆餗之耻。事虛文者，爲駭俗之行。知而自默者，貽社稷之憂。嗟乎，責受朝廷之倚毗，身繫天下之安危，迺碌碌至於斯也，是公之罪人也。昔者，主父偃讀樂毅之報燕王書，嘗癈書而泣。司馬遷讀晏子春秋，謂其犯顏敢諫也，願爲之執鞭。蓋其中有以合也，故士有曠百世而同心者。君子于是刻也，可以觀人矣。正德辛巳秋

〔一〕該目爲點校者所加。

九月甲子，賜同進士出身前翰林院檢討徵仕郎經筵講官修國史後學鄠杜王九思謹序。

介庵先生奏議序

春秋傳曰：「太上立德，其次立功，其次立言，虽久不废。」蓋三者得其一，足以傳於後而不朽。德盛矣，功未必隆傳也。功隆矣，言未必善傳也。乃若言以紀德，以昭功，斯爲至言傳也。言必有德而後信於人，功必待言而後濟諸事。則德猶爲言之本，立言豈易能哉！况人臣進諫之道，欲則攻之，邪則閉之，不道則道之，有犯而無欺。言之立，非有道德爲之本，烏能入之也。古之人善諫其君者，皋陶邁種德，謨陳而帝俞。伊尹有一德，訓作而太甲順。周公有盛德，無逸、立政、七月、鴟鴞敍而成王悟。言皆本之德傳也，功植於當時也。繼是大聖如孔告定、哀，大賢如孟告惠、宣，大儒如程、朱告哲宗、孝宗，言不見用而不得行其道，退而有六經，有七篇，有易傳。成書以明其道，言一本於德傳也，功及於萬世也。

天啓皇明，豪傑輩作，若今大司馬介庵先生王公，以關中儒者起家進士，初入翰林爲庶吉士，尋以大理寺副歷守牧，進御史中丞，再進兩京刑、戶部侍郎至今官。嘗一征湖湘，三出巡撫。而今參贊留都機務，則再入也。所至秉古心，迪古行，守古典禮。不訹於勢，不暴於寡弱。威略足以平寇難，廉貞足以激貪蠹，仁惠足以蘇困窮。公暇，手不停披諸經百氏書，以意純志。有得輒書，疑者辨，誤者訂，前賢所未發者發。體之身，驗之家，推之以輔治天下，蔚爲一代之望，可謂有德者矣。中傷臺諫，則其發於敢諫之言，特緒餘耳。蓋先生自委質以來，遇事輒無隱。矧數十年來，四三刑人怙寵毒民，無所不至。中外諱言。先生於是以身任天下之重，累抗論疏，皆關社稷，至計蒼生，嘉謨明教。大經直指權奸而不忌，力救正直而無阿。婉而不迫，直而不譎，頌而不諂，真得皋、陶、伊、周、孔、孟、程、朱告君之遺意者。用能感悟聖衷，言無不聽，計無不從，以行其道，以濟於時，而下其膏澤也。先生之言，豈非紀德昭功而可傳者乎？孔子曰：「有德者，必有言。」先生有焉。

近者，言事之臣以爲先生宜密勿禁，近備顧問，資啓沃疏進。上以留都根本重地，參贊節鎮重寄，非先生不可。議乃寢。此殆成王以周公留後治洛之意，知遇何以加此？先生雖極人臣之位，能折節下士，與講道理。故士之有志者，咸樂及門而親炙之。以珙迂昧不類，辱啓牖良多。而其子承祥達而不羈，承裕正而好古，相得亦厚。承祥間以先生奏議凡若干卷見示，奉而讀之。而有感於春秋傳者之言，遂僭爲敍而識其首簡。若夫先生著述可傳者尚多，不獨此也。成化乙巳三月甲申，賜進士出身奉議大夫南京吏部文選郎中浮梁程廷珙頓首序。

冢宰王公奏稿序

周官冢宰，即唐虞百揆之職。雖列於六曹，而實總衆務。歷代宰相之設，則别立六曹以隸之。迨於我朝，始不置相。然所謂吏部尚書者，獨爲六部之長，所領人才，又天下首務，非他政事比，蓋大臣之最重者也。故非德足以格君正國，才足以察理辨物者，莫宜爲之。顧世遠制異，天下事不盡于都俞吁咈之間，則必假於辭而後能達。於是，謨訓之體變爲章疏。爲題爲奏，代代有之。晉山濤有所詮注，必先啓而後奏。宋趙普有所薦而不用，則拾殘稿復上之者，皆是物也。今部曹所奏，朝報所録，人皆傾耳而聽之。今日行某事，事之善者，必曰吾君之仁也。明日用某人，人之賢者，必曰吾君之明也。是雖書簿格例之細，而所謂格君正國者，亦於是關焉。固諸曹之所同，而在吏部爲尤重也。

今天子御極之初，三原王公復召爲吏部尚書，進太子太保，天下翕然望之。而公亦毅然以天下人才爲己任。凡有會議，必手自屬稿。雖部曹所擬，官屬所具，亦親爲改訂。四三年來，散於諸司者不可悉記。文選員外郎孫君交擇其關於政之大者，稡爲一編，以藏於家。東陽得而觀之，則歎曰：「於乎盛哉！臯陶論知人，必曰載采。孟子言尚友，必曰論世。後之人聞公之風，不獲見其人而接其論言者，必於是觀之。而一代之盛，亦從可識矣。」

東陽忝乏翰林，修兩朝實録，皆在史館。蓋自正統以來迄於成化，選舉之典式，人才之名籍，未嘗不得與也。聖天子之休風善政，大臣元老之嘉謨偉績，乃復於今日見之，敢不爲天下賀哉！且難進易退，公之夙心。而眷注方切，未可以言去。

則所以益於君與國者尚多，又敢不益爲天下望之哉！　公自立朝，累有獻納，在南部者，尤爲天下所傳誦。　則既編爲別卷而序之者已詳，故獨識於此，庶公之任以天下者，有所參考云。

弘治四年夏四月望日，賜進士出身奉議大夫左春坊左庶子兼翰林院侍講學士經筵講官兼修國史長沙李東陽序。

太師王端毅公像贊〔一〕

昂昂乎大河、喬嶽之英，落落乎拔地凌霄之器！　所學者，聖賢必居之安而資之深；　所重者，君親必附不怍而仰不愧。凛乎嚴霜勁節，有定見，有定守；　焕乎晴空白日，好心事，好心地。　前朝群雌孤雄，敢言人不敢言，敢爲人不敢爲。　新朝天下大老，係宗祏之一安一危，係君子之一進一退。　其高標雅望，足以鎮孅邪焚然之躁。　其義膽忠肝，足以勵頑懦靡然之志。于戲！　此真聖明時之偉人、正人、吉人，天地間之英氣、間氣、正氣。

吏部左侍郎兼翰林院學士南昌張元禎拜贊。

〔一〕　原文爲明嘉靖十三年刻清嘉慶十一年重刻太師王端毅公奏議載太師王端毅公小影（畫像）所附贊文，無標題。　此題係校點者據文意擬定附加，用以係目，統一體例。

圖書在版編目(CIP)數據

王恕集/［明］王恕著；張建輝，黄芸珠點校整理．—西安：西北大學出版社，2014.12

（關學文庫/劉學智，方光華主編）

ISBN 978-7-5604-3555-8

Ⅰ.①王…　Ⅱ.①王…②張…③黄…　Ⅲ.①王恕（1416～1508）—關學—文集　Ⅳ.①B248.99－53

中國版本圖書館 CIP 數據核字(2014)第 313467 號

出品人　徐　曄　馬　來

篆　刻　路毓賢

出版統籌　張　萍　何惠昂

王恕集　［明］王恕 著　張建輝　黄芸珠 點校整理　張世民審訂

審定專家　赫潤華　劍　犁　　責任編輯　黄偉敏

裝幀設計　澤　海　　版式統籌　劉　爭

出版發行　西北大學出版社

地　址　西安市太白北路 229 號　　郵　編　710069

網　址　http://nwupress.nwu.edu.cn　　E－mail　xdpress@nwu.edu.cn

電　話　029-88303593　88302590

經　銷　全國新華書店

印　裝　陝西博文印務有限責任公司

開　本　720 毫米×1020 毫米　1/16

印　張　33.5

字　數　520 千字

版　次　2015 年 1 月第 1 版　2015 年 1 月第 1 次印刷

書　號　ISBN 978-7-5604-3555-8

定　價　120.00 圓